EDIÇÕES BESTBOLSO

O Alcorão

O Alcorão é o livro sagrado que contém o código religioso, moral e político dos muçulmanos. O texto original em árabe clássico é considerado pelos mulçumanos a palavra textual de Deus, revelada ao Profeta Maomé por intermédio do arcanjo Gabriel. O Alcorão traduzido do árabe por Mansour Challita é a edição mais recomendada pelos estudiosos brasileiros. Nascido na Colômbia, o escritor e tradutor passou a infância e boa parte da juventude no Líbano e durante 15 anos foi ministro plenipotenciário da Liga dos Estados Árabes. Conhecedor da cultura árabe e de suas tradições, Mansour Challita é um mestre do manejo da língua portuguesa fiel à beleza estilística do original.

Com tradução de
Mansour Challita

O ALCORÃO

Livro Sagrado do Islã

20ª edição

EDIÇÕES
BestBolso
RIO DE JANEIRO – 2024

CIP-BRASIL. CATALOGAÇÃO NA FONTE
SINDICATO NACIONAL DOS EDITORES DE LIVROS, RJ

Maomé, c. 570-m. 632

M253a   O Alcorão / Maomé; tradução Mansour Challita – 20ª edição
20ª ed.   – Rio de Janeiro: BestBolso, 2024.

Tradução de: Al-Qhuran
ISBN 978-85-7799-168-6

1. Alcorão. 2. Islamismo. I. Título.

CDD: 297.122

09-4890   CDU: 297.18

O Alcorão, com tradução de Mansour Challita.
Título número 144 das Edições BestBolso.
Texto revisado conforme o Acordo Ortográfico da Língua Portuguesa.

Título original árabe:
AL-QHURAN

Copyright da tradução © by Mansour Challita.
Direitos de reprodução da tradução cedidos para Edições BestBolso, um selo
da Editora Best Seller Ltda. Edições BestBolso e Editora Best Seller Ltda são empresas
do Grupo Editorial Record.

www.edicoesbestbolso.com.br

Design de capa: Tita Nigrí

Todos os direitos desta edição reservados a Edições BestBolso um selo da Editora
Best Seller Ltda. Rua Argentina 171 – 20921-380 – Rio de Janeiro, RJ – Tel.: (21) 2585-2000.

Impresso no Brasil

ISBN 978-85-7799-168-6

Sumário

Apresentação: O que você deve saber para aproveitar plenamente a
leitura do Alcorão – Mansour Challita

O ALCORÃO:

1ª	Abertura	29
2ª	A vaca	29
3ª	A tribo de Omran	61
4ª	As mulheres	79
5ª	A mesa servida	98
6ª	O gado	113
7ª	As alturas	129
8ª	Os espólios	148
9ª	O arrependimento	155
10ª	Jonas	168
11ª	Hud	177
12ª	José	188
13ª	O trovão	198
14ª	Abraão	202
15ª	Al-Hijr	207
16ª	As abelhas	211
17ª	A viagem noturna	222
18ª	A gruta	230
19ª	Maria	239
20ª	Taha	245
21ª	Os profetas	253
22ª	A peregrinação	261
23ª	Os crentes	267

24ª	A luz	274
25ª	O discernimento	281
26ª	Os poetas	286
27ª	As formigas	295
28ª	As narrativas	302
29ª	A aranha	310
30ª	Os bizantinos	316
31ª	Lukman	320
32ª	A prostração	323
33ª	Os coligados	325
34ª	Sabá	333
35ª	O criador	338
36ª	Ia. Sin	342
37ª	As fileiras	347
38ª	Sad	353
39ª	Os grupos	358
40ª	O perdoador	365
41ª	Os versículos detalhados	372
42ª	A consulta	376
43ª	Os ornamentos	381
44ª	A fumaça	386
45ª	A ajoelhada	389
46ª	As dunas	392
47ª	Muhamad	395
48ª	Vitória	399
49ª	Os aposentos	402
50ª	Kaf	404
51ª	Os furacões	406
52ª	O monte	409
53ª	A estrela	411
54ª	A lua	414
55ª	O clemente	416
56ª	O dia inelutável	420
57ª	O ferro	423
58ª	A discussão	427

59ª	O reagrupamento	429
60ª	A mulher testada	432
61ª	As fileiras	434
62ª	Sexta-feira	435
63ª	Os hipócritas	436
64ª	O logro mútuo	437
65ª	O divórcio	439
66ª	As proibições	441
67ª	O reino	442
68ª	A pena	444
69ª	O inelutável	447
70ª	As escadas	449
71ª	Noé	450
72ª	Os djins	452
73ª	O encontro	454
74ª	O emantado	455
75ª	A ressurreição	457
76ª	O homem	459
77ª	Os emissários	460
78ª	A notícia	462
79ª	Os arrebatadores	464
80ª	Ele franziu as sobrancelhas	465
81ª	O obscurecimento	467
82ª	A terra fendida	468
83ª	Os defraudadores	468
84ª	Fenda no céu	470
85ª	As constelações	471
86ª	O visitante da noite	472
87ª	O altíssimo	472
88ª	O que tudo envolve	473
89ª	A aurora	474
90ª	A cidade	475
91ª	O sol	476
92ª	A noite	477
93ª	A manhã	477

94ª	O alívio	478
95ª	O figo	478
96ª	O coágulo	479
97ª	Kadr	479
98ª	A prova	480
99ª	O terremoto	480
100ª	Os corcéis	481
101ª	A calamidade	481
102ª	A rivalidade	482
103ª	A tarde	482
104ª	O difamador	483
105ª	O elefante	483
106ª	Koraich	483
107ª	A caridade	484
108ª	A abundância	484
109ª	Os descrentes	484
110ª	O socorro	485
111ª	A corda de esparto	485
112ª	A sinceridade	485
113ª	A alvorada	486
114ª	Os homens	486
	Notas explicativas*	487

---

*Os números (de 1 a 20) encontrados no decorrer do texto correspondem a notas explicativas localizadas no fim do livro.

Apresentação

O que você deve saber para aproveitar plenamente a leitura do Alcorão

Mansour Challita

CORÃO OU ALCORÃO?

Muitas pessoas sustentam que o livro sagrado dos muçulmanos deve chamar-se, em português, o Corão, não o Alcorão, neste caso o "al" já está representando o artigo "o".

Etimologicamente, elas estão certas.

Acontece, contudo, que em português a maioria das palavras árabes incorporou o artigo al de forma inseparável. Dizemos o açúcar (não o çúcar), o arroz (não o roz), a alfândega (não a fândega), a álgebra (não a gebra), o algodão (não o godão), o almíscar (não o míscar), o alcaide (não o caide), o alferes (não o feres), a alquimia (não a quimia), o alambique (não o lambique) etc.

Em francês, por oposição, a maioria dessas mesmas palavras é empregada sem o artigo original. Assim se diz: *le sucre, le riz, le coton, le musc* etc. e, portanto, *Le Coran*.

Cada língua tem seus caminhos.

A palavra Alcorão obedece, desse modo, à tendência geral da língua portuguesa no que diz respeito às palavras de origem árabe, o que a consagrou sob essa forma.

IMPORTÂNCIA E CONTEÚDO DO ALCORÃO

Há algumas décadas, bastava ao homem culto saber que o Alcorão era o livro que havia fundado uma das três grandes religiões monoteístas do mundo.

Hoje raramente um dia se passa sem que o Alcorão seja mencionado no noticiário internacional. O aiatolá Khomeini afirmava que obedecia ao Alcorão quando impunha o xador às mulheres ou quando mandava apedrejar adúlteros e adúlteras, executar homossexuais e contrabandistas, proibir a música e a dança ou fechar as escolas mistas.

Paralelamente, temos assistido nos últimos anos ao renascimento do Islã militante que, invocando ainda o Alcorão, está transformando as feições e reorientando a vida de muitos países desde o norte da África até o sul da Ásia. Em nome dele, as bebidas alcoólicas são proibidas em todo o reino da Arábia Saudita. Em nome dele, um ladrão é açoitado em praça pública no Paquistão. Em nome dele, milhões de mulheres muçulmanas continuam a cobrir o rosto com véu. Que outro texto legislativo do século VII continua a ser respeitado e aplicado como o Alcorão?

Decorre desses fatos um contraste que ninguém procura disfarçar entre a sociedade muçulmana e a atual sociedade ocidental, liberal e permissiva – contraste que, às vezes, assume a forma de um conflito de civilizações.

O mesmo conflito se manifesta, aliás, nos próprios países muçulmanos entre o modernismo e o tradicionalismo. Ataturk na Turquia e Riza Khan no Irã rejeitaram, no começo do século XX, a lei do Alcorão e seus costumes e impuseram a lei e os costumes europeus. Mal haviam morrido, porém, e uma reação terrível arrasou suas reformas e restabeleceu a lei islâmica.

Embora em diferentes intensidades, o mesmo conflito renasceu em vários países muçulmanos entre os que defendem as tradições e os que defendem a evolução, com reflexos imprevisíveis sobre o futuro. O interesse despertado pelo Alcorão ultrapassa assim o quadro da cultura geral para integrar-se na atualidade política.

O Alcorão é ao mesmo tempo um livro religioso e a obra-prima da literatura árabe – nunca igualada antes dele ou depois. Seu estilo distingue-se pela força e pela originalidade, pela majestade da palavra inspirada, pela musicalidade e pelo colorido da poesia oriental.

Como é o caso da maioria dos livros sagrados que fundaram uma religião, o Alcorão não foi escrito por Maomé. Ele, aliás, não sabia ler ou escrever. Pregava suas ideias ao sabor da inspiração e das circunstâncias; e naquela época de literatura oral, seus seguidores retinham-lhe as palavras na memória ou as inscreviam em qualquer material disponível: pele de cabra, omoplatas de camelo, folhas de tamareira, pedras, pergaminhos.

Após a morte do Profeta, seu sucessor, Abu Bakr, receando que a mensagem se perdesse com o desaparecimento dos primeiros companheiros e as flutuações dos textos memorizados, encarregou Zaid Ibn Thabet de reunir todos os fragmentos. E Osman, terceiro sucessor de Maomé, mandou organizar o livro definitivo que chegou até nós.

Os textos foram repartidos em 114 suras ou capítulos, subdivididos em versículos, num total de 6.235.

Cada sura é como uma preleção na qual os ouvintes são exortados a seguir determinadas normas morais ou a aplicar determinadas leis ou a crer em determinadas verdades ou a tirar conclusões dos fatos históricos que lhes são narrados.

Cada sura possui um título: As mulheres, As abelhas, A aurora, Os poetas... Mas não se trata de um título que resume o assunto como nos livros comuns: é apenas uma palavra ou uma expressão empregada na sura e que foi escolhida como título.

Nessas preleções, os assuntos não são tratados sob forma de dissertações filosóficas ou teológicas, esgotando-se cada tema antes de outro ser abordado. Os assuntos são diversos e um mesmo tema pode retornar mais adiante no texto. Inevitavelmente há, portanto, muitas repetições, pois vários assuntos foram desenvolvidos em diferentes ocasiões, perante públicos distintos.

EXTENSÃO E ORDEM DAS SURAS

Suras e versículos variam muito em extensão. A sura mais longa (intitulada A vaca) contém 286 versículos. As três mais curtas contêm três versículos cada uma. E há versículos formados de uma única palavra, e outros compostos de várias frases.

Oitenta e seis das 114 suras foram reveladas em Meca, onde Maomé nasceu, em 570, e viveu até a idade de 52 anos; 28 suras foram reveladas em Medina, onde se refugiou e morreu em 632.

Por algum motivo que desconhecemos, nem os versículos dentro das suras, nem as suras dentro do livro, foram colocados em ordem cronológica ou reunidos por assunto. Os temas se repetem nas diversas suras. Ademais, alguns versículos revelados em Meca foram incluídos em suras reveladas posteriormente em Medina.

A única ordem seguida foi colocar as suras mais longas em primeiro lugar e as mais curtas em último lugar. É essa ordem tradicional que se encontra em todas as edições árabes do Alcorão e que adotamos, naturalmente, em nossa tradução.

Há exegetas, contudo, que procuram substituir essa classificação por duas outras.

A primeira, baseada em estudos minuciosos, dispõe as suras por ordem cronológica: o que permite acompanhar a evolução do pensamento de Maomé desde as primeiras revelações até as últimas, embora haja algumas variações de um exegeta a outro.

Daremos a seguir a classificação adotada por J.M. Rodwell na sua tradução inglesa do Alcorão.

CLASSIFICAÇÃO CRONOLÓGICA

Para acompanhar a evolução do pensamento de Maomé da primeira revelação à última, ler as suras na seguinte ordem (os números representam os números das suras na presente edição):

96, 74, 73, 93, 94, 113, 114, 1, 109, 112, 111, 108, 104, 107, 102, 92, 68, 90, 105, 106, 97, 86, 91, 80, 87, 95, 103, 85, 101, 99, 82, 81, 84, 100,

79, 77, 78, 88, 89, 75, 83, 69, 51, 52, 56, 53, 70, 55, 54, 37, 71, 76, 44, 50, 20, 26, 15, 19, 38, 36, 43, 72, 67, 23, 21, 25, 17, 27, 18, 32, 41, 45, 16, 30, 11, 14, 12, 40, 28, 39, 29, 31, 42, 10, 34, 35, 7, 46, 6, 13, 2, 98, 64, 62, 8, 47, 3, 61, 57, 4, 65, 59, 33, 63, 24, 58, 22, 48, 66, 60, 110, 49, 9, 5.

A segunda classificação segue uma ordem subjetiva, determinada pelo gosto pessoal de cada um, no afã de apresentar ao leitor, primeiro, as suras mais curtas e mais poéticas e depois as mais longas e mais dogmáticas. O objetivo é tornar a leitura do Alcorão mais fácil e atraente. Reproduziremos em seguida a classificação adotada por N.J. Dawood, que também traduziu o Alcorão para o inglês.

CLASSIFICAÇÃO LITERÁRIA

Para conhecer, em primeiro lugar, as páginas mais poéticas do Alcorão, ler as suras na seguinte ordem (os números representam os números das suras na presente edição):

1, 99, 82, 81, 76, 55, 71, 100, 113, 114, 95, 93, 92, 89, 94, 96, 97, 102, 103, 104, 107, 108, 101, 98, 91, 88, 90, 87, 19, 86, 12, 85, 84, 83, 80, 79, 78, 77, 75, 74, 70, 73, 69, 68, 10, 67, 28, 27, 64, 63, 18, 14, 62, 61, 57, 56, 53, 52, 51, 50, 47, 46, 45, 11, 13, 44, 43, 42, 41, 40, 37, 36, 35, 34, 32, 31, 30, 29, 26, 25, 24, 23, 20, 17, 15, 7, 105, 106, 11, 112, 72, 60, 59, 58, 49, 48, 39, 38, 33, 21, 16, 8, 9, 2, 4, 65, 5, 109, 110, 22, 3, 6, 66.

Cada sura tem um número, e cada versículo dentro das suras também. Geralmente, nas traduções do Alcorão, coloca-se o número de cada versículo antes de iniciá-lo, o que dá ao livro o aspecto de um código e contribui para afastar a mente do leitor da ideia de que o Alcorão, além de livro santo, seja uma obra literária de grande beleza.

Nas edições árabes, por oposição, o número é colocado depois do versículo num pequeno círculo artístico que não atrapalha a leitura. Seguindo um método similar, colocamos o número de cada versículo em uma coluna à direita, ao lado de um losango vazado que remete à arte árabe. Desse modo, o leitor poderá consultar qualquer versículo pelo número.

Por outro lado, eliminamos os números romanos, usados em muitas traduções para enumerar as suras e usamos tanto para as suras quanto para os versículos os números arábicos, mais simples e mais claros. Em nossas anotações, o primeiro número refere-se à sura, o segundo, ao versículo. Assim, 2:182 indica o versículo nº 182 da sura nº 2.

Todas as suras, exceto uma, começam com a saudação: "Em nome de Deus, o Clemente, o Misericordioso." Vinte e nove suras começam com letras isoladas do alfabeto árabe, sobre a interpretação das quais os exegetas divergem.

De acordo com a tradição muçulmana, foi numa noite do mês do Ramadã do ano 610 que, enquanto dormia ou estava em transe, Maomé, então com 40 anos, viu o anjo Gabriel na sua frente. Ordenou o anjo: "Recita!" "Que recitarei?", perguntou Maomé. "Recita!", repetiu o anjo. "Que recitarei?", voltou Maomé a perguntar. "Recita!", disse o anjo pela terceira vez.

> Recita em nome de teu Senhor que criou,
> Criou o homem de sangue coagulado.
> Recita. E teu Senhor é o mais generoso,
> Que ensinou com a pena,
> Ensinou ao homem o que não sabia.

Eram os primeiros versículos do Alcorão, que fariam parte da sura intitulada O coágulo.

Até a sua morte, 22 anos depois, Maomé recitaria a seus seguidores versículos do Alcorão que dizia receber diretamente de Deus por intermédio do anjo Gabriel.

> É uma blasfêmia atribuir este Alcorão a outro que não a Deus. Ele é a confirmação do que o precedeu e a elucidação do Livro incontestável do Senhor dos Mundos. (10:37)

O DOGMA DO ISLÃ

Eis como N.J. Dawood resume o dogma pregado por Maomé:

Deus havia revelado sua vontade aos judeus e aos cristãos pela voz de seus Mensageiros. Mas eles desobedeceram às ordens de Deus e dividiram-se em seitas cismáticas. O Alcorão acusa os judeus de terem corrompido as Escrituras, e os cristãos, de adorarem Jesus como o Filho de Deus, quando Deus nunca teve filho e quer ser adorado com absoluta exclusividade. Tendo-se assim desencaminhado, judeus e cristãos devem ser chamados de novo para a senda da retidão, a religião verídica fundada por Abraão e que Maomé, o último dos Profetas, veio pregar.

Completam o dogma as cinco seguintes proposições:

1. Deus é único e onipotente. É o criador e o Senhor absoluto dos céus e da terra e de tudo quanto existe neles. Sabe tudo e pode tudo. Nada acontece senão pela Sua vontade. Faz o que Lhe apraz. Seu poder é ilimitado e discricionário. Os homens são Seus servos.

Desgraça alguma acontece senão com a permissão de Deus. (64:11)
Se teu Senhor quisesse, todos os habitantes da terra seriam crentes. (10:99)
Possui as chaves do desconhecido, e só Ele as possui. E sabe o que há na terra e no mar. Nenhuma folha cai sem Seu conhecimento. E não existe grão no seio da terra escura ou coisa alguma, seca ou verde, que não esteja registrada no Livro evidente. (6:59)
Se quiséssemos, poríamos todas as almas no caminho da retidão. Mas digo-o em verdade, encherei o inferno de *djins* e de homens. (32:13)
E Ele perdoa a quem Lhe apraz e castiga quem Lhe apraz. (2:284)

A Ele pertencem os nomes mais sublimes. Sua grandeza é representada por metáforas inesquecíveis.

> E quando Moisés chegou a Nosso encontro e seu Senhor lhe falou, disse: "Senhor meu, deixa-me ver Tua face." Respondeu o Senhor: "Não me verás. Observa, porém, o monte. Se ele permanecer no seu lugar, poderás Me ver." Mas quando Deus desvelou Sua face ao monte, o monte caiu em pó. E Moisés perdeu os sentidos. (7:143)

Sua imagem completa forma-se traço por traço, de um versículo a outro. Ele sabe castigar com vigor, sabe mesmo ser vingativo e astucioso; mas como sabe também ser generoso e liberal! E como sabe ser justo e clemente!

> Quem praticar uma boa ação, receberá dez vezes seu equivalente, e quem cometer uma ação má, receberá apenas o seu equivalente, e ninguém será lesado. (6:160)
>
> Ó vós que credes, sede firmes na distribuição da justiça, testemunhado por Deus, mesmo contra vós mesmos ou contra vosso pai, vossa mãe e vossos parentes, trate-se de um rico ou de um indigente. Deus vela sobre todos. (4:135)

Sendo o poder de Deus ilimitado e discricionário, e considerando-se que nada acontece senão com Sua permissão e conforme Sua presciência, nasceu a ideia da predestinação, da fatalidade, do *maktub*. Está mesmo tudo escrito no Livro? E em que sentido? Descobrir as respostas nos pronunciamentos do Alcorão não é um dos menores atrativos da leitura.

Impressionados com essa dominação absoluta de Deus, alguns descrentes ironizavam: "E quando se lhes diz: 'Gastai do que Deus vos concedeu', os que descreem dizem aos que creem: Alimentaríamos os que Deus alimentaria se Ele quisesse?" (36:47)

2. Outros elementos da religião muçulmana são a ressurreição dos mortos, o juízo final, a Geena (inferno) e o Paraíso. A ressurreição de

todos os homens precederá o dia do julgamento. E após o julgamento, os condenados irão para a Geena "e lá permanecerão enquanto permanecerem os céus e a terra", (11:107) e os eleitos, para o Paraíso "onde permanecerão enquanto permanecerem os céus e a terra". (11:108)

As delícias do Paraíso são descritas sob a forma alegórica das delícias deste mundo que mais sensibilizam o beduíno do deserto: jardins e rios, frutas e água de nascente, e esposas formosas.

Mas é tanto a ressurreição como a Geena que são descritas com as imagens mais impressionantes.

> Assim, quando a trombeta soar uma só vez, e a terra e as montanhas forem erguidas e, depois, esmagadas de um só golpe, naquele dia será a ressurreição. (69:13 a 15)
>
> Nesse dia, os homens serão como borboletas dispersas e as montanhas, como lã cardada. (101:4 e 5)
>
> Naquele dia, enrolaremos o céu como se enrola um pergaminho. E como iniciamos a primeira criação, iniciaremos a segunda. (21:104)
>
> Os que rejeitam Nossos sinais, breve os jogaremos ao Fogo. Cada vez que suas peles forem queimadas, as substituiremos por outras para que continuem a experimentar o suplício. (4:56)

3. Maomé é o mensageiro de Deus, encarregado de transmitir Sua palavra aos homens. O Alcorão liga inúmeras vezes o nome de Maomé ao nome de Deus e exorta: obedecei a Deus e a Seu Mensageiro.

> Crentes são os que creem em Deus e em Seu Mensageiro. (24:62)
>
> Para aqueles que não creem em Deus e em Seu Mensageiro, preparamos um fogo flamejante. (48:13)

4. O Alcorão não classifica os homens conforme sua raça, cor, nacionalidade, cultura, posses econômicas, classes sociais. Não obstante essas diferenças, todos os homens são iguais perante Deus. *O que os* *distingue é sua fé.* O mundo é dividido em dois campos: o dos muçulmanos (os crentes) e dos não muçulmanos (os descrentes ou infiéis).

> Com certeza. Deus separará, no dia da Ressurreição, os que creem dos judeus e nazarenos e magos e idólatras. (22:17)

O crime mais citado como merecedor dos suplícios do inferno é a descrença:

> Se persistirdes na descrença, como vos defendereis de um dia que tornará branco o cabelo das crianças? (73:17)

A atitude para com os judeus e os cristãos, chamados "os adeptos do Livro", é mais deferente do que a reservada aos idólatras. Assim mesmo, varia segundo as relações que se desenvolveram entre eles e os muçulmanos. Alguns versículos lhe são favoráveis; outros, desfavoráveis.

5. Além das verdades em que o muçulmano deve crer, há cinco deveres que lhe são prescritos: a prece, o jejum, o pagamento do tributo dos pobres, a peregrinação a Meca e a guerra santa.

> São realmente crentes os que creem em Deus e em Seu Mensageiro, que não duvidam e que lutam, com sua vida e suas posses, pela causa de Deus. (49:15)

A LEI DO ALCORÃO

A lei do Alcorão é feita de dois elementos: uma severidade rigorosa (notadamente contra os assassinos, os adúlteros, os ladrões e os renegados) e um espírito de indulgência, de justiça e de perdão. Determina que se cortem as mãos ao ladrão, que se apliquem cem açoites ao adúltero e à adúltera, mas recomenda a clemência para os que se arrependem e repete centenas de vezes que Deus é compassivo e misericordioso.

Quando dois dentre vós cometerem um adultério, castigai-os. Mas se se arrependerem e se emendarem, deixa-os em paz. Deus é perdoador e clemente. (4:16)

E prescreve a justiça em todas as circunstâncias, mesmo a favor do inimigo.

... e que vosso ódio não vos impeça de serdes justos para com os que odiais. (5:8)

Mesmo para um delito tão secreto quanto o adultério, a lei exige quatro testemunhas:

Aquelas de vossas mulheres que forem suspeitas de adultério, chamai quatro testemunhas dos vossos contra elas. Se as testemunhas testemunharem, confinai-as então em vossas casas até que a morte as leve ou até que Deus lhes indique um caminho. (4:15)

Além do código penal, há no Alcorão um código civil que regulamenta o casamento, o repúdio, a poligamia, os juros, o vestuário feminino, as relações entre homens e mulheres, o testamento, a filiação, os alimentos permitidos e proibidos, a atitude para com os adeptos de outras religiões, o vinho, os jogos de azar, a caça e dezenas de outros assuntos.

Maomé foi perseguido e exilado pelos habitantes de sua cidade natal, Meca, quando começou a pregar a nova religião; e só pela força pôde a ela voltar mais tarde. Ademais, teve que sustentar guerras contra os idólatras, os judeus, os cristãos. O Alcorão contém, portanto, muitas disposições relativas ao comportamento dos muçulmanos na guerra, aos cativos, aos despojos, aos inimigos, aos aliados, às dispensas de combater e numerosos outros assuntos de caráter militar.

Constitucionalmente, o Estado que o Alcorão parece favorecer é um Estado teocrático, baseado na orientação de um chefe supremo justo que aplica a palavra de Deus, e na igualdade de todos os muçulmanos, sem discriminação nascida da raça, classe social, nacionalidade, do grau de instrução ou das posses.

> Todos os crentes são irmãos. Fazei a paz entre vossos irmãos e temei a Deus. Quiçá recebereis misericórdia. (49:10)

NARRATIVAS HISTÓRICAS

O Alcorão contém a narração de muitos acontecimentos bíblicos e evangélicos, tais como a criação de Adão e Eva e sua expulsão do Paraíso; a história de José e de seus 11 irmãos; a perseguição do Faraó aos judeus e a ida destes para a Terra da Promissão; a história de Salomão e da rainha de Sabá; o nascimento de Jesus; e muitos outros, com similitudes e dissimilitudes em relação às versões da Bíblia e do Evangelho.

COMPORTAMENTO PESSOAL E SOCIAL

Dezenas de detalhes do comportamento social são regulamentados no Alcorão, desde o asseio pessoal, como as relações íntimas entre marido e mulher, até a maneira de saudar, andar, responder aos insensatos, visitar o Profeta e dirigir-se a ele. Abrange, às vezes, minúcias quase surpreendentes num código tão vasto:

> Ó vós que credes, quando vos pedem nas assembleias: "Apertaivos para dar lugar aos demais", dai lugar aos demais. Deus vos dará lugar no Paraíso. E quando vos dizem: "Levantai-vos", levantai-vos... (58:11)

É, todavia, na pregação das virtudes pessoais e sociais que o Alcorão atinge o sublime. Prega e exalta a generosidade, a caridade, a hospitalidade, a gratidão e condena em termos duros a avareza, a mentira, a hipocrisia, a avidez, a cobiça, a deslealdade, o orgulho, a arrogância. Reflexo dos povos orientais, prega também o culto da família e a bondade para com os pais. Inovação digna de apreço: diversos erros e delitos são punidos, impondo-se ao pecador algum ato de caridade.

Por esse lado, o Alcorão ultrapassa os limites de qualquer religião para aplicar-se a todos os homens em todos os tempos.

A boa ação e a má ação não são iguais. Repele o mal da melhor maneira, e verás aquele que era teu inimigo agir como se fosse teu amigo leal. (41:34)
Meu filho, observa a oração, prescreve a justiça, proíbe o mal e suporta com força de alma o que te atingir. (31:17) E não trates os outros com altivez (31:18) e não caminhes com jactância, pois jamais fenderás a terra e jamais atingirás a altura das montanhas. (17:37)
Nos vossos bens, que haja sempre um quinhão para o pobre e o deserdado. (51:18)

O ESTILO DO ALCORÃO

O estilo do Alcorão é diferente de qualquer outro estilo, árabe ou não árabe. Reproduzi-lo é impossível. Mas sacrificá-lo inteiramente e deturpá-lo, como nas traduções comuns, equivale a oferecer um Alcorão que não satisfaz ao leitor culto.

Fora sua prodigiosa beleza de forma, da qual esta tradução tentou salvar o que pudesse, o estilo do Alcorão apresenta características próprias cujo conhecimento permitirá ao leitor familiarizar-se mais rapidamente com o texto.

1♦ A maior parte do Alcorão é escrita na primeira pessoa do singular ou do plural: é Deus que fala pela boca de Maomé. Quando se dirige a uma só pessoa (tu), está dirigindo-se a Maomé; quando se dirige a muitas pessoas (vós), está se dirigindo ao conjunto dos muçulmanos; e quando fala *deles*, está falando dos não muçulmanos, podendo esses ser todos os não muçulmanos ou determinado grupo deles (os cristãos, os judeus, os idólatras, os habitantes de uma cidade), conforme as circunstâncias.

Mas Deus não fala somente na primeira pessoa do singular ou do plural. Fala de si mesmo também na terceira pessoa do singular. Muitas vezes, na mesma frase, fala na primeira e na terceira pessoas:

Não viste, que do céu, Deus faz descer água e com ela, produzimos frutas de cores diversas? (35:27)

Estais seguros de que Ele não vos devolva ao mar e não envie uma tempestade que vos afogue por vossa ingratidão sem que possais encontrar quem promova vossa causa contra Nós? (17:69)

Da mesma forma, em certas frases, Deus dirige-se ora a Maomé, ora a todos os muçulmanos:

Não sabeis que a Deus pertence o reino dos céus e da terra e que, fora d'Ele, não tendes nem defensor nem protetor? (2:107)

Segue, como os que se arrependeram contigo, o caminho reto, como te foi mandado. E não oprimais. Deus observa o que fazeis. (11:112)

2♦ Como o Alcorão não foi escrito, mas transmitido oralmente por Maomé, um sinal de mão, um aceno da cabeça ou outro gesto do corpo podiam indicar de quem se falava. Na tradução, para tornar o sentido mais claro, é necessário às vezes substituir o pronome pelo nome das pessoas a que ele se refere.

É o caso, entre outros, do próprio Maomé, que é mencionado muitas vezes pelo simples pronome *ele* (por exemplo, nos versículos 7:184; 10:38; 11:35; 25:4; 32:3; 33:40; 36:69; 37:158; 42:24; 46:8; 47:2; 48:29; 58:8). Quando julgamos que o texto ficava mais explícito substituindo-se o pronome pelo nome de Maomé, fizemos a substituição, conservando ao nome sua grafia árabe: Muhamad.

3♦ A língua árabe tem recursos de que as línguas europeias não dispõem. Por exemplo, além do singular e do plural, o árabe tem um terceiro número: o duplo, isto é, tem flexões especiais para o verbo, o substantivo, o adjetivo, o pronome quando se trata de dois objetos ou duas pessoas. Tem também flexões diferentes conforme se trata do plural feminino ou masculino, de coisas ou de pessoas. E os verbos têm afixos que lhe diversificam o sentido muito mais do que nas línguas europeias.

Esses e outros recursos possibilitam ao grande escritor uma concisão desconhecida em outros idiomas. No Alcorão, essa concisão chegou a uma virtuosidade nunca atingida antes dele ou depois. Cria por si mesma uma música e um ritmo tão belos e tão intraduzíveis quanto um tema de Mozart. E uma das tarefas mais difíceis do tradutor é respeitar essa concisão tanto quanto possível e evitar a prolixidade.

4♦ O mundo do Alcorão é um mundo masculino. Deus fala aos homens e fala-lhes das mulheres.

5♦ Há um vocabulário caracteristicamente corânico, mesmo em relação ao árabe clássico. Algumas de suas expressões têm o sabor de frutas desconhecidas, embora seja difícil às vezes apreender-lhes o sentido. Exemplos:

> O Senhor dos mundos. (1:2) O Senhor dos levantes. (37:5) O Senhor dos levantes e dos poentes. (70:40) O Senhor dos dois levantes e dos dois poentes. (55:17) O Senhor dos sete céus. (23:86)
> O duplo da vida e o duplo da morte. (17:75) O castigo do último mundo e do primeiro. (79:25)
> Os levantes e os poentes da terra. (7:137) A distância de dois Orientes. (43:48)
> Os herdeiros do Paraíso. (59:20) Os herdeiros da Geena. (5:86)
> Corações incircuncisos. (2:88) Os que têm a doença no coração. (5:52)
> Estão fechados com cadeados seus corações? (47:24)

6♦ Outras expressões e imagens refletem o meio e a época nos quais o Alcorão foi revelado. Era um meio de desertos e oásis, de comércio primitivo e de atividades pastoris. Maomé fala aos seus ouvintes a linguagem que eles entendem.

Para marcar o começo do jejum no fim da noite, diz: "E comei e bebei até que comeceis a distinguir, na aurora, a linha branca da linha preta." (2:187) Diz: "Ninguém será lesado do valor de uma mecha de lampião." (17:71) Diz: "Deus não prejudica ninguém, nem do peso de uma formiga." (4:40) Diz: "E os que invocais em vez d'Ele não mandam nem na casca de um caroço de tâmara." (35:13)

Deixamos intatas essas imagens saborosas quando outros tradutores falam do "peso de um átomo" ou escrevem: "Não sereis defraudados no mínimo que seja."

Uma deformação, pitoresca em si mesma, foi perpetrada por N.J. Dawood na sua tradução inglesa do Alcorão. Nela, as delícias do Paraíso são descritas sob forma de imagens alegóricas aptas a tocar a sensibilidade dos beduínos, a quem o Alcorão foi primeiro revelado: frutas, sombras densas, jardins (o que mais faltava ao homem do deserto) e esposas jovens, virgens, lindas (o que ele mais almejava). E promete aos eleitos "água de nascente" (56:18), uma raridade no deserto, particularmente apreciada. Nesse caso, o tradutor achou que água de nascente não era bastante atraente e substituiu-a por vinho (por que não uísque?).

7♦ Além dessas expressões e imagens, o Alcorão emprega certas palavras e fórmulas comuns, dando-lhes um sentido específico Exemplos: *Gastar* significa no Alcorão fazer liberalidades, gastar em benefício dos outros, não de si mesmo. *Crentes* são os muçulmanos; *descrentes*, os não muçulmanos. A *submissão* é a submissão a Deus, isto é, a adoção do Islã como religião. O *Livro* refere-se, geralmente, ao Alcorão; mas pode referir-se também ao Antigo Testamento ou ao Evangelho. Muitas vezes, o leitor deve adivinhar, pelo sentido, de que livro se trata. *Adeptos do Livro* são os cristãos e os judeus, os quais receberam um livro revelado (a Torá, a Bíblia, o Evangelho) e nele acreditam. *Os associados de Deus* são os ídolos a quem os idólatras atribuíam poderes divinos, fazendo deles como associados de Deus no reino dos céus e da terra. *Sinal* é manifestação, fenômeno, prova, prodígio. Lembremos que *Geena*, isto é, o inferno, é uma palavra portuguesa de origem árabe, assim como *sura*, que indica cada um dos capítulos do Alcorão.

8♦ Um exemplo típico dos problemas de tradução: o Alcorão proíbe o *juro* ou a *usura*? O vocábulo árabe (*ar-rabu*) aplica-se aos dois termos. E muitos tradutores, achando que seria demais proibir o juro, proibiram a usura. Basta, porém, comparar os diversos versículos nos quais o assunto é tratado para se convencer de que o Alcorão proibiu mesmo o juro. Esses versículos são, particularmente, os de números 275 a 279 da segunda sura. O versículo 275 diz:

> Os que vivem de juros não se levantarão de seus túmulos senão como aquele que o demônio esmaga. É porque dizem: "O juro é como o comércio." Mas, na verdade, Deus permitiu o comércio e proibiu o juro.
>
> Se o juro fosse legal e a usura, proibida, não teria o Alcorão dito: "Deus permitiu o juro e proibiu a usura"?

9♦ *E quando...* Esta expressão, no começo dos versículos, não introduz uma oração subordinada que pede uma oração principal, mas é a continuação de uma oração principal subentendida. "E lembra-te, ou lembrai-vos de quando houve isso ou aquilo, ou de *quando* fizemos isso ou aquilo..." É essencial anotar esta observação para familiarizar-se imediatamente com essa construção, muito frequente.

> E quando os anjos disseram: "Ó Maria, Deus te anuncia a chegada de Seu Verbo, chamado o Messias, Jesus, filho de Maria. Será ilustre neste mundo e no outro, e será um favorito de Deus." (3: 45)
>
> E quando vos livramos dos Faraós que vos infligiam os piores suplícios, imolando vossos filhos e poupando vossas mulheres. Vossa humilhação era uma dura provação imposta por vosso Senhor. (2: 49)

10♦ Certas palavras, que aparecem em nossa tradução com letra maiúscula (o árabe não tem letras maiúsculas), são empregadas no Alcorão num sentido incomum:

A Hora: o fim do homem ou o fim do mundo, a ressurreição.

O Grito: calamidade enviada por Deus e que destrói os homens, suas habitações e propriedades.

O Tremor: calamidade enviada por Deus e que atinge mais particularmente os homens.

O Indubitável: a morte ou o fim do mundo, o juízo final, sobre a chegada dos quais não pode haver dúvida.

A Calamidade, a Rebelde, a Algazarra, o Estrondo são também usados no sentido de castigo divino particularmente severo.

O Julgamento: o juízo final, o julgamento dos mortos depois de ressuscitados.

O Fogo: a Geena, o Inferno. (Quando a palavra começa com letra minúscula, significa apenas as chamas.)

O Enganador: o demônio.

Existem outros substantivos usados também num sentido peculiar e que o leitor terá prazer em identificar.

11♦ Assinalemos, para terminar, diversas construções de frases que, mesmo em árabe, são pouco usuais e constituem mais uma característica do estilo corânico. Procuramos salvar o que foi possível da originalidade dessas construções, ao risco de forçar a estrutura da frase em português:

> E quem vira as costas e se afasta, Deus é autossuficiente, digno de louvores. (57:24)
>
> E aqueles que vencem a própria avareza, são eles os vitoriosos. (59:9)
>
> Quanto aos que renegaram e desmentiram Nossas revelações, serão eles os herdeiros da Geena. (5:86)
>
> Quem dentre vós cometer um mal por desconhecimento e se arrepender e se emendar, Deus é clemente e misericordioso. (6:54)

12♦ Há um estilo corânico como há um estilo bíblico. Despido desse estilo, o Alcorão não é mais o Alcorão.

O ALCORÃO

1. ABERTURA

Em nome de Deus, o Clemente, o Misericordioso ◊1
Louvado seja Deus, o Senhor dos mundos, ◊2
O Clemente, o Misericordioso, ◊3
O Soberano do dia do Julgamento. ◊4
A Ti somente adoramos. Somente de Ti imploramos socorro. ◊5
Guia-nos na senda da retidão, ◊6
A senda dos que favoreceste, não dos que incorrem na
Tua ira, nem dos que estão desencaminhados. ◊7

2. A VACA

Em nome de Deus, o Clemente, o Misericordioso.
Alef. Lam. Mim.[1] ◊1
Este é o livro de que não se pode duvidar, um guia para os
que temem ao Senhor, ◊2
Creem no invisível, recitam as preces e gastam do que lhes
outorgamos, ◊3
E creem no que te foi revelado e no que foi revelado antes
de ti e esperam pela vida eterna. ◊4
Esses caminham à luz do Senhor, e deles será a vitória. ◊5
Advertir os descrentes é igual a não os advertir:
prosseguirão na sua descrença. ◊6
Deus selou-lhes os ouvidos e o coração, e seus olhos
foram cobertos por um véu. O suplício os aguarda. ◊7
Há homens que declaram: "Cremos em Deus e no último
dia." Mas, na verdade, não creem. ◊8
Procuram enganar Deus e os crentes; mas não enganam senão
a si mesmos e não o percebem. ◊9

Nos seus corações há uma doença, que Deus agravou mais ainda. O suplício castigar-lhes-á as mentiras. ◊10

Quando se lhes diz: "Não corrompais a terra", respondem: "Somos nós os reformadores." ◊11

São semeadores de corrupção, mas não o percebem. ◊12

E quando se lhes diz: "Crede como os outros crentes", na verdade, são eles os insensatos, mas não o percebem. ◊13

Quando se reúnem com os crentes, dizem: "Somos crentes." Mas quando estão a sós com seus demônios, dizem-lhes: "Estamos convosco. Zombamos apenas dos outros." ◊14

Deus zombará deles, deixando-os mergulhar ainda mais na sua iniquidade. ◊15

Compraram o erro pela verdade. E seu comércio não prosperou. Nunca serão guiados. ◊16

Agem como aquele que acendeu uma fogueira para iluminar o seu ambiente. Mas Deus arrebatou o fogo, deixando-os nas trevas. E nada conseguem ver. ◊17

Surdos, mudos, cegos, não podem retroceder. ◊18

Ou como aqueles que quando uma tempestade se abate do céu na escuridão, com relâmpagos e trovões, tapam os ouvidos com os dedos por medo da morte. Mas Deus cerca os descrentes. ◊19

O relâmpago ameaça-lhes a vista. Quando brilha, andam à sua luz; e quando se apaga, param nas trevas. Se Deus quisesse, aniquilar-lhes-ia os olhos e os ouvidos. Deus tem poder sobre tudo. ◊20

Homens, adorai vosso Senhor que vos criou e criou os que vos antecederam. E possais tornar-vos piedosos. ◊21

Foi Ele quem vos deu a terra por leito e o firmamento por teto, e mandou a chuva do céu a fim de produzir os frutos que vos servem de alimento. Não associeis ninguém a Deus, sendo cônscios do que fazeis. ◊22

Se tendes dúvidas acerca do Livro que transmitimos a Nosso servo, produzi uma sura igual às dele e convocai vossas testemunhas, fora de Deus, se o que dizeis for verídico. ◊23

Se não o fizerdes, e nunca o fareis, temei o Fogo preparado para os descrentes e cujo alimento são homens e pedras. ◊24

Anuncia aos que creem e praticam o bem que deles será o Paraíso onde correm os rios; cada vez que lhe provarem os frutos, exclamarão: "São iguais aos que comíamos na terra." Lá terão esposas puras, e lá permanecerão para todo o sempre. ◊25

Deus não se envergonha de citar como exemplo um mosquito ou alguma criatura maior. Os crentes sabem que só a verdade vem de Deus. Mas os descrentes conjeturam: "Que quis Deus dizer com essa parábola?" Uns acertam, outros desencaminham-se. Na verdade, somente os perversos se desencaminham. ◊26

São eles que violam o pacto do Senhor após o terem ratificado, e separam o que Deus mandou unir, e semeiam a desordem na terra. Serão eles os derrotados. ◊27

Como podeis renegar Deus, já que estáveis mortos e Ele vos ressuscitou e vos matará de novo e vos ressuscitará outra vez, e para Ele voltareis? ◊28

Foi Ele quem criou para vós tudo o que existe na terra; depois, subiu às alturas e formou os sete céus. Ele sabe tudo. ◊29

Quando Deus disse aos anjos: "Designarei um califa na terra", replicaram: "Designarás alguém que irá introduzir a desordem e derramar o sangue, quando nós cantamos louvores a Ti e santificamos Teu nome?" Respondeu: "Eu sei o que não sabeis." ◊30

Ensinou a Adão os nomes das coisas e dos seres. Depois, apresentou os seres e as coisas aos anjos, dizendo-lhes: "Indicai-lhes os nomes se sois sinceros." ◊31

"Louvado sejas! responderam os anjos, nós só sabemos o que nos ensinaste. A Ti pertencem o conhecimento e a sabedoria." ◊32

Ordenou, depois, a Adão: "Revela-lhes tu os nomes." E quando Adão o tivesse feito, disse o Senhor: "Não vos havia dito que conheço o invisível dos céus e da terra e o que revelais e o que ocultais?" ◊33

E quando dissemos aos anjos: "Prostrai-vos diante de Adão", todos se prostraram, exceto Satanás. Rebelou-se e ensoberbeceu-se, e tornou-se um dos descrentes. ◊34

E dissemos a Adão: "Habita o Paraíso com tua esposa, e comei à vontade do que quiserdes; mas não vos aproximeis desta árvore: seríeis transgressores." ◊35

Satanás, todavia, levou-os a prevaricar, e foram expulsos. E dissemos-lhes: "Descei daqui, cada um de vós o inimigo do outro; tereis na terra permanência e gozo transitórios." ◊36

Depois, Adão aprendeu de seu Senhor as palavras do arrependimento. E o Senhor teve compaixão dele. Ele é perdoador e clemente. ◊37

Ordenamos-lhes: "Descei ambos daqui. Mais tarde, uma mensagem vos será revelada, por Minha ordem, e quem seguir Minha mensagem não será tocado pelo medo e não se entristecerá. ◊38

Mas os que negarem e rejeitarem Nossas revelações serão os herdeiros do Fogo e lá permanecerão para todo o sempre." ◊39

Ó filho de Israel, lembrai-vos dos benefícios com que vos cumulei. E respeitai Minha aliança, respeitarei a vossa. E tende pavor de Mim. ◊40

E crede no que revelei, e que confirma o que vos foi revelado. E não sejais os primeiros a rejeitá-lo. E não o vendais por pouco. ◊41

Não vistais a verdade com a mentira, e não escondais a verdade deliberadamente. ◊42

E recitai as preces, e pagai o tributo dos pobres, e ajoelhai-vos com os que se ajoelham. ◊43

Ordenareis as boas ações aos outros e não a vós mesmos que recitais o Livro? Nunca compreendereis? ◊44

Procurai fortalecer-vos com a paciência e com as preces, que são um encargo pesado somente para os que não são piedosos. ◊45

E não esperam encontrar seu Senhor nem para Ele regressar. ◊46

Ó filho de Israel, lembrai-vos dos benefícios com que vos cumulei. Lembrai-vos de que vos preferi aos mundos. ◊47

E temei o dia em que cada alma se apresentará sozinha e dela não se aceitará nem resgate nem intercessão. E ninguém a socorrerá. ◊48

E quando vos livramos dos Faraós, que vos infligiam os piores suplícios, imolando vossos filhos e poupando vossas mulheres. Vossa humilhação era uma dura provação imposta por vosso Senhor. ◊49

E quando separamos para vós as águas do mar e afogamos os Faraós enquanto olháveis. ◊50

E quando chamamos Moisés quarenta noites. E vós, na sua ausência, adotastes o bezerro e vos tornastes prevaricadores. ◊51

Assim mesmo, perdoamo-vos: quiçá sejais agradecidos. ◊52

E quando demos a Moisés o Livro e o discernimento para que pudésseis seguir a senda da retidão. ◊53

E quando Moisés disse a seu povo: "Agistes iniquamente para com vós mesmos, adorando o bezerro. Arrependei-vos diante de vosso criador, e matai vossas almas pecadoras. Assim ficareis melhor perante Ele." E ele aceitou vosso arrependimento. Ele é indulgente e misericordioso. ◊54

E quando dissestes a Moisés: "Não creremos em ti até vermos Deus face a face." O raio, então, apanhou-vos enquanto olháveis. ◊55

Depois, reavivamo-vos de vosso estupor: quiçá agradecêsseis. ◊56

E mandamos nuvens fazerem sombra por cima de vós; e enviamo-vos o maná e as codornas, dizendo-vos: "Comei das boas coisas que vos outorgamos." E eles não foram iníquos para conosco: foram iníquos para consigo mesmos. ◊57

E quando vos dissemos: "Entrai nessa cidade e usufruí seus bens à vontade, e sede felizes. Mas prostrai-vos na entrada e pedi perdão de vossos pecados. E Nós vos perdoaremos e seremos generosos para com os generosos." ◊58

Os prevaricadores, porém, substituíram por outras as palavras que lhes havíamos dito. E mandamos contra eles um flagelo do céu para castigar-lhes os delitos. ◊59

E quando Moisés pediu água para seu povo, dissemos-lhe: "Bate na rocha com teu cajado." E da rocha brotaram 12 nascentes. E cada tribo soube que nascente lhe pertencia. E foi-lhes dito: "Comei e bebei do que Deus criou, mas não corrompais a terra." ◊60

E quando dissestes a Moisés: "Não suportamos mais este alimento, sempre o mesmo. Pede a teu Deus que faça sair do solo o que o solo produz: vegetais, pepino, milho, lentilhas, cebolas." Respondeu Moisés: "Quereis trocar o melhor pelo inferior? Voltai ao Egito: encontrareis o que pedis." E o aviltamento e a pobreza estenderam-se sobre eles como um flagelo, e a ira de Deus sobrecarregou-os porque rejeitavam os sinais de Deus e matavam injustamente os Profetas, e porque eram desobedientes e agressores. ◊61

Os que creem e os que abraçaram o judaísmo e os cristãos e os sabeus, todos os que creem em Deus e no último dia e praticam o bem obterão sua recompensa de Deus e nada terão a recear e não se entristecerão. ◊62

E quando aceitamos vossa aliança e elevamos o Monte Sinai por cima de vós, dizendo-vos: "Recebei e guardai com firmeza as leis que vos damos, e lembrai-vos do que há nelas. E possais tornar-vos piedosos." ◊63

Afastates-vos, porém, delas. E não fosse a graça de Deus e a Sua misericórdia, estaríeis entre os derrotados. ◊64

Ouvistes falar daqueles, entre vós, que desrespeitaram o sábado e como lhes dissemos: "Sereis mudados em macacos desprezíveis?" ◊65

Fizemos deles um exemplo para seus coevos e para as gerações seguintes e uma advertência para todos os que creem. ◊66

E quando Moisés disse a seu povo: "Deus ordena-vos que imoleis uma vaca", reclamaram: "Zombas de nós?" Respondeu: "Livre-me Deus de ser um dos insensatos!" ◊67

Disseram: "Pede a teu Deus que nos diga que vaca devemos imolar." Respondeu: "Deus diz que não seja nem velha nem novilha, mas entre as duas. Executai, pois, as ordens recebidas." ◊68

Retrucaram: "Pede a teu Deus que indique a sua cor."
Respondeu: "Deus diz que seja amarela, de uma claridade
que alegra a vista." ◊69
Retrucaram: "Pede pormenores a teu Deus. As vacas
parecem-nos iguais. Mas com a Sua ajuda, estaremos
guiados." ◊70
Respondeu: "Deus diz que é uma vaca saudável que não foi
usada nem para lavrar a terra nem para regar as
plantações, livre de qualquer defeito e de pele sem
manchas." Declararam: "Agora disseste tudo." E imolaram
a vaca, e por pouco teriam desistido. ◊71
E quando matastes um homem e disputastes acerca do
culpado – e Deus revelou o que procuráveis encobrir. ◊72
Dizendo: "Batei no cadáver com um membro da vaca." E o
homem ressuscitou. Assim Deus ressuscita os mortos e
revela Seus sinais. Possais compreender. ◊73
Depois, vossos corações endureceram-se de novo, tais pedras,
ou mais duros ainda. Pois, de certas pedras brotam
mananciais; outras se dividem para libertar a água; e
outras se prostram por medo de Deus. Deus está atento ao
que fazeis. ◊74
Esperais que acreditem em vós quando há entre eles quem
ouve a palavra de Deus e, após compreendê-la, adultera-a? ◊75
Quando se reúnem com os crentes, dizem: "Cremos." Mas
quando estão a sós entre si mesmos, dizem: "Iremos
transmitir-lhes o que Deus nos revelou para que tenham
argumentos contra nós diante de nosso Senhor? Não
temos bom-senso?" ◊76
Ignorarão que Deus sabe o que ocultam e o que revelam? ◊77
E, entre eles, há ignorantes que desconhecem o Livro e
satisfazem-se com extravagâncias e conjeturas. ◊78
Ai daqueles que escrevem um livro com as próprias mãos e
depois dizem: "Deus no-lo revelou", para vendê-lo por
algum preço vil. Desgraçados pelo que suas mãos
escrevem! Desgraçados pelo que lucram! ◊79

E dizem: "O fogo não nos atingirá, senão por poucos dias."
Pergunta-lhes: "Recebestes um pacto de Deus – Deus nunca
falta a Seus pactos – ou atribuís a Deus o que não sabeis?" ◊80

Não, não! Aqueles que praticam o mal e se deixam envolver
nos seus pecados, esses serão os herdeiros do Fogo, e nele
permanecerão para todo o sempre. ◊81

E aqueles que creem e praticam o bem terão o Paraíso por
herança e nele permanecerão para todo o sempre. ◊82

E quando recebemos a aliança dos filhos de Israel,
dissemos-lhes: "Não adorareis senão Deus; vossos pais
honrareis; os parentes e os órfãos e os necessitados tratareis
com bondade, e a todos respondereis cordialmente;
recitareis as preces e pagareis o tributo dos pobres." Virastes
as costas e afastastes-vos, com a exceção de uns poucos. ◊83

E quando recebemos vossa aliança, dissemos: "Não vertais o
sangue dos vossos, e não os expulseis de suas habitações."
Prometestes, e sois testemunhas. ◊84

E eis que estais matando vossos próprios parentes e expulsan-
do-os de suas casas, e ajudando outros contra eles, maldosa e
injustamente. E quando vêm a vós como prisioneiros, deles
exigis resgate, sabendo que vos era proibido expulsá-los em
primeiro lugar. Acreditareis, acaso, numa parte do Livro e
renegareis a outra? Se o fizerdes, vosso castigo será a vergonha
neste mundo e o suplício no dia da Ressurreição. Deus está
atento ao que fazeis. ◊85

Esses são os que compraram esta vida pela vida eterna. Seu
castigo não será abrandado. E ninguém os socorrerá. ◊86

A Moisés concedemos o Livro. E, depois dele, enviamos
outros Mensageiros; e a Jesus, filho de Maria, demos as
provas e fortificamo-lo com o Espírito Santo. Mas,
cada vez que um Mensageiro vinha a vós com o que se
opunha às inclinações de vossas almas, tornáveis-vos
arrogantes. E uns desmentíeis, e outros matáveis. ◊87

Disseram: "Nossos corações são incircuncisos." Não. Mas
Deus os amaldiçoou pela sua descrença. Quão pouco
acreditam! ◊88

E quando Deus enviou-lhes um Livro que confirma as
Escrituras que já possuíam, eles, que antes clamavam
por tal sinal para confundir os descrentes,
desmentiram-no e renegaram-no. A maldição de Deus
caia sobre os descrentes! ◊89

Vil foi o preço pelo qual venderam suas almas. Negam o
que Deus revelou, revoltados à ideia de que Ele faça
descer a revelação sobre quem Lhe aprouver entre Seus
servos. E mereceram de Deus ira sobre ira. Um castigo
aviltante espera os que descreem. ◊90

E quando se lhes diz: "Acreditai no que Deus revelou",
respondem: "Só acreditamos no que a nós revelou." E
negam o que veio depois, embora a nova revelação
confirme a anterior. Pergunta-lhes: "Por que,
então, matáveis os Profetas de Deus se éreis crentes?" ◊91

Moisés trouxe-vos as provas. Assim mesmo, quando se
ausentou, adoraste o bezerro. E tornastes-vos
prevaricadores. ◊92

E quando aceitamos vossa aliança e elevamos o Monte Sinai
por cima de vós, dizendo: "Aceitai o que vos damos com
corações abertos e escutai Nossos mandamentos."
Responderam: "Escutamos, mas desobedecemos." Pois
seus corações heréticos estavam embriagados do bezerro.
Dize-lhes: "Sois mesmo crentes? Condenável é o que
vossa fé vos ordena!" ◊93

Dize-lhes: "Se acreditais com sinceridade que a última morada
junto a Deus é vossa, com exclusão dos demais, então
desejai a morte." ◊94

Ora, nunca a desejarão por causa do que suas mãos perpetraram. Deus conhece os prevaricadores. ◊95

Verificarás, ao contrário, que são os mais agarrados à existên-
cia. E entre os idólatras, há quem deseja viver mil anos.
Mas, ainda que vivesse tanto, não escaparia ao castigo.
Deus vê o que fazem. ◊96

Dize: "Quem for inimigo de Gabriel – foi ele quem revelou a
teu coração, com a permissão de Deus, o Livro que

corrobora as Escrituras anteriores: um guia e boas-novas
para os crentes –,   ◊97

Quem for inimigo de Deus e de Seus anjos e de Seus Mensageiros
e de Gabriel e de Miguel, terá Deus por inimigo: Deus é o
inimigo dos descrentes."   ◊98

Na verdade, enviamos-te sinais manifestos. E somente os
perversos recusam de neles acreditar.   ◊99

Será que cada vez que concluírem um pacto, alguns deles o
romperão? Na verdade, a maioria deles não creem.   ◊100

E agora que Deus lhes enviou um Mensageiro para confirmar
as revelações que lhes haviam sido feitas, alguns dos
adeptos do Livro lançam fora o Livro de Deus como
se nada conhecessem.   ◊101

E acreditam no que os demônios propalavam no reino de
Salomão, quando este nunca foi um descrente.
Descrentes foram os demônios que ensinaram aos homens
a magia e o que havia sido revelado na Babilônia aos dois
anjos Harut e Marut. Mas estes nunca instruíram alguém
sem antes preveni-lo: "Fomos enviados para tentar-te. Não
renuncieis à tua fé." Deles, os homens aprendem um feitiço
capaz de semear a discórdia entre marido e mulher. Assim
mesmo não são capazes de usá-lo contra ninguém sem a
permissão de Deus. Eles só aprendem o que os prejudica e
não beneficia. E sabem que quem se entregar a tais práticas
nenhuma herança receberá na vida futura. Por que preço
vil venderam suas almas! Se soubessem![2]   ◊102

Se tivessem crido e temido a Deus, muito maior teria sido a
sua recompensa. Se soubessem!   ◊103

Ó vós que credes, não digais: "Observa-nos." Dizei: "Olhai-nos."
E escutai. Um castigo doloroso aguarda os descrentes.   ◊104

Aos descrentes entre os adeptos do Livro e aos idólatras
desagrada que os benefícios de vosso Senhor desçam sobre
vós. Mas Deus reserva Sua misericórdia a quem Lhe apraz.
Deus detém grandes favores.   ◊105

Os versículos que ab-rogamos ou desprezamos neste Livro,
Nós os substituímos por outros, iguais ou melhores. Não
sabeis que Deus tem poder sobre tudo? ◊106

Não sabeis que a Deus pertence o reino dos céus e da terra e
que, fora d'Ele, não tendes nem defensor nem protetor? ◊107

Ou quereis opor a vosso Mensageiro as objeções feitas a Moisés
antes dele? Quem troca a fé pela descrença se desvia da
senda da retidão. ◊108

Muitos dos adeptos do Livro, movidos pela inveja, gostariam de
fazer-vos retroceder da fé à descrença agora que a verdade
tornou-se evidente para eles. Pacientai e perdoai até que Deus
mande Suas ordens. Deus tem poder sobre tudo. ◊109

E recitai as preces e pagai o tributo dos pobres. Todo o bem
que adiantardes, encontrá-lo-eis junto a Deus. Deus
observa o que fazeis. ◊110

Disseram: "Só os judeus e os cristãos entrarão no Paraíso."
Tais são seus anseios. Dize-lhes: "Trazei vossas provas se
sois sinceros." ◊111

Na verdade, quem se submeter a Deus e praticar o bem, Ele
o recompensará. O medo não se apoderará dele, e não se
entristecerá. ◊112

Os judeus dizem: "Os cristãos não se baseiam em nada." E os
cristãos dizem: "Os judeus não se baseiam em nada." Uns
e outros, porém, recitam as Escrituras. E os que nada
sabem fazem as mesmas alegações. Deus julgará suas
disputas no dia da Ressurreição. ◊113

Haverá alguém mais perverso do que aquele que impede que
o nome de Deus seja louvado em Seus templos e que se
esforça para destruir esses templos? Os que assim
procedem devem tremer ao penetrar nos templos do
Senhor. Sua recompensa será o opróbrio neste mundo e o
suplício no outro. ◊114

A Deus pertencem o Levante e o Poente. Para onde vos
tornardes, lá encontrareis o semblante de Deus. Deus é
imenso e sabedor. ◊115

Dizem: "Deus tomou a Si um filho." Glorificado seja! A Ele pertence tudo o que existe nos céus e na terra. E tudo lhe é submetido. ◊116

O criador dos céus e da terra. Quando decreta algo, basta-lhe dizer: "Sê!" para que seja. ◊117

Os que não sabem dizem: "Por que Deus não nos fala? Por que não nos envia algum sinal?" Assim falavam os que os precederam, porque seus corações se assemelham. Àqueles cuja fé é firme, Nós já revelamos Nossos sinais. ◊118

E enviamos-te com a verdade para pregar e advertir, e não terás que responder pelos companheiros da Geena. ◊119

Não agradarás nem aos judeus nem aos cristãos até que adotes seus credos. Dize-lhes: "O caminho de Deus é o caminho." E se te deixares seduzir por seus caprichos após o que te foi revelado, não terás em Deus nem protetor nem defensor. ◊120

Aqueles a quem revelamos o Livro e que sabem recitá-lo, esses nele creem. Os que o renegam, serão eles os derrotados. ◊121

Ó filhos de Israel, lembrai-vos dos benefícios com os quais vos cumulei e que vos preferi aos mundos. ◊122

E temei o dia em que cada alma se apresentará sozinha e dela não se aceitará nem resgate nem intercessão E ninguém a socorrerá. ◊123

E quando Deus submeteu Abraão a provas, e este as cumpriu, Deus disse-lhe: "Farei de ti o imame dos homens." Perguntou Abraão: "De minha descendência também?" Deus respondeu: "Minha aliança não abrange os iníquos." ◊124

E quando fizemos da Caaba um asilo e um santuário, dizendo: "Transformai em oratório o lugar onde Abraão rezava." E pedimos a Abraão e a Ismael: "Purificai Minha Casa para os que andarem em volta dela e a ela se recolherem e para os que se inclinarem e se prostrarem." ◊125

E quando Abraão disse: "Senhor meu, estende a segurança sobre esta terra e envia frutos a seus habitantes que creem em Ti e no último dia." Deus respondeu: "E a quem for descrente, concederei um gozo transitório; depois, arrastá-lo-ei para o suplício do Fogo. Funesto será seu destino." ◊126

E quando Abraão e Ismael levantaram os alicerces da Casa,
dizendo: "Senhor nosso, aceita-a de nós. És quem ouve
tudo e sabe tudo. ◊127

Senhor nosso, faze-nos submissos a Ti, e faze de nossa descendência uma nação submissa a Ti. E ensina-nos os ritos e
aceita nosso arrependimento. És acolhedor e misericordioso. ◊128

Senhor nosso, suscita dentre eles um Mensageiro que lhes
revele Teus sinais e lhes ensine o Livro e a sabedoria e os
purifique. És poderoso e sábio." ◊129

Quem rejeitaria a religião de Abraão senão os insensatos?
Nós o elegemos neste mundo; e, no Além, ele estará entre
os justos. ◊130

Quando Deus lhe disse: "Submete-te", respondeu: "Submeto-me
ao Senhor dos mundos." ◊131

E Abraão transmitiu sua crença a seus filhos, e Jacó, aos seus,
dizendo: "Sim, meus filhos, Deus escolheu esta religião
para vós. Não deixeis esta vida senão submissos." ◊132

Não estáveis presentes quando, à chegada da morte, Jacó perguntou a seus filhos: "Quem adorareis depois de mim?"
E eles responderam: "Adoraremos teu Deus e o Deus de
teus antepassados Abraão e Ismael e Isaac, um Deus único
a quem nos submetemos." ◊133

Aquela nação já se foi. A ela o que mereceu. A vós o que merecestes. Ninguém vos pedirá contas do que eles faziam. ◊134

Dizem: "Sede judeus ou cristãos, e estareis no caminho reto."
Responde: "Não, segui antes a religião de Abraão, um
homem de fé pura, que não era um idólatra." ◊135

Dizei: "Cremos em Deus e no que nos foi revelado e no que foi
revelado a Abraão e a Ismael e a Isaac e a Jacó e às tribos, e
no que foi outorgado a Moisés e a Jesus e aos Profetas pelo
seu Senhor. Não fazemos distinção entre eles, e a Ele nos
submetemos." ◊136

Se crerem no que credes, estarão na senda da retidão e se se
afastarem, estarão no cisma. Deus te sustentará contra eles.
Ele ouve tudo e sabe tudo. ◊137

Aceitamos a marca de Deus. E que outra marca é melhor? E só
Ele adoramos. ◊138

Dize: "Disputareis conosco sobre Deus, que é nosso Senhor e
vosso Senhor? A nós, nossas obras; a vós, vossas obras. Nós
pertencemos somente a Ele. ◊139

Ou direis que Abraão e Ismael e Isaac e Jacó e as tribos eram
judeus ou cristãos?" Pergunta-lhes: "Quem sabe mais: vós
ou Deus?" E haverá pior prevaricador do que aquele que
esconde um testemunho recebido de Deus? Deus está atento
ao que fazeis. ◊140

Aquela nação já se foi. A ela o que mereceu. A vós o que merecestes. Ninguém vos pedirá contas do que eles faziam. ◊141

Os insensatos perguntarão: "Quem lhes mudou a *quibla*, a
direção na qual se orientavam para rezar?" Responde:
"A Deus pertencem o Levante e o Poente. Ele guia a quem
quiser na senda da retidão." ◊142

Desse modo, fizemos de vós uma nação do justo meio a fim de
que testemunheis contra os outros e que o Mensageiro
testemunhe contra vós. E não determinamos a direção que
deveis seguir senão para sabermos quem segue o Mensageiro
e quem lhe volta as costas. Haverá nisso uma dura prova?
Não para aqueles que Deus guia. Pois não será Deus que vos
levará a perder a fé. Deus é bondoso e misericordioso para
com os homens. ◊143

Víamos teu rosto virado para o céu. Doravante, orientá-lo-emos
numa direção que te agradará. Vira, pois, o rosto na direção
da Mesquita Sagrada. E vós todos, crentes, onde for que
estiverdes, essa deverá ser vossa orientação. Os que receberam
o Livro sabem que tal é a verdade, revelada pelo Senhor.
Deus está atento ao que fazem. ◊144

Não importa que provas apresentes àqueles que possuem as
Escrituras, não seguirão tua *quibla*. E não és homem a
seguir a sua *quibla*. E entre si mesmos, não seguem a *quibla*
uns dos outros. E se te deixares levar por seus caprichos,
após o conhecimento que te foi revelado, estarás entre os
prevaricadores. ◊145

Aqueles a quem revelamos o Livro. reconhecem Nosso
Mensageiro como reconhecem os próprios filhos. Mas há
entre eles quem esconde a verdade propositadamente. ◊146

A verdade vem de teu Senhor. Não estejas entre os que
duvidam. ◊147

Cada qual tem uma meta que o guia. Sejam quais forem vossas
metas, emulai-vos nas boas ações. Onde quer que estejais,
Deus vos reunirá. Deus tem poder sobre tudo. ◊148

Aonde quer que te dirijas, volta a face para a Mesquita Sagrada.
Essa é a verdade que vem de teu Senhor. Deus está atento
ao que fazeis. ◊149

Aonde quer que te dirijas, volta a face para a Mesquita Sagrada,
e onde quer que estejais todos vós, voltai a face na mesma
direção para que ninguém possa criticar-vos, com a exceção
dos prevaricadores: esses, não os temais. Temei somente a
Mim para que Eu complete em vós a obra de Minha graça.
E possais seguir a senda da retidão. ◊150

E enviamo-vos um Mensageiro dentre vós para que vos trans-
mita Nossas revelações, vos purifique de vossos pecados
e vos ensine o Livro e a sabedoria e tudo o que ignorais. ◊151

Lembrai-vos de Mim, lembrar-Me-ei de vós. E agradecei-Me,
e não Me renegueis. ◊152

Ó vós que credes, fortificai-vos com a paciência e as preces.
Deus está com os que perseveram. ◊153

E não chameis de mortos àqueles que tombam no caminho
de Deus. São vivos, ao contrário, embora não os vejais. ◊154

Com certeza, submeter-vos-emos às provas do medo e da
fome, e da perda de bens e de vidas e de frutos. Mas
anuncia as boas-novas aos que perseveram, ◊155

Os quais, quando uma desgraça os atinge, dizem:
"Pertencemos a Deus e para Ele voltaremos." ◊156

A eles vão as bênçãos do Senhor e a Sua misericórdia, e eles
caminham na senda da retidão. ◊157

As-Safa e Al-Marua figuram entre os lugares de Deus. Quem
fizer a peregrinação à Casa ou a visitar, não cometerá trans-

gressão se circundar esses dois montes. E a quem praticar a caridade, espontaneamente, Deus mostrará Seu reconhecimento. ◊158

Aqueles que escondem as provas e a orientação que fizemos descer, depois que a demonstramos claramente no Livro, Deus os amaldiçoará, e os homens também os amaldiçoarão. ◊159

Com a exceção dos que se arrependem e se emendam, dando testemunho da verdade. Desses aceito o arrependimento. Pois sou clemente e misericordioso. ◊160

Mas aqueles que descreem e morrem na descrença, sobre eles cairá a maldição de Deus e dos anjos e dos homens. ◊161

E permanecerão amaldiçoados para todo o sempre; seu castigo não será aliviado; e nenhuma trégua lhes será concedida. ◊162

Vosso Deus é o Deus único. Não há deus senão Ele, o Clemente, o Misericordioso. ◊163

Para os que refletem, quantas provas existem na criação dos céus e da terra, na alternância do dia e da noite, na embarcação que sulca os mares em benefício dos homens, na água que Deus envia do céu e que vivifica a terra depois de morta, nos animais de toda a espécie que se multiplicam nela, na mutação dos ventos, nas nuvens suspensas entre o céu e a terra. ◊164

E, contudo, há os que erigem rivais a Deus, amando-os como Deus é amado. Mas os que creem apegam-se ainda mais fervorosamente a Ele. Se os prevaricadores pudessem ver o suplício que os aguarda, compreenderiam que o poder pertence somente a Deus e que Ele é duro no castigo. ◊165

Quando virem o suplício, os líderes repudiarão seus seguidores, e os laços que agora os unem se romperão, ◊166

E os seguidores dirão: "Ah! se pudéssemos voltar à terra! Então nós os repudiaríamos como nos repudiam!" Assim Deus lhes mostrará suas ações. Suspirarão de remorso, mas jamais sairão do Fogo. ◊167

Mortais! Do que está neste mundo, desfrutai o lícito, o bom.
E não sigais as pegadas do demônio. Ele é vosso inimigo
declarado. ◊168

Manda-vos cometer o mal e a torpeza e dizer contra Deus o
que ignorais. ◊169

E quando se lhes recomenda: "Sigai o que Deus revelou",
dizem: "Seguiremos antes as tradições de nossos antepassados." Como? Mesmo que seus antepassados nada
entendessem e não fossem guiados? ◊170

Semelhantes ao que grita na presença de quem só ouve berros
e brados são os descrentes. Surdos, mudos, cegos, nada
entendem. ◊171

Ó vós que credes, desfrutai as boas coisas que vos outorgamos.
E agradecei a Deus se é Ele que adorais. ◊172

Ele vos proíbe somente o animal morto, o sangue e a carne de
porco, e tudo o que tenha sido sacrificado sob a invocação
de um nome que não o Seu. Aquele, contudo, que for
forçado pela necessidade sem desejar transgredir ou se
rebelar, não pecará. Deus é clemente e misericordioso. ◊173

Os que escondem as revelações do Livro e as vendem a vil
preço enchem o estômago de fogo. No dia da Ressurreição,
Deus não lhes dirigirá a palavra e não os purificará.
Doloroso castigo lhes é destinado. ◊174

Foram eles que trocaram a verdade pelo erro e o perdão pelo
castigo. Com que perseverança procuram o Fogo! ◊175

É que Deus fez descer a verdade no Livro, e os que divergem
sobre o Livro estão no cisma. ◊176

A piedade não consiste em voltar a face para o Levante ou
para o Poente. Piedoso é aquele que crê em Deus e no
último dia e nos anjos e no Livro e nos Profetas, que dá dos
seus bens, embora apegado a eles, aos parentes, aos órfãos,
aos necessitados, aos viajantes, aos mendigos, que resgata
os cativos, recita as preces e paga o tributo dos pobres, que
cumpre com suas obrigações e é resistente na adversidade,
no infortúnio e no perigo. Esses é que são os crentes e os
piedosos. ◊177

Ó vós que credes, a pena de talião é prescrita contra quem
infligir a morte: homem livre por homem livre, escravo por
escravo, mulher por mulher. E aquele que for perdoado
pelo irmão da vítima deve comportar-se honradamente e
indenizá-lo no melhor espírito. É um alívio e uma
misericórdia a vós proporcionados pelo vosso Senhor.
Quem depois agredir será rigorosamente castigado. ◊178

Na lei de talião está a proteção de vossas vidas, ó homens
sensatos. E possais temer a Deus. ◊179

É-vos prescrito, quando algum de vós é visitado pela morte,
possuindo bens, deixar um testemunho equitativo em
favor dos pais e dos parentes próximos. Tal é o dever dos
que temem ao Senhor. ◊180

Quem alterar as disposições do testador após as ter ouvido, terá
que responder por seu crime. Deus ouve tudo e sabe tudo. ◊181

Mas quem, suspeitando de uma injustiça ou de um erro, da parte
do testador, harmonizar os interesses dos herdeiros e os reconciliar não será culpado. Deus é clemente e misericordioso. ◊182

Ó vós que credes, foi-vos prescrito o jejum como o foi aos
que vos precederam. E possais tornar-vos piedosos! ◊183

Jejuareis dias contados. Mas quem dentre vós estiver doente
ou viajando, que troque esses dias por outros. Aos que não
desejam jejuar, mesmo podendo-o, impõe-se uma
compensação: a alimentação de um indigente. Aquele que
fizer mais, receberá mais. Contudo, é melhor para vós
que jejueis. Se soubésseis! ◊184

Foi no mês de Ramadã que o Alcorão foi revelado, um guia
para os homens, com provas manifestas para a orientação
e o discernimento. Quem, pois, estiver presente durante
esse mês, que jejue; e quem estiver doente ou viajando, que
jejue durante outros dias em substituição. Deus deseja
facilitar, não dificultar. E Ele quer que jejueis durante
todo o mês e proclameis Sua grandeza pela orientação que
d'Ele recebestes. E possais ser agradecidos! ◊185

E quando Meus servos te interrogarem sobre Mim, dize-lhes que
estou perto deles. Respondo ao apelo de quem para Mim

apelar. Que eles também respondam a Meu apelo e creiam em Mim. Quiçá encontrem assim a senda da retidão. ◊186

É-vos lícito aproximar-vos de vossas mulheres nas noites de jejum. Sois um vestuário para elas, e elas são um vestuário para vós. Deus sabe que vos equivocáveis e fazíeis o que julgáveis proibido, e Ele aceitou vosso arrependimento e vos perdoou. Procurai-as, pois, e aprendei o que Deus prescreveu em vosso favor. E comei e bebei até que comeceis a distinguir, na aurora, a linha branca da linha preta. Depois, jejuai até a noite. E não mais deiteis com elas, e permanecei em devoção nas mesquitas. Tais são os limites de Deus. Não os transcendais. Assim Deus manifesta Suas revelações aos homens. Quiçá se tornem piedosos. ◊187

Não usurpeis os bens uns dos outros por meios ilícitos, e não os empregueis para subornar os juízes e apoderar-vos, intencional e injustamente, de bens alheios. ◊188

Interrogar-te-ão sobre as fases da lua. Responde: "São marcos do tempo para os homens e para a peregrinação." Não consiste a piedade em entrar em vossas casas pelos fundos. Piedade é comportar-vos como pessoas piedosas. Entrai, portanto, em vossas casas pelas portas. E temei a Deus para que possais prosperar.[3] ◊189

E combatei, pela causa de Deus, os que vos combatem. Mas não sejais os primeiros a agredir. Deus não ama os agressores. ◊190

E matai-os onde quer que os encontreis. E expulsai-os de onde vos expulsaram. O erro é pior do que a matança. Contudo, não os combatais perto da Mesquita Sagrada, a menos que eles mesmos vos combatam lá. Neste caso, defendei-vos e matai-os. Tal é o castigo dos descrentes. ◊191

Se desistirem, lembrai-vos de que Deus é clemente e misericordioso. ◊192

Combatei-os até que não haja mais idolatria e que prevaleça a religião de Deus. Se detiverem sua hostilidade, detende-vos, exceto contra os iníquos. ◊193

Se vos atacarem no mês sagrado, atacai-os no mês sagrado.
E que as profanações sejam castigadas pela pena de talião.
Aqueles que vos agredirem, agredi-os da mesma forma.
Porém, temei a Deus. E lembrai-vos de que Ele está com
os piedosos. ◊194

E gastai pela causa de Deus. E não provoqueis vossa própria
destruição. E fazei o bem. Deus ama os benfeitores. ◊195

E cumpri a peregrinação e a visitação. Em caso de
impedimento, enviai uma oferenda dentro de vossas
disponibilidades. E não rapeis a cabeça até que a oferenda
tenha atingido seu destino. Se alguns de vós estiverem
doentes ou sofrerem de moléstia na cabeça, que compensem
com jejum, esmolas ou oferendas. Em tempos de paz,
quem de vós cumprir a peregrinação e a visitação ao
mesmo tempo, que faça uma oferenda dentro de seus
recursos. Quem não puder fazê-lo, que jejue durante três
dias no decorrer da peregrinação e sete dias após a sua
volta, ou seja, ao todo, dez dias. Isso para aqueles que não
tiverem parentes entre os vizinhos da Mesquita Sagrada.
E temei a Deus. E lembrai-vos de que Ele é severo no castigo. ◊196

Efetuai a peregrinação nos meses determinados. Quem a
empreender deve abster-se da cópula, da depravação e das
brigas. O bem que fazeis, Deus o vê. Tomai provisões para
a viagem. E lembrai-vos de que a melhor provisão é a
piedade. E temei-Me, ó homens sensatos! ◊197

Não sereis censurados por procurardes durante a peregrinação
a liberalidade de vosso Senhor nos negócios. E quando
vos afastardes do Monte Arafat, louvai Deus junto ao
monumento sagrado de Muzdalifa. E lembrai-vos d'Ele e
de como vos mostrou o caminho quando estáveis
desencaminhados. ◊198

Depois, saí por onde os outros estiverem saindo e pedi perdão
a Deus. Ele é clemente e misericordioso. ◊199

E quando tiverdes terminado vossos rituais, lembrai-vos de
Deus como vos lembrais de vossos pais, e mais

fervorosamente ainda. Aos que pedem a Deus: "Senhor,
dai-nos os bens deste mundo", Deus nada dará no outro
mundo. ◊200

E há os que dizem: "Senhor, dai-nos nosso quinhão neste
mundo e nosso quinhão no outro mundo e preservai-nos
do castigo do Fogo." ◊201

Esses receberão o que tiverem merecido. Deus é rápido na
prestação de contas. ◊202

E dedicai-vos a Deus nos dias marcados. Quem se apressar e
completar os rituais em dois dias, não será censurado; e
quem se demorar, também não será censurado. Contanto
que sejam piedosos. Temei a Deus e sabei que sereis
congregados perante Ele. ◊203

E há quem te seduzirá com suas opiniões sobre este mundo.
E tomará Deus por testemunha sobre a pureza de seu
coração – quando, na realidade, é o mais implacável dos
querelantes. ◊204

Assim que virar as costas, percorrerá a terra, semeando a
corrupção e devastando as culturas e os rebanhos. Deus
odeia a corrupção. ◊205

E quando se lhe diz: "Teme a Deus", um orgulho criminoso se
apodera dele. A Geena bastar-lhe-á. A horrível morada! ◊206

E há quem venderia a alma para agradar a Deus. Deus é compassivo para com Seus servos. ◊207

Ó vós que credes, submetei-vos a Deus e não sigais as pegadas
do demônio: ele é vosso inimigo declarado. ◊208

E se tropeçardes, mesmo após receber as provas, lembrai-vos
de que Deus é poderoso e sábio. ◊209

Esperarão que Deus venha a eles na sombra das nuvens com
os anjos? Seu destino teria sido determinado então.
Na verdade, todos os assuntos são referidos a Deus. ◊210

Pergunta aos filhos de Israel quantos sinais manifestos
enviamos-lhes. Ai daquele que altera os favores de Deus
após recebê-los. Deus castiga com dureza. ◊211

Embelezaram falsamente para os descrentes a vida deste
mundo, e eles zombam dos crentes. Mas os piedosos serão

elevados acima deles no dia da Ressurreição. Deus dá sem
medida a quem Lhe apraz.   ◊212

Os homens formavam uma só nação. Deus enviou-lhes
Profetas para anunciar-lhes as boas-novas e para adverti-los.
E, por seu intermédio, revelou o Livro com a verdade para
que fosse o juiz entre os contendores. E quem se rebelou e
discutiu? Aqueles a quem o Livro era destinado, e que
haviam recebido as provas. Eram movidos pela inveja
uns dos outros. Então Deus guiou os que acreditavam na
verdade e desencaminhou os outros. Deus guia quem
quiser na senda da retidão.   ◊213

Esperais entrar no Paraíso sem sofrer o que sofreram os que
vos precederam? Açoitaram-nos a adversidade e a aflição.
Foram abalados até que o Mensageiro e os crentes
gritaram: "Quando chegará o socorro de Deus?" O socorro
de Deus está próximo.   ◊214

Perguntar-te-ão acerca do que devem gastar. Responde:
"O que quiserdes gastar, gastai-o em benefício dos pais,
dos parentes, dos órfãos, dos necessitados, dos viajantes.
Todo o bem que fizerdes, Deus o vê."   ◊215

A guerra foi-vos prescrita, e vós a detestais. Mas quantas coisas
detestais que acabam vos beneficiando, e quantas coisas
amais que acabam vos prejudicando! Deus sabe, e vós não
sabeis.   ◊216

Interrogar-te-ão acerca do mês sagrado: haverá combates nele
ou não? Responde: "Guerrear nesse mês é uma enorme
transgressão e um afastamento da senda de Deus e um
desrespeito a Ele e à Mesquita Sagrada. Mas expulsar dos
lugares santos os seus habitantes é uma transgressão maior
ainda, pois o erro é pior do que a matança." Ora, não
pararão de vos combater até que vos levem, se puderem,
a renegar vossa religião. E quem de vós renegar sua religião
e morrer na descrença terá perdido este mundo e o outro.
Esses serão os herdeiros do Fogo, onde permanecerão para
todo o sempre.   ◊217

Os que creram e emigraram e lutaram na senda de Deus rece-
berão a misericórdia d'Ele. Ele é clemente e compassivo. ◊218
Interrogar-te-ão sobre o vinho e os jogos de azar. Responde:
"Neles, há culpa grave e alguma utilidade para os homens.
Mas neles, a culpa é maior que a utilidade." E perguntarão:
"O que deveremos gastar?" Responde: "O supérfluo."
Assim Deus esclarece Suas revelações. Quiçá reflitais. ◊219
Acerca deste mundo e do outro. E interrogar-te-ão sobre os
órfãos. Responde: "Cuidar deles num espírito de justiça é o
melhor. Se misturardes seus negócios com os vossos, lem-
brai-vos de que eles são vossos irmãos. Deus distingue o
bom do malvado; e se Ele quisesse, sobrecarregar-vos-ia.
Deus é poderoso e sábio." ◊220
Não desposeis as idólatras até que se convertam: uma escrava
crente é preferível a uma idólatra, mesmo que vos agrade.
E não deis vossas filhas em casamento a idólatras até que
se convertam: um escravo crente é preferível a um idólatra,
mesmo que vos agrade. Eles vos apelam para o Fogo; e
Deus vos apela para o Paraíso e o perdão e manifesta Suas
revelações aos homens para que se lembrem. ^221
Interrogar-te-ão sobre a menstruação. Responde: "É uma
mácula. Afastai-vos das mulheres durante a menstruação.
E não volteis a elas até que sejam purificadas. E então
procurai-as por onde Deus vos mandou. Deus ama os que
voltam para Ele, arrependidos, e mantêm-se limpos." ^222
Vossas mulheres são vosso campo a lavrar. Lavrai vosso
campo quando o desejardes. Mas cuidai, antes, de vossas
almas e temei a Deus e lembrai-vos de que O encontrareis
um dia. E anuncia as boas-novas aos crentes. ◊223
E não coloqueis Deus à mercê de vossos juramentos quando
jurais de serdes caridosos e de observardes a lei e de fazerdes
a paz entre os homens. Deus ouve tudo e sabe tudo. ◊224
Deus não vos pede contas dos excessos verbais quando jurais,
mas das intenções enganosas de vossos corações. Deus é
clemente e perdoador. ◊225

Aos que juram nao mais tocar suas mulheres é concedido um prazo de quatro meses, no fim do qual ou voltam a elas (ou elas podem pedir o divórcio). Deus é perdoador e compassivo. ◊226

E se se decidirem pelo divórcio, Deus ouve tudo e sabe tudo. ◊227

As divorciadas devem observar na abstinência o prazo de três menstruações, e não lhes é permitido ocultar o que Deus tiver criado nas suas entranhas se acreditam em Deus e no último dia. Nesse prazo, seus maridos terão o direito de retomá-las de volta se desejarem a reconciliação. As mulheres têm direitos correspondentes a suas obrigações; mas os homens as superam de um degrau.
Deus é poderoso e sábio. ◊228

O divórcio revogável é permitido até duas vezes. Depois, tereis que vos reconciliar com elas conforme os bons costumes ou repudiá-las com benevolência. E não vos é permitido retomar seja o que for do que lhes tiverdes dado – a menos que ambos receiem não poder obedecer às leis de Deus. Nesse caso, ela querendo sua libertação, é-lhe permitido pagar algo ao marido, e é permitido ao marido aceitá-lo. Tais são os limites de Deus. Quem os transgredir estará entre os prevaricadores. ◊229

O homem que repudia uma mulher não poderá desposá-la novamente até que ela se case com outro homem. Repudiada por este último, os esposos anteriores poderão unir-se de novo, desde que respeitem a lei de Deus. Essa é a lei de Deus que Ele esclarece para os que compreendem. ◊230

Quando vos divorciardes das mulheres, esgotado o seu prazo, podereis guardá-las conforme os bons costumes ou libertá-las conforme os bons costumes. Mas não as retenhais para prejudicá-las ou agredi-las. Quem o fizer será iníquo para consigo mesmo. E não zombeis das revelações de Deus. E lembrai-vos de Suas graças para convosco e do Livro que vos enviou, com Sua sabedoria e Suas exortações. E temei a Deus, e lembrai-vos de que Ele sabe tudo. ◊231

Quando repudiardes as mulheres, não as impeçais, uma vez o
prazo esgotado, de reatar com seus maridos anteriores,
conforme os bons costumes, caso eles se queiram
mutuamente. Tal é o mandamento para quem de vós crê
em Deus e no último dia. É mais decente agir assim, e mais
puro. Deus sabe, e vós não sabeis. ◊232

As mães amamentarão os filhos dois anos inteiros se quiserem
dar-lhes aleitamento completo. Ao pai cabe nutri-los e
vesti-los conforme os bons costumes. De ninguém será
exigido mais do que pode. A mãe não será prejudicada por
causa de seu filho, nem o pai por causa de seu filho.
Os herdeiros substituem os pais nas suas obrigações. E se
preferis entregar vossos filhos a uma ama de leite, não
sereis censurados desde que o façais conforme os bons costumes. E temei a Deus e sabei que Ele observa o que fazeis. ◊233

As viúvas devem respeitar na abstinência um prazo de quatro
meses e dez noites após a morte do marido. Esgotado o
prazo, não sereis censurados pelo modo como elas
dispõem de si mesmas conforme os bons costumes.
Deus observa o que fazeis. ◊234

Não sereis censurados por fazer às mulheres propostas de
casamento, nem por as desejar no segredo de vossas almas.
Deus sabe que não as podeis esquecer. Mas não procureis
encontrar-vos com elas às escondidas. E se o fizerdes,
dirigi-lhes palavras honradas. E não consumais o
casamento antes do prazo prescrito para elas no Livro.
E lembrai-vos de que Deus sabe o que há em vossos
corações. Sede, pois, prudentes em relação a Ele. Deus é
clemente e magnânimo. ◊235

Não sereis censurados por repudiardes as esposas que não
tocastes e a quem não fixastes uma pensão. Mas provede-lhes
as necessidades segundo os bons costumes, o rico conforme
seus recursos e o pobre conforme seus recursos. É uma
obrigação para os homens de bem. ◊236

E se vos divorciardes delas sem as terdes tocado, mas após
fixar-lhes uma pensão, pagai-lhes a metade do que foi

convencionado, a menos que elas ou seu tutor o recusem. Recusar é, realmente, mais próprio. E não deixeis de vos tratar mutuamente de maneira honrada. Deus observa o que fazeis. ◊237

Recitai as preces, incluindo as intermediárias, e ponde-vos respeitosamente em pé diante de Deus. ◊238

Quando em perigo, rezai em pé ou cavalgando. E quando voltar à segurança, lembrai-vos de Deus e de como vos ensinou o que não sabíeis. ◊239

E aqueles dentre vós que falecem, deixando viúvas, devem prover, por testamento, a sua manutenção durante um ano, dentro de vossas próprias casas, sem que possam ser expulsas. Se, contudo, elas próprias preferem sair, não sereis censurados pela maneira como elas dispuserem de si mesmas. Deus é poderoso e sábio. ◊240

As divorciadas têm também direito a recursos para uma vida condigna. É dever para os homens de bem. ◊241

Assim Deus vos transmite Suas revelações para que compreendais e vos lembreis. ◊242

Não viste aqueles que fugiram de suas casas, aos milhares, por medo da morte? Deus disse-lhes: "Morrei." Depois, ressuscitou-os. Deus é generoso para com os homens. Mas poucos agradecem. ◊243

E lutai na senda de Deus. E lembrai-vos de que Ele ouve tudo e sabe tudo. ◊244

Quem fizer a Deus um empréstimo generoso, Deus o devolverá, multiplicado. Deus fecha a mão, e Deus abre a mão. E para Ele voltareis. ◊245

Não viste os grandes entre os filhos de Israel quando, após Moisés, disseram a um de seus Profetas: "Envia-nos um rei, e combateremos na senda de Deus." Perguntou-lhes: "E se vos recusardes a combater quando o combate vos for prescrito?" Responderam: "E por que não combateríamos na senda de Deus quando fomos expulsos de nossos lares e dos de nossos filhos?" Mas quando o combate foi-lhes prescrito, viraram as costas e se afastaram, com poucas exceções. Deus reconhece os prevaricadores. ◊246

E disse-lhes o seu Profeta: "Eis que Deus enviou-vos Saul por rei." Disseram: "Por que reinaria ele sobre nós? Temos mais títulos ao trono. E ele não é homem de posses." Respondeu: "Deus o escolheu e cumulou-o com saber e força física. Deus entrega o reino a quem Lhe apraz. Ele é imenso e sabedor." ◊247

E seu Profeta disse-lhes: "O sinal de seu reinado é que a Arca da Aliança chegará a vós, com a paz do Senhor e as relíquias das casas de Moisés e de Arão dentro dela. Os anjos a carregarão. Esse é realmente um sinal para vós, se fordes crentes." ◊248

Depois, no momento de partir com o exército, Saul disse: "Ouvi. Deus vos provará ao atravessardes uma ribeira. Quem parar para dela beber não é dos meus. E quem a atravessar sem parar é dos meus, exceto quem apanhar água na palma da mão, sem parar." Quando chegaram à ribeira, todos pararam para beber, exceto um pequeno número. E quando Saul e os que partilhavam sua fé tivessem atravessado a ribeira, os outros disseram: "Estamos hoje sem força para enfrentar Golias e seus soldados." Mas aqueles que tinham fé no seu encontro com Deus no dia do Julgamento retrucaram: "Quantas vezes tem um pequeno grupo derrotado, com a permissão de Deus, outro bem maior. Deus está com os que perseveram." ◊249

E quando chegaram diante de Golias e de seus soldados, oraram: "Senhor! Concede-nos resistência e fortalece nossos passos e dá-nos a vitória sobre esse povo de descrentes." ◊250

Derrotaram-nos, com a permissão de Deus. E Davi matou Golias. E Deus deu-lhe o trono e a sabedoria e ensinou-lhe o que quisesse. Se Deus não derrotasse os homens, uns pelos outros, a terra ficaria corrompida. Deus é generoso para com os mundos. ◊251

Tais são os sinais de Deus, que te revelamos em toda a
verdade. Pois és um dos Mensageiros. ◊252
Entre nossos Mensageiros, temos preferido uns aos outros.
A alguns Deus falou. Outros tiveram categoria mais
elevada. A Jesus, filho de Maria, entregamos as provas e
fortificamo-lo com o Espírito Santo. E se Deus quisesse, os
homens que vieram depois dele não se teriam
entrematado, já que haviam recebido as provas. Mas
começaram a brigar: uns creram, outros descreram. Se Deus
quisesse, não se teriam entrematado. Deus faz o que quer. ◊253
Ó vós que credes, gastai do que vos concedemos antes que
chegue um dia em que não haverá mais nem comércio
nem amizade nem intercessão. Os descrentes, são eles os
prevaricadores. ◊254
Deus! Não há deus senão Ele, o Sempre-Vivo, o Eterno.
Nunca dorme, e nunca cochila. A Ele pertence tudo o que
está nos céus e tudo o que está na terra. Ninguém pode
interceder junto a Ele senão com Sua permissão. Conhece
o passado dos homens e seu futuro. E de Seu saber, eles só
alcançam o que Ele permitir. Seu trono abrange os céus e
a terra, e Ele os mantém sem esforço algum. Ele é
o Altíssimo, o Glorioso. ◊255
Não há compulsão na religião. Pois já se separou a verdade
do erro. Quem rejeita Tagut, o rebelde, e crê em Deus,
ter-se-á segurado a uma ansa que nunca quebrará.
Deus ouve tudo e sabe tudo. ◊256
Deus protege os crentes e guia-os das trevas para a luz.
Quanto aos que descreem, seus protetores são os Taguts
que os levam da luz para as trevas. Serão eles os herdeiros
do Fogo, onde permanecerão para todo o sempre. ◊257
Não tomaste conhecimento daquele que disputava com
Abraão, alegando haver recebido de Deus o reino?
Dizia-lhe Abraão: "Meu Senhor é Aquele que dá a vida e
dá a morte." "E eu dou a vida e dou a morte", replicava o
outro. Disse Abraão: "Deus faz sair o sol do Oriente.

Faze-o tu sair do Ocidente." E o descrente ficou confundido. Deus não guia os prevaricadores. ◊258

Ou daquele que, passando por uma cidade que caíra em ruínas sobre suas torres, pensou: "Como irá Deus dar-lhe vida após a sua destruição?" Deus fê-lo morrer por cem anos e, depois, ressuscitou-o e perguntou-lhe: "Quanto tempo ficaste assim?" Respondeu: "Um dia, ou menos." "Não, retrucou Deus, ficaste cem anos. Olha para tua comida e tua bebida: não se estragaram. Agora olha para teu asno: só restam dele os ossos! Erigir-te-emos como exemplo para os homens. Olha para os ossos de teu asno como os ressuscitamos e revestimos de carne." Diante do prodígio, o homem exclamou: "Sei agora que Deus tem poder sobre tudo." ◊259

E quando Abraão disse: "Senhor, mostra-me como ressuscitas os mortos." Deus perguntou-lhe: "Ainda não crês?" "Sim, respondeu Abraão, mas faze-o para a tranquilidade de meu coração." "Apanha, pois, quatro pássaros, retrucou Deus, aproxima-os de ti, corta-os em pedaços e coloca-lhes as partes em diversos montes. Depois, chama-os. Virão a ti, voando. E aprende que Deus é poderoso e sábio." ◊260

Os que gastam seus bens na senda de Deus assemelham-se a um grão que produziu sete espigas, cada espiga com cem grãos. Deus multiplica os bens de quem Lhe apraz. Ele é imenso e sabedor. ◊261

Os que gastam seus bens na senda de Deus sem fazer sentir ao beneficiado o peso de suas liberalidades, e sem o humilhar, encontrarão sua recompensa junto a Deus. Nenhum medo os dominará e não se entristecerão. ◊262

Uma palavra de bondade com o perdão vale mais que liberalidades seguidas por injúrias. Deus é autossuficiente e misericordioso. ◊263

Ó vós que credes, não inutilizeis vossas dádivas, lembrando-as repetidamente ou fazendo dela pretextos para agravos, como quem gasta por ostentação diante dos homens e não porque crê em Deus e no último dia. Este se assemelha a uma rocha lisa coberta de terra: a chuva cai sobre ela e deixa-a desnuda. Tais homens nenhum benefício retiram do que possuem. Deus não guia os descrentes. ◊264

Os que fazem liberalidades para agradar a Deus e fortalecer a alma assemelham-se a um jardim numa encosta. Quando a chuva cai sobre ele, duplica-lhe as frutas. E quando a chuva não cai, o orvalho o vivifica. Deus observa o que fazeis. ◊265

Quem de vós gostaria de possuir um jardim com tamareiras e videiras, e com córregos, e toda espécie de frutas, e chegar à velhice com os filhos ainda pequenos e fracos e ser surpreendido por um furacão de fogo que destrói o jardim e o consome? Assim Deus explica Suas revelações. Quiçá mediteis sobre elas. ◊266

Ó vós que credes, quando gastais, escolhei o melhor do que ganhastes e do que fizemos sair da terra para vós. E não escolhais o mais vil. Ofereceríeis o que vós próprios só aceitaríeis fechando os olhos? E lembrai-vos de que Deus é autossuficiente e digno de louvores. ◊267

O demônio vos ameaça com a pobreza e vos incita aos vícios. Deus promete-vos Seu perdão e Suas graças. Deus é imenso e sabedor. ◊268

Deus concede a sabedoria a quem Lhe apraz. E quem recebe a sabedoria, recebe um bem incomensurável. Mas só o percebem os homens de bom entendimento. ◊269

Todo gasto que fizerdes e toda promessa à qual vos comprometerdes, Deus os vê. Os iníquos não terão aliados. ◊270

Fazer liberalidades em público é bom. Mas oferecê-las em segredo aos necessitados é melhor. Deus, então, apagaria parte de vossos delitos. Ele sabe o que fazeis. ◊271

Não te pertence guiá-los. Deus é que guia quem quiser. Todos os bens que gastais vos reverterão desde que gasteis por amor a Deus. Tudo o que gastais em caridade vos será restituído. E não sereis lesados. ◊272

E auxiliai os necessitados dedicados à causa de Deus e que não podem percorrer livremente o mundo à procura de lucro. O ignorante os crê bem providos porque são reservados, não mendigam nem importunam. Reconhecê-los-eis pelo seu aspecto. Tudo o que gastais em caridade, Deus o vê. ◊273

Os que gastam de seus bens dia e noite, em segredo e em público, receberão a recompensa de seu Senhor. Nenhum medo os dominará, e não se entristecerão. ◊274

Os que vivem de juros não se levantarão de seus túmulos senão como aquele que o demônio esmaga. É porque dizem: "O juro é como o comércio." Mas, na verdade, Deus permitiu o comércio e proibiu o juro. Aquele que desistir após receber a exoneração do Senhor, poderá guardar o que ganhou e disso tratar com Deus. Mas os que reincidirem serão os herdeiros do Fogo, onde permanecerão para todo o sempre. ◊275

Deus aniquila o juro e faz frutificar a caridade. Deus não ama o pecador e o ingrato. ◊276

Os que creem e praticam as boas ações e recitam as preces e pagam o tributo dos pobres receberão sua recompensa de Deus. E não conhecerão nem o medo nem a tristeza. ◊277

Ó vós que credes, temei a Deus e renunciai aos juros ainda devidos se sois sinceros na vossa fé. ◊278

Se não o fizerdes, aguardai a guerra da parte de Deus e de Seu Mensageiro. Se vos arrependeis, vós tereis vosso capital, e ninguém sairá perdendo, e ninguém terá explorado ninguém. ◊279

Dai prazo ao devedor em dificuldade até que se recupere. E se puderdes perdoar, melhor será para vós. Se soubésseis! ◊280

E temei o dia em que voltareis para Deus. Naquele dia, a cada alma será restituído o que ela tiver merecido. E ninguém será lesado. ◊281

Ó vós que credes, quando contrairdes uma dívida por prazo determinado, registrai-a, e que um escriba anote vossos compromissos. E que nenhum escriba se recuse a fazê-lo conforme Deus lhe ensinou. Que registre, pois, as declarações do devedor, e que tema a Deus, seu Senhor, e se guarde de nada omitir. Se o devedor for um insensato ou se for um débil mental ou um ignorante, que seu tutor dite por ele com equidade. Acrescentai o testemunho de duas testemunhas dentre vossos homens, e, na falta de dois homens, de um homem e de duas mulheres; pois se uma delas se equivocar; a outra a ajudará. E que nenhuma testemunha se recuse quando solicitada. Não deixeis, por preguiça, de registrar a dívida, grande ou pequena, e seu vencimento. Tal procedimento é mais correto diante do Senhor, mais equitativo para as testemunhas, e mais apto a vos poupar dúvidas. A menos que se trate de uma operação que executais de mão a mão. Nesse caso, não sereis censurados por não a registrar. Apelai para testemunhas quando negociais. E não coajais nem o escriba nem as testemunhas. Se o fizerdes, cometereis uma abominação. E temei a Deus. Ele vos ensina, e Ele tem conhecimento de tudo. ◊282

Se estiverdes viajando e não encontrardes um escriba, garanti-vos com uma caução. E se tiverdes confiança um no outro, que aquele que recebe a caução a restitua, e que tema a Deus, seu Senhor. E não escondais o testemunho; pois quem o fizer peca no seu coração. Deus sabe tudo o que fazeis. ◊283

A Deus pertence tudo o que está nos céus e tudo o que está na terra. Quer manifesteis os sentimentos que estão em vós, quer os oculteis, Deus vos pedirá contas deles. E Ele perdoa a quem Lhe apraz e castiga quem Lhe apraz. Ele tem poder sobre tudo. ◊284

O Mensageiro acreditou no que lhe foi revelado por seu Senhor. Todo crente verdadeiro tem fé em Deus, nos Seus anjos, nos Seus livros, nos Seus Mensageiros. Não fazemos diferença entre um Mensageiro e outro. Todos eles disseram: "Escutamos e obedecemos. Senhor, imploramos Teu perdão, e para Ti caminhamos." ◊285

Deus nunca exige de alma alguma além de sua capacidade.
Para ela, o que tiver merecido, e contra ela, o que tiver
deixado de merecer. "Senhor nosso, não nos condenes
quando esquecemos ou erramos. Não nos sobrecarregues
como sobrecarregaste os que nos precederam. Senhor
nosso, não nos imponhas fardos que não temos forças para
carregar. Absolve-nos, perdoa-nos, tem pena de nós.
És nosso protetor: dá-nos a vitória sobre os descrentes." ◊286

3. A TRIBO DE OMRAN

Em nome de Deus, o Clemente, o Misericordioso.
Alef. Lam. Mim. ◊1
Deus! Não há deus senão Ele, o Deus vivo, o Absoluto. ◊2
Fez descer sobre ti o Livro que contém a verdade e confirma o
que foi revelado aos Mensageiros antes de ti. E fizera
descer a Torá e o Evangelho, ◊3
Para servirem de guias aos homens. E fez descer o
discernimento. Os que renegam as revelações de Deus
sofrerão severo castigo. Deus é poderoso e vingativo. ◊4
Nada pode ser ocultado de Deus, na terra como no céu. ◊5
É Ele que dá a vossos corpos, no útero, a forma que Lhe apraz.
Não há deus senão Ele, o Poderoso, o Sábio. ◊6
Foi Ele quem fez descer o Livro sobre ti: nele há revelações
inequívocas que lhe formam a substância, e revelações
ambíguas. Aqueles que têm o coração tortuoso prendem-se
às revelações ambíguas para provocar dúvidas e fomentar
dissensões. Pois ninguém sabe interpretar essas revelações
senão Deus. Os homens de saber dizem: "Cremos neste
livro. Tudo nele vem de nosso Senhor." Mas só refletem os
homens dotados de razão. ◊7
E dizem: "Senhor nosso, não desencaminheis nossos corações
após os teres guiado. E dá-nos de Tua misericórdia. Tu és o
doador supremo. ◊8

Senhor nosso, Tu congregarás os homens no dia que há de chegar." Deus nunca falta a Seus compromissos. ◊9

Naquele dia, de nada servirão aos descrentes as riquezas e os filhos: serão o alimento do fogo. ◊10

Como os Faraós e os que os precederam, os descrentes consideram Nossas revelações mentiras. Deus castigar-lhes-á os pecados. Ele é severo na retribuição. ◊11

Dize aos que descreem: "Sereis derrotados e encurralados na Geena. E que péssimo leito!" ◊12

Tivestes um sinal quando as duas tropas se enfrentaram: uma combatendo por Deus, a outra composta de descrentes. E os descrentes viram com os próprios olhos a primeira tropa duas vezes mais numerosa. Deus sustenta e socorre quem Lhe apraz. Há nisso uma lição para os dotados de clarividência. ◊13

Foram embelezados para os homens os objetos de suas paixões: as mulheres, os filhos, os tesouros de ouro e prata, os cavalos de raça, os rebanhos, os campos. Mas tudo isso dá gozo na vida terrena. A bem-aventurança é estar junto de Deus. ◊14

Dize: "Anuncio-vos algo melhor do que tudo isso: para os piedosos, ao lado de Deus, jardins onde correm os rios e uma vida eterna com esposas imaculadas e a bênção de Deus." Deus vela sobre aqueles, servos. ◊15

Que dizem: "Senhor nosso, cremos. Perdoa-nos os pecados e preserva-nos do castigo do Fogo"; ◊16

Que são perseverantes, leais, devotos, generosos e imploram o perdão na madrugada. ◊17

Deus atesta que não há deus senão Ele. E os anjos e os homens de saber dão o mesmo testemunho. Ele é o Justiceiro, o Poderoso, o Sábio. ◊18

Para Deus, a religião é o Islã, a submissão a Sua vontade. Os que receberam as Escrituras só começaram a divergir entre si depois que a verdade lhes foi revelada, sendo transgressores uns contra os outros. Àquele que Lhe renega as revelações, Deus pede contas no ato. ◊19

Se argumentarem contigo, dize: "Submeti minha vontade a
Deus, eu e meus seguidores." E pergunta aos que receberam
o Livro e aos que não sabem ler: "Vós vos submetestes?"
Se já se submeteram, estão no bom caminho. Mas se
virarem as costas e se afastarem, a ti pertence apenas
transmitir a mensagem. Deus observa Seus servos. ◊20

Aos que rejeitam as revelações de Deus e executam iniquamente
aos Profetas e matam os que pregam a justiça, anuncia um
castigo doloroso. ◊21

Vãs serão suas ações neste mundo e no outro. E ninguém os
socorrerá. ◊22

Repara nos que receberam uma porção das Escrituras.
Quando são chamados para aceitarem o julgamento do
Livro de Deus, parte deles vira as costas e se afasta. ◊23

E dizem: "O fogo não nos tocará senão por dias contados."
Suas próprias mentiras acabaram por enganá-los; ◊24

Mas que lhes acontecerá quando Nós os reunirmos no dia
inelutável? Cada alma receberá o que tiver merecido, e
ninguém será lesado. ◊25

Dize: "Ó Deus, rei do reino, que concedes a soberania a quem
Te apraz, e a retiras de quem Te apraz, que engrandeces
quem quiseres e aviltas quem quiseres, em Tuas mãos está
o bem. Tu tens poder sobre tudo. ◊26

Inseres a noite no dia e o dia na noite. Extrais o vivo do morto
e o morto do vivo. E cumulas quem quiseres sem medida." ◊27

Que os crentes não tomem por companheiros os descrentes
em detrimento dos crentes. Quem o fizer não é de Deus.
A menos que vos inspirem receio. Deus adverte-vos para
temê-Lo. Pois para Ele, todos voltareis. ◊28

Dize: "Quer oculteis, quer manifesteis o que está em vossos
corações, Deus o sabe. E sabe o que há nos céus e na terra.
Deus tem poder sobre tudo." ◊29

No dia em que a alma for confrontada com o bem que tiver
feito e com o mal que tiver feito, desejará que houvesse
espaço maior entre ela e o mal. Deus próprio vos previne.
Deus é afável para com Seus servos. ◊30

Dize: "Se amais a Deus, segui-me: Deus vos amará e vos perdoará os pecados. Deus é perdoador e compassivo." ◊31

Dize: "Obedecei a Deus e ao Mensageiro." Se se afastarem, Deus não ama os descrentes. ◊32

Deus preferiu Adão, Noé e a família de Abraão e a família de Imran aos mundos: ◊33

Eram a posteridade uns dos outros. Deus ouve tudo e sabe tudo. Não há deus senão Ele. ◊34

E quando a mulher de Imran, o pai de Maria, disse: "Senhor meu, consagrei a Ti o fruto de meu ventre, livre de qualquer outra obrigação. Aceita-o de mim. Tu ouves tudo e sabes tudo." ◊35

E quando deu à luz, disse: "Senhor meu, dei à luz uma mulher." Deus bem o sabia, pois homem não é como mulher. Acrescentou a mãe: "Chamei-lhe de Maria. Ponho-a e sua descendência sob Tua proteção contra o demônio maldito." ◊36

E seu Senhor acolheu-a e fê-la crescer de uma excelente maneira. E confiou-a a Zacarias. E cada vez que Zacarias a visitava no santuário, encontrava-a provida de alimentos. E perguntava-lhe: "De onde vem isso?" Respondia: "De Deus. Pois Deus provê quem Lhe apraz, sem medida." ◊37

Então Zacarias apelou para seu Senhor, e disse: "Senhor meu, concede-me uma boa descendência. Tu atendes a quem apela para Ti. És clemente e misericordioso." ◊38

E quando estava orando no santuário, os anjos o chamaram: "Deus anuncia-te a chegada de João, que confirmará a palavra de Deus. Será um príncipe, um homem puro, um Profeta e um justo." ◊39

Disse: "Senhor meu, como poderei ter um filho se a velhice já me alcançou e minha mulher é estéril?" Respondeu: "Deus faz o que quer." ◊40

Disse: "Senhor meu, envia-me um sinal." Respondeu: "Teu sinal é que não poderás falar com os outros durante três dias senão por meio de gestos. Recorda-te com frequência de teu Senhor e glorifica-O nas primeiras horas da noite e do dia." ◊41

E quando os anjos disseram: "Ó Maria, Deus te escolheu e te
purificou e te exaltou acima das mulheres dos mundos. ◊42

Ó Maria, submete-te a teu Senhor, inclina-te e prostra-te com
os que se prostram." ◊43

Essas são revelações do mistério que te transmitimos porque
não estavas com eles quando lançavam seus cálamos para
saber quem seria o tutor de Maria. E não estavas com eles
quando brigavam. ◊44

E quando os anjos disseram: "Ó Maria, Deus te anuncia a
chegada de Seu Verbo, chamado o Messias, Jesus, filho de
Maria. Será ilustre neste mundo e no outro, e será um dos
favoritos de Deus. ◊45

Ainda no berço, falará aos homens; e falar-lhes-á quando
adulto. E será um dos justos." ◊46

E ela perguntou: "Senhor meu, como poderei ter um filho
quando nenhum mortal me tocou?" Respondeu:
"Deus cria o que Lhe apraz. Quando determina algo,
basta-Lhe dizer: 'Sê!' para que seja. ◊47

E Deus ensinar-lhe-á as Escrituras e a sabedoria e a Torá e o
Evangelho. ◊48

E ele será um Mensageiro aos filhos de Israel: 'Trago-vos um
sinal da parte de vosso Senhor. Com barro formarei uma
figura de pássaro e nela soprarei e, pela graça de Deus, ela
será um pássaro. E curarei o cego e o leproso, e ressuscitarei
os mortos, com a graça de Deus. E dir-vos-ei o que
estiverdes comendo e o que estiverdes amontoando em
vossas casas. Haverá nisso um sinal para vós se sois crentes. ◊49

E confirmarei o que foi revelado antes de mim na Torá e
tornarei lícitas coisas que vos eram proibidas. Venho a vós
com um sinal de vosso Senhor. Temei-O e obedecei-me. ◊50

Deus é meu Senhor e vosso Senhor. Adorai-O. Essa é a senda
da retidão.'" ◊51

Quando Jesus percebeu-lhes a descrença, perguntou: "Quem
são meus aliados na causa de Deus?" Responderam os
Apóstolos: "Nós somos os aliados de Deus. Cremos n'Ele,
e és testemunha de que nos submetemos. ◊52

Senhor nosso, cremos no que revelaste, e seguimos o
Mensageiro. Conta-nos entre as testemunhas." ◊53
E os descrentes conspiraram contra ele. E Deus conspirou.
Deus é o mais hábil dos conspiradores. ◊54
E quando Deus disse: "Ó Jesus, matar-te-ei e elevar-te-ei até
Mim, e purificar-te-ei dos que descreem, e colocarei teus
seguidores acima dos descrentes até o dia da Ressurreição.
Depois, a Mim voltareis e decidirei entre vós no que
tiverdes divergido. ◊55
Quanto aos que descreem, submetê-los-ei a um castigo
doloroso neste mundo e no outro, e não terão quem os
socorra." ◊56
Mas aos que creem e praticam o bem, Deus outorgará Suas
graças. Deus não ama os iníquos. ◊57
Isto que te relatamos é uma revelação e uma sábia recordação. ◊58
Aos olhos de Deus, Jesus é como Adão: criou-o de barro,
depois disse-lhe "Sê", e ele foi. ◊59
Esta é a verdade de teu Senhor. Não estejas entre os céticos. ◊60
Àquele que disputar contigo após o conhecimento que te foi
dado, dize: "Vamos reunir nossos filhos e vossos filhos,
nossas mulheres e vossas mulheres, nós mesmos e vós
mesmos e implorar a Deus e proferir uma maldição contra
os impostores." ◊61
Esse é um relato verdadeiro. Não há deus senão Deus, o
Poderoso, o Sábio. ◊62
Se virarem as costas e se afastarem, Deus bem conhece os
corruptores. ◊63
Dize: "Ó adeptos do Livro, entremos em acordo sobre uma
posição comum: que não adoremos senão a Deus, que não
Lhe associemos ninguém, que não nos tomemos uns aos
outros por Senhores em vez de Deus." Se se afastarem,
dizei: "Sede testemunhas de que somos submissos." ◊64
Ó adeptos do Livro, por que argumentais a respeito de
Abraão já que a Torá e o Evangelho foram revelados
depois dele? Não raciocinais? ◊65

Tendes argumentado acerca do que conheceis. Por que argumentais agora acerca do que não conheceis? Deus sabe, e vós não sabeis. ◊66

Não era Abraão judeu ou cristão. Era um homem de fé pura e um submisso. E não era um idólatra. ◊67

Os mais chegados a ele são os que o seguiram, e este Profeta, e os que creem. Deus é o protetor dos crentes. ◊68

Parte dos adeptos do Livro anseiam por desencaminhar-vos; mas não desencaminham senão a si mesmos, e não o percebem. ◊69

Ó adeptos do Livro, por que rejeitais as revelações de Deus, das quais sois vós mesmos testemunhas? ◊70

Ó adeptos do Livro, por que disfarçais a verdade com a falsidade e ocultais a verdade, que bem conheceis? ◊71

Alguns adeptos do Livro dizem uns aos outros: "Crede pela manhã no que foi revelado aos crentes e renegai-o à tarde, levando-os assim a abandonarem sua fé. ◊72

Mas não confieis senão naqueles que professam vossa religião." Dize: "A iluminação vem de Deus. Não acrediteis que ela desça sobre outros como desceu sobre vós, nem que eles venham a discutir convosco diante do vosso Senhor." Dize: "A graça está nas mãos de Deus. Ele a concede a quem Lhe apraz. Deus é imenso e onisciente. ◊73

Reserva Sua misericórdia a quem Lhe apraz. E detém graças imensas." ◊74

E entre os adeptos do Livro há quem, se lhe confias um quintal de ouro, restituir-to-á, e quem se lhe confias um dinar, não to restituirá, a menos que o reclames incansavelmente. Tudo isso porque dizem: "Não temos obrigações para com os analfabetos." E dizem mentiras sobre Deus, sabendo-o. ◊75

Cumpri vossas promessas e temei a Deus. Ele ama os piedosos. ◊76

Os que vendem a preço vil sua fé e a aliança de Deus nada receberão no Além. E Deus não lhes falará nem os olhará nem os purificará no dia da Ressurreição. Doloroso castigo os aguarda. ◊77

E, entre eles, há os que engrolam as palavras para fazer-vos crer que o que estão recitando é do Livro quando não é do Livro. E atribuem a Deus o que não é de Deus. E dizem mentiras sobre Ele, sabendo-o. ◊78

Não é permitido a quem Deus concedeu o Livro, a sabedoria e o dom da profecia dizer aos demais: "Sede servos meus, não de Deus." O que pode dizer é: "Sede senhores, já que conheceis o Livro e o estudais." ◊79

E Ele nunca vos ordenaria que tomásseis os anjos e os Profetas por Senhores. Ordenar-vos-ia Ele a descrença após haverdes declarado vossa submissão? ◊80

Quando Deus aceitou a aliança dos Profetas, disse: "Eis o que vos revelei do Livro e da sabedoria. Depois, virá um Mensageiro que confirmará o que já possuís. Devereis acreditar nele e ajudá-lo." E perguntou: Concordais em tomar Meu fardo com essa condição?" Responderam: "Concordamos." "Sede, pois, testemunhas, disse Deus. E Eu dou testemunho convosco. ◊81

Aqueles que, depois, se afastarem, serão eles os depravados. ◊82

Como! Desejariam outra religião que não a de Deus, quando todos os habitantes dos céus e da terra se submetem a Ele, de bom ou de mau grado, e para Ele voltarão? ◊83

Dize: "Cremos em Deus e no que nos foi revelado e no que foi revelado a Abraão e a Ismael e a Isaac e a Jacó e às tribos e no que foi concedido por Deus a Moisés e a Jesus e aos Profetas. Não fazemos distinção entre eles, e a Ele nos submetemos." ◊84

E quem seguir outra religião senão a da submissão não será por Ele aceito e, no Além, estará entre os derrotados. ◊85

Como guiaria Deus um povo que descrê depois de haver crido e de haver testemunhado que o Mensageiro é verdadeiro e ainda depois de haver recebido as provas? Deus não guia os iníquos. ◊86

Esses terão por castigo a maldição de Deus e dos anjos e dos homens, sem exceção; ◊87

E permanecerão no castigo para todo o sempre, sem alívio e
sem remissão, ◊88
Salvo aqueles que, mais tarde, se arrependem e se reformam.
Deus é perdoador e compassivo. ◊89
Daqueles que renegam após sua adesão e se tornam cada vez
mais descrentes, não será aceito o arrependimento.
De todos os desencaminhados são os piores. ◊90
Os que descreem e morrem na descrença, de nenhum deles
será aceito resgate, nem que ofereça ouro para encher o
mundo. Doloroso castigo os aguarda. E ninguém os
socorrerá. ◊91
Não atingireis a piedade até que aprendais a dar mais do que
mais. E tudo o que fazeis, Deus o vê. ◊92
Todos os alimentos eram lícitos para os filhos de Israel exceto
os que Israel proibira a si mesmo antes da revelação da
Torá. Dize: "Trazei a Torá e receita-a se sois sinceros." ◊93
Os que, depois disso, inventam calúnias contra Deus, são eles
os iníquos. ◊94
Dize: "Deus disse a verdade. Segui, pois, a religião de Abraão,
um homem de fé pura, que não era um idólatra." ◊95
A primeira casa destinada aos homens foi erguida em Beca:
um santuário e um guia para os mundos.[4] ◊96
Nela há sinais manifestos: o lugar onde Abraão se deteve.
Quem quer que nele penetre, estará a salvo. A Deus devem
os homens uma visita a essa casa quando nenhum
obstáculo os impedir. Saibam os que descreem que Deus
prescinde dos mundos. ◊97
Dize: "Ó adeptos do Livro, por que negais as revelações de
Deus quando Deus é testemunha do que fazeis?" ◊98
Dize: "Ó adeptos do Livro, por que desviais os crentes do
caminho de Deus, tentando torná-lo tortuoso, quando vós
mesmos sois testemunhas? Deus está atento ao que fazeis. ◊99
Ó vós que credes, se seguis alguns dos que receberam o Livro,
levar-vos-ão a renegar a fé que proclamastes. ◊100

E como podereis descrer quando é para vós que são recitadas as revelações de Deus e quando Seu Mensageiro está entre vós? Quem se apega a Deus é guiado na senda da retidão. ◊101

Ó vós que credes, temei a Deus como deve ser temido. E não morrais senão submissos. ◊102

E segurai-vos todos à cadeia de Deus e não vos dividais. E lembrai-vos de como vos favoreceu, pois éreis inimigos uns dos outros e Ele uniu vossos corações, e tornaste-vos irmãos por Sua graça; e estáveis à beira do abismo do Fogo, e Ele vos salvou. Assim Deus manifesta Seus sinais. Quiçá acerteis o caminho. ◊103

De vós deve surgir uma nação que pregue o bem, e recomende a probidade, e proíba o ilícito. Esse é o caminho da vitória. ◊104

E não sigais o exemplo daqueles que se desuniram e brigaram após terem recebido as provas. Desmedido é o castigo que os aguarda. ◊105

No dia em que certos rostos estarão radiantes e outros, carrancudos, e será dito aos de rostos carrancudos: "Renegastes após terdes acreditado? Recebei, pois, o castigo de vossa renegação." ◊106

Quanto aos de rostos radiantes, eles receberão a misericórdia de Deus e dela gozarão para todo o sempre. ◊107

Essas são as revelações de Deus. Recitamo-las para ti sem alteração. Deus não deseja injustiças para os mundos. ◊108

A Deus pertence tudo o que está nos céus e tudo o que está na terra. E a Ele são referidos todos os assuntos. ◊109

Sois a melhor nação que já surgiu entre os homens. Recomendai a probidade e proibi o ilícito e acreditai em Deus. Se os adeptos do Livro acreditassem, melhor seria para eles. Há entre eles crentes, mas, na sua maioria, são depravados. ◊110

Eles só vos causarão danos menores. E se vos combaterem, fugirão de vós, e ninguém os socorrerá. ◊111

Estão condenados ao aviltamento onde quer que se encontrem, a menos que se apeguem a uma cadeia de Deus e a outra dos homens. Incorrem na ira de Deus e são reduzidos à miséria, porque renegam as Suas revelações e matam injustamente os Profetas – tudo por serem rebeldes e agressores. ◊112

Nem todos os adeptos do Livro são iguais. Entre eles, há uma comunidade honrada que recita as revelações de Deus e se prostra nas horas da noite, ◊113

E crê em Deus e no último dia e recomenda a retidão e proíbe o ilícito e pratica as boas ações. Esses fazem parte dos justos. ◊114

O bem que fizeram não lhes será negado. Deus reconhece os piedosos. ◊115

Quanto aos que descreem, de nada lhes valerão, ante Deus, as riquezas e os filhos. Serão os herdeiros do Fogo, e nele permanecerão para todo o sempre. ◊116

O que gastam nesta vida assemelha-se a um vento glacial que fustiga os campos de um povo iníquo e os destrói. Não foi Deus quem os oprimiu: oprimiram-se a si mesmos. ◊117

Ó vós que credes, não tomeis confidentes fora dos vossos, pois os outros não poupariam esforços para vos arruinar. O ódio é manifesto em suas palavras. E o que ocultam no coração é ainda pior. Mostramo-vos os sinais se sois sensatos. ◊118

Vós os amais; mas eles não vos amam. Vós credes em todos os Livros. Quando estão convosco, dizem: "Cremos da mesma forma." Mas quando estão a sós, mordem os dedos de raiva contra vós. Dize: "Morrei de raiva. Deus sabe o que encerram os corações." ◊119

Se a fortuna vos favorece, afligem-se; e se a desgraça vos atinge, alegram-se. Mas se perseverardes e temerdes a Deus, suas astúcias não vos prejudicarão. Deus cerca o que fazem. ◊120

Quando, um dia, deixaste a família no amanhecer para colocar os crentes nos postos de combate – Deus ouve tudo e sabe tudo – ◊121

E quando dois grupos dos vossos pensaram em ceder apesar da proteção de Deus – que os crentes confiem n'Ele! – ◊122

Deus vos deu a vitória na batalha de Badr, embora fôsseis menosprezados. Temei a Deus. E possais agradecer. ◊123

E quando disseste aos crentes: "Não vos basta que Deus vos tenha socorrido com três mil de Seus anjos?" ◊124

Sim! Se sois perseverantes e temeis a Deus, quando vos agredirem, Deus vos socorrerá com cinco mil anjos adestrados. ◊125

Deus vos revela essas coisas a título de boas-novas a fim de tranquilizar vossos corações – toda vitória vem de Deus, o Poderoso, o Sábio – ◊126

E de aniquilar parte dos descrentes ou humilhá-los, e para que voltem decepcionados. ◊127

Em nada ficas implicado, quer Deus lhes aceite o arrependimento, quer os castigue. Eles são iníquos. ◊128

A Deus pertence tudo o que está nos céus e tudo o que está na terra. Perdoa a quem Lhe apraz e castiga quem Lhe apraz. Deus é clemente e misericordioso. ◊129

Ó vós que credes, não vivais dos juros que vão dobrando a importância emprestada. E temei a Deus. Quiçá vençais. ◊130

E temei o Fogo destinado aos descrentes. ◊131

E obedecei a Deus e a Seu Mensageiro. Quiçá encontreis misericórdia. ◊132

E apressai-vos a procurar o perdão de vosso Senhor e um Paraíso que tem a largura dos céus e da terra, preparado para os que temem a Deus. ◊133

E gastam na prosperidade e na adversidade e reprimem a ira e perdoam ao próximo. Deus ama os benfeitores. ◊134

São eles que, quando cometem uma infâmia ou prevaricam contra si mesmos, lembram-se de Deus e imploram o perdão de seus pecados – e quem perdoa os pecados senão Deus? – e não persistem nos seus delitos após haverem compreendido. ◊135

Esses receberão como recompensa o perdão divino e jardins nos quais correm os rios onde permanecerão para todo o sempre. Magnífica é a recompensa destinada aos trabalhadores! ◊136

Antes de vós, muitas nações se foram. Percorrei a terra e vede que fim levaram os que tratavam os Mensageiros de mentirosos. ◊137

Este Livro é um manifesto para os homens e um guia e uma advertência para os que temem ao Senhor. ◊138

Não desanimeis e não vos aflijais, pois estareis sempre por cima se sois crentes. ◊139

Quando um golpe vos atingir, igual golpe terá atingido os descrentes. São vicissitudes que alternamos entre os homens para que Deus reconheça os que creem e escolha mártires entre vós – Deus não ama os iníquos – ◊140

E para que ponha os crentes à prova e aniquile os descrentes. ◊141

Ou pretendeis entrar no Paraíso sem que Deus conheça aqueles dentre vós que lutaram e perseveraram? ◊142

Desejáveis a morte antes de a encontrardes. Agora, viste-a com os próprios olhos. ◊143

Muhamad não é senão um Mensageiro. Outros Mensageiros vieram antes dele. Acaso, se ele morrer ou for morto, regredireis? Quem assim proceder em nada prejudicará Deus. Mas Deus recompensará os agradecidos. ◊144

Nenhuma alma perece sem a permissão de Deus e antes de seu termo predeterminado. Quem preferir a recompensa deste mundo, conceder-lha-emos; e quem preferir a recompensa do Além, conceder-lha-emos. E Nossa retribuição irá aos agradecidos. ◊145

Quantos não foram os homens devotos que combateram em companhia dos Profetas! Nunca fraquejaram pelo que os atingia no caminho de Deus e nunca as submeteram ou se renderam. Deus ama os que perseveram. ◊146

Tudo o que eles disseram foi: "Senhor nosso, perdoa nossos pecados e nosso excessivo interesse por nossas próprias coisas e dá firmeza a nossos passos e concede-nos a vitória sobre os descrentes." ◊147

Deus cumulou-os com recompensas neste mundo e recompensas melhores no outro mundo. Deus ama os benfeitores. ◊148

Ó vós que credes, se obedeceis aos descrentes, forçar-vos-ão a regredir. E estareis entre os vencidos. ◊149

Deus é vosso protetor, o melhor dos protetores. ◊150

Lançaremos o pavor no coração dos descrentes por associarem a Deus deuses que nenhuma autoridade receberam. Terão o Fogo por morada. A péssima morada! ◊151

Deus cumpriu Sua promessa para convosco quando os estáveis aniquilando com Sua permissão. Mas, então, acovardastes-vos e questionastes as ordens e vos rebelastes depois que Deus vos mostrara a vitória que desejáveis. Alguns de vós anelavam por este mundo, outros pela vida futura. Por isso, Deus vos fez fugir diante do inimigo para vos experimentar. Depois, perdoou-vos. Deus é generoso para com os crentes. ◊152

E quando fugíeis em pânico sem socorrer ninguém e sem prestar atenção ao Mensageiro que, na retaguarda, vos chamava. Assim Deus acrescentou tristeza a vossa tristeza para que não lamentásseis nem o que vos escapava nem o que vos atingia. Deus sabe o que fazeis. ◊153

Depois da aflição, Deus enviou-vos a segurança. O sono já envolvia parte de vós enquanto outros, preocupados com sua salvação, alimentavam, tais pagãos, pensamentos inverídicos sobre Deus, dizendo: "Temos nós algum interesse nesta causa?" Dize-lhes: "A causa pertence inteiramente a Deus." Ocultam dentro de si mesmos o que não te revelam, e dizem: "Se dependesse de nós, não teríamos sido chacinados aqui." Dize-lhes: "Mesmo que estivésseis em vossas casas, os marcados para a morte teriam ido procurar seus túmulos. Tudo aconteceu para que Deus pudesse provar o que tendes no peito."

Deus conhece o que encerram os corações. ◊154

Aqueles de vós que desertaram no dia do encontro das duas tropas, foram seduzidos pelo demônio por causa do que haviam perpetrado. Mas Deus já os perdoou. Deus é perdoador e tolerante. ◊155

Ó vós que credes, não sejais como os descrentes que dizem
dos seus irmãos que viajam pela terra ou participam da
guerra: "Se tivessem ficado conosco, não teriam morrido
nem teriam sido mortos." Deus queria implantar-lhes a
angústia no coração. Pois é Deus que dá a vida e dá a
morte. E Ele observa o que fazeis. ◊156

Se morrerdes ou fordes mortos pela causa de Deus, sabei que
a indulgência de Deus e a clemência de Deus valem mais
do que tudo quanto os outros amontoam. ◊157

E quer morrais quer sejais mortos, para Ele voltareis. ◊158

Foi pela misericórdia de Deus que foste brando para com eles.
Se tivesses sido rude e inexorável, ter-se-iam afastado de ti.
Desculpa-os, implora o perdão para eles e consulta-os.
E quando tiverdes tomado uma resolução, confia em Deus.
Deus ama os que confiam n'Ele. ◊159

Se Deus vos secundar, ninguém vos derrotará. Se Ele vos
abandonar, quem vos secundará? Que os crentes confiem
em Deus. Deus é poderoso e sábio. ◊160

De nenhum Profeta é digno enganar. Quem o fizer, carregará
seus ardis no dia da Ressurreição, quando a cada alma será
dado o que tiver merecido e ninguém será lesado. ◊161

Aquele que segue a vontade de Deus será igual àquele que
merece a ira de Deus? Este terá a Geena por morada.
O terrível destino! ◊162

Junto a Deus, os homens ocupam escalões diferentes. Ele está
atento ao que fazem. ◊163

Deus agraciou os crentes quando fez surgir dentre eles um
Mensageiro que lhes recita Suas revelações, purifica-os,
ensina-lhes o Livro e a sabedoria, após terem estado em
flagrante ignorância. ◊164

Bastou que uma desgraça vos atingisse – e havíeis infligido aos
inimigos outra desgraça duas vezes maior – para que vos
queixásseis: "Donde provém isso?" Responde-lhes: "De vós
mesmos." Deus tem poder sobre tudo. ◊165

O que sofrestes quando as duas tropas se encontraram, foi pela vontade de Deus, que queria distinguir os verdadeiros crentes ◊166

Dos hipócritas. Estes, quando se lhes diz: "Vinde combater pela causa de Deus ou ajudar na defesa", dizem: "Se soubéssemos guerrear, seguir-vos-íamos." Naquele dia, estavam mais perto da descrença do que da fé. Suas bocas diziam o que seus corações não sentiam. Deus sabe o que ocultam. ◊167

Tranquilamente sentados, diziam de seus irmãos: "Se nos tivessem obedecido, não teriam sido mortos." Dize-lhes: "Repeli a morte de vós mesmos se falais a verdade." ◊168

Não considereis mortos os que sucumbiram pela causa de Deus. Vivem, ao contrário, junto a Deus e gozam de Sua bondade. ◊169

E regozijam-se pelo que Deus lhes concedeu, esperando pelos que não os acompanharam. Lá, o medo não os assaltará, e não se entristecerão. ◊170

Esperam na alegria a graça de Deus e Sua generosidade. Ele nunca descuida do mérito dos crentes. ◊171

Quanto aos que, mesmo feridos, responderam ao apelo de Deus e do Mensageiro, e aos que praticam o bem e temem a Deus, grande é a recompensa que os aguarda. ◊172

A eles foi dito: "O povo se uniu contra vós: temei-o." E isso só aumentou-lhes a fé, e responderam: "Basta-nos Deus. É o melhor dos protetores." ◊173

Voltaram ilesos, pela graça de Deus, e continuaram a seguir Sua vontade. Imensa é a generosidade de Deus. ◊174

O demônio procura inspirar-vos medo dos ídolos, seus associados. Não os temais. Temei a Mim se sois crentes. ◊175

E não te aflijas pelos que prosseguem na descrença. Eles em nada prejudicam Deus, e Deus nada lhes concederá no Além. Terrível será seu castigo. ◊176

Também aqueles que trocaram a fé pela descrença em nada prejudicam Deus. Doloroso é o castigo que os espera. ◊177

Que os descrentes não imaginem que o prazo que lhes
concedemos seja para seu bem. Ao contrário, deixamo-los
amontoar ainda mais os pecados. Aviltante é o castigo que
os espera. ◊178

Deus não deixaria os crentes no estado em que estais se não
quisesse distinguir, primeiro, o bom do malvado. E não
vos revelaria o invisível. Mas Ele escolhe entre Seus
Mensageiros quem quiser. Crede, pois, em Deus e em
Seus Mensageiros. E se crerdes e fordes piedosos,
magnífica será vossa recompensa. ◊179

Não pensem os avaros – eles que se abstêm de dar do que
Deus lhes concedeu – que sua abstenção lhes será benéfica:
ser-lhes-á maléfica. Pois, no dia da Ressurreição, os bens
guardados com avareza os acorrentarão. A Deus pertence a
herança dos céus e da terra. E Ele está atento ao que fazeis. ◊180

Deus ouviu os que diziam: "Deus é pobre, e nós somos ricos."
Registramos suas palavras. E registramos que mataram,
sem justificação, os Profetas. E a eles diremos: "Sofrei o
castigo do Fogo: ◊181

Tal é o preço do que vossas mãos perpetraram." Deus não
oprime Seus servos. ◊182

Disseram: "Deus recomendou-nos não crer em Mensageiro
algum até que ele nos traga uma oferenda que seja
consumida pelo fogo." Dize-lhes: "Outros Mensageiros
antes de mim trouxeram-vos tais provas e o que
mencionastes. Por que os matastes se falais a verdade?" ◊183

Se te desmentirem, também outros Mensageiros antes de ti
trouxeram as provas e os Salmos e o Livro luminoso e
foram desmentidos. ◊184

Todos os homens provarão a morte. Mas só no dia da
Ressurreição haverá plena retribuição. Quem for afastado
do Fogo e introduzido no Paraíso, a vitória será dele. Pois
a vida terrena nada é senão o gozo da ilusão. ◊185

Sereis provados em vossas propriedades e em vossas pessoas e
ouvireis injúrias daqueles que receberam o Livro antes de

vós e dos idólatras. Perseverar e temer a Deus é a atitude mais viril. ◊186

E quando Deus recebeu dos adeptos do Livro o compromisso de que não o ocultariam, mas o revelariam ao mundo. Lançaram-no atrás das costas e o venderam a vil preço. Execrável foi sua transação! ◊187

Não penseis que aqueles que exultam pelo que dão e se comprazem em ser louvados pelo que não fizeram escaparão à punição. Doloroso será seu castigo. ◊188

A Deus pertence o reino dos céus e da terra. E Seu poder não tem limites. ◊189

Sim! Na criação dos céus e da terra e na alternância do dia e da noite, há sinais para os dotados de discernimento, ◊190

Que louvam Deus, em pé, sentados, ou reclinados, e meditam sobre a criação dos céus e da terra: "Senhor nosso, não criaste tudo isso em vão. Glorificado sejas! Preserva-nos do suplício do Fogo! ◊191

Senhor nosso, aqueles que envias ao Fogo, terás, na verdade, coberto de ignomínia. Os iníquos não terão aliados. ◊192

Senhor nosso, ouvimos um Mensageiro convocar-nos para a fé, dizendo: 'Crede em Deus.' E cremos. Senhor nosso, perdoa nossos pecados, redime nossas indignidades e faze com que morramos da morte dos justos. ◊193

Senhor nosso, concede-nos o que nos prometeste pela voz de Teus Mensageiros e não nos humilhes no dia da Ressurreição. Tu nunca faltas às promessas." ◊194

Deus respondeu-lhes: "Não desprezarei o trabalho de nenhum dentre vós, homem ou mulher. Vós procedeis uns dos outros. Aqueles que deixaram suas terras e foram expulsos de suas casas e perseguidos por Minha causa e sofreram danos e combateram e foram mortos, absolvê-los-ei dos pecados e os conduzirei a jardins onde correm os rios: uma recompensa de Deus. Deus dá grandes recompensas. ◊195

Não te iludam as andanças dos descrentes pela terra. ◊196

Transitório será seu gozo. Depois, terão a Geena por morada. E que terrível morada! ◊197

Mas aqueles que temem ao Senhor terão jardins onde correm os rios e lá permanecerão na hospedagem de Deus para todo o sempre. Aos benfeitores, Deus reserva dádivas abundantes. ◊198

Entre os adeptos do Livro há os que creem em Deus e no que vos foi revelado e no que lhes foi revelado, e prostram-se diante de Deus. E não vendem Suas revelações por pouco. Esses receberão recompensas de seu Senhor. Deus é rápido no ajuste das contas. ◊199

Ó vós que credes, sede perseverantes, tenazes, vigilantes e temei a Deus. Quiçá vençais." ◊200

4. AS MULHERES

Em nome de Deus, o Clemente, o Misericordioso.

Povos, temei a vosso Senhor que vos criou de um só homem e dele tirou-lhe a esposa e de ambos fez sair inúmeros homens e mulheres. Temei a Deus em nome de quem pedis e respeitai os laços de parentesco. Deus vos observa. ◊1

E dai aos órfãos o que lhes pertence e não substituais o bom pelo ruim. E não junteis seus bens aos vossos. Cometeríeis grave delito. ◊2

E se receardes não poder tratar os órfãos com equidade, desposai tantas mulheres quantas quiserdes; duas ou três ou quatro. Contudo, se não puderdes manter igualmente entre elas, então desposai uma só ou limitai-vos às cativas que por direito possuís. Assim ser-vos-á mais fácil evitar as injustiças. ◊3

E concedei às mulheres os dotes convencionais. Se elas, de bom grado, vos oferecerem algo, desfrutai-o com proveito. ◊4

E não confieis aos néscios vossas propriedades, de cuja administração Deus vos encarregou. Mas alimentai-os e vesti-os e falai-lhes com brandura. ◊5

E provai a aptidão dos órfãos até que atinjam a puberdade. Quando observardes neles bom discernimento, entregai-lhes suas propriedades e não as dilapideis pela malversação e o esbanjamento. Quem for rico, que se abstenha de perceber um salário sobre elas; quem for pobre, que perceba um salário moderado. E quando lhes entregardes as propriedades, fazei-o na presença de testemunhas. Prestareis contas a Deus. ◊6

Aos homens, um quinhão do que for deixado pelos pais e os parentes próximos. Às mulheres, um quinhão do que for deixado pelos pais e os parentes próximos, seja muito ou pouco. Quinhão legal obrigatório. ◊7

E quando a partilha for assistida por parentes, por órfãos e por necessitados, distribuí algo a todos e dirigi-lhes palavras bondosas. ◊8

Que aqueles que receiam pelos filhos menores que deixariam após a sua morte temam a Deus e não prejudiquem os órfãos. ◊9

Os que devoram injustamente os bens dos órfãos enchem o estômago de fogo e serão queimados na Geena. ◊10

Eis o que Deus vos prescreve: Quando morre um de vós, deixando bens e filhos, o filho varão herdará o dobro da filha, e se houver somente filhas, receberão dois terços da herança, mas se houver uma filha só, receberá apenas a metade. Morrendo o filho, cada um dos pais receberá a sexta parte, caso o defunto tenha filhos. Se a herança couber exclusivamente aos pais, a mãe receberá um terço, e o pai, dois terços. Caso o defunto tiver também irmãos, a mãe receberá a sexta parte. Tudo isso depois de executados os legados e pagas as dívidas. Entre vossos pais e vossos filhos, não sabeis quem é mais benéfico para convosco. Tal é a lei de Deus. Deus é conhecedor e sábio. ◊11

A vós, a metade da herança de vossas esposas se elas não tiverem filhos, e a quarta parte em caso contrário, depois de executados os legados e pagas as dívidas. E a elas, um

quarto de vossa herança, se nao tiverdes filho, e um oitavo
em caso contrário, depois de executados os legados e
pagas as dívidas. E se um homem ou uma mulher não
tiverem nem ascendentes nem descendentes, mas deixarem
um irmão ou uma irmã, a ela ou a ele caberá a sexta parte.
E se forem mais de um irmão, coerdarão a terça parte,
depois de executados os legados e pagas as dívidas. É uma
prescrição de Deus. Deus é conhecedor e clemente. ◊12

Tais são os limites do Senhor. Quem obedecer a Deus e a Seu
Mensageiro, por Deus será conduzido a jardins onde
correm os rios, e lá permanecerá para todo o sempre. Tal
será a grande vitória. ◊13

E quem desobedecer a Deus e a Seu Mensageiro e exceder seus
limites, por Deus será jogado no Fogo, onde permanecerá
para todo o sempre e onde receberá aviltante castigo. ◊14

Aquelas de vossas mulheres que forem suspeitas de adultério,
chamai quatro testemunhas dos vossos contra elas. Se as
testemunhas testemunharem, confinai-as então em vossas
casas até que a morte as leve ou até que Deus lhes indique
um caminho. ◊15

Quando dois dentre vós cometerem um adultério, castigai-os.
Mas se se arrependerem e se emendarem, deixai-os em
paz. Deus é perdoador e clemente. ◊16

Deus perdoa a quem peca por ignorância e logo depois se
arrepende. Deus é conhecedor e sábio. ◊17

Mas Deus não perdoa àqueles que cometem o mal ao longo
da vida e só à chegada da morte exclamam:
"Arrependemo-nos agora." Tampouco perdoa aos que
morrem na descrença. Para todos eles, preparamos um
castigo doloroso. ◊18

Ó vós que credes, não tendes o direito de receber mulheres
como herança apesar de sua vontade. E não as impeçais de
se casarem com o intuito de receberdes de volta parte
do que lhes havíeis dado – a menos que cometam uma
indignidade comprovada. E juntai-vos a elas

honradamente. Se sentis aversão por elas, quantas vezes sentis aversão por algo em que Deus depositou bens abundantes! ◊19

Se desejais trocar esposa por esposa e tiverdes dotado a primeira com um quintal de ouro, não retomeis nada dele. Se o fizerdes, cometereis uma impropriedade e um delito manifesto. ◊20

E como o retomaríeis após terdes convivido intimamente e terdes sido unidos por um juramento solene? ◊21

E não vos caseis com as mulheres que foram esposas de vossos pais, exceto em casos já consumados. Seria uma abominação, uma obscenidade e um péssimo comportamento. ◊22

Estão-vos proibidas vossas mães, vossas filhas, vossas irmãs, vossas tias paternas e maternas, vossas sobrinhas, vossas madrastas que vos amamentaram, vossas irmãs de leite, vossas sogras, vossas enteadas que estão sob vossa proteção, nascidas de mulheres nas quais penetrastes – se não tiverdes penetrado nelas, não sereis censurados – e as mulheres de vossos filhos gerados por vós. Está-vos proibido também casar-vos com duas irmãs, exceto em casos já consumados. Deus é perdoador e clemente. ◊23

Estão-vos proibidas as mulheres casadas, exceto as cativas que, por direito, possuís. Tal é a lei de Deus. São lícitas para vós todas as outras que não foram mencionadas. Podeis procurá-las com vossas riquezas para o casamento e não para a libertinagem. Às mulheres de que gozastes, dai as pensões devidas. E não sereis censurados pelo que for livremente convencionado entre vós, além das prescrições legais. Deus é conhecedor e clemente. ◊24

Aqueles dentre vós que não têm posses para desposar mulheres crentes e livres, deixai-os desposar as crentes jovens que legalmente possuís. Deus conhece vossa fé. Todos vós procedeis uns dos outros. Desposai-as com a autorização dos seus donos e pagai-lhes os dotes convencionais como mulheres honradas e não como libertinas ou angariadoras de homens. Se, depois de casadas, incorrerem em adultério, sofrerão só a metade do castigo prescrito para as mulheres livres. Esse casamento com servas é permitido para quem receia cometer fornicação. Contudo, melhor para vós seria abster-vos. Deus é indulgente e misericordioso. ◊25

Deus quer esclarecer-vos e guiar-vos pelo exemplo dos que vos precederam e aceitar vosso arrependimento. Deus é conhecedor e sábio. ◊26

Deus quer aceitar vosso arrependimento, enquanto os que são dominados pelas paixões procuram desencaminhar-vos de maneira bem grave. ◊27

Deus quer tornar vossos fardos leves. Pois o homem foi criado fraco. ◊28

Ó vós que credes, não entredevoreis injustamente vossas propriedades. Fazei, antes, negócios por mútuo consentimento. E não vos entremateis. Deus é misericordioso para convosco. ◊29

Quem matar, por agressão e iniquidade, será queimado no Fogo. Isso é fácil para Deus. ◊30

Se evitardes os grandes pecados que vos foram proibidos, absolver-vos-emos de vossos delitos menores e proporcionar-vos-emos uma entrada condigna no Paraíso. ◊31

Não cobiceis o que Deus deu a uns mais do que a outros dentre vós. Aos homens um quinhão do que tiverem ganho e às mulheres um quinhão do que tiverem ganho. Rogai antes a Deus que vos conceda de Sua generosidade. Deus é testemunha de tudo. ◊32

A cada um de vós, destinamos uma parte legítima da herança dos pais e dos parentes próximos e daqueles a quem vos liga uma aliança. Dai, pois, a cada um sua porção. Deus é testemunha de tudo. ◊33

Os homens têm autoridade sobre as mulheres pelo que Deus os fez superiores a elas e por que gastam de suas posses para sustentá-las. As boas esposas são obedientes e

guardam sua virtude na ausência de seu marido conforme
Deus estabeleceu. Aquelas de quem temeis a rebelião,
exortai-as, bani-as de vossa cama e batei nelas. Se vos
obedecerem, não mais as molesteis.
Deus é elevado e grande. ◊34

E se temerdes uma ruptura entre esposo e esposa, convocai
um árbitro da família do homem e um árbitro da família
da mulher. Se se mostrarem dispostos a reconciliar-se,
Deus os reconciliará. Deus sabe tudo e compreende tudo. ◊35

E adorai Deus e não Lhe associeis outros deuses. Sede
bondosos para com vossos pais, vossos parentes, os órfãos,
os necessitados, os vizinhos, quer aparentados quer não, os
companheiros, os viajantes e os escravos. Deus não
ama os presunçosos e os soberbos. ◊36

Nem aqueles que são avaros e recomendam aos outros a
avareza e escondem o que Deus lhes deu de Sua bondade –
destinamos aos descrentes um castigo aviltante – ◊37

Nem aqueles que gastam por ostentação diante dos outros,
mas não acreditam nem em Deus nem no último dia.
Quem tomar o demônio por companheiro, é ele mesmo
um péssimo companheiro. ◊38

Que teriam eles a temer se acreditassem em Deus e no último
dia e gastassem do que Deus lhes deu? Deus conhece-os. ◊39

Deus não prejudica ninguém nem do peso de uma formiga.
E dobra toda boa ação e acrescenta-lhe uma grande
recompensa. ◊40

Que será deles quando convocarmos uma testemunha de cada
nação e te convocarmos como testemunha contra eles? ◊41

Naquele dia, os descrentes e os que tiverem desobedecido ao
Mensageiro desejarão que a terra seja nivelada sobre eles.
Pois nada poderão esconder de Deus. ◊42

Ó vós que credes, não vos aproximeis da oração enquanto
ébrios, até que saibais o que dizeis, ou maculados até que
vos laveis, salvo quando estiverdes em viagem. Se estiverdes
doentes, ou se algum de vós tiver acabado de satisfazer as

necessidades, ou de ter relações com as mulheres, e não encontrardes água, recorrei então à terra limpa e esfregai os rostos e as mãos. Deus é indulgente e perdoador. ◊43

Não reparaste naqueles que, tendo recebido parte do Livro, aprofundam-se no erro e desejam que vós também erreis? ◊44

Deus conhece vossos inimigos. Basta-vos tê-Lo como protetor e aliado. ◊45

Entre os judeus, há os que deturpam as palavras, e dizem: "Ouvimos e desobedecemos"; ou: "Ouve como quem não ouve"; ou: "Observa-nos." Torcem assim o sentido das palavras e difamam a religião. Se, ao contrário, disseram: "Ouvimos e obedecemos" e "Escuta" e "Olha-nos", seria melhor para eles e mais reto. Mas Deus amaldiçoou-os por sua descrença. E não acreditarão, salvo um pequeno número dentre eles. ◊46

Ó vós que recebestes o Livro, crede no que vos revelamos e que confirma o que já possuís, antes que vos desfiguremos os rostos e vos confundamos e vos amaldiçoemos como amaldiçoamos os transgressores do sábado. A ordem de Deus é sempre executada. ◊47

Deus não perdoa a quem Lhe atribui semelhantes, e perdoa as faltas menores a quem quiser. Quem atribui semelhantes a Deus comete enorme delito. ◊48

Não viste aqueles que se louvam a si mesmos pela sua pureza? Deus purifica quem Lhe apraz. E ninguém será prejudicado, nem do valor da mecha de um lampião. ◊49

Admira como caluniam Deus! Basta esse crime manifesto. ◊50

Não viste aqueles que receberam parte das Escrituras crer nos ídolos Jibti e Tagut e dizer que os descrentes são mais certos que os crentes? ◊51

Deus amaldiçoou-os. E os que Deus amaldiçoa, ninguém os socorre. Deus tem poder sobre tudo. ◊52

Mesmo que possuíssem parte do reino, não saberiam dar sequer o caroço de uma tâmara. ◊53

Antes ficam invejando os demais pelo que Deus lhes outorgou de Sua generosidade. Sim! outorgamos à descendência de Abraão o Livro, a sabedoria e um reino grandioso. ◊54

Uns acreditaram em Muhamad; outros afastaram-se dele. Basta a estes o fogo da Geena. ◊55

Os que rejeitam Nossos sinais, breve jogá-los-emos no Fogo. Cada vez que suas peles forem queimadas, substituí-las-emos por outras para que continuem a experimentar o suplício. Deus é poderoso e sábio. ◊56

Os que creem e praticam o bem, conduzi-los-emos para jardins onde correm os rios, e lá permanecerão para todo o sempre, e lá terão esposas imaculadas, e lá desfrutarão de uma sombra densa. ◊57

Deus vos manda restituir aos depositantes os seus depósitos e, quando julgardes entre os homens, julgar com justiça. Deus exorta-vos para o melhor. Ele ouve tudo e vê tudo. ◊58

Ó vós que credes, obedecei a Deus e ao Mensageiro e aos dentre vós que dispõem de autoridade. Em caso de litígio, recorrei a Deus e ao Mensageiro se acreditais em Deus e no último dia. Assim ficareis melhor e chegareis a uma solução mais certa. ◊59

Não reparaste naqueles que alegam crer no que te foi relevado e no que foi revelado antes de ti, e que no entanto recorrem, nas suas disputas, ao ídolo Tagut, embora tenham recebido ordem para renegá-lo? O demônio quer levá-los longe no erro. ◊60

E quando lhes é dito: "Aproximai-vos do Mensageiro e do que Deus lhe revelou", verás os hipócritas afastarem-se de ti rapidamente. ◊61

Que acontecerá quando uma desgraça cair sobre eles por causa do que suas mãos tiverem perpetrado? Correrão para ti a jurar por Deus: "Só queríamos o bem e a concórdia." ◊62

Deus sabe o que eles têm no coração. Evita-os e adverte-os e dize-lhes palavras penetrantes sobre eles mesmos. ◊63

Não enviamos um Mensageiro senão para ser obedecido com a permissão de Deus. Se, após terem sido iníquos para consigo mesmos, tivessem vindo a ti e pedido perdão a Deus – e se o Mensageiro tivesse intercedido por eles –, com certeza teriam encontrado Deus perdoador e clemente. 064

Não, por teu Senhor, não serão considerados crentes até que te escolham por árbitro na suas dissensões e aceitem tuas sentenças e se submetam por completo. 065

Se lhes tivéssemos prescrito: "Dai as vossas vidas" ou "Abandonai as vossas casas", não o teriam feito, salvo um pequeno número. Contudo, se houvessem seguido as exortações recebidas, teria sido melhor para eles e teriam sido fortalecidos. 066

E ter-lhes-íamos concedido uma magnífica recompensa. 067

E tê-los-íamos encaminhado na senda da retidão. 068

Os que obedecem a Deus e ao Mensageiro juntar-se-ão aos agraciados de Deus: os Profetas, os justos, os mártires, os homens de bem. E que companheiros! 069

Tal é a generosidade de Deus. Basta-vos a Sua ciência. 070

Ó vós que credes, tomai vossas precauções. Depois, avançai por destacamentos ou em massa. 071

Entre vós, haverá retardatários que, se uma desgraça vos atingir, dirão: "Deus nos agraciou por não termos sido sacrificados com eles." 072

Mas quando é uma graça de Deus que lograis, dirão como se nenhuma amizade vos ligasse a eles: "Que pena! Se estivéssemos estado com eles, teríamos tido uma vitória esplêndida." 073

Que combatam pela causa de Deus os que trocam esta vida terrena pela vida futura! Pois quem combater pela causa de Deus, quer sucumba quer vença, conceder-lhe-emos grandes recompensas. 074

O que vos impede de combater pela causa de Deus e pelos fracos e pelas mulheres e pelas crianças, que suplicam:

"Senhor nosso, tira-nos desta cidade cujos habitantes são opressores e envia-nos um protetor e um defensor." ◊75

Os crentes combatem na senda de Deus; os descrentes combatem na senda do ídolo Tagut. Combatei, pois, os aliados do demônio. A astúcia do demônio é ineficaz. ◊76

Não reparaste naqueles a quem foi dito: "Refreai as mãos, e recitai as preces, e pagai o tributo dos pobres?" Quando, porém, foi-lhes prescrita a guerra, eis que parte deles teve medo dos homens tanto quanto de Deus, ou mais ainda, e disseram: "Senhor nosso, por que nos prescreveste a luta? Por que, ao menos, não nos concedes um prazo?" Responde: "O gozo deste mundo é limitado; bem melhor é o da vida futura para quem teme a Deus. E não sereis prejudicados nem do valor de um caroço de tâmara." ◊77

Onde estiverdes, a morte vos alcançará, ainda que estejais em torres fortificadas. Quando recebem algum bem, dizem: "É de Deus." Quando recebem algum mal, dizem: "É de ti." Responde: "Tudo vem de Deus." Que há com essa gente? Quase não entendem o que se lhes diz. ◊78

Homem, todo o bem que vem a ti é de Deus, e todo o mal que vem a ti é de ti mesmo. Enviamos-te aos homens como Mensageiro. Basta Deus por testemunha. ◊79

Obedecer ao Mensageiro é obedecer a Deus. Deixa que virem as costas e se afastem. Não és um guardião sobre eles. ◊80

Prometem-te obediência. Quando se retiram de tua presença, porém, parte deles confabulam de noite o contrário do que te disseram. Deus registra-lhes as confabulações noturnas. Afasta-te deles e encomenda-te a Deus. Basta Ele por protetor. ◊81

Será que não meditam sobre o Alcorão? Se não fosse enviado por Deus, encontrariam nele muitas contradições. ◊82

Quando ouvem algo – inspire tranquilidade ou temor –, divulgam-no. Se antes o transmitissem ao Mensageiro ou às autoridades, os experimentados saberiam avaliá-lo. Não fosse a graça de Deus e Sua clemência, teríeis seguido o demônio, salvo uns poucos. ◊83

Combate, pois, pela causa de Deus. És responsável apenas por ti mesmo. E exorta os crentes. Queira Deus conter a força dos descrentes! Deus é o mais forte e o mais rigoroso no castigo. ◊84

Quem intercede pelo bem, participa do bem; e quem intercede pelo mal, participa do mal. Deus tem poder sobre tudo. ◊85

Quando fordes saudados, retribuí com uma saudação melhor, ou pelo menos igual. Deus pede contas de tudo. ◊86

Deus! Não há deus senão Ele. Reunir-vos-á para o dia indubitável da Ressurreição. E quem é mais verídico do que Deus? ◊87

O que vos leva a vos dividirdes em dois grupos a respeito dos hipócritas? Deus os repeliu porque o mereceram. Pretendeis guiar os que Deus desencaminha? Para os que Deus desencaminha, jamais acharás uma orientação. ◊88

Desejariam que fôsseis descrentes como eles: então todos vós seríeis iguais. Não tomeis amigos dentre eles até que emigrem para Deus. Se virarem as costas e se afastarem, capturai-os e matai-os onde quer que os acheis. E não tomeis nenhum deles por confidente ou aliado. ◊89

Exceto aqueles que se refugiam junto a um povo a quem vos liga uma aliança ou aqueles que vêm a vós, o coração apertado por terem que vos combater ou combater seu próprio povo. Se Deus tivesse querido, tê-los-ia feito prevalecer sobre vós e eles vos teriam combatido. Se, ao contrário, eles depuserem as armas, e não vos combaterem, e vos oferecerem a paz, Deus não vos permitirá mais hostilizá-los. ◊90

Outros desejam prevenir-se e prevenir seu povo contra vós, pois cada vez que vos hostilizam, sucumbem. Se, portanto, não se conservarem afastados de vós e não vos oferecerem a paz e não retiverem as mãos, capturai-os e matai-os onde quer que os encontreis, porque sobre eles vos concedemos poder absoluto. ◊91

Não pode um crente matar outro crente, a não ser por engano. Quem matar um crente por engano, deverá libertar um escravo crente e pagar o resgate de um muçulmano à família do morto, a menos que a família, por caridade, o dispense. Se a vítima for um crente pertencente a um povo inimigo, impõe-se libertar um escravo crente. E se pertencer a um povo aliado vosso, impõe-se pagar à família o resgate de um crente e libertar um escravo crente. Quem não puder fazê-lo, deverá jejuar dois meses seguidos como penitência a Deus. Deus é conhecedor e sábio. ◊92

Quem matar um crente com premeditação, seu castigo será a Geena onde permanecerá para todo o sempre, e a cólera de Deus, e a Sua maldição, e um terrível suplício. ◊93

Ó vós que credes, quando fordes à guerra combater por Deus, ponderai antes de agredir quem vos saúda e de dizer-lhe: "Não és um crente." Ambicionais os bens deste mundo? Deus tem espólios abundantes. Vós também éreis descrentes antes que Deus vos agraciasse. Precavei-vos. Deus observa o que fazeis. ◊94

Não há igualdade entre os crentes que permanecem em casa, sem serem inválidos, e os que combatem e arriscam bens e vida a serviço de Deus. Deus eleva os que lutam por Ele com seus bens e sua vida um grau acima dos outros. A todos, Deus promete excelente recompensa, mas conferirá aos combatentes paga superior à dos que permanecem em casa: ◊95

Honrarias e o perdão de Deus e Sua clemência. Deus é indulgente e misericordioso. ◊96

Àqueles que morrem na iniquidade, os anjos ao receber-lhes a alma, perguntarão: "O que fizestes de vossa vida?" Responderão: "Nada podíamos fazer lá onde estávamos." Perguntar-lhes-ão: "Não era a terra de Deus bastante vasta? Por que não emigrastes?" Esses terão a Geena por morada. A péssima morada! ◊97

Salvo os fracos entre os homens e as mulheres e as crianças, que nada podiam fazer e não foram encaminhados. ◊98

A esses, Deus perdoará. Deus é perdoador e misericordioso. ◊99
Quem emigrar pela causa de Deus, encontrará na terra
muitos refúgios e abundância. E quem sair de sua casa em
direção a Deus e a Seu Mensageiro e for atingido pela
morte, seu resgate incumbirá a Deus. Deus é indulgente e
misericordioso. ◊100
E quando viajardes pela terra, não sereis censurados por
abreviar as orações se receardes que os descrentes possam
prejudicar-vos. Os descrentes têm sido vossos inimigos
declarados. ◊101
E quando estiveres entre eles para organizar o culto em tempo
de guerra, que um grupo de crentes esteja contigo com
suas armas. Após prostrarem-se, que permaneçam atrás
de vós. E que venha outro grupo que ainda não orou para
orar contigo, e que esteja atento e armado. Os descrentes
gostariam de ver-vos negligenciar vossas armas e bagagens.
Cairiam então sobre vós de uma vez. Não sereis censurados
se depositardes as armas quando vos molestarem a chuva
ou a doença. Mas tomai vossas precauções. Deus preparou
para os descrentes um castigo humilhante. ◊102
Tendo praticado o culto, lembrai-vos de Deus, sentados,
recostados ou em pé. Depois, quando estiverdes
novamente em segurança, recitai todas as orações.
A oração é prescrita aos crentes em tempos marcados. ◊103
E não fraquejeis na perseguição dos inimigos; pois, se
sofrerdes, sofrerão tanto quanto vós; e vós esperais de
Deus o que eles não esperam. Deus é conhecedor e sábio. ◊104
Revelamos-te o Livro com a verdade para que julgues entre os
homens conforme o que Deus te mostrou. Mas não sejas
para os pérfidos um defensor. ◊105
E implora o perdão de Deus. Ele é perdoador e clemente. ◊106
E não intercedas a favor daqueles que são traidores para
consigo mesmos. Deus não ama os traidores e os
criminosos. ◊107
Conseguem esconder-se dos homens, mas não de Deus. Pois
Ele está em sua companhia quando, à noite, trocam

palavras que não Lhe agradam. Deus está a par de tudo
quanto fazem.   ◊108
Eis que vós os defendeis nesta vida. Mas quem os defenderá
contra Deus no dia da Ressurreição? E quem será seu
protetor?   ◊109
Aquele que pratica o mal ou falha para consigo mesmo e,
depois, implora o perdão de Deus, encontrará Deus
perdoador e clemente. Que os crentes confiem em Deus.   ◊110
Quem cometer delitos, comete-os apenas contra si mesmo.
Deus é conhecedor e sábio.   ◊111
E quem cometer um delito ou um pecado e os atribuir a um
inocente, sobrecarregar-se-á com uma iniquidade e um
crime clamorosos.   ◊112
Não fosse pela generosidade de Deus e Sua clemência para
contigo, muitos deles teriam conseguido enganar-te. Mas
não enganaram senão a si mesmos e em nada te
prejudicaram. E Ele fez descer o Livro e a sabedoria sobre
ti e ensinou-te o que não sabias. Deus foi muito generoso
para contigo.   ◊113
Não há bem algum na maioria de suas confabulações, salvo
quando alguém deles recomenda a caridade, a
benevolência ou a concórdia entre os homens. E a quem
seguir essas recomendações para agradar a Deus,
pagaremos uma recompensa generosa.   ◊114
E aqueles que romperem com o Mensageiro após o que lhe foi
revelado, e abandonarem o caminho dos crentes,
abandoná-los-emos a seus erros e queimá-los-emos na
Geena. E que porvir lamentável!   ◊115
Deus não perdoa a quem Lhe atribui semelhantes e perdoa
os delitos menores a quem Lhe apraz. E quem associar
outros deuses a Deus vai muito longe no erro.   ◊116
Em vez de Deus, eles invocam divindades femininas.[5]
Na realidade, só invocam um demônio rebelde.   ◊117
Que Deus amaldiçoou ao ouvi-lo dizer: "Apoderar-me-ei de
um número determinado de Teus servos   ◊118

E os desencaminharei, e dar-lhes-ei falsas esperanças. E sob minhas ordens cortarão as orelhas do gado e desfigurarão as criaturas de Deus." Aquele que adotar o demônio por protetor em vez de Deus sofrerá uma perda irreparável. ◊119

O demônio promete e cria esperanças, mas todas as suas promessas são meras ilusões. ◊120

Aqueles que o seguirem, terão a Geena por morada. E dela nunca escaparão. ◊121

Quanto aos que creem e praticam o bem, conduzi-los-emos para jardins onde correm os rios, e lá permanecerão para todo o sempre. É promessa de Deus. ◊122

A verdade não depende de vossos anelos nem dos anelos dos adeptos do Livro. Quem praticar o mal será castigado e não encontrará, fora de Deus, nem aliado nem defensor. ◊123

E quem praticar o bem – seja homem ou mulher – e tiver fé, entrará no Paraíso e não será prejudicado nem do valor de um caroço de tâmara. ◊124

E, em religião, quem é melhor do que aquele que se submete a Deus, faz o bem e segue a crença, monoteísta, de Abraão? Deus elegeu Abraão por amigo. ◊125

A Deus pertence tudo o que está nos céus e tudo o que está na terra. Deus abrange tudo. ◊126

Consultar-te-ão sobre as mulheres. Dize: "Deus vos instruiu a seu respeito no Livro quando falou das mulheres órfãs, às quais negais o que lhes é prescrito e que recusais de desposar, e dos menores desamparados, e dos órfãos, aos quais deveis equidade. Todo o bem que fazeis, Deus o vê." ◊127

E se uma mulher recear mau-trato ou deserção por parte de seu marido, nenhum dos dois será censurado por estabelecerem termos de concórdia entre si. A reconciliação é o melhor caminho. A avareza está nas almas, enraizada. Se, assim mesmo, fordes generosos e temerdes a Deus, Ele vê tudo o que fazeis. ◊128

Jamais podereis tratar da mesma forma todas as vossas mulheres, embora vos esforceis. Pelo menos, não desprezeis

nenhuma a ponto de a deixar como no ar. E se vos
emendardes e temerdes a Deus, Deus é perdoador
e misericordioso. ◊129

Quando um homem e uma mulher se separam, Deus lhes dá
de Sua generosidade em abundância. Deus é imenso
e sábio. ◊130

A Deus pertence tudo o que está nos céus e tudo o que está
na terra. Recomendamos aos que receberam o Livro antes
de vós, como também a vós, temer a Deus. Se O
renegardes, a Deus pertence tudo o que está nos céus e
tudo o que está na terra. Deus é autossuficiente e digno de
louvores. ◊131

A Deus pertence tudo o que está nos céus e tudo o que está
na terra. Basta Deus por protetor. ◊132

Se Ele quiser, poderá remover-vos da terra, ó homens, e trazer
outros para o vosso lugar. Sim, Deus pode fazê-lo. ◊133

Se procurais vossa recompensa neste mundo, Deus possui a
recompensa deste mundo; e se procurais vossa recompensa
no outro mundo, Deus possui a recompensa do outro
mundo. Deus ouve tudo e vê tudo. ◊134

Ó vós que credes, sede firmes na distribuição da justiça,
testemunhando por Deus, mesmo contra vós mesmos ou
contra vosso pai, vossa mãe e vossos parentes, trate-se de
um rico ou de um indigente. Deus vela sobre todos.
Não vos deixeis levar pelas paixões e sede justos. Se
vacilardes ou vos omitirdes, Deus o saberá. ◊135

Ó vós que credes, crede em Deus e no Seu Mensageiro e no
Livro que foi revelado ao Mensageiro e no Livro que fora
anteriormente revelado. Quem renega Deus e Seus anjos e
Seus livros e Seus Mensageiros e o último dia vai muito
longe no erro. ◊136

Aos que creram, depois renegaram, depois creram e
renegaram de novo e insistiram na renegação, Deus jamais
perdoará, e Ele jamais os guiará para a senda da retidão. ◊137

Anuncia aos hipócritas que um doloroso castigo os aguarda. ◊138

Aqueles que preferem a amizade dos descrentes à dos crentes, que esperam? A grandeza? Toda grandeza pertence a Deus. ◊139

Deus vos recomendou no Livro de não vos sentardes com os que conversam de Suas revelações, rejeitando-as e desrespeitando-as até que mudem de assunto. Se o fizerdes, sereis como eles. Deus juntará na Geena os hipócritas e os descrentes. ◊140

Os hipócritas vos espreitam. Se Deus vos der a vitória, dir-vos-ão: "Não estávamos convosco?" E se vencerem os descrentes, dir-lhes-ão: "Não éramos mais poderosos do que vós e não vos protegemos dos crentes?" Deus decidirá entre vós no dia da Ressurreição e jamais deixará os descrentes prevalecerem sobre os crentes. ◊141

Os hipócritas procuram enganar Deus, mas é Deus que os engana. E quando se levantam para as orações, levantam-se preguiçosamente, só para ser notados pelos homens, e pouco pensam em Deus. ◊142

Indecisos, mutáveis, não pertencem nem a uns nem aos outros. Aquele que Deus desencaminha, tu não o podes guiar. ◊143

Ó vós que credes, não prefirais a amizade dos descrentes à dos crentes. Quereis dar a Deus uma prova pública contra vós? ◊144

Os hipócritas estarão nas camadas mais profundas do Fogo, e ninguém os socorrerá. ◊145

Salvo os que se arrependem e se emendam e se entregam a Deus e manifestam lealdade na sua religião. Esses estarão com os crentes. Deus reserva grandes recompensas para os que creem. ◊146

Por que Deus quererá castigar-vos se fordes agradecidos e crentes? Deus sabe dar retribuição e nada lhe escapa. ◊147

Deus não gosta das vociferações e dos discursos violentos – salvo daquele que foi ofendido. Deus ouve tudo e sabe tudo. ◊148

Quer pratiqueis o bem em segredo ou em público, quer perdoeis o mal, Deus é igualmente poderoso. ◊149

Os que renegam Deus e Seus Mensageiros e procuram fazer distinção entre eles e dizem: "Acreditamos em alguns, mas não nos outros", esperando encontrar assim uma saída. ◊150

São eles os verdadeiros descrentes. Preparamos para os descrentes um castigo aviltante. ◊151

Os que acreditam em Deus e em Seus Mensageiros, sem distinguir entre eles, receberão recompensa. Deus é perdoador e misericordioso. E Ele vê tudo e sabe tudo. ◊152

Os adeptos do Livro pedem-te que faças descer sobre eles um Livro do céu. Já pediram a Moisés mais do que isso. Disseram: "Deixa-nos ver Deus face a face." O raio fulminou-os por sua iniquidade. Depois, adoraram o bezerro, mesmo após terem visto as provas. Assim mesmo, perdoamo-los e outorgamos a Moisés uma autoridade manifesta. ◊153

Quando fizemos a aliança com eles, elevamos o Monte por cima deles e dissemos-lhes: "Entrai pela porta, prostrados", e dissemos-lhes: "Não transgridais o sábado." E obtivemos deles uma promessa formal. ◊154

Fizemo-los, porém, sofrer as consequências de seus atos quando quebraram a aliança, rejeitaram os sinais de Deus e mataram sem justificação os Profetas, declarando: "Nossos corações estão endurecidos." Não! Foi Deus que lhes selou o coração por causa de sua descrença – pois, entre eles, poucos creem. ◊155

E por terem dito sobre Maria uma infâmia enorme, ◊156

E por terem dito: "Matamos o Messias, Jesus, o filho de Maria, o Mensageiro de Deus", quando, na realidade, não o mataram nem o crucificaram: imaginaram apenas tê-lo feito. E aqueles que disputam sobre ele estão na dúvida acerca de sua morte, pois não possuem conhecimento certo, mas apenas conjeturas. Certamente, não o mataram, ◊157

Antes Deus o elevou até Ele. Deus é poderoso e sábio. ◊158

Não há ninguém entre os adeptos do Livro que deixe de crer em Jesus antes de morrer. E ele será, no dia da Ressurreição, uma testemunha contra eles. ◊159

Por causa das iniquidades perpetradas pelos judeus e por terem impedido a muitos o caminho de Deus, proibindo-lhes delícias da vida que lhes eram, antes, permitidas. ◊160

E por cobrarem juros, embora lhes fosse proibido, e por
usurparem sob falsos pretextos os bens alheios, destinamos
aos descrentes entre eles um castigo doloroso. ◊161

Mas os que, entre eles, estão enraizados na ciência e são
crentes, esses acreditam no que te foi revelado e no que foi
revelado antes de ti; e os que recitam as orações e pagam o
tributo dos pobres e creem em Deus e no último dia –
a todos eles concederemos uma recompensa magnífica. ◊162

O que revelamos a ti, revelamos a Noé e aos Profetas que o
seguiram e a Abraão e a Ismael e a Isaac e a Jacó e às tribos
e a Jesus e a Jó e a Jonas e a Arão e a Salomão – e
outorgamos os Salmos a David – ◊163

E a Mensageiros de que já te falamos (e como Deus conversou
diretamente com Moisés) e a Mensageiros de que não te
falamos. ◊164

São os Mensageiros predicadores e admoestadores que
enviamos para que, após eles, os homens não tivessem
argumento contra Deus, o Poderoso, o Sábio. ◊165

Mas Deus atesta que o que te revelou, revelou-o com Sua
ciência. E os anjos também o atestam. E não há testemunha
melhor do que Deus, o Poderoso, o Sábio. ◊166

Os que descreem e obstruem o caminho de Deus vão longe
demais no erro. ◊167

Aos que descreem e oprimem, Deus não perdoará e não
indicará caminho algum, ◊168

A não ser o caminho da Geena, onde permanecerão para todo
o sempre. Para Deus, isso é fácil. ◊169

Homens, o Mensageiro trouxe-vos a verdade revelada por
Deus. Acreditai nele. É melhor para vós. Se não
acreditardes, a Deus pertence tudo o que está nos céus e
tudo o que está na terra. E Deus é conhecedor e sábio. ◊170

Ó adeptos do Livro, não vos excedais em vossa religião, e não
digais de Deus senão a verdade. O Messias, Jesus, o filho de
Maria, nada mais era do que o Mensageiro de Deus e Sua
palavra e um sopro de Seu espírito que Ele fez descer sobre

Maria. Acreditai, pois, em Deus e em Seus Mensageiros e não digais: "Trindade." Abstende-vos disso. É melhor para vós. Deus é um Deus único. Glorificado seja! Teria um filho? Como! A Ele pertence tudo o que está nos céus e tudo o que está na terra. Basta-vos Deus por defensor. ◊171

O Messias nunca se envergonhará de ser um servo de Deus. Tampouco se envergonharam disso os anjos prediletos. E aqueles que se envergonham de adorá-Lo e se ensoberbecem, Deus os reunirá ante Si no dia do Julgamento. ◊172

Aos que creem e praticam o bem, Deus pagará salários generosos. Mas os que se recusam a crer e se enchem de orgulho, Deus os submeterá a doloroso castigo; e não encontrarão, fora de Deus, nem protetor nem defensor. ◊173

Homens, agora tendes uma prova enviada por vosso Senhor, e fizemos descer sobre vós uma luz manifesta. ◊174

Os que creem em Deus e se apegam a Ele, Deus os receberá na Sua clemência e os conduzirá até Ele na senda da retidão. ◊175

Consultar-te-ão a respeito da herança de um falecido sem ascendente nem descendente. Dize: "Se um homem morrer sem ter filhos, mas tendo uma irmã, ela herdará a metade da herança. E ele herdará todos os bens dela, se ela morrer primeiro sem deixar filhos. Se houver duas irmãs, herdarão os dois terços dos bens deixados. Se houver irmãos e irmãs, caberá a cada homem o dobro de cada mulher. Deus revela-vos Suas leis para que não erreis. Deus está a par de tudo." ◊176

5. A MESA SERVIDA

Em nome de Deus, o Clemente, o Misericordioso.
Ó vós que credes, honrai vossos compromissos. É-vos lícita a carne dos animais, exceto a que aqui vos é especificamente

proibida. É-vos vedada a caça quando estiverdes em peregrinação. Deus determina o que Lhe apraz. ◊1

Ó vós que credes, não profanais as insígnias de Deus, nem o mês sagrado, nem as oferendas, nem as grinaldas, e não perturbeis os que se dirigem à Casa Sagrada à procura da graça de Deus e de Sua aprovação. Terminada a peregrinação, podereis caçar. E que vosso ódio dos que tentaram impedir vossa ida à Mesquita Sagrada não vos incite a agredi-los. E ajudai-vos mutuamente na beneficência e na piedade, e não vos ajudeis no delito e na agressão. E temei a Deus. Ele castiga com severidade. ◊2

São-vos vedados o animal morto, o sangue, a carne de porco e os animais imolados sob a invocação de outro nome que não o de Deus, os animais estrangulados, os animais mortos por espancamento ou de queda ou por chifradas e os devorados por feras, exceto os que imolardes quando ainda com vida. São-vos também vedados os animais sacrificados aos ídolos. É-vos ainda vedado ajustar vossas disputas pelas flechas da adivinhação: esta é uma prática condenável. Os descrentes desesperam de vos desviar de vossa religião. Não os temais. Temei somente a Mim. Hoje, completei para vós a submissão. Contudo, quem for impelido pela fome a desobedecer a essas determinações sem intenção de pecar, Deus é perdoador e misericordioso. ◊3

Interrogam-te sobre o que lhes é permitido. Dize: "São-vos permitidas todas as coisas boas bem como os animais caçados pelas aves e as feras por vós adestradas segundo os ensinamentos de Deus. Mas invocai Deus sobre eles. E temei a Deus. Pois Ele é rápido em pedir contas. ◊4

Tornaram-se lícitas para vós todas as boas coisas e os alimentos dos que receberam o Livro, assim como vossos alimentos lhes são lícitos. São-vos lícitas as mulheres honradas entre os crentes e entre os adeptos do Livro com a condição que as doteis e vos caseis com elas e não vivais em sua companhia em fornicação ou como concubinas escondidas. Quem renegar sua fé, desvalorizará suas próprias obras e estará no outro mundo entre os derrotados." ◊5

Ó vós, que credes, cada vez que vos preparardes para rezar, lavai o rosto, as mãos e os antebraços, e limpai a cabeça e os pés até os tornozelos. Se estiverdes maculados, purificai-vos, e quando estiverdes doentes ou em viagem ou quando alguém de vós acabar de fazer as necessidades ou quando tiverdes tido relações com as mulheres e não encontrardes água, recorrei à terra limpa e com ela esfregai o rosto e as mãos. Deus não vos quer constranger mas purificar, e quer completar Seu benefício sobre vós. Possais ser agradecidos! ◊6

E lembrai-vos da graça de Deus e de Sua aliança convosco quando declarastes: "Ouvimos e obedecemos." E temei a Deus, Deus sabe o que encerram os corações. ◊7

Ó vós que credes, permanecei fiéis a Deus e prestai testemunho da verdade; e que vosso ódio não vos impeça de serdes justos para com os que odiais. Sede justos: assim estareis mais perto da piedade. E temei ao Senhor. Ele sabe tudo quanto fazeis. ◊8

Aos que creem e praticam o bem, Deus promete o perdão e grandes recompensas. ◊9

Mas os que descreem e desmentem Nossos sinais, serão eles os herdeiros da Geena. ◊10

Ó vós que credes, lembrai-vos dos benefícios de Deus para convosco, quando um povo pretendeu agredir-vos e Ele lhe deteve a agressão. E temei a Deus. E que os crentes ponham sua confiança em Deus. ◊11

Deus fez uma aliança com os filhos de Israel. E Nós suscitamos 12 chefes dentre eles. E disse Deus: "Estarei convosco enquanto recitardes a oração e pagardes o tributo dos pobres e crerdes em Meus Mensageiros e os apoiardes e fizerdes a Deus empréstimos desinteressados. Absolverei então vossos pecados e vos introduzirei em jardins onde correm os rios. Quem de vós Me renegar, após tudo isso, estará trilhando um caminho errado." ◊12

Assim mesmo, traíram sua aliança. E nós os amaldiçoamos e endurecemos-lhes o coração. Deturpam o sentido das palavras das Escrituras e esquecem parte do que lhes foi ordenado. Não cessarás de descobrir traidores entre eles, exceção feita de uns poucos. Desculpa-os e perdoa-os. Deus ama os benfeitores. ◊13

E aceitamos a aliança dos que declararam: "Somos cristãos." Mas eles também esqueceram parte do que lhes foi ordenado. Suscitamos por isso a inimizade e o ódio entre eles, os quais os acompanharão até o dia da Ressurreição. Deus os informará então do que tiverem feito e deixado de fazer. ◊14

Ó adepto do Livro, Nosso Mensageiro veio expor-vos muito do que escondíeis do Livro e passar por cima de muito. Deus vos enviou uma luz e um Livro evidente, ◊15

Pelo qual Ele guia na senda da paz os que procuram agradar-Lhe e os conduz das trevas para a luz no caminho da retidão. ◊16

Descreem os que dizem que Deus é o Messias, o filho de Maria. Dize: "Quem seria capaz de fazer seja o que for contra Deus se Ele quisesse aniquilar o Messias, o filho de Maria, e sua mãe e todos os habitantes do mundo? A Deus pertence o reino dos céus e da terra e tudo quanto existe entre eles. Deus cria o que Lhe apraz. Ele tem poder sobre tudo." ◊17

Dizem os judeus e os cristãos: "Somos os filhos de Deus e Seus bem-amados." Pergunta: "Por que, então, Ele vos castiga os pecados? Sois antes criaturas humanas iguais às demais de Suas criaturas. Ele perdoa a quem Lhe apraz e castiga quem Lhe apraz. A Ele pertence o reino dos céus e da terra e tudo quanto existe entre eles. É para Ele que será o retorno." ◊18

Ó adeptos do Livro, foi-vos enviado Nosso Mensageiro para instruir-vos, num intervalo entre os Mensageiros, a fim de que não digais: "Não nos veio nem anunciador nem admoestador." Foi-vos enviado um anunciador e um admoestador. Deus tem poder sobre tudo. ◊19

E quando Moisés disse a seu povo: "Ó meu povo, lembrai-vos da graça de Deus para convosco: fez surgir Profetas dentre vós e fez-vos reis e concedeu-vos o que não concedeu a nenhum outro povo. ◊20

Ó meu povo, entrai na terra que Deus vos outorgou e não recueis: perderíeis tudo." ◊21

Retrucaram: "Ó Moisés, há nela um povo de gigantes. E nós não iremos para lá até que eles a abandonem. Se dela saírem, então entraremos." ◊22

Dois homens dos que temiam a Deus e que Deus havia favorecido disseram: "Entrai contra eles pela porta, e, quando estiverdes dentro, vencereis com certeza. Tende confiança em Deus se sois crentes." ◊23

Replicaram: "Ó Moisés, nunca entraremos enquanto eles lá permaneceram. Vai tu e teu Senhor e combatei. Nós aqui aguardaremos." ◊24

Disse Moisés: "Senhor meu, sou dono apenas de mim mesmo e de meu irmão. Separa-nos dos perversos." ◊25

Respondeu Deus: "Essa terra ser-lhes-á proibida por quarenta anos, durante os quais errarão. Não te aflijas por causa dos perversos. ◊26

E conta-lhes a história dos dois filhos de Adão quando fizeram oferendas. A oferenda de um deles foi aceita, a do outro foi rejeitada. O da oferenda rejeitada disse ao outro: "Matar-te-ei." E esse replicou: "Deus aceita as oferendas dos piedosos. ◊27

Se levantares a mão para me matar, não levantarei a minha para matar-te, pois temo a Deus, o Senhor dos Mundos. ◊28

Quero que respondas por meu delito e pelo teu a fim de que sejas um dos herdeiros do Fogo. Tal é o castigo dos iníquos." ◊29

E sua alma incitou-o a matar o irmão, e matou-o, e foi um dos perdidos. ◊30

Deus enviou então um corvo que se pôs a escavar a terra para mostrar-lhe como encobrir o corpo nu do irmão. E ele refletiu: "Ai de mim! Serei incapaz de imitar esse corvo e ocultar a nudez de meu irmão?" E tornou-se um dos arrependidos. ◊31

Por isso, prescrevemos aos filhos de Israel que quem matar um homem, a não ser pela lei de talião ou porque corrompia a terra, é como se tivesse matado todos os homens; e quem salvar a vida de um homem, é como se tivesse salvo a vida de todos os homens. E Nossos Mensageiros foram a eles com as provas. Assim mesmo, muitos continuaram a co-meter excessos na terra. ◊32

O castigo dos que fazem a guerra a Deus e a Seu Mensageiro e semeiam a corrupção na terra é serem mortos ou crucificados ou terem as mãos e os pés decepados, alternadamente, ou serem exilados do país: uma desonra neste mundo e um suplício no Além, ◊33

Com a exceção daqueles que se arrependem antes de serem dominados por vós. Deus é perdoador e misericordioso. ◊34

Ó vós que credes, temei a Deus e procurai aproximar-vos d'Ele e lutai para Sua causa. E possais vencer. ◊35

Os que descreem, ainda que possuísse tudo quanto existe na terra e mais o valor de tudo isso para se resgatarem no dia da Ressurreição, nada será aceito deles. Um doloroso castigo os aguarda. ◊36

Quererão sair do Fogo. Mas nunca o conseguirão. Sua punição será eterna. ◊37

Ao ladrão e à ladra, cortai as duas mãos em pagamento pelo que tiverem lucrado: um exemplo imposto por Deus Deus é poderoso e sábio. ◊38

Quem se arrepender e se emendar após cometer uma prevaricação, por Deus será perdoado. Deus é clemente e misericordioso. ◊39

Não sabes que a Deus pertence o reino dos céus e da terra e que Ele castiga quem Lhe apraz e perdoa a quem Lhe apraz? Deus tem poder sobre tudo. ◊40

Ó Mensageiro, não te aflijam os que são rápidos em renegar. Suas bocas dizem: "Cremos." Mas seus corações não creem. E entre os que abraçaram o judaísmo, há os que prestam atenção às mentiras dos outros, mas desprezam o que ensinas. Deturpam as palavras das Escrituras e dizem aos outros: "Se estas coisas correspondem ao que vos foi revelado, adotai-as; senão, acautelai-vos." Quando Deus quer desencaminhar alguém, nada poderás obter de Deus para ele. E esses de quem Deus não quer purificar o coração sofrerão a ignomínia neste mundo e um castigo terrível no Além. ◊41

Regozijam-se com as falsidades e procuram os tráficos ilícitos. Se vierem a ti, decide entre eles ou aparta-te deles. Se te apartares deles, em nada poderão prejudicar-te; mas se os julgares, julga com justiça. Deus ama os justiceiros. ◊42

Como, porém, te tomariam por árbitro quando possuem a Torá que encerra o julgamento de Deus? Breve virariam as costas para ti e se afastariam. Eles não são crentes. ◊43

Nós revelamos a Torá na qual há orientação e luz. Por ela estabelecem a justiça entre os judeus, os Profetas que se submeteram a Deus, os rabinos e os teólogos. Julgam conforme o que retiveram do Livro de Deus, do qual são testemunhas. Não temais aos homens. Temei somente a Mim. E não vendais Minhas revelações por um preço vil. Aqueles que não julgam segundo o que Deus revelou, são eles os descrentes. ◊44

Na Torá, prescrevemos aos judeus: vida por vida, olho por olho, nariz por nariz, orelha por orelha, dente por dente, ferimento por ferimento. Mas quem perdoar, seu perdão será sua expiação. E quem não julgar conforme o que Deus revelou, será contado entre os iníquos. ◊45

Em seguida, enviamos Jesus, o filho de Maria, para que ratificasse o que havia antes dele na Torá e outorgamos-lhe o Evangelho, no qual há orientação e luz e uma confirmação da Torá e uma preleção para os que temem a Deus. ◊46

Que os adeptos do Evangelho julguem conforme o que Deus
nele revelou. E os que não julgam conforme o que
Deus revelou, são eles os perversos. ◊47

E revelamos a ti, com a verdade, o Livro que confirma o Livro
anterior e paira sobre ele. Julga, pois, entre eles conforme as
revelações de Deus e não te deixes desviar pelas suas
paixões da verdade que recebeste. A cada um de vós,
determinamos uma lei e um caminho. Se Deus quisesse,
teria feito de todos vós uma única nação. Mas quis
provar-vos pelo que vos outorgou. Emulai-vos nas boas
obras. Para Deus todos voltareis, e Ele então vos inteirará
daquilo em que divergis. ◊48

Julga de acordo com as revelações de Deus. E não sigas suas
paixões. E guarda-te de que te desviem de parte do que
Deus te revelou. Se virarem as costas e se afastarem, saberás
que é a intenção de Deus açoitá-los pelos seus pecados.
Na verdade, são tantos os depravados! ◊49

Será o julgamento dos tempos da ignorância que almejam?
E quem é melhor juiz de que Deus para os que creem com
convicção? ◊50

Ó vós que credes, não tomeis por aliados os judeus e os
cristãos. Que sejam aliados uns dos outros. Quem de vós
os tomar por aliados é deles. Deus não guia os iníquos. ◊51

Verás, aliás, os que têm a doença no coração correrem para
cortejá-los, dizendo: "Receamos que alguma desgraça caia
sobre nós." Mas logo que Deus vos dê a vitória ou vos
revele Sua vontade, ei-los arrependidos do que haviam
segredado. ◊52

E os crentes então hão de dizer: "Eram mesmo esses que
faziam juramentos reforçados de que estavam convosco?"
Suas ações serão anuladas, e serão eles os derrotados. ◊53

Ó vós que credes, aqueles dentre vós que renegarem sua
religião, Deus os substituirá por outros que O amem e a
quem Ele ame, humildes para com os crentes, soberbos
para com os descrentes. Combaterão pela causa de Deus

sem temer censura alguma. Tal é a graça de Deus. Ele a concede a quem lhe apraz. Deus é imenso e sabedor. ◊54

Vossos únicos aliados são Deus, Seu Mensageiro e aqueles, entre os crentes, que recitam as orações e pagam o tributo dos pobres, ajoelhando-se diante de Deus. ◊55

Os aliados de Deus, de Seu Mensageiro e dos crentes formam o partido de Deus, o partido dos vitoriosos. ◊56

Ó vós que credes, não adoteis por amigos os que, tendo recebido o Livro antes de vós, tratam vossa religião de divertimento e objeto de escárnio, e não adoteis por amigos os descrentes. E temei a Deus se sois crentes. ◊57

Quando chamais para a oração, divertem-se e zombam. Pois são insensatos. ◊58

Dize: "Ó adeptos do Livro, pretendeis vingar-vos de nós só porque cremos em Deus e no que nos foi revelado e no que foi revelado antes de nós? Sois, em verdade, depravados na vossa maioria." ◊59

Dize: "Revelar-vos-ei quem será ainda pior ante Deus? Aqueles que Deus amaldiçoou e odiou e transformou em macacos e suínos e os adoradores do Tagut, o sedutor – esses conhecerão o pior desta vida e da outra e serão os mais afastados da senda da retidão." ◊60

Quando estão convosco dizem: "Cremos." Mas entram com a descrença, e com ela saem. Deus bem sabe o que ocultam. ◊61

E vês muitos deles competir uns com os outros no pecado e na agressão e nos ganhos ilícitos. Como é condenável o que fazem. ◊62

Por que os rabinos e os teólogos não lhes proíbem as blasfêmias e as atividades ilegais? Como é condenável o que obram. ◊63

Os judeus dizem: "A mão de Deus está fechada." Possa Deus fechar-lhes as mãos e os amaldiçoar por tais dizeres! As mãos de Deus estão plenamente abertas. Gasta o que Lhe apraz. O que Deus te revelou aumentar-lhes-á com certeza a iniquidade e a renegação. Semeamos entre eles a

inimizade e o ódio, que os acompanharão até o dia da
Ressurreição. Cada vez que acendem o fogo da guerra,
Deus o apaga. Corrompem a terra, e Deus não ama os
corruptores. ◊64

Se os adeptos do Livro tivessem crido e temido a Deus,
ter-lhes-íamos perdoado os pecados e tê-los-íamos
introduzido no Jardim das Delícias. ◊65

E se tivessem seguido a Torá e o Evangelho e o que Deus lhes
revelou, teriam sido alimentados do céu, acima deles e da
terra, sob seus pés. Há entre eles homens justos.
Mas muitos deles são malfeitores. ◊66

Ó Mensageiro, transmite o que te foi revelado por ordem de
teu Senhor. Se não o fizeres, não terás transmitido
Sua mensagem. Deus te protegerá dos homens. Ele não
guia os descrentes. ◊67

Dize: "Ó adeptos do Livro, em nada vos apoiais enquanto não
observardes a Torá e o Evangelho e o que vos foi revelado
por vosso Senhor." E certamente, o que te foi revelado por
teu Senhor aumentará a insolência e a descrença de
muitos deles. Não te aflijas pelos descrentes. ◊68

Os que creem e os que abraçaram o judaísmo e os sabeus e os
nazarenos e quem quer que creia em Deus e no último dia
e pratique o bem nada tem a temer e não se entristecerá. ◊69

Fizemos outrora uma aliança com os filhos de Israel e
enviamos-lhes Mensageiros. Mas cada vez que um
Mensageiro lhes trazia o que se opunha às inclinações de
suas almas, a uns desmentiam, e outros matavam. ◊70

Contando que não seriam molestados, tornaram-se cegos e
surdos. Depois, Deus aceitou-lhes o arrependimento. Assim
mesmo, muitos deles voltaram à cegueira e à surdez.
Deus observa o que fazem. ◊71

São descrentes aqueles que dizem que Deus é o Messias, o
filho de Maria, quando o próprio Messias declarou:
"Ó filhos de Israel, adorai Deus, meu Senhor e vosso
Senhor. Em verdade, quem atribuir associados a Deus,

Deus lhe proibirá o Paraíso e lhe dará o Fogo por morada
Os iníquos não têm aliados." ◊72

São descrentes aqueles que dizem que Deus é o terceiro de
três. Não há deus senão o Deus único. E se não desistirem
do que dizem, um castigo doloroso os açoitará. ◊73

Não vão arrepender-se a Deus e pedir-lhe perdão? Deus é
perdoador e clemente. ◊74

O Messias, o filho de Maria, nada mais é do que um
Mensageiro. Outros Mensageiros passaram antes dele.
Sua mãe era uma justa. Ambos alimentavam-se como os
demais humanos. Vê como expomos as provas aos
cristãos. E vê como se desviam! ◊75

Dize: "Adorareis, em vez de Deus, quem não vos pode nem
prejudicar nem beneficiar?" É Deus quem ouve tudo e
sabe tudo. ◊76

Dize: "Ó adeptos do Livro, não vos excedais em vossa religião.
Segui a verdade. Nada mais. E não sigais as paixões desses
que têm errado e induzido outros ao erro e têm-se
afastado da senda da retidão." ◊77

Os que descreram dentre os filhos de Israel foram
amaldiçoados pela boca de David e de Jesus, o filho
de Maria, por causa de sua rebeldia e de suas agressões. ◊78

E não procuraram desviar-se mutuamente do mal.
Abominável foi sua conduta. ◊79

E vês muitos deles ligarem amizade com os que descreem.
Quão detestável o que suas almas os levam a fazer! A ira
de Deus está sobre eles, e no castigo permanecerão para
todo o sempre. ◊80

Se tivessem acreditado em Deus e no Profeta e no que lhe foi
revelado, não teriam tomado os descrentes por amigos.
Mas muitos deles são perversos. ◊81

Encontrarás nos judeus e nos idólatras os inimigos mais
duros dos crentes. E encontrarás nos que dizem "Somos
nazarenos" os mais próximos em afeição dos crentes.
É porque, entre estes, há monges e sacerdotes, e porque
não se ensoberbecem. ◊82

Quando ouvem o que foi revelado ao Mensageiro, vês-lhes os olhos cheios de lágrimas por haverem reconhecido a verdade, e dizem: "Senhor nosso, cremos. Inscreve-nos entre tuas testemunhas. ◊83

E por que não acreditaríamos em Deus e nas verdades que nos foram revelados? Por que não esperaríamos ser admitidos entre os justos?" ◊84

Pelo que disseram, Deus os recompensará com jardins onde correm os rios, e lá permanecerão para todo o sempre. Tal é o prêmio dos benfeitores. ◊85

Quanto aos que renegaram e desmentiram Nossas revelações, serão eles os herdeiros da Geena. ◊86

Ó vós que credes, não proibais as boas coisas que Deus vos permitiu. E não sejais agressivos. Deus não ama os agressores. ◊87

E comei do que Deus vos outorgou, lícito e delicioso. E temei a Deus em quem acreditais. ◊88

Deus não vos reprovará por vossos juramentos frívolos; reprovar-vos-á pelos juramentos que contratais deliberadamente e não cumpris. Vossa expiação será de alimentardes dez necessitados do que normalmente alimentais vossas famílias ou de os vestirdes ou de libertardes um escravo. Quem carecer de recursos, jejuará três dias. Tal será a expiação de vossos juramentos quebrados. Melhor seria, contudo, respeitar vossos juramentos. Assim Deus vos expõe as Suas revelações. Quiçá agradeçais. ◊89

Ó vós que credes, o vinho, os jogos de azar, os ídolos e as flechas da adivinhação são obras repugnantes do demônio. Evitai-os. E possais prosperar! ◊90

O que o demônio quer é introduzir o ódio e a inimizade entre vós por meio do vinho e dos jogos de azar e vos desviar da recordação de Deus e da prece. Não vos absstereis deles? ◊91

E obedecei a Deus e obedecei ao Mensageiro e acautelai-vos. Se virardes as costas e vos afastardes, sabei que o Nosso

Mensageiro só incumbe transmitir claramente a mensagem. ◊92

Não serão censurados pelo que comem os que creem e praticam o bem, com a condição que temam a Deus e creiam e pratiquem o bem. Deus ama os benfeitores. ◊93

Ó vós que credes, Deus vos provará com algo da caça que vossas mãos e vossas lanças conseguirem para que saiba quem O teme, sem O precisar ver. Quem após isso transgredir, receberá um castigo doloroso. Possais lembrar-vos! ◊94

Ó vós que credes, não caceis durante a peregrinação. Quem o fizer deliberadamente, deverá compensar, com animais domésticos, o equivalente do que tiver caçado, conforme o julgamento de duas testemunhas íntegras dos vossos. E os animais serão enviados como oferenda a Caaba. Poderá também compensar, alimentando necessitados ou jejuando, pelo equivalente, a fim de que sofra as consequências de seu comportamento. Deus perdoa o passado. Mas quem reincidir, Deus se vingará dele. Deus é poderoso e vingativo. ◊95

É-vos permitida a pesca, e seu produto é comida lícita para vós e para a caravana. É-vos proibida a caça enquanto estiverdes em peregrinação. Temei a Deus, pois para Ele voltareis. ◊96

Deus fez da Caaba a Casa Sagrada, um lugar onde os homens se congregam. E estabeleceu o mês sagrado e as oferendas e as grinaldas para que saibais que Deus conhece tudo quanto há nos céus e na terra, e que possui todos os conhecimentos. ◊97

Sabei que Deus é severo no castigo como é clemente e misericordioso. ◊98

Ao Mensageiro compete apenas transmitir a mensagem. Deus sabe o que manifestais e o que ocultais. ◊99

Dize: "O mal e o bem nunca serão iguais, embora sejais impressionados pela abundância do mal. Temei a Deus, ó homens dotados de mente. Quiçá vençais." ◊100

Ó vós que credes, nao interrogueis acerca de coisas que, se vos fossem reveladas, vos magoariam. Mas se perguntardes por elas quando o Alcorão estiver sendo revelado, ser-vos-ão expostas. E Deus vos perdoará. Deus é compassivo e clemente. ◊101

Antes de vós, outros perguntaram por elas, para depois renegá-las. Deus vê tudo e sabe tudo. ◊102

Rachar a orelha da fêmea do camelo que é cinco vezes mãe, sacrificar em nome de um ídolo, santificar a ovelha que pariu cinco gêmeos ou o camelo avô ou cinco vezes pai: Deus não prescreveu nada disso. Mas os descrentes caluniam Deus. A maioria deles é insensata. ◊103

E quando se lhes diz: "Aproximai-vos do que Deus revelou e do Mensageiro", respondem: "Basta-nos seguir o exemplo de nossos pais." Ainda que seus pais nada soubessem e não fossem guiados? ◊104

Ó vós que credes, sois responsáveis por vós mesmos. Não sereis prejudicados por aqueles que se desencaminham, se estais no bom caminho. Para Deus todos voltareis. E Ele vos informará sobre o que fazeis. ◊105

Ó vós que credes, quando um de vós pressentir a chegada da morte e se dispuser a testar, que apele para o testemunho de dois homens íntegros dentre vós, ou de dois estranhos, se estiverdes viajando quando a calamidade da morte chegar. Retende-os após a oração e, se tiverdes dúvidas, fazei-os jurar por Deus: "Não venderemos nosso testemunho por preço algum, mesmo tratando-se de um parente; nem o ocultaremos, pois estaríamos então entre os pecadores." ◊106

Se for descoberto, depois, que não são culpados de algum delito, serão substituídos por dois outros, mais íntegros; os dois jurarão por Deus: "Em verdade, nosso testemunho é mais verídico do que o deles e não transgrediremos: estaríamos então entre os iníquos." ◊107

Assim é mais provável que as testemunhas prestem um testemunho honesto; pois terão medo de que seu juramento seja rejeitado em benefício de outros. E temei a Deus, e obedecei-Lhe. Deus não guia os perversos. ◊108

No dia em que Deus reunir os Mensageiros e perguntar-lhes: "Que resposta recebestes dos que advertistes?", dirão: "Não o sabemos. És Tu o conhecedor do invisível." ◊109

E Deus dirá a Jesus: "Ó Jesus, filho de Maria, lembra-te de Minha graça sobre ti e sobre tua mãe quando te fortaleci com o Espírito Santo, e falaste aos homens no berço e na tua idade madura. E quando te ensinei o Livro, a sabedoria, a Torá e o Evangelho, e quando, Eu permitindo, modelaste com barro uma figura de pássaro e sopraste nela, e ela era pássaro. E quando, com Minha permissão, curava os cegos e os leprosos e ressuscitavas os mortos. E quando te protegi contra os filhos de Israel na época em que lhes dava as provas, e os descrentes dentre eles diziam: 'Tudo isso não passa de magia.' ◊110

E quando inspirei aos discípulos: 'Crede em Mim e no Meu Mensageiro', e eles disseram: 'Cremos! Testemunha que somos submissos.'" ◊111

E quando os discípulos perguntaram: "Ó Jesus, filho de Maria, pode tu Senhor nos mandar do céu uma mesa servida?" E ele lhes respondeu: "Temei a Deus se sois crentes." ◊112

Disseram: "Queremos comer dela para que nossos corações sosseguem e para que saibamos que nos tens dito a verdade e sejamos testemunhas dela." ◊113

E Jesus, o filho de Maria, disse: "Deus, Senhor nosso, manda-nos do céu uma mesa servida que seja uma festa para todos nós do primeiro ao último e que seja um sinal de Ti. E gratifica-nos: és o melhor dos doadores." ◊114

Respondeu Deus: "Fá-la-ei descer. Quem dentre vós descrer depois, submetê-lo-ei a um castigo ao qual não submeterei ninguém nos mundos." ◊115

E quando Deus perguntou: "Ó Jesus, filho de Maria, disseste tu aos homens: 'Adorai-me e minha mãe como dois deuses em vez de Deus?'" Respondeu: "Glorificado sejas! Como

diria eu o que não me pertence? Se o tivesse dito, Tu o
saberias. Sabes o que está em minha alma, e não sei o que
está em Tua alma. És tu o conhecedor dos invisíveis. ◊116

Não lhes disse senão o que me ordenaste: 'Adorai Deus, meu
Senhor e vosso Senhor.' E eu era testemunho do que
faziam enquanto vivi entre eles. Quando me chamaste a
Ti, eras Tu quem os observava. Pois és testemunha de tudo. ◊117

Se os castigas, são Teus servos. E se lhes perdoas, és o
Poderoso, o Sábio." ◊118

Dirá Deus: "Este é um dia em que a verdade aproveitará aos
que a proclamam: a eles os jardins nos quais correm os
rios onde morarão para todo o sempre. Deus lhes agradará,
e eles agradarão a Deus. Tal será a grande vitória." ◊119

A Deus pertence o reino dos céus e da terra e tudo quanto há
neles. E Ele tem poder sobre tudo. ◊120

6. O GADO

Em nome de Deus, o Clemente, o Misericordioso.

Louvado seja Deus que criou os céus e a terra e formou as
trevas e a luz. Contudo, os descrentes atribuem
semelhantes a seu Senhor. ◊1

Criou-vos de barro e decretou um termo à vossa vida e à
vossa volta a Ele. Mesmo assim, duvidais. ◊2

Ele é Deus nos céus e na terra. Conhece o que ocultais e o que
manifestais e sabe o que mereceis. ◊3

Seja qual for a revelação que seu Senhor lhes envia, viram as
costas e se afastam. ◊4

Negaram a verdade revelada. Breve, receberão notícias
daquilo de que escarneciam. ◊5

Não veem quantas gerações anteriores a eles aniquilamos?

Havíamo-las estabelecido na terra mais firmemente do que
vós. Fizemos desabar o céu sobre eles em chuvas torrenciais

e transbordar os rios por baixo deles. Destruímo-los por causa de seus pecados e criamos novas gerações. ◊6

Ainda que façamos baixar sobre ti um livro escrito em pergaminho para que o possam tocar com as mãos, os que descreem dirão: "É pura magia." ◊7

E dizem do Mensageiro: "Por que não lhe foi enviado um anjo?" Se tivéssemos enviado um anjo, o destino deles já teria sido selado, e não lhes seria concedido adiamento algum. ◊8

E se tivéssemos escolhido um anjo por Mensageiro, ter-lhe-íamos dado a forma humana para que pudesse falar aos homens. E os descrentes teriam ficado ainda mais confusos. ◊9

Mensageiros anteriores a ti foram escarnecidos, e os escarnecedores receberam o flagelo de que zombavam. ◊10

Dize: "Percorrei a terra e vede qual foi o fim dos contraditores. Não refletis?" ◊11

Pergunta: "A quem pertence tudo quanto existe nos céus e na terra?" Responde: "A Deus. Prescreveu a misericórdia a Si mesmo. Reunir-vos-á no dia da Ressurreição. Esse dia virá. Só não acreditam nele aqueles cuja alma está perdida." ◊12

Dize: "A Ele pertence o que repousa na noite e no dia. Ele ouve tudo e sabe tudo." ◊13

Dize: "Adotarei outro protetor senão Deus, o criador dos céus e da terra, que alimenta e não é alimentado?" Dize: "Recebi a ordem de ser o primeiro a submeter-me e de não ser um dos idólatras." ◊14

Dize: "Receio, se desobedecer a meu Senhor, o castigo de um dia funesto." ◊15

Naquele dia, quem for poupado, é que Deus se apiedará dele. Sua será uma Vitória indiscutível. ◊16

Se Deus te enviar um mal, só Ele poderá levantá-lo. E se te enviar um bem, Ele tem poder sobre tudo. ◊17

Deus domina Seus servos, e Ele é sábio e onisciente. ◊18

Pergunta: "Que coisa é a maior no testemunho?" Responde: "Deus é testemunha entre mim e vós. Revelou-me este Alcorão para que vos advirta e a todos os que o ouvirem.

Proclamais mesmo que há outros deuses além de Deus?"
Dize: "Ele é o Deus único. Sou inocente dos que Lhe associais." ◊19
Aqueles a quem revelamos o Livro reconhecem Nosso
Mensageiro como reconhecem os próprios filhos. Só não
creem aqueles cuja alma está perdida. ◊20
Quem é mais iníquo do que aquele que injuria Deus ou
desmente Suas revelações? Os iníquos não vencerão. ◊21
E no dia em que os reunirmos todos, e perguntarmos aos
idólatras: "Onde estão os que pretendíeis associar a Nos?" ◊22
E na sua confusão, só saberão dizer: "Por Deus, Senhor nosso,
nunca Te atribuímos associados." ◊23
Verás como mentirão contra si mesmos. Os deuses que
inventam os abandonarão. ◊24
E há entre eles os que vêm escutar-te; mas cobrimos-lhes o
coração com véus e colocamos-lhes pesos nos ouvidos
para que não compreendam. Ainda que vejam todos
os sinais, não acreditarão. E quando discutem contigo,
proclamam: "Fábulas dos tempos antigos!" ◊25
E proíbem aos outros o Alcorão e os afastam dele. Perdem-se
a si mesmos sem o saber. ◊26
Ah! Se pudesse vê-los quando, parados diante do Fogo,
disserem: "Pudéssemos voltar à terra! Não mais
negaríamos as revelações de nosso Senhor, e estaríamos
entre os crentes." ◊27
Assim terão visto o que procuram ocultar. Mas se fossem
devolvidos à terra, cometeriam de novo o que lhes fora
proibido. São mentirosos. ◊28
Dizem: "Não existe vida além da vida terrena. E não seremos
ressuscitados." ◊29
Se os pudesses ver quando comparecerem diante de Deus.
Dir-lhes-á: "Não é esta ressurreição uma realidade?"
Responderão: "Sim, por nosso Senhor!" Retrucará:
"Provai, pois, o castigo por preço de vossas negações." ◊30
Perderão mesmo os que não acreditam no encontro com
Deus. E quando forem surpreendidos pela Hora, dirão:

"Ai de nós, como abusamos nesta vida!" Carregarão seus
fardos nas costas. E que fardos detestáveis! ◊31

Que é a vida terrena senão divertimento e passatempo?
Bem melhor será a última morada para os que temem
a Deus. Não compreendereis? ◊32

Sabemos que suas palavras te entristecem. Mas não é a ti que
desmentem, os iníquos! São as revelações de Deus que
rejeitam. ◊33

Outros Mensageiros foram desmentidos antes de ti.
Suportaram as negações e as perseguições até receberem
Nosso socorro. Inalteráveis são as palavras de Deus.
Com certeza conheces a história dos Mensageiros. ◊34

Se te for mortificante o seu menosprezo, sabe que ainda que
abrisses um túnel na terra ou conseguisses uma escada
até o céu e lhes trouxesses um sinal, ainda assim não
acreditariam. Se Deus quisesse, tê-los-ia trazido todos
ao bom caminho. Não sejas, pois, um dos insensatos. ◊35

Só aos que prestam atenção, Deus responde; os mortos, Ele os
ressuscitará; depois, para Ele todos voltarão. ◊36

E dizem do Mensageiro: "Por que Deus não lhe enviou algum
sinal?" Responde: "Deus é capaz de enviar um sinal." Mas a
maioria deles são ignorantes. ◊37

Todos os seres que andam sobre a terra e todas as aves que
voam formam comunidades como vós. Nada omitimos
no Livro. Depois, para seu Senhor todos voltarão. ◊38

Os que negam Nossas revelações são surdos-mudos e vivem
nas trevas. Deus desencaminha quem Lhe apraz e guia
quem Lhe apraz na senda da retidão. ◊39

Dize: "Queria ver-nos quando vos surpreender a Hora ou o
castigo. Que fareis? ◊40

Não é para Ele que apelareis? E Ele vos atenderá se Lhe
aprouver. E vós, então, esquecereis os que associais a Ele." ◊41

Enviamos Mensageiros a outras nações antes de ti, e
fustigamo-las com a penúria e a adversidade para que Nos
implorassem. ◊42

Se ao menos quando sentiram Nosso rigor tivessem
    implorado! Mas seus corações endureceram-se. O demônio
    tornou o mal atraente para eles. ◊43

E quando esqueceram Nossas advertências, Nós lhes abrimos
    as portas de todos os bens. E quando se alegravam,
    apanhamo-los de surpresa e ei-los atônitos. ◊44

E os iníquos foram exterminados até o último. Louvor
    a Deus, o Senhor dos mundos! ◊45

Dize: "Queria ver-vos quando Deus vos privar da vida e da
    audição e vos selar o coração: que deus, a não ser Deus,
    vo-los restituirá?" Vê como expomos as revelações.
    Assim mesmo, viram as costas e se afastam. ◊46

Dize: "Informai-me: quando o castigo de Deus vos fustigar de
    surpresa ou pouco a pouco, quem será destruído senão os
    prevaricadores?" ◊47

Enviamos os Mensageiros somente para pregar e advertir.
    Os que creem e se emendam nada terão que temer. ◊48

Mas os que rejeitarem Nossas revelações receberão o castigo
    de sua rebelião. ◊49

Dize: "Não vos digo que os tesouros de Deus estão comigo
    ou que conheço o invisível. Não vos digo que sou um anjo.
    Nada mais faço do que seguir o que me é revelado."
    Pergunta: "Equipararam-se o cego e o vidente? Não refletis?" ◊50

Adverte, com o Alcorão, aqueles que receiam o julgamento
    de seu Senhor, de que não terão, fora de Deus, nem
    protetor nem intercessor. Quiçá passem a temê-Lo. ◊51

E não repilas os que invocam seu Senhor ao romper do dia e
    ao cair da noite, procurando a Sua aprovação. Não és
    responsável por eles, e não são responsáveis por ti. Se os
    repelires, estarás entre os iníquos, os transgressores. ◊52

Assim pomo-los à prova uns pelos outros para que se diga:
    "São mesmo estes que Deus favoreceu dentre nós?" Deus
    distingue os reconhecidos. ◊53

E quando vierem a ti os que acreditam em Nossas revelações,
    dize: "A paz esteja convosco. Deus decretou a misericórdia

a Si mesmo. Quem entre vós cometer um mal por desconhecimento e se arrepender e se emendar, Deus é clemente e misericordioso." ◊54

Assim esclarecemos as revelações para que seja posto em relevo o caminho dos pecadores. ◊55

Dize: "Foi-me proibido adorar os que adorais em vez de Deus." Dize: "Não seguirei vossas paixões, e não me desencaminharei convosco." ◊56

Dize: "Recebi provas evidentes de meu Senhor, e vós O renegais. Não possuo o poder de apressar o castigo que me desafiais e apressar. O julgamento pertence exclusivamente a Deus. É Ele que estabelecerá a verdade. É o melhor dos árbitros." ◊57

Dize: "Se possuísse o poder de apressar vosso castigo, tudo estaria consumado entre mim e vós. Deus conhece melhor os iníquos. ◊58

Possui as chaves do desconhecido, e só Ele as possui. E sabe o que há na terra e no mar. Nenhuma folha cai sem Seu conhecimento. E não existe grão no seio da terra escura ou coisa alguma, seca ou verde, que não esteja registrada no Livro evidente. ◊59

É Ele quem leva vossas almas de noite e sabe o que fizestes de dia. Depois, acorda-vos até que se cumpra o termo prefixado de vossas vidas. Então voltareis para Ele. E Ele vos revelará o que tiverdes feito. ◊60

Ele domina Seus servos e envia guardas para velar sobre vós. E quando a morte visita um de vós, os guardas lhe recolhem a alma sem descuidarem de nada." ◊61

Depois, todos os homens serão restituídos a Deus, seu verdadeiro Senhor. Não é a Ele que pertence julgar? Muito depressa Ele pedirá contas. ◊62

Pergunta: "Quem vos salvará dos perigos da terra e do mar quando apelais para Ele humildemente e em segredo, dizendo: 'Salva-nos dessa aflição e estaremos entre os agradecidos'?" ◊63

Dize: "Deus vos salvará dessa e de qualquer outra aflição. Assim mesmo, atribuis-Lhe associados." ◊64

Dize: "Ele tem o poder de mandar sobre vós um castigo de
cima de vossas cabeças ou de baixo de vossos pés e de
dividir-vos em seitas divergentes e de vos infligir a tirania
uns dos outros." Vê como esclarecemos as revelações.
Possam compreendê-las! ◊65

Teu próprio povo desmente o Alcorão, quando ele é verdade.
Dize: "Não sou responsável por vós. ◊66

Cada predicação será cumprida em seu devido tempo. Breve
vereis." ◊67

E quando passares por grupos que tratam levianamente
Nossas revelações, afasta-te deles até que mudem de
assunto. E se o demônio te fizer esquecer esse preceito,
deixa a companhia dos iníquos assim que te lembrares. ◊68

Os que temem a Deus não são responsáveis pelos iníquos.
Mas que os advirtam! Quiçá voltem a seu Senhor. ◊69

Despreza os que consideram a religião um jogo e um
passatempo e são seduzidos pela vida terrena. E lembra-lhes
a verdade para que nenhuma alma pereça senão pelos seus
delitos. Pois ela não terá, fora de Deus, nem defensor nem
intercessor, e dela não será aceito resgate algum. Tal será
o destino dos descrentes: um castigo doloroso e água
fervente por bebida. ◊70

Pergunta: "Iremos invocar, em vez de Deus, quem não pode
nem nos beneficiar nem nos prejudicar, e regredir após
termos sido iluminados por Deus – como aquele que os
demônios atraem para uma terra árida e ele permanece
perplexo embora seus amigos o chamem para o caminho
da retidão?" Dize: "A orientação de Deus é a orientação. E
temos ordens para nos submeter ao Senhor dos mundos." ◊71

Recitai as orações e temei a Deus. Pois é diante d'Ele que
sereis reunidos. ◊72

Foi Ele quem criou os céus e a terra pela verdade. Quando diz
a algo: "Sê!", ele é. Sua palavra é a verdade, e d'Ele será o
reino quando a trombeta soar. Conhece o visível e
o invisível. É sábio e onisciente. E pode tudo. ◊73

E quando Abraão disse ao pai Azar: "Tomas os ídolos por
deuses? Vejo-te e teu povo num erro manifesto." ◊74

Foi assim que mostramos a Abraão o reino dos céus e da terra
para que fosse um dos que possuem a certeza. ◊75

Quando a noite o envolveu, viu uma estrela e disse: "Eis meu
Senhor." Depois, quando a estrela se pôs, disse: "Não gosto
dos ocasos." ◊76

E quando viu a lua despontar, disse: "Eis meu Senhor."
Depois, quando a lua se pôs, disse: "Se meu Senhor não me
guiar, serei um dos desencaminhados." ◊77

E quando viu o sol se levantar, disse: "Eis meu Senhor! Este é
maior que os dois outros." E quando o sol se pôs, disse:
"Povo meu, sou inocente do que associais a Deus. ◊78

Voltei meu rosto para Aquele que criou os céus e a terra, e
minha fé é pura: a Ele não associo ninguém." ◊79

E quando seu povo argumentou com ele, disse: "Argumentais
comigo acerca de Deus que me iluminou? Não temo os
que associais a Ele, pois é só com Sua permissão que eles
poderiam prejudicar-me. Meu Senhor abrange na Sua
ciência todas as coisas. Não refletis? ◊80

Como temerei a vossos deuses quando não temeis associar a
Deus quem não recebeu d'Ele autoridade alguma sobre
vós? Quem de nós tem mais direito à salvação? Respondei
se possuís o conhecimento." ◊81

Os que creem e não vestem sua fé com iniquidade serão salvos
porque estão no caminho da retidão. ◊82

Tal foi o argumento que inspiramos a Abraão contra seu povo.
Elevamos quem quisermos a uma alta dignidade.
Teu Senhor é sábio e conhecedor. ◊83

E demos-lhe por filhos Isaac e Jacó, e guiamo-los, como
havíamos guiado Noé e sua posteridade, David, Salomão,
Jó, José, Moisés, Arão (assim recompensamos os
benfeitores) ◊84

E Zacarias, e João, e Jesus, e Elias (todos eram homens justos) ◊85

E Ismael, e Eliseu, e Jonas, e Lot. Todos eles, preferimos aos
mundos. ◊86

E alguns de seus progenitores e descendentes e irmãos, escolhemos e guiamos na senda da retidão. ◊87

Tal é a luz de Deus: envia-a a quem Lhe apraz dentre Seus servos. E se tivessem adotado outros deuses além de Deus, teriam perdido o mérito do que fizeram. ◊88

É a eles que concedemos o Livro, o mando e o dom da profecia. Se os renegarem, confia-los-emos a outro povo que não os renegue. ◊89

São eles que Deus guiou. Segue, pois, seu exemplo. Dize: "Não vos peço salário algum por vos revelar este Alcorão: ele é uma mensagem para os mundos." ◊90

Não avaliam corretamente Deus quando dizem: "Deus nada revelou a homem algum." Pergunta: "Quem então baixou o Livro que Moisés trouxe, uma luz e uma orientação para os homens, que vós mesmos registrais em pergaminhos que exibis, embora oculteis grande parte dele? Não foi graças a ele que fostes instruídos do que ignoráveis, vós e vossos antepassados?" Responde: "Foi sem dúvida Deus que o baixou." Depois, deixa-os divertirem-se com seus sofismas. ◊91

Este é um livro abençoado que baixamos para confirmar o que havia sido revelado antes dele, e para que advirtas com ele a cidade-mãe e os arredores. Os que acreditam na vida eterna nele acreditarão, e recitarão as orações com todo o cuidado.[6] ◊92

E haverá pior prevaricador do que aquele que calunia Deus? Ou diz: "Deus fez-me uma revelação" quando nada lhe foi revelado? Ou diz: "Baixarei um livro igual ao que Deus baixou"? Se pudesses ver os iníquos nas ondas da morte quando os anjos estenderem as mãos dizendo: "Entregai a alma. Hoje, recebereis o castigo da humilhação pelas calúnias que proferíeis contra Deus e pelo orgulho com que rejeitáveis Suas revelações." ◊93

E comparecereis ante Nós, isolados, como vos criamos da primeira vez, despidos de tudo quanto vos havíamos concedido. E nao estareis acompanhados por vossos intercessores, de quem fazíeis Nossos associados. Rompido será o vínculo que vos une. E abandonados sereis por vossas ilusões. ◊94

Deus faz germinar o grão e o caroço, extrai o vivo do morto e o morto do vivo. Assim é Deus. Por que vos afastais d'Ele? ◊95

É Ele quem faz despontar as auroras. E foi Ele quem estabeleceu a noite para o repouso e o sol e a lua para a medição do tempo. Tal é a ordem estabelecida pelo Poderoso, o Onisciente. ◊96

E criou as estrelas para guiar-vos nas trevas da terra e do mar. Detalhamos Nossas revelações para os homens de saber. ◊97

Foi Ele quem vos fez descender de um único homem e vos proporcionou uma pousada e um abrigo. Detalhamos Nossas revelações para os que compreendem. ◊98

E é Ele quem verte a água do céu, graças à qual fazemos germinar todas as plantas e produzimos verduras e cereais amontoados, tamareiras com cachos ao alcance da mão, e vinhedos, e olivais, e jardins de romāzeiras, semelhantes e dessemelhantes. Contemplai-lhes as frutas quando maduram. Há em tudo isso sinais para os que têm fé e refletem. ◊99

E atribuem como associados a Deus os djins que Ele mesmo criou. E caluniam contra Ele, atribuindo-Lhe, na sua ignorância, filhos e filhas. Glorificado e exaltado seja acima do que Lhe atribuem! ◊100

O criador dos céus e da terra, como teria um filho, quando nunca teve companheira e quando Ele tudo criou e tudo conhece? ◊101

Assim é Deus, vosso Senhor. Não há deus senão Ele, o criador de tudo quanto existe. Adorai-o. Ele é custódio de todas as coisas. ◊102

Os olhos não O alcançam. E Ele alcança os olhos. É benévolo, onisciente. ◊103

Provas que podeis ver foram-vos agora transmitidas por vosso Senhor. Quem delas tomar conhecimento será beneficiado.

E quem fechar os olhos será prejudicado. Eu não sou vosso guardião. ◊104

Assim declinamos as revelações para que digam: "Estudaste" e para torná-las compreensíveis àqueles que têm conhecimentos. ◊105

Segue o que te é revelado por teu Senhor. Não há deus senão Ele. E evita os idólatras. ◊106

Se Deus quisesse, eles não seriam idólatras. Não te designamos guardião sobre eles, e não és seu defensor. ◊107

Não injurieis aqueles que os idólatras invocam em vez de Deus, pois, para vingar-se, eles, na sua ignorância, injuriariam Deus. Traçamos um caminho para cada nação. Depois, para seu Senhor todos voltarão, e Ele os informará sobre o que tiverem feito. ◊108

E juram por Deus, enfaticamente, que se lhes chegar uma revelação, acreditarão nela. Dize: "As revelações estão com Deus." E o que prova que se lhes chegar uma revelação, acreditarão nela? ◊109

E Nós lhes subverteremos o coração e a vista. Já que não acreditaram na verdade a princípio, deixá-los-emos debaterem-se na sua insolência. ◊110

E ainda que fizéssemos descer os anjos até eles, e ainda que os mortos lhes dirigissem a palavra e ainda que reuníssemos todas as coisas ao redor deles, assim mesmo não acreditariam, a menos que Deus quisesse. A maioria deles é ignorante. ◊111

Assim apontamos para cada Profeta um inimigo: demônios, entre os homens e entre os djins, que inspiram uns aos outros belas palavras enganadoras. Se teu Senhor quisesse, não o faria. Deixa-os com suas fantasias. ◊112

E que as escutem os corações daqueles que não creem no Além e encontram prazer em tais extravagâncias e ganham delas o que estão ganhando. ◊113

Procuraria eu um árbitro fora de Deus quando é Ele que vos revelou o Livro com todos os detalhes? Aqueles a quem

revelamos o Livro sabem que ele emana de teu Senhor,
com a verdade. Não sejas, pois, um dos que duvidam. ◊114

Perfeitas são as palavras de teu Senhor, na justiça e na verdade.
Ninguém as pode modificar. Ele ouve tudo e sabe tudo. ◊115

Se escutasses a maioria dos habitantes da terra,
desencaminhar-te-iam da senda de Deus. Pois eles só
conjeturam e supõem e mentem. ◊116

Teu Senhor sabe quem se desencaminha e quem acerta. ◊117

Comei do que tenha sido abençoado com o nome de Deus se
acreditais em Suas revelações. ◊118

E que vos impede de comer do que tenha sido abençoado
com o nome de Deus já que Ele vos detalhou o que vos é
proibido, exceto em caso de necessidade? Muitos, por
ignorância, deixam-se perder pelas paixões. Deus bem
conhece os prevaricadores. ◊119

Não pequeis, nem em segredo nem abertamente. Os que
pecam pagarão o preço de seus pecados. ◊120

E não comais carne que não tenha sido abençoada com o
nome de Deus. Seria uma ignomínia. Os demônios
inspirarão a seus aliados que argumentem convosco.
Se lhes obedecerdes, sereis vós mesmos idólatras. ◊121

Esse que era morto e Nós o ressuscitamos e lhe enviamos uma
luz para guiá-lo entre os homens, poderá ser comparado a
alguém que está nas trevas sem poder sair delas? Assim
veem os descrentes suas perversidades embelezadas. ◊122

Em cada cidade colocamos alguns transgressores maiores
para que nela tramem. Mas as maquinações só arruínam
seus próprios autores. Possais lembrar-vos ◊123

E se lhes for enviado um sinal, dirão: "Não acreditaremos até
que recebamos o que foi enviado ao Mensageiros de Deus."
Deus sabe melhor a quem confiar Sua mensagem.
Humilhação e castigo doloroso atingirão os transgressores
pelas suas artimanhas. ◊124

Quem Deus quer guiar abre-lhe o coração para a submissão.
E quem quer perder torna-lhe o coração estreito e

oprimido, como se estivesse subindo até o firmamento.
Assim Deus joga estigmas sobre os descrentes. ◊125
Essa é a senda de teu Senhor, a senda da retidão. Assim
declinamos Nossas revelações para os que pensam. ◊126
E eles morarão em paz junto a seu Senhor, e Ele será seu
protetor pelo bem que tiverem realizado. ◊127
E no dia em que os congregará todos, dirá: "Djins, seduzistes
os homens em grande número." E os amigos dos djins
entre os homens dirão: "Deus nosso, temo-nos usado
mutuamente e agora atingimos o termo que nos fixaste."
Deus lhe dirá: "O Fogo é vossa morada. Nele permanecereis
para todo o sempre salvo os que Deus quiser salvar."
Teu senhor é sábio e conhecedor. ◊128
Assim faremos os iníquos prevalecerem uns sobre os outros,
por preço do que houverem feito. E Deus dirá: ◊129
"Vós djins e homens, não vos visitaram Mensageiros
escolhidos entre vós mesmos para transmitir-vos Minhas
revelações e advertir-vos acerca do dia de hoje?"
Responderão: "Damos testemunha contra nós mesmos."
A vida terrena os seduzia. Testemunharão contra si
mesmos que eram descrentes. ◊130
Teu Senhor não destruiria uma nação sem justa causa e sem
a haver advertido. ◊131
Cada qual receberá o que tiver merecido. Teu Senhor não está
distraído do que fazem. ◊132
Teu Senhor é autossuficiente e misericordioso. Se quisesse,
levar-vos-ia da terra e vos substituiria por quem escolhesse.
Assim como vos extraiu da posteridade de outro povo. ◊133
O que vos é anunciado será cumprido. Não o podeis impedir. ◊134
Dize: "Povo meu, fazei o que puderdes. Eu também farei o
que puder. Breve sabereis a quem pertence a última
morada. Os iníquos não prevalecerão." ◊135
Destinam a Deus parte da colheita e do gado que Ele
multiplicou, dizendo com presunção: "Isto é para Deus
e aquilo é para nossos ídolos." Porém, o que destinam

a seus ídolos não chega a Deus, e o que destinam a Deus
chega a seus ídolos. Como é péssimo seu julgamento! ◊136

E quantos idólatras, esses ídolos convenceram de que era
bonito matar os próprios filhos! Queriam destruí-los e
introduzir a confusão na sua religião. Se Deus quisesse,
não o fariam. Deixa-os com suas calúnias. ◊137

E dizem: "Esse gado e esses campos são interditados: só os
desfrutarão aqueles que nós indicarmos." Que presunção!
"E há animais que não podem ser usados para transportar
cargas; e outros que não podem ser abençoados com o
nome de Deus." Blasfêmias contra Deus! Breve, pagarão
o preço dessas blasfêmias. ◊138

E dizem: "O que existe nos ventres destes animais está
reservado a nossos homens com exclusão de nossas
mulheres. Mas se nascer um animal morto, todos
partilharão dele." Breve, pagarão o preço de suas
invencionices. Deus é sábio e onisciente. ◊139

Perderam os que mataram os filhos por estupidez e
ignorância, e os que proíbem o que Deus lhes outorgou,
forjando mentiras contra Deus. Desencaminharam-se e
nunca serão guiados. ◊140

Foi Ele quem criou jardins com plantas trepadeiras e não
trepadeiras, e com tamareiras e cereais variados, e com
oliveiras e romãzeiras, semelhantes e dessemelhantes.
Comei de seus frutos quando frutificarem e pagai o tributo
no dia da colheita. E não vos excedais. Deus não ama os
excessos. ◊141

E criou para vós animais de carga e outros para o abate.
Comei, pois, do que Deus vos outorgou e não sigais os
passos do demônio. Ele é vosso inimigo declarado. ◊142

E criou para vós oito casais: dois de ovinos, e dois de caprinos.
Pergunta: "São os dois machos ou as duas fêmeas que Deus
proibiu? Ou o que está no útero das duas fêmeas?
Informai-me se sois sinceros. ◊143

E dois casais de camelos e dois de bovinos. Pergunta: São os dois machos que Deus proibiu? Ou as duas fêmeas? Ou o que está no útero das duas fêmeas? E estáveis lá quando Deus fez Suas prescrições?" Haverá pior iníquo do que aquele que calunia Deus e, por ignorância, induz os outros ao erro? ◊144

Dize: "Em tudo o que me tem sido revelado, só encontro proibição para quem quer alimentar-se de animal morto, sangue derramado e carne de porco – uma imundície! – ou a profanação de invocar sobre os animais um deus que não seja Deus. Assim mesmo, a quem a necessidade compelir, sem premeditação de sua parte nem excesso, teu Senhor é perdoador e clemente." ◊145

Aos judeus, proibimos os animais solípedes. Dos bovinos e ovinos, vedamos-lhes as gorduras, exceto as do lombo e das entranhas e as aderentes aos ossos. Assim castigamos-lhes a rebelião. Pois o que dizemos é verídico. ◊146

Se te desmentirem, dize: "Vosso Senhor detém uma misericórdia imensa. Mas ninguém pode impedir que castigue com rigor os pecadores." ◊147

Dirão os idólatras: "Se Deus quisesse, não seríamos idólatras. Tampouco o teriam sido nossos antepassados. E nada nos teria sido vedado." Seus antepassados também desmentiram os Mensageiros até que provassem Nosso rigor. Dize: "Possuís alguma ciência a nos expor? Vós só seguis suposições e não fazeis senão conjeturar." ◊148

Dize: "Só Deus possui o argumento peremptório. Se quisesse, guiar-vos-ia sem exceção." ◊149

Dize: "Apresentai vossas testemunhas para provar que Deus proibiu o que dizeis que proibiu." Se testemunharem, não testemunhes tu com eles, e não sigas as paixões dos que desmentem Nossas revelações e não acreditam no último dia e atribuem semelhantes a Deus. ◊150

Dize: "Vinde. Vou enumerar para vós o que vosso Deus vos vedou: não Lhe associes seja quem for; tratai com bondade vosso pai e vossa mãe; não mateis vossos filhos por falta de víveres: Nós vos sustentaremos e a eles; não cometais abominações, nem em segredo nem em público; e não mateis os que Deus proibiu matar, exceto na justiça."

É tudo isso que Deus vos recomenda. Possais refletir! ◊151

E não toqueis nos bens do órfão, senão da melhor maneira, até que atinja sua plenitude; e sede justos na medida e no peso. Nunca exigimos de uma alma mais do que pode. E quando sentenciardes, sede justos, mesmo contra um parente vosso. E cumpri a aliança de Deus. É tudo isso que Deus vos prescreve. Possais lembrar-vos! ◊152

Esse é Meu caminho, o caminho da retidão. Segui-o. E não sigais outros caminhos. Afastar-vos-iam de Meu caminho. Tal é a recomendação de Deus. Possais temê-Lo. ◊153

Depois, revelamos a Moisés o Livro, um Livro completo para aqueles que praticam o bem, uma exposição minuciosa sobre todos os assuntos, e uma orientação, e uma misericórdia. Quiçá passem a crer no seu encontro com seu Senhor. ◊154

E agora revelamos este Livro por nós abençoado. Segui-o e temei a Deus. E recebereis misericórdia. ◊155

Foi-vos revelado para que não dissésseis: "O Livro foi revelado a apenas duas seitas antes de nós; ignoramos o que liam nele." ◊156

Nem que dissésseis: "Se o Livro nos tivesse sido revelado, estaríamos mais adiantados do que eles na senda da retidão." Foi-vos dada agora uma prova clara por vosso Senhor, e uma orientação, e uma misericórdia. Haverá pior prevaricador do que aquele que rejeita as revelações de Deus e lhes volta as costas? Os que menosprezam Nossas revelações, submetê-los-emos ao pior castigo em pagamento de seu menosprezo. ◊157

Que esperam? Que os anjos venham a eles? Ou que venha a eles teu próprio Senhor? Ou que se lhes manifestem alguns prodígios de teu Senhor? No dia em que os prodígios se manifestarem, de nada servirá a fé de quem não tiver crido e demonstrado sua convicção com boas ações. Dize: "Esperai. Nós também esperaremos." ◊158

Os que se apartam de sua religião e formam seitas, afasta-te deles inteiramente. Seu caso a Deus pertence. Ele os informará sobre o que fazem. ◊159

Quem praticar uma boa ação, receberá dez vezes seu equivalente, e quem praticar uma ação má, receberá apenas o seu equivalente, e ninguém será lesado. ◊160

Dize: "Meu Senhor conduziu-me para a senda da retidão, a religião certa, a crença de Abraão que não associava ninguém a Deus." ◊161

Dize: "Minhas orações, minha devoção, minha vida e minha morte pertencem a Deus, o Senhor dos mundos, ◊162

Que não tem associados. Assim fui mandado, e sou o primeiro a submeter-me." ◊163

Dize: "Procuraria eu um Senhor que não seja Deus, quando Ele é o Senhor de tudo? Ninguém receberá mais do que merece. E nenhuma alma carregará o fardo de outra alma. Depois, para vosso Senhor voltareis. E Ele vos instruirá sobre o que disputais. ◊164

Foi Ele quem vos nomeou califas na terra e elevou uns de vós acima dos outros para pôr-vos à prova no que vos proporcionou. Teu Senhor é rápido no castigo. E é clemente e misericordioso." ◊165

7. AS ALTURAS

Em nome de Deus, o Clemente, o Misericordioso.
Alef. Lam. Mim. Sad. ◊1

Eis um Livro revelado a ti. Que não se perturbe teu coração a seu respeito. Serve-te para advertir os descrentes e exortar os fiéis. Dize-lhes: ◊2

"Segui o que vos foi revelado por vosso Senhor e não sigais outros protetores além d'Ele. Quão pouco refletis!" ◊3

Quantas cidades já destruímos! Nosso castigo as atingiu de noite ou quando gozavam do descanso do meio-dia. ◊4

Seus habitantes nada podiam dizer ao sentir Nosso rigor senão: "Fomos prevaricadores" ◊5

Pediremos contas aos Mensageiros e àqueles a quem os Mensageiros foram enviados, ◊6

E relatar-lhes-emos as próprias ações, pois nunca estivemos ausentes. ◊7

E naquele dia, pesaremos os méritos de cada um. Aqueles a favor dos quais a balança pender serão os vitoriosos. ◊8

E aqueles contra os quais a balança subir terão perdido suas almas por terem desprezado Nossas revelações. ◊9

E demo-vos a terra por morada e dela fizemos brotar alimentos para vós. Quão pouco agradeceis! ◊10

E criamo-vos e demo-vos forma e dissemos, então, aos anjos: "Prostai-vos ante Adão." Todos se prostraram exceto Satanás. ◊11

Perguntou-lhe Deus: "Que te impede de te prostrar quando tal é Minha ordem?" Respondeu: "Sou superior a Adão. Criaste-me de fogo e criaste-o de barro." ◊12

Ordenou-lhe Deus: "Desce do céu! Não podes ensoberbecer-te aqui. Sai. Serás um dos humilhados." ◊13

Pediu: "Tolera-me até o dia em que os homens serão ressuscitados." ◊14

"Seja, respondeu Deus. Serás um dos tolerados." ◊15

Retrucou Satanás: "Já que me acusaste de errar, espreitá-los-ei na Tua senda reta. ◊16

E atacá-los-ei pela frente e por trás, e pela direita e pela esquerda, e não acharás entre eles muitos agradecidos." ◊17

Disse Deus: "Sai daqui, execrado e derrotado. Dos que te seguirem e de ti, encherei a Geena. ◊18

E tu, Adão, habita o Paraíso com tua mulher. Comei do que quiserdes, mas não vos aproximeis desta árvore: estaríeis entre os prevaricadores." ◊19

Então, Satanás, visando mostrar-lhes o que lhes era oculto da própria nudez, sussurrou-lhes: "Vosso Senhor proibiu-vos comer daquela árvore só para que não vos tornásseis dois anjos ou dois imortais." ◊20

E jurou-lhes: "Sou para vós um conselheiro." ◊21

E seu ardil os convenceu. Mas quando provaram os frutos da árvore, foi-lhes revelada a parte vergonhosa de sua nudez. E puseram-se a cobri-la com folhas do Paraíso. E seu Senhor os chamou: "Não vos proibi aquela árvore e não vos disse que o demônio era vosso inimigo declarado?" ◊22

Responderam: "Senhor nosso, fomos os inimigos de nós mesmos, e se não nos perdoares e não te apiedares de nós, estaremos entre os perdidos." ◊23

Disse-lhes: "Descei daqui! Sereis inimigos um do outro e tereis na terra morada e gozo por um tempo curto. ◊24

Nela vivereis e nela morrereis e dela saireis ressuscitados." ◊25

Ó filhos de Adão, concedemo-vos vestimentas para esconder a parte vergonhosa de vossa nudez e plumas para vosso enfeite. Mas o vestuário da devoção é o melhor. Há nisso um dos sinais de Deus. Quiçá se lembrem! ◊26

Ó filhos de Adão, não deixeis que o demônio vos seduza como seduziu vossos pais até fazê-los sair do Paraíso, abrindo-lhes os olhos para a parte vergonhosa de sua nudez. Ele e seu séquito vos veem, mas vós não os vedes. Fizemos dos demônios os protetores dos que não creem. ◊27

Quando cometem uma infâmia, dizem: "Assim agiam nossos antepassados, e assim Deus nos ordenou." Dize-lhes: "Deus não ordena infâmias. Atribuís a Deus o que não sabeis." ◊28

Dize: "Meu Deus ordena a justiça. Voltai a face para qualquer templo e apelai para Ele, dedicando-Lhe sinceramente a religião. Assim como vos trouxe à existência, assim regressareis para Ele. ◊29

Alguns, Ele guiou; outros mereceram ser desencaminhados, pois tomaram os demônios por protetores em vez de Deus, achando que estavam no bom caminho. ◊30

Ó filhos de Adão, usai vossos melhores vestuários quando fordes aos lugares do culto. Comei e bebei, mas sem imoderação. Deus não gosta dos imoderados." ◊31

Pergunta: "Quem proibiu o adorno que Deus destinou a Seus servos? Quem proibiu os alimentos deliciosos?" Responde: "Pertencem aos crentes, nesta vida e serão exclusivamente deles no dia da Ressurreição." Assim elucidamos Nossas revelações. ◊32

Dize: "Meu Senhor proibiu as ignomínias, fossem evidentes ou mascaradas, o pecado, a agressão injustificada, e os que Lhe associais sem Seu consentimento, e que digais d'Ele o que ignorais." ◊33

Cada nação tem seu termo predeterminado. Quando esse termo chegar, não o poderá retardar ou adiantar de uma hora sequer. ◊34

Ó filhos de Adão, Mensageiros de vós mesmos virão transmitir-vos Minhas revelações. Aqueles que temerem a Deus e se emendarem nada terão que recear e não se entristecerão. ◊35

Mas aqueles que negarem Nossas revelações e as menosprezarem terão o Fogo por herança e nele permanecerão para sempre. ◊36

Haverá maior prevaricador do que aquele que injuria Deus ou desmente Suas revelações? Esses cobrarão seu quinhão previsto no Livro. E quando chegarem Nossos anjos para receber-lhes a alma, perguntar-lhes-ão: "Onde estão aqueles que invocáveis em vez de Deus?" Responderão: "Abandonaram-nos." Assim, testemunharão contra si mesmos que eram descrentes. ◊37

"Entrai no Fogo, dirá Deus, onde já estão os homens e os djins das gerações passadas." Ao entrar, cada nação amaldiçoará sua irmã. E quando todas estiverem lá, a última a chegar dirá da primeira: "Senhor nosso, foram esses que nos desencaminharam: duplica-lhes o castigo do fogo." E Ele dirá: "O dobro será para todos." ◊38

E a primeira dirá à última: "Vós não éreis melhores do que nós. Sofrei, pois, o castigo pelo que fazíeis." ◊39

Aos que desmentem e menosprezam Nossas revelações, as
portas do céu serão fechadas; e não entrarão no Paraíso até
que o camelo passe pela fenda de uma agulha. Assim
castigamos os pecadores. ◊40

Terão a Geena por leito e mantos de fogo por cobertas. Assim
castigamos os iníquos. ◊41

Quanto aos que creem e praticam o bem, serão os herdeiros
do Paraíso e nele morarão para todo o sempre. Jamais
impomos a alma alguma carga superior às suas forças. ◊42

E removeremos qualquer rancor de seus corações. A seus pés,
os rios correrão. E dirão: "Louvado seja Deus que nos
conduziu até aqui. Jamais teríamos acertado o caminho se
Ele não nos tivesse guiado. Sim! os Mensageiros de nosso
Senhor traziam a verdade." Então ser-lhes-á dito:
"Herdastes este Paraíso pelo que fazíeis." ◊43

E os herdeiros do Paraíso chamarão os herdeiros do Fogo:
"Conseguimos o que nosso Senhor nos prometia.
Conseguistes o que vosso Senhor vos prometia?"
Responderão: "Sim." E uma voz proclamará: "A maldição
de Deus sobre os prevaricadores. ◊44

Que desviam os demais da senda de Deus e procuram
entortá-la e negam a vida futura." ◊45

E estarão separados uns dos outros por cortinas; e nas alturas,
os homens que não tiverem sido ainda julgados
reconhecerão cada um pelos seus traços; e saudarão
os moradores do Paraíso: "Que a paz esteja convosco!"
Não entraram no Paraíso: mas têm o desejo e a esperança
de fazê-lo um dia. ◊46

E quando seus olhares se voltarem para os moradores
do Fogo, dirão: "Senhor, não nos relegues à companhia dos
prevaricadores. És o mais misericordioso
dos misericordiosos." ◊47

E os moradores das alturas interpelarão os que reconhecerem
entre os condenados: "De que vos serviram vossa força e
vossas riquezas e vosso orgulho? ◊48

Olhai para os moradores do Paraíso. São eles para quem, juráveis, Deus não teria misericórdia. Disse-lhes, entretanto: 'Entrai no Paraíso. Nenhum temor prevalecerá sobre vós, e não vos entristecereis.'" ◊49

E os moradores do Fogo implorarão aos moradores do Paraíso: "Derramai sobre nós um pouco de água ou algo do que Deus vos concedeu." E eles responderão: "Deus o proibiu aos descrentes ◊50

Que consideraram Sua religião um jogo e um passatempo e se deixaram seduzir pela vida terrena." Hoje, Nós os esquecemos como eles se esqueciam de seu encontro com este dia e negavam Nossas revelações ◊51

Enviamos-lhes um Livro sabiamente elucidado: uma orientação e uma misericórdia para os crentes. ◊52

Que esperam senão o cumprimento de suas revelações? Naquele dia, os que antes o esqueciam dirão: "Os Mensageiros de nosso Senhor trouxeram mesmo a verdade. Haverá quem interceda por nós? Ou seremos devolvidos à terra para agir de forma diferente?" Não! Já estarão perdidos, e suas fantasias, desvanecidas. ◊53

Vosso Senhor é o Deus que criou os céus e a terra em seis dias e, depois, sentou-se no trono. Joga o véu da noite sobre o dia, e eles se perseguem um ao outro, velozes. O sol, a lua e as estrelas obedecem-lhe. A Ele pertencem a criação e o mando. Louvado seja Deus, o Senhor dos mundos. ◊54

Invocai vosso Senhor com humildade e em segredo. Ele não ama os agressores. ◊55

E não corrompais a terra, uma vez reformada. E invocai-O com temor e interesse misturados. A misericórdia de Deus está ao alcance dos benfeitores. ◊56

É Ele quem envia os ventos anunciadores de Suas graças. Quando carregam densas nuvens, dirigimo-los a uma terra morta e fazemos cair sobre ela a chuva, e eis que produz toda espécie de frutas. Assim ressuscitaremos os mortos. Meditai. ◊57

A boa terra produz a vegetação com a permissão de Deus. A terra ruim produz plantas escassas e inúteis. Assim manifestamos Nossos sinais aos agradecidos. ◊58

Enviamos Noé a seu povo. E ele disse: "Povo meu, adorai Deus. Não tendes outros deus senão Ele. Temo, por vós, o castigo de um dia terrível." ◊59

Os anciãos do povo responderam: "Vemos-te num erro evidente, ó Noé." ◊60

Retrucou: "Povo meu, não estou no erro, sou um Mensageiro do Senhor dos mundos. ◊61

Comunico-vos as mensagens de meu Senhor e aconselho-vos. Deus revelou-me o que não sabeis. ◊62

Surpreende-vos que Deus escolha um dos vossos para vos advertir? Temei a Deus: quiçá recebais misericórdia." ◊63

Trataram-no de impostor. Nós o salvamos, e os que estavam com ele, na arca. E afogamos os que desmentiam Nossas revelações. Gente cega, na verdade. ◊64

E ao povo de Aad, enviamos um deles, Hud. E ele lhes disse: "Povo meu, adorai Deus. Não tendes outro deus senão Ele." ◊65

Os chefes de seu povo, que eram descrentes, disseram: "Vemos-te dominado pela insensatez e acreditamos que és um embusteiro." ◊66

Afirmou: "Povo meu, não há insensatez em mim. Sou um Mensageiro do Senhor dos mundos. ◊67

Transmito-vos as mensagens de meu Senhor, e sou para vós um conselheiro leal. ◊68

Surpreende-vos que Deus tenha escolhido um de vós para vos advertir? Lembrai-vos de que Ele vos designou sucessores após o povo de Noé e aumentou vossa estatura entre os povos. Recordai-vos dos benefícios de Deus. Quiçá vençais." ◊69

Disseram: "Vieste a nós para que adoremos somente Deus e abandonemos os deuses que nossos pais adoravam? Executa tuas ameaças se o que dizes for verídico." ◊70

Respondeu: "O castigo e a cólera de vosso Senhor breve cairão sobre vós. Ousais disputar comigo sobre ídolos que vós e vossos antepassados nomeastes sem a autoridade de Deus? Aguardai, pois, as consequências. Aguardarei convosco." ◊71

Nós o salvamos com seus companheiros, por misericórdia Nossa, e extirpamos até os últimos restos daqueles que chamavam Nossas revelações de mentiras e não eram crentes. ◊72

E aos Samud, enviamos seu irmão Saleh, que lhes disse: "Povo meu, adorai Deus. Não tendes outro deus senão Ele. Eis um sinal de Deus. Manda-vos esta fêmea de camelo. Deixai-a pastar nas terras de Deus e não a maltrateis. Senão, um castigo doloroso vos açoitará. ◊73

E lembrai-vos de que Ele vos designou sucessores após o povo de Aad e vos instalou na terra, deixando-vos erguer palácios nas planícies e cavar casas nas montanhas. Recordai os benefícios de Deus e não corrompais a terra." ◊74

Disseram os chefes ensoberbecidos à gente crente e humilde: "Sabeis mesmo que Saleh é um Mensageiro de Deus?" Responderam: "Em sua mensagem acreditamos." ◊75

Retrucaram os soberbos: "E nós rejeitamos aquilo em que acreditais." ◊76

E mataram a fêmea do camelo e rebelaram-se contra a ordem de seu Senhor e disseram a Saleh: "Executa tuas ameaças se és um dos Mensageiros." ◊77

Imediatamente, um terremoto os atingiu. E, pela manhã, estavam prostrados em suas casas. ◊78

E Saleh afastou-se deles, dizendo: "Povo meu, comuniquei-vos a mensagem de meu Senhor e aconselhei-vos. Mas vós não apreciais os conselheiros." ◊79

E lembra-te de Lot, quando disse a seu povo: "Ireis cometer abominações que ninguém cometeu antes de vós? ◊80

Procurais sensualmente os homens em vez das mulheres! Sois um povo de transgressores." ◊81

Qual foi a reação do povo? Gritaram: "Expulsai-o e seus familiares de vossas cidades: são pessoas que se ufanam de sua pureza." ◊82

Nós o salvamos, com os seus, exceto sua mulher que ficou
para trás. ◊83

E aniquilamos os demais sob uma chuva de pedras. Medita
sobre o destino dos pecadores. ◊84

E aos Medianitas enviamos seu irmão Chuaib. Disse-lhes:
"Povo meu, adorai Deus. Não tendes outro deus senão Ele.
Um sinal vos foi enviado por Deus. Sede honestos na
medida e no peso, não leseis os outros e não corrompais
a terra uma vez reformada: assim será melhor para vós, se
sois crentes. ◊85

E não vos posteis nas estradas, ameaçando os crentes e
impedindo-os de seguir o caminho de Deus. E não
procurai entortar o caminho de Deus. Recordai-vos de
quando éreis poucos e Ele vos multiplicou. E vede qual
foi o destino dos corruptores. ◊86

Se parte de vós acredita na minha missão e parte não acredita,
pacientai até sermos julgados por Deus. Não existe juiz
melhor." ◊87

Disseram os chefes arrogantes de seu povo: "Expulsar-te-emos
de nossa cidade, ó Chuaib, com os que te seguiram,
a menos que volteis a nosso credo." Perguntou Chuaib:
"Ainda que o façamos a contragosto? ◊88

Mentiríamos a Deus se voltássemos a vosso credo após ter
sido Liberados dele por Deus. Só voltaríamos por ordem
de Deus, nosso Senhor. Ele abrange todo o saber. Em Deus
confiamos. Senhor nosso, decide entre nós e nosso povo.
És o melhor dos juízes." ◊89

E disseram os chefes altivos do povo, que eram descrentes:
"Se seguirdes Chuaib, estareis entre os derrotados." ◊90

O tremor os apanhou e, pela manhã, estavam prostrados em
suas casas. ◊91

E os que trataram Chuaib de mentiroso ficaram como se
nunca antes tivessem habitado lá. E foram eles os derrotados. ◊92

E Chuaib afastou-se deles, dizendo: "Povo meu,
comuniquei-vos a mensagem de meu Senhor e

aconselhei-vos. Como, pois, prantear sobre um povo de descrentes?" ◊93

Jamais enviamos um Profeta a uma cidade sem lhe submeter os habitantes à adversidade e à aflição para que se humilhem. ◊94

Depois, substituímos a adversidade pela prosperidade até que, multiplicando-se, digam: "Nossos pais também conheceram dias infelizes e dias felizes." Então, de repente, apoderamo-nos deles, desprevenidos. ◊95

Tivessem os habitantes daquelas cidades crido e temido a Deus, tê-los-íamos cumulado com os bens do céu e da terra. Mas trataram os Mensageiros de impostores. E Nós os castigamos pelos seus delitos e os aniquilamos. ◊96

Estavam os habitantes das cidades seguros de que Nosso castigo não os apanharia à noite enquanto dormiam? ◊97

Estavam seguros de que não os apanharia em pleno dia enquanto se divertiam? ◊98

Sentiam-se ao abrigo da astúcia de Deus? Ninguém se sente ao abrigo da astúcia de Deus, exceto os insensatos. ◊99

Não é bastante instrutivo para os que herdaram a terra dos antigos que, se quiséssemos, castigá-los-íamos pelos seus pecados, selando-lhes o coração para que nada compreendessem? ◊100

Tais eram as cidades de que te narramos a história. Seus Mensageiros trouxeram-lhes as provas. Mas elas persistiram na descrença. É assim que Deus sela o coração dos incrédulos. ◊101

E não encontramos na maioria delas respeito algum pelas suas alianças. A maioria delas é depravada. ◊102

Após esses Mensageiros, enviamos Moisés com Nossos sinais ao Faraó e à sua corte. Mas eles os rejeitaram injustamente. Admira o que foi o destino dos corruptores! ◊103

Disse Moisés ao Faraó: "Sou um Mensageiro do Senhor dos mundos. ◊104

Cumpre-me dizer sobre Deus somente a verdade. Trouxe-vos uma prova de vosso Senhor. Permiti, pois, que os filhos de Israel partam comigo." ◊105

Disse o Faraó: "Trouxeste uma prova? Exibe-a se tuas palavras forem verídicas." ◊106

Moisés atirou seu cajado ao chão, e o cajado virou uma serpente autêntica. ◊107

E retirou a mão do seio e ei-la branca para os que olhavam. ◊108

Disseram os dignitários da corte do Faraó: "Eis certamente um mágico de grande habilidade. ◊109

Quer expulsar-nos de nossa terra. Que desejas que façamos?" ◊110

Outros disseram: "Manda-o esperar, ele e seu irmão, e envia comissários às cidades. ◊111

Para te trazerem todos os mágicos habilidosos." ◊112

Ao comparecerem diante do Faraó, perguntaram os mágicos: "Teremos recompensas se sairmos vitoriosos?" ◊113

Respondeu: "Sim, e estareis entre os mais chegados." ◊114

Perguntaram a Moisés: "Jogarás primeiro ou jogaremos nós?" ◊115

Respondeu: "Jogai vós." Quando jogaram seus cajados, enfeitiçaram os olhos dos espectadores e espantaram-nos e exibiram uma grande magia. ◊116

Inspiramos, então, a Moisés: "Joga teu cajado." E o cajado de Moisés engoliu tudo quanto eles haviam simulado. ◊117

E a verdade prevaleceu, e tudo o que fizeram foi em vão. ◊118

E foram derrotados e tornaram-se pequenos. ◊119

E os mágicos caíram de joelhos. ◊120

Exclamando: "Cremos no Senhor dos mundos, ◊121

O Senhor de Moisés e Arão." ◊122

Mas o Faraó os repreendeu: "Credes nele antes que vos autorize! É uma conspiração contra a cidade para despojá-la de seus habitantes. Breve vereis. ◊123

Cortar-vos-ei mãos e pés alternados e vos crucificarei sem exceção." ◊124

Responderam: "Para nosso Senhor voltaremos ◊125

Queres vingar-te de nós porque acreditamos nos sinais de nosso Senhor? Senhor nosso, fortalece-nos e faze que morramos submissos." ◊126

E disseram os nobres da corte ao Faraó: "Permitirás a Moisés e a seu povo corromperem a terra e te abandonarem e teus deuses?" Respondeu-lhes: "Matar-lhes-emos os filhos, poupando somente as mulheres. E sobre eles prevaleceremos." ◊127

Disse Moisés a seu povo: "Implorai o socorro de Deus e sede firmes. A terra pertence a Deus. Lega-a a quem Lhe apraz entre Seus servos. A última palavra pertence aos que temem ao Senhor." ◊128

Reclamaram: "Fomos maltratados antes de tua chegada e continuamos a sê-lo." Respondeu: "Possa Deus exterminar vossos inimigos e dar-vos a terra por herança para ver como vos comportareis." ◊129

E castigamos o povo do Faraó com anos de penúria e a escassez dos produtos da terra a fim de que refletissem melhor. ◊130

Quando lhes chegava a prosperidade, diziam: "Ela é nossa." E quando alguma infelicidade os atingia, atribuíam-na ao mau augúrio de Moisés e de seus companheiros.
Na verdade, o seu augúrio estava com Deus. Mas a maioria deles não o sabia. ◊131

E disseram a Moisés: "Seja qual for o sinal que nos tragas para nos enfeitiçar, não acreditaremos em ti." ◊132

Então enviamos contra eles as inundações, os gafanhotos, os piolhos, os sapos e o sangue. Sinais evidentes. Mas ensoberbeceram-se e tornaram-se um povo de criminosos. ◊133

Contudo, quando uma calamidade os açoitava, diziam a Moisés: "Ó Moisés, invoca para nós teu Senhor em vista da aliança que fez contigo. Se nos livrares desta calamidade, creremos em ti e deixaremos partir os filhos de Israel." ◊134

Mas quando levantávamos o castigo por um termo previsto, renegavam sua promessa. ◊135

Vingamo-Nos deles, afogando-os no mar, por terem
desmentido Nossos sinais e os terem menosprezado. ◊136
E demos ao povo que tinha sido oprimido os levantes e os
poentes da terra, que abençoamos. E cumpriu-se a generosa
promessa de teu Senhor aos filhos de Israel pelo que
haviam suportado com resignação. E destruímos tudo
quanto o Faraó e seu povo haviam realizado e edificado. ◊137
E fizemos atravessar o mar aos filhos de Israel. Encontraram
então um povo entregue à adoração de ídolos por ele
inventados. E os filhos de Israel pediram a Moisés:
"Faze-nos um deus, assim como esses homens têm deuses."
Respondeu-lhes: "Sois um povo de ignorantes. ◊138
O que eles têm é vão, e o que constroem será destruído." ◊139
E disse: "Dar-vos-ei outro deus em vez de Deus quando Ele
vos tem elevado acima dos mundos? ◊140
E quando vos libertamos dos Faraós que vos infligiam os
piores sofrimentos, matando vossos filhos e poupando
vossas mulheres. Era, sem dúvida, uma grande provação
enviada por vosso Senhor." ◊141
E prometemos a Moisés um encontro conosco após trinta
noites e mais dez, a fim de que fosse completado o tempo
de quarenta dias marcado pelo seu Senhor. E disse Moisés
a seu irmão Arão: "Substitui-me junto a meu povo. E age
bem. E não sigas o caminho dos corruptores." ◊142
E quando Moisés chegou a Nosso encontro e seu Senhor lhe
falou, disse: "Senhor meu, deixa-me ver Tua face."
Respondeu o Senhor: "Não Me verás. Observa, porém,
o monte. Se ele permanecer no seu lugar, poderás Me ver."
Mas quando Deus desvelou Sua face ao monte, o monte
caiu em pó. E Moisés perdeu os sentidos. Quando voltou
a si, disse: "Glorificado sejas! A Ti volto arrependido. Sou o
primeiro dos crentes." ◊143
Disse Deus: "Ó Moisés, escolhi-te entre os homens para que
transmitas Minhas mensagens e Minhas palavras. Recebe
o que te concedo, e sê um dos agradecidos." ◊144

E Nos escrevemos para Ele, sobre tábuas, uma exortação e
uma elucidação acerca de todos os assuntos, dizendo-lhe:
"Leva-as com firmeza e ordena a teu povo que as aplique
da melhor maneira. Breve mostrar-vos-ei a morada dos
perversos. ◊145

Afastarei de Minhas revelações os que se ensoberbecem na
terra e são injustos. Embora vejam todos os sinais, não
acreditarão. E embora lhes seja mostrada a senda dos
justos, não a seguirão. Mas se virem a senda do erro,
adotá-la-ão. É que, em verdade, chamam Nossos sinais de
mentiras e desprezam-nos. ◊146

Quanto àqueles que descreem em Nossas revelações e no
encontro do Além, suas obras desvanecer-se-ão. E por que
não receberiam o que merecem?" ◊147

E na ausência de Moisés, seu povo adotou por deus um
bezerro que fizeram com suas próprias joias. Emitia
mugidos surdos. Mas não repararam que não lhes falava
nem lhes indicava o caminho. Assim mesmo, adotaram-no
e foram prevaricadores. ◊148

Mas quando bateram as mãos de arrependimento e se deram
conta de que se desencaminharam, disseram: "Se nosso
Senhor não tiver compaixão de nós e não nos perdoar,
estaremos com certeza entre os perdidos." ◊149

E quando Moisés voltou a seu povo, indignado e magoado,
disse: "Que coisa abominável fizestes em minha ausência!
Quisestes apressar o julgamento de vosso Senhor?" E atirou
as tábuas no chão e arrastou até si seu irmão pelo cabelo.
E Arão disse: "Filho de minha mãe, o povo me julgou débil
e quase me matou. Não faças os inimigos escarnecerem
de mim. E não me confundas com os iníquos." ◊150

Disse Moisés: "Senhor meu, perdoa-me e a meu irmão e
toma-nos em Tua misericórdia." ◊151

Os que adoraram o bezerro incorrerão na ira de seu Senhor e
serão aviltados nesta vida e na outra. Assim castigamos os
falsificadores e os ingratos. ◊152

Mas os que cometerem más ações e, depois, se arrependerem
e crerem, Deus os tratará com Seu perdão e
Sua misericórdia. ◊153

E quando a revolta de Moisés abrandou, recolheu as tábuas
em cujas inscrições havia orientação e clemência para os
que temem ao Senhor, ◊154

E escolheu, entre seu povo, setenta homens para que
comparecessem ao Nosso encontro. Sentindo a terra tremer
sob seus pés, disse Moisés: "Senhor meu, se quisesse,
tê-los-ias aniquilado antes, juntamente comigo. Acaso
aniquilar-nos-ás pelo que cometeram os insensatos entre
nós? A prova foi ordenada por Ti para que
desencaminhasses quem quisesses e orientasse quem
quisesses. Tu és nosso protetor. Apieda-Te de nós. És o mais
clemente dos clementes. ◊155

Concede-nos uma graça neste mundo e uma graça no outro.
Pois a Ti voltamos, contritos." Disse Deus: "Meu castigo
atinge a quem quero; e Minha clemência abrange todas as
coisas. Concedo-a aos que praticam o bem, pagam o
tributo dos pobres, creem em Nossas revelações. ◊156

E seguem o Mensageiro, o Profeta analfabeto que encontram
mencionado em sua Torá e no seu Evangelho. Ele lhes
ordena o bem e lhes proíbe o ilícito, permite-lhes o gozo
das boas coisas e veda-lhes as imundícies e liberta-os de
seus fardos e grilhões. Os que nele crerem e o apoiarem e o
fortalecerem e seguirem a luz que com ele desceu,
conquistarão a vitória." ◊157

Dize: "Homens! Sou o Mensageiro de Deus a todos vós. A Ele
pertence o reino dos céus e da terra. Não há outro deus
senão Ele. É Ele quem dá a vida e dá a morte. Crede em
Deus e no Seu analfabeto Profeta, pois ele crê em Deus e
nas palavras de Deus. E segui-o. Quiçá descubrais o bom
caminho." ◊158

Entre o povo de Moisés, havia uma comunidade que se
guiava pelo direito e julgava com justiça. ◊159

E Nós a dividimos em 12 tribos. E inspiramos a Moisés, quando seu povo lhe pediu água, que batesse na rocha com seu cajado. E da rocha brotaram 12 fontes. E cada tribo reconheceu a sua. E para protegê-los do sol, estendemos as nuvens por cima deles e enviamos-lhes o maná e as codornizes, dizendo-lhes: "Comei de todas as boas coisas que vos concedemos." Em verdade, não Nos prejudicaram: prejudicaram-se a si mesmos. ◊160

E quando lhes foi dito: "Habitai esta cidade e desfrutai-a conforme vossos desejos, dizendo: 'Remissão', e prostrai-vos ao entrar; e Nós perdoaremos vossos pecados e cumularemos os benfeitores", ◊161

Os prevaricadores entre eles trocaram as palavras ditas. Castigamos então com um flagelo a sua iniquidade. ◊162

E interroga-os acerca da cidade que beirava o mar e como, quando seus habitantes respeitavam o sábado, os peixes vinham a eles, boiando, e quando desrespeitavam o sábado, os peixes sumiam. Assim provamo-los na sua depravação. ◊163

E quando uma de suas comunidades perguntou: "Por que pregais a um povo que Deus vai destruir ou castigar severamente?" Responderam: "Para que tenhamos uma desculpa diante de vosso Senhor. E quem sabe? Talvez se arrependam." ◊164

E quando se esqueceram do que lhes fora lembrado, salvamos os que proibiam o mal e infligimos um castigo severo aos iníquos pela sua perversidade. ◊165

E quando persistiram, com insolência, no que lhes fora proibido, transformamo-los em macacos desprezíveis. ◊166

Teu Senhor ameaçou então suscitar contra eles quem lhes infligisse a mais dura opressão até o dia da Ressurreição. Teu Deus é rápido no castigo. É também clemente e misericordioso. ◊167

E dispersamo-los pela terra como nações separadas – uns eram homens honrados, outros não – e provamo-los com favores e com adversidades para induzi-los a voltar a Nós. ◊168

Depois, sucedeu-lhes uma geração que herdou o Livro e amontoou os bens desta terra, dizendo: "Seremos perdoados." E persistiram nos seus pecados. Não lhes fora tomada a promessa no Livro de que não diriam de Deus senão a verdade? Estudaram o Livro. A última morada é melhor para os que temem a Deus. Não compreendeis? ◊169

Quanto aos que se apegam ao Livro e recitam as preces, seu mérito não será desperdiçado. ◊170

E quando elevamos o Monte por cima deles como sombra protetora, recearam que fosse desmoronar. Dissemos-lhes: "Segurai com força o Livro que vos concedemos e lembrai-vos do seu conteúdo. Assim temereis a Deus." ◊171

E quando teu Senhor tirou, dos lombos dos filhos de Adão, seus próprios descendentes, e perguntou-lhes: "Não sou vosso Senhor?" "Sim, sim, responderam, somos testemunhas." Assim não podereis alegar no dia da Ressurreição que não sabíeis. ◊172

Nem podereis dizer a Deus: "Idólatras foram nossos pais. Castigar-lhes-ás a descendência pelo que cometeram os perjuros?" ◊173

Assim elucidamos Nossas revelações. Quiçá se convertem. ◊174

E conta-lhes a história daquele a quem enviamos Nossos sinais, e ele os desprezou. Satanás o perseguiu, e ele foi um dos perversos. ◊175

Se quiséssemos, tê-lo-íamos elevado, mas preferiu a terra e seguiu suas paixões. Assemelha-se ao cão que, quando o atacas, arqueja, e quando o deixas em paz, arqueja. Assim agem os que qualificam Nossos sinais de mentiras. Conta-lhes essas histórias. Quiçá reflitam. Quiçá se emendem. ◊176

Péssimo é o exemplo dado por aqueles que qualificam Nossos sinais de mentiras. Mas não prejudicam senão a si mesmos. ◊177

Aqueles a quem Deus guia estão no bom caminho. Aqueles a quem Deus desencaminha, são eles os perdidos. ◊178

Destinamos para a Geena muitos djins e muitos homens.Têm
mentes, mas não raciocinam. Têm ouvidos, mas não
ouvem. Têm olhos, mas não veem. São como o gado e
mais longe ainda da verdade. São os insensatos. ◊179

A Deus pertencem os nomes mais belos. Chamai-O por eles e
afastai-vos daqueles que O abjuram. Eles receberão o
castigo que merecem. ◊180

Entre as nações que criamos, há uma que segue a verdade e
julga com justiça. ◊181

Quanto aos que desmentem Nossas revelações, atraí-los-emos
pouco a pouco para a perdição sem que o percebam. ◊182

E dilatarei para eles o prazo, pois Minha astúcia é invencível. ◊183

Não se deram conta de que em seu camarada, Muhamad, não
há loucura e que é apenas um admoestador? ◊184

Não contemplaram o reino do céu e da terra e tudo quanto
Deus criou? E não pensaram que seu termo talvez esteja
chegando? Em que mensagem, depois desta, acreditarão? ◊185

Os que Deus desencaminha, ninguém os guiará. E Ele os
deixará errarem cegamente na sua insolência. ◊186

Interrogar-te-ão a respeito da Hora, quando chegará?
Responde: "Seu conhecimento está exclusivamente com
meu Senhor. Só Ele a revelará no devido tempo. Pesada
será nos céus e na terra. E chegará inesperadamente."
Interrogar-te-ão como se estivesse inteirado dela.
Responde: "Seu conhecimento está com Deus. Mas a
maioria dos homens não o sabe." ◊187

Dize: "Não sou dono, por mim mesmo, nem do que beneficia
nem do que prejudica, salvo aquilo que é da vontade de
Deus. Tivesse eu conhecimento do invisível, teria riquezas
em abundância, e o infortúnio não me tocaria. Sou apenas
um pregador e um anunciador de boas-novas para os que
creem." ◊188

Foi Ele quem vos criou de um só homem e dele lhe tirou a
esposa para que com ela convivesse. Quando a possuiu,
ficou ela com uma leve carga, suportável. Mas quando

a carga tornou-se pesada, invocaram Deus, seu Senhor:
"Se nos agraciares com um filho bem formado, estaremos
entre os agradecidos." ◊189

E apesar de os ter agraciado com um filho bem formado,
adotaram outros deuses além d'Ele. Exaltado seja acima
dos que Lhe associam: ◊190

Ídolos que nada criam e são eles mesmos criados. ◊191

E não os podem socorrer ou socorrer-se a si mesmo. ◊192

Se os convidas para a senda da retidão, não te seguirão. É igual
para eles que pregues ou permaneças mudo. ◊193

Esses que invocais em vez de Deus são servos como vós.
Chamai-os e deixai que vos atendam, se sois sinceros. ◊194

Possuem acaso pés para andar ou mãos para combater ou
olhos para ver ou ouvidos para ouvir? Dize: "Convocai
vossos deuses e conspirai contra mim. E não me poupeis. ◊195

Meu protetor é Deus, que enviou o Livro e cuida dos justos. ◊196

E os que invocais em vez d'Ele não vos podem socorrer, nem
podem socorrer-se a si mesmos." ◊197

Quando os convidas para a luz, não ouvem; e olham para ti,
mas não te veem. ◊198

Mostra indulgência, recomenda as coisas honradas e evita os
ignorantes. ◊199

E se o demônio te tentar, ampara-te em Deus. Ele ouve tudo. ◊200

Aos que temem a Deus, basta-lhes, quando a sombra do
demônio passa sobre eles, recomendar-se a Ele.
E tornam-se clarividentes, ◊201

Enquanto seus irmãos continuarão a mergulhar no erro. ◊202

Quando não lhes apresentas uma revelação, dizem:
"Ainda não inventaste uma?" Responde: "Eu só sigo o que
me é revelado por meu Senhor." Este Alcorão é uma
revelação de vosso Senhor e um guia e uma misericórdia
para os que creem. ◊203

Quando o Alcorão vos é recitado, escutai-o com atenção e
silêncio. Quiçá recebais misericórdia. ◊204

E lembra-te de Deus, em tua alma, com fervor e receio, sem palavras ostensivas. Lembra-te d'Ele pela manhã e ao entardecer e não sejas um dos negligentes. ◊205

Os que estão junto a teu Senhor não se julgam acima de adorá-Lo. E glorificam-No e prostram-se diante d'Ele. ◊206

8. OS ESPÓLIOS

Em nome de Deus, o Clemente, o Misericordioso.

Perguntam-te sobre os espólios. Dize: "Os espólios pertencem a Deus e ao Mensageiro. Temei a Deus e ajustai as coisas entre vós. E obedecei a Deus e a Seu Mensageiro se sois crentes." ◊1

Crentes são aqueles cujos corações estremecem quando é mencionado o nome de Deus, e cuja fé aumenta quando Seus versículos lhes são recitados, e que põem sua confiança em seu Senhor. ◊2

Crentes são os que praticam a oração e gastam dos bens que lhes concedemos. ◊3

Esses são os crentes verdadeiros. Estarão em lugares especiais junto a seu Senhor e receberão o perdão e dádivas generosas. ◊4

O Senhor te pediu que saísse de tua casa para combater pela verdade, e parte dos crentes se opunha a isso: ◊5

Discutiam contigo acerca da verdade que havia sido revelada como se estivessem sendo arrastados para a morte com os olhos abertos. ◊6

E quando Deus vos prometeu a vitória sobre uma das duas facções, vós preferistes combater a facção que não estava armada. Deus queria demonstrar a verdade de Suas palavras e aniquilar os descrentes até a raiz. ◊7

Para fazer prevalecer a verdade e denunciar a falsidade, embora tudo isso desgostasse os malfeitores. ◊8

E quando implorastes o socorro de vosso Senhor, e Ele vos disse: "Reforçar-vos-ei com mil anjos que vos seguirão." ◊9

Com essa notícia, Deus procurou apenas tranquilizar-vos o
coração. Pois toda vitória vem de Deus. Deus é poderoso e
sábio. ◊10

E quando Ele vos enviou o sono como uma proteção e
quando vos enviou água do céu para purificar-vos e
lavar-vos da mancha do demônio e fortalecer-vos o coração
e dar-vos um passo firme. ◊11

E quando teu Senhor disse aos anjos: "Sim, estou convosco.
Fortificai os crentes. Infundirei o terror no coração dos
descrentes. Separai-lhes a cabeça do pescoço; batei em
todos os seus dedos." ◊12

Assim os castigamos porque eles romperam com Deus e Seu
Mensageiro. E quem rompe com Deus e Seu Mensageiro,
Deus pune com rigor. ◊13

E dissemos-lhes: "Provai Nosso flagelo. Aos descrentes
reservamos o suplício do Fogo." ◊14

Ó vós que credes, quando encontrardes os descrentes prontos
para a guerra, não lhes volteis as costas. ◊15

Quem lhes voltar as costas – a menos que seja por estratagema
ou para juntar-se a outro grupo – incorrerá na ira de Deus,
e sua morada será a Geena. ◊16

Na realidade, não fostes vós que os matastes: foi Deus quem
os matou; e não foste tu que atiraste as flechas quando
atiraste: foi Deus quem atirou. Fê-lo para conferir aos
crentes um justo benefício. Ele ouve tudo e sabe tudo. ◊17

Sim! E Deus enfraquece a astúcia dos descrentes. ◊18

Quanto a vós, descrentes, se era uma vitória que procuráveis,
sois bem servidos! Se desistirdes de combater, será melhor
para vós. Mas se voltardes, voltaremos! Vosso exército, por
mais numeroso que seja, de nada vos valerá. Deus está com
os crentes. ◊19

Ó vós que credes, obedecei a Deus e a Seu Mensageiro, e não
vos afasteis deles. Agora ouvistes a verdade. ◊20

Não imiteis aqueles que dizem: "Ouvimos", mas não prestam
atenção ao que ouvem. ◊21

A pior categoria dos seres, aos olhos de Deus, é a dos surdos-mudos que não raciocinam. ◊22

Se Deus soubesse de algum bem neles, tê-los-ia feito capazes de ouvir; mas se o tivesse feito, teriam virado as costas e se recusado a ouvir. ◊23

Ó vós que credes, respondei a Deus e ao Mensageiro quando Ele vos chamar para o que vos dará vida. E sabei que Deus interfere entre o homem e seu coração, e para Ele voltareis. ◊24

E sede prevenidos contra a tentação. Os prevaricadores não serão os únicos a serem tentados. E lembrai-vos de que Deus é terrível na retribuição. ◊25

E lembrai-vos do tempo em que éreis poucos e humilhados na terra, temendo serem capturados. Ele então vos deu asilo e vos fortificou com Seu socorro e vos outorgou as boas coisas. Por que não agradeceis? ◊26

Ó vós que credes, não atraiçoeis Deus e o Mensageiro: cometeríeis propositadamente um abuso de confiança. ◊27

E lembrai-vos de que vossas riquezas e vossos filhos são uma tentação para vós e que Deus possui recompensas magníficas. ◊28

Ó vós que credes, se temerdes a Deus, Ele vos concederá o discernimento e apagará vossas culpas e vos perdoará. Deus detém graças magníficas. ◊29

E quando os descrentes usavam de astúcia para te prenderem ou te assassinarem ou te exilarem. Conspiraram, mas Deus também conspirou. Ele é o mais hábil dos conspiradores. ◊30

E quando Nossos versículos lhes eram recitados, diziam: "Já ouvimos! Se quiséssemos, inventaríamos coisas iguais. Tudo isso não passa de fábulas dos antigos." ◊31

E quando disseram, desafiando: "Deus, se essa é realmente a verdade que emana de Ti, prova-o fazendo chover pedras sobre nós ou enviando contra nós um flagelo doloroso." ◊32

Não, Deus não os castigará enquanto estiveres entre eles, nem os castigará enquanto estiverem pedindo perdão. ◊33

Mas por que Deus não os castigaria se impedirem o acesso à Mesquita Sagrada? Não são eles seus guardiões.

Seus guardiões são os piedosos. Mas a maioria deles não
o sabem. ◊34

E sua oração, na Casa, se reduz a assobios e ao bater das mãos.
Deus lhes dirá: "Provai o castigo pela descrença que
praticáveis." ◊35

Os descrentes gastam suas riquezas para obstruir o caminho
de Deus. Depois lamentarão, e assim mesmo serão
derrotados. Os que descreem serão reunidos na Geena. ◊36

Deus separará os bons dos malvados. Os maus, Ele os
amontoará uns sobre os outros juntá-los-á e os jogará na
Geena. Serão eles os derrotados. ◊37

Dize aos descrentes que, se se emendarem, o passado
ser-lhes-á perdoado. E se reincidirem, que contemplem o
exemplo dos antigos! Deus os observa. ◊38

E combatei-os até que não haja mais idolatria e que a religião
pertença exclusivamente a Deus. Se desistirem, Deus
observa o que fazem. ◊39

Mas se persistirem, sabei que Deus é vosso protetor e aliado. ◊40

E sabei que, em todo despojo que capturais, o quinto é de
Deus e do Mensageiro e dos parentes e dos órfãos e dos
necessitados e dos viajantes, se é que credes em Deus e no
que fizemos descer sobre Nosso servo no dia do
discernimento, quando as duas hostes se encontraram.
Deus tem poder sobre tudo. ◊41

Vós acampáveis sobre a vertente mais próxima e eles, sobre a
vertente mais afastada, enquanto a cavalaria estava abaixo
de vós. Se vos tivessem desafiado para o combate, teríeis
declinado. Mas encontrastes-vos assim mesmo para que
Deus cumprisse Sua decisão e para que, vendo a prova,
perecessem os que deviam perecer e sobrevivessem os que
deviam sobreviver. ◊42

E quando Deus vos mostrou em sonho o exército inimigo em
número reduzido; pois, se vo-lo tivesse mostrado com seu
grande número, teríeis entrado em pânico e teríeis
divergido entre vós. Mas Deus vos salvou. Ele conhece os
segredos dos corações. ◊43

E quando, no momento do encontro, Deus vos fazia vê-los
pouco numerosos, e fazia-os ver-vos pouco numerosos
para que se cumprisse uma determinação que devia ser
cumprida. Pois a Deus pertencem todas as decisões. ◊44

Ó vós que credes, quando enfrentardes um exército,
permanecei firmes e lembrai-vos de Deus. E possais vencer! ◊45

E obedecei a Deus e a Seu Mensageiro, e não disputeis entre
vós. Senão, sereis derrotados, e vossa autoridade passará. E
perseverai Deus está com os que perseveram. ◊46

E não sejais como aqueles que saíram de sua terra com
vanglória e só por ostentação diante dos homens. E
impediram a senda de Deus. Deus observa o que fazem. ◊47

E quando o demônio embelezou-lhes falsamente as ações,
dizendo-lhes: "Ninguém no mundo pode dominar-vos
hoje. Pois sou vosso vizinho." Porém, quando os dois
exércitos se enfrentaram, virou-se e disse:
"Não me responsabilizo por vós. Vejo o que não vedes.
Tenho medo de Deus. Deus é rigoroso no castigo." ◊48

E quando os hipócritas e aqueles que têm a doença no coração
diziam dos crentes: "Sua religião os tem enganado." Quem
puser sua confiança em Deus, Deus é poderoso e sábio. ◊49

Possas ver os descrentes quando os anjos da morte os
receberem, batendo-lhes no rosto e nas costas e
dizendo-lhes: "Provai o castigo do Fogo! ◊50

Foi o que vossas mãos prepararam. Deus nunca trata
injustamente Seus servos." ◊51

Assim aconteceu com os Faraós e com os que os precederam:
desmentiram os sinais de Deus; e Deus apanhou-os por
seus pecados. Deus é poderoso, e Ele é terrível no castigo. ◊52

Pois Deus não priva os homens de Seus benefícios a menos
que os homens mudem o que têm na alma. Deus ouve
tudo e sabe tudo. ◊53

Assim aconteceu com os Faraós e com os que os precederam:
desmentiram os sinais de seu Senhor, e Nós os aniquilamos

pelos seus pecados, e afogamos o Faraó e os seus. Pois
todos eram prevaricadores. ◊54

As piores criaturas, aos olhos de Deus, são os que descreem e
recusam sair da descrença. ◊55

Esses mesmos com quem tens firmado pactos, repetidamente
quebrados por eles em desafio a Deus. ◊56

Se, pois, os capturares na guerra, separa-os de seus seguidores.
Quiçá seus seguidores compreendam a advertência. ◊57

E se suspeitares qualquer povo de traidor, podes retaliar,
quebrando teu pacto com ele. Deus não ama os traidores. ◊58

E não julguem os descrentes que poderão trapacear comigo.
Jamais prevalecerão. ◊59

E aprontai quantas forças puderdes, e mantende os cavalos
preparados para aterrorizar o inimigo de Deus e vosso
inimigo e outros inimigos que vós não conheceis, mas que
Deus conhece. Tudo o que gastardes no caminho de Deus
ser-vos-á devolvido. E não sereis lesados. ◊60

Se eles se inclinarem para a paz, inclina-te para ela também e
confia em Deus. Ele ouve tudo e sabe tudo. ◊61

Se procurarem enganar-te, basta-te Deus. Foi Ele quem te
apoiou com Seu socorro e com o socorro dos crentes, ◊62

De quem uniu os corações. Tivesses gasto tudo quanto há na
terra, não terias conseguido unir-lhes os corações. Mas
Deus o fez. Ele é poderoso e sábio. ◊63

Ó Profeta, basta-te Deus, e Ele basta aos que te seguiram
entre os crentes. ◊64

Ó Profeta, exorta os crentes ao combate. Se houver vinte
dentre vós que sejam firmes, prevalecerão sobre duzentos,
e se houver cem, prevalecerão sobre mil dos descrentes.
Estes não possuem entendimento. ◊65

Deus vos aliviou o fardo, sabendo que há fraqueza em vós.
Se, pois, há cem entre vós que sejam firmes, prevalecerão
sobre duzentos; e se houver mil, prevalecerão sobre dois
mil, com a permissão de Deus. Deus está com os que
perseveram. ◊66

Não é digno de um Profeta fazer prisioneiros até que semeie a morte na terra. Quereis os bens deste mundo, e Deus quer para vós o Além. Deus é poderoso e sábio. ◊67

Não fosse por um decreto prévio de Deus, um castigo terrível vos teria atingido pelo que arrebatastes. ◊68

Desfrutai, pois, do que despojastes, o lícito e bom, e temei a Deus. Deus é clemente e compassivo. ◊69

Ó Profeta, dize aos cativos que estão em vosso poder: "Se Deus souber de algum bem em vossos corações, outorgar-vos-á mais do que vos foi arrancado, e vos perdoará." Deus é perdoador e misericordioso. E ele vê tudo e sabe tudo. ◊70

E se procuram te trair, traíram Deus antes de ti, mas Ele te deu poder sobre eles. Deus é conhecedor e sábio. ◊71

Aqueles que creram e emigraram e lutaram com suas posses e sua vida na senda de Deus, e os que lhes deram refúgio e socorro, são aliados entre si. Quanto aos que creram, mas não emigraram, não tendes que lhes oferecer vossa amizade até que emigrem. Contudo, se vos pedirem socorro em defesa da religião, é vosso dever socorrê-los, mas não contra um povo com o qual firmastes um pacto. Deus observa o que fazeis. ◊72

Os que descreem são aliados entre si. Se não fordes também aliados uns dos outros, haverá perseguição na terra e uma imensa corrupção. Meditai. ◊73

Os que creram e emigraram e lutaram pela causa de Deus e os que os ampararam e apoiaram são os crentes verdadeiros. Receberão o perdão e recompensas generosas. ◊74

E os que creram posteriormente e emigraram e lutaram convosco, esses são dos vossos. Os parentes têm, contudo, prioridade sobre os outros no Livro de Deus. Deus tem conhecimento de tudo. ◊75

9. O ARREPENDIMENTO

Esta é uma declaração de imunidade dirigida aos idólatras por Deus e Seu Mensageiro. ◊1

Percorrei livremente a terra durante quatro meses. Mas sabei que não podeis reduzir Deus à impotência. Ele aviltará os descrentes. ◊2

E esta é uma advertência de Deus e de Seu Mensageiro aos homens no dia da grande peregrinação: Deus e Seu Mensageiro eximem-se dos idólatras. Se vos arrependerdes, será melhor para vós. Se virardes as costas e vos afastardes, sabei que não reduzireis Deus à impotência. E anuncia um castigo doloroso aos descrentes. ◊3

Com exceção dos idólatras com quem firmastes uma aliança e que não vos têm faltado nem têm secundado outros contra vós. Respeitai vossos compromissos para com eles até o fim do prazo. Deus ama os homens de bem. ◊4

Mas quando os meses sagrados tiverem transcorrido, matai os idólatras onde quer que os encontreis e capturai-os e cercai-os e usai de emboscadas contra eles. Se se arrependerem e recitarem a oração e pagarem o tributo, então libertai-os. Deus é perdoador e misericordioso. ◊5

Se um idólatra procurar tua proteção, protege-o até que ouça a palavra de Deus. Então, leva-o a seu lugar de segurança. Pois esses idólatras são ignorantes. ◊6

Como teriam os idólatras uma aliança com Deus e Seu Mensageiro salvo aqueles com quem pactuastes·junto à Mesquita Sagrada? Enquanto forem leais para convosco, sede leais para com eles. Deus ama os homens de bem. ◊7

Como teriam um pacto com Deus e Seu Mensageiro quando vos derrotam e não respeitam nem sua palavra nem vossa honra? Procuram agradar-vos com palavras enquanto seus corações se conservam fechados. A maioria deles é depravada. ◊8

Venderam a vil preço as revelações de Deus e desviam os
outros de Seu caminho. Condenável é o que fazem! ◊9

Não respeitam no crente nem parentesco nem aliança. São
todos agressores. ◊10

Se, contudo, se arrependerem e observarem a oração e
pagarem o tributo, então serão vossos irmãos na religião.
Esclarecemos as revelações para os que compreendem. ◊11

Mas se violarem seus juramentos e insultarem vossa religião,
combatei então os cabeças da descrença – eles não têm
respeito por sua palavra – a fim de levá-los a desistir. ◊12

Deixareis de combater um povo que violou seus juramentos e
tentou expulsar o Mensageiro e tomou a iniciativa de vos
agredir? Será que os temeis? Deus é mais digno de ser
temido. ◊13

Combatei-os: Deus os castigará por vossas mãos e os
humilhará e vos dará a vitória sobre eles. E Ele aliviará o
coração dos crentes, ◊14

E o libertará do rancor. Deus perdoa a quem Lhe apraz. Ele é
conhecedor e sábio. ◊15

Ou pensastes que seríeis deixados em paz antes que Deus
reconhecesse os que lutaram por Sua causa e adotaram por
amigos somente a Ele, Seu Mensageiro e os crentes? Deus
está informado do que fazeis. ◊16

Que direito têm os idólatras a frequentar as mesquitas de Deus
enquanto proclamam sua descrença? Suas obras são vãs,
e sua morada será o Fogo. ◊17

Só devem frequentar as mesquitas de Deus aqueles que creem
em Deus e no último dia e recitam as preces e pagam o
tributo dos pobres e não temem senão a Deus. Esses são os
bem-guiados. ◊18

Considerareis os que dão de beber aos peregrinos e os que
guardam a Mesquita Sagrada iguais aos que creem em
Deus e no último dia e lutam pela causa de Deus? Deus não
guia os iníquos. ◊19

Os que creram e emigraram e, na luta por Deus, arriscaram suas posses e sua vida, obterão a mais alta dignidade junto a Deus. Serão eles os vitoriosos. ◊20

Seu Senhor anuncia-lhes clemência e recompensas e jardins onde conhecerão uma felicidade ininterrupta. ◊21

E lá morarão para todo o sempre. Deus dispõe de grandes favores. Mas poucos se lembram. ◊22

Ó vós que credes, não tomeis por amigos vossos pais e vossos irmãos se eles preferirem a descrença à crença. Quem o fizer estará entre os iníquos. ◊23

Dize: "Se vossos pais e vossos filhos e vossos irmãos e vossas esposas e vossa tribo e os bens que ganhastes e o comércio de que receais o declínio e as casas que prezais são mais caros a vossos corações do que Deus e Seu Mensageiro e a luta pela causa de Deus, então aguardai até que Deus cumpra Seus desígnios. Deus não guia os depravados." ◊24

Deus vos sustentou em muitos lugares, como no dia de Honain quando vos deleitáveis em vosso grande número e este de nada vos serviu e a terra, por mais vasta que fosse, vos pareceu estreita e virastes as costas e fugistes. ◊25

Mas Deus infundiu a confiança em Seu Mensageiro e nos crentes e fez descer soldados que não vistes e castigou os descrentes. ◊26

Depois, Deus aceitara o arrependimento de quem Lhe apraz. Deus é compassivo e clemente. ◊27

Ó vós que credes, os idólatras são realmente impuros. Que não se aproximem da Mesquita Sagrada após o fim deste ano. Se receais a pobreza, Deus, querendo, vos enriquecerá com Sua liberalidade. Deus é conhecedor e sábio. ◊28

Dos adeptos do Livro, combatei os que não creem em Deus nem no último dia e não proíbem o que Deus e Seu Mensageiro proibiram e não seguem a verdadeira religião – até que paguem, humilhados, o tributo. ◊29

Os judeus dizem: "Ezra é o filho de Deus." E os cristãos dizem: "O Messias é o filho de Deus." Essas são suas asserções.

Erram como erravam os descrentes antes deles. Que Deus os combata! ◊30

Tomaram seus rabinos e seus monges, assim como o Messias, filho de Maria, por Senhores em vez de Deus, quando lhes foi ordenado adorar somente ao Deus único. Não há deus senão Ele. Exaltado seja acima dos que Lhe associam! ◊31

Pretendem apagar com o sopro de suas bocas a luz de Deus; mas Deus insiste em irradiar a Sua luz, ainda que isso desgoste os descrentes. ◊32

Foi Ele quem enviou Seu Mensageiro com a Sua orientação e a religião verídica para que a faça prevalecer sobre todas as outras, ainda que isso desgoste os descrentes. ◊33

Ó vós que credes, muitos dos rabinos e dos monges devoram iniquamente os bens alheios e desviam os outros do caminho de Deus. E àqueles que entesouram o ouro e a prata sem os gastar pela causa de Deus, anuncia um castigo doloroso, ◊34

No dia em que esses tesouros forem aquecidos no fogo da Geena e com eles forem cauterizados as frontes, os flancos e as costas desses homens. Ser-lhes-á então dito: "Eis o que entesourastes? Provai, pois, o sabor de vossos tesouros." ◊35

Para Deus, são 12 os meses, conforme consta do Seu Livro desde que criou os céus e a terra. Quatro deles são sagrados: assim ensina a religião verídica. Não vos prejudiqueis uns aos outros nesses meses. E combatei os descrentes como eles vos combatem. E sabei que Deus está com os piedosos. ◊36

O adiamento de um mês sagrado é fruto da má orientação e um excesso de descrença. Legalizam-no num ano e proíbem-no em outro ano para fazerem concordar o número de meses proibidos por Deus. Legalizam assim o que Deus proibiu. Suas ações condenáveis lhes parecem belas. Deus não guia os descrentes. ◊37

Ó vós que credes, que vos sucede quando vos dizem: "Parti ao combate pela causa de Deus" e vós permaneceis imóveis

como pegados à terra? Preferis a vida terrena ao Além?
Os gozos da vida terrena são insignificantes comparados
com os gozos do Além. ◊38

Se não combaterdes, Deus vos imporá um castigo doloroso e
vos substituirá por outros, e em nada vós O prejudicareis.
Deus tem poder sobre tudo. ◊39

Se não socorrerdes o Mensageiro, Deus o socorrerá como o
socorreu quando os descrentes o expulsaram, sendo ele o
segundo de dois. Estavam ele e seu companheiro na gruta,
e ele disse ao companheiro: "Não te aflijas, Deus está
conosco." E Deus infundiu-lhe Sua tranquilidade e
sustentou-o com tropas que vós não víeis e rebaixou a
palavra dos descrentes. A palavra de Deus é a mais elevada.
Deus é poderoso e sábio. ◊40

Marchai para o combate a pé ou montados e empenhai vossas
posses e vossa vida pela causa de Deus. Isso é preferível
para vós. Se soubésseis! ◊41

Se o lucro fosse fácil e a viagem, curta, ter-te-iam seguido.
Mas a distância pareceu-lhes longa. E jurarão pelo nome
de Deus: "Se tivéssemos podido, teríamos ido convosco!"
Condenam-se a si mesmo, pois Deus sabe que estão
mentindo. ◊42

Deus te perdoe! Por que lhes permitiste ficarem para trás
antes de distinguires os que falavam sinceramente dos que
fingiam? ◊43

Os que creem em Deus e no último dia não te pedem que os
isente de lutar com suas posses e sua vida. Deus reconhece
os piedosos. ◊44

Só te pedem isenção os que não creem em Deus nem no
último dia, e cujos corações duvidam. Suas dúvidas os
fazem vacilar. ◊45

Se estivessem decididos a ir ao combate, ter-se-iam preparado.
Mas sua partida repugnava a Deus, e Ele os desestimulou.
E foi-lhes dito: "Permanecei com os omissos." ◊46

Se tivessem saído convosco, só teriam aumentado vossos fardos e teriam suscitado dissensões em vossas fileiras. Entre vós, há quem os escuta. Deus reconhece os transgressores. ◊47

Eles já haviam incitado à sedição e haviam armado ardis contra ti até que a verdade se fizesse manifesta e se impusesse a ordem de Deus, ao desgosto deles. ◊48

Há entre eles quem te diga: "Dispensa-me e não me tentes." Na tentação, eles já caíram! A Geena cerca os descrentes. ◊49

Quando um sucesso te beneficia, fá-los sofrer. E quando uma desgraça te atinge, dizem: "Felizmente, havíamos tomado nossas precauções." E retiram-se, jubilosos. ◊50

Dize: "Nada nos acontecerá senão o que Deus determinou. É nosso Senhor. Que os crentes ponham sua confiança em Deus." ◊51

Dize: "Que pode nos acontecer senão uma de duas coisas, ambas boas: a vitória ou o martírio? Nós esperamos que Deus vos inflija um castigo, diretamente ou por nossas mãos. Aguardai. Aguardaremos convosco." ◊52

Dize: "Quer sejam espontâneas ou forçadas, vossas liberalidades nunca serão aceitas. Pois sois perversos." ◊53

O que impede que suas liberalidades sejam aceitas é que eles renegam Deus e Seu Mensageiro, e não recitam as preces senão com preguiça, e não fazem o bem senão a contragosto. ◊54

Não te surpreendam, pois, suas riquezas e seus filhos. Deus os usará para fazê-los sofrer neste mundo e arrancar-lhes a alma em estado de descrença. ◊55

Juram pelo nome de Deus que são dos vossos. Não são dos vossos. Têm apenas medo de vós. ◊56

Se encontrassem um refúgio ou uma caverna ou um subterrâneo, fugiriam para lá apressadamente. ◊57

Entre eles, há os que te censuram com respeito à distribuição dos donativos. Quando são incluídos neles, aprovam. Quando não o são, indignam-se. ◊58

Antes tivessem aceito o que Deus e Seu Mensageiro lhes concederam, dizendo: "Basta-nos Deus. Ele e Seu Mensageiro nos agraciarão de Sua abundância. A Deus nos submetemos." ◊59

Os donativos pertencem aos pobres, aos necessitados, aos viajantes, aos cobradores, aos neófitos. Destinam-se a libertar os cativos e os devedores e a promover a causa de Deus. Assim Deus o decretou. Deus é conhecedor e sábio. ◊60

E há os que ferem o Profeta, dizendo: "Ele se deixa levar pelos ouvidos: acredita em tudo o que ouve." Responde: "Ele só ouve o bem que está em vós e crê em Deus e inspira confiança aos crentes. E ele é uma misericórdia para os verdadeiros crentes dentre vós. Quem ultrajar o Mensageiro de Deus receberá um castigo doloroso." ◊61

Juram pelo nome de Deus para vos agradar. Mas é a Deus e a Seu Mensageiro que deveriam agradar se são crentes. ◊62

Não sabem que quem contraria Deus e Seu Mensageiro irá ao fogo da Geena onde permanecerá para todo o sempre? Será essa a grande ignomínia. ◊63

Receiam os hipócritas que desça uma revelação que exponha o que eles escondem no coração. Dize: "Zombai! Deus revelará o que temeis." ◊64

Se os interrogares, responderão: "Estávamos apenas tagarelando e brincando." Dize: "É de Deus e de Suas revelações e de Seu Mensageiro que zombais? ◊65

Não vos desculpeis! Renegastes a fé após a ter proclamado. Se perdoarmos a alguns de vós, castigaremos os outros, pois são culpados." ◊66

Sejam homens ou mulheres, os hipócritas não diferem uns dos outros. Praticam o mal e proíbem o bem. E fecham a mão. Esqueceram Deus, e Ele os esqueceu. Os hipócritas são os próprios depravados. ◊67

Deus prometeu aos hipócritas e às hipócritas e aos descrentes e às descrentes o fogo da Geena onde permanecerão para todo o sempre. Deus os amaldiçoou, e seu castigo não terá fim. ◊68

Estais agindo como os que vos precederam. Eram mais poderosos e mais ricos em bens e filhos do que vós. Gozaram seu quinhão como gozais o vosso. E perderam-se em conversações fúteis como estais fazendo. Suas obras foram reduzidas a nada neste mundo e no outro. E tudo perderam. ◊69

Não chegou a seu conhecimento a história dos que os precederam: os povos de Noé, de Aad, de Samud, de Abraão, os Medianitas, e as cidades destruídas? Seus Mensageiros trouxeram-lhes as provas. E Deus não os quis oprimir: oprimiram-se a si mesmos. ◊70

Os crentes, homens e mulheres, são aliados uns dos outros. Praticam o bem e proíbem o mal, e recitam as preces, e pagam o tributo dos pobres, e obedecem a Deus e a Seu Mensageiro. Deus os tratará com misericórdia. Deus é poderoso e sábio. ◊71

Deus prometeu aos crentes e às crentes jardins nos quais correm os rios, onde permanecerão para todo o sempre, e moradas graciosas no Éden, e – o que é mais importante – o agrado de Deus. Tal será a grande vitória. ◊72

Ó Profeta, luta contra os descrentes e os hipócritas e sê duro para com eles. O inferno será seu destino. ◊73

Juram por Deus que não a disseram, quando na realidade a disseram, a palavra da descrença. E renegaram após se terem submetido. Tentaram e fracassaram. Não tinham motivos para serem rancorosos, a menos que fosse porque Deus e Seu Mensageiro os enriqueceram de Sua bondade. Se se arrependerem, será melhor para eles. Se virarem as costas e se afastarem, Deus os castigará severamente neste mundo e no outro. E não terão na terra nem aliado nem defensor. ◊74

Há entre eles quem se comprometeu com Deus: "Se Ele nos der de Sua munificência, nós faremos oferendas por nossa vez e estaremos entre os justos." ◊75

Quando Deus os cumulou com Sua munificência, tornaram-se avaros e afastaram-se com desdém. ◊76

Deus manterá a hipocrisia nos seus corações até que se encontrem com Ele. É o castigo de seus próprios atos para com Deus e de suas mentiras. O castigo de Deus nunca falha. ◊77

Não sabem que Deus conhece-lhes os segredos e os colóquios e que Deus conhece o invisível? ◊78

Os que escarnecem dos crentes quando fazem donativos voluntários ou quando nada podem dar além de seus esforços. Deus escarnecerá deles. Um castigo doloroso os aguarda. ◊79

Quer implores o perdão para eles quer não, e ainda que implores o perdão para eles setenta vezes, Deus não os perdoará porque renegaram Deus e Seu Mensageiro. Deus não guia os perversos. ◊80

Os que foram deixados para trás regozijaram-se por terem ficado sossegados na retaguarda do Mensageiro de Deus. Pois odeiam arriscar bens e vida pela causa de Deus. Dizem: "Não saiais para a guerra neste calor." Dize-lhes: "A Geena é mais quente." Se soubessem! ◊81

Rirão pouco e chorarão muito por preço do que lucraram. ◊82

Se Deus te trouxer salvo da guerra e um grupo deles te pedir licença para ir combater contigo, dize-lhes: "Jamais saireis comigo e jamais combatereis na minha companhia inimigo algum. Antes preferistes ficar. Ficai agora com os omissos." ◊83

E não ores sobre nenhum deles quando morrer e não te detenhas sobre seu túmulo. Renegaram Deus e Seu Mensageiro e morreram na sua depravação. ◊84

Não te surpreendam suas riquezas e seus filhos. Deus os usará para fazê-los sofrer neste mundo e arrancar-lhes a alma enquanto descrentes. ◊85

E quando descia uma revelação: "Crede em Deus e combatei com Seu Mensageiro", os mais abastados entre eles te pediam licença, dizendo: "Deixa-nos permanecer com esses que permanecem em suas casas." ◊86

Aceitavam permanecer com os omissos. Seus corações eram selados e nada compreendiam. ◊87

Mas o Mensageiro e os que creram lutaram com seus bens e
sua vida. A abundância e a vitória lhes pertencerão. ◊88

Para eles, Deus preparou jardins nos quais correm os rios
onde permanecerão para todo o sempre. Tal será a grande
vitória. ◊89

E vieram os caçadores de desculpas entre os beduínos a
pedirem dispensa. E os que mentiram a Deus e a Seu
Mensageiro permaneceram em suas casas. Aqueles entre
eles que renegaram receberão um castigo doloroso. ◊90

Não são obrigados a lutar os fracos, os enfermos e os que não
possuem o que gastar, conquanto sejam sinceros para com
Deus e Seu Mensageiro. Os benfeitores não serão
censurados. Deus é clemente e misericordioso. ◊91

Nenhuma censura haverá também contra os que te vierem
pedir o transporte e a quem declarares: "Não disponho de
meios para transportar-vos", e se afastarem com os olhos
cheios de lágrimas de pena por não terem o que gastar. ◊92

Mas a censura é devida contra os que, sendo ricos, pedem-te
isenção. Aceitam permanecer com os omissos. Deus
selou-lhes o coração e nada mais compreendem. ◊93

Apresentar-vos-ão desculpas quando voltardes a encontrá-los.
Dize: "Não vos desculpeis: jamais acreditaremos em vós.
Deus fez-nos saber tudo a vosso respeito. Deus e Seu
Mensageiro verificarão vossa conduta. Depois, voltareis
Àquele que conhece o visível e o invisível, e Ele vos
informará sobre o que costumais fazer." ◊94

Quando regressardes, conjurar-vos-ão por Deus para que os
deixeis em paz. Deixai-os em paz. São uma imundície. Sua
morada será a Geena, um castigo pelos seus delitos. ◊95

Virão implorar que os aceiteis entre vós. Se vós os aceitardes,
Deus não os aceitará. Os depravados! ◊96

Os beduínos são mais negadores que os outros e mais
mentirosos e mais propensos a desconhecer a mensagem
de Deus. Deus é conhecedor e sábio. ◊97

Entre os beduínos, há aqueles que consideram uma multa o
que distribuem em caridade. E esperam para vós a

desgraça. Que a desgraça caia sobre eles! Deus ouve tudo e sabe tudo. ◊98

E entre os beduínos, há os que creem em Deus e no ultimo dia e consideram suas liberalidades e as preces do Mensageiro como oferendas a Deus. Serão atendidos, e Deus os acolherá na Sua clemência. Deus é compassivo e misericordioso. ◊99

Os primeiros emigrantes e os aliados que os seguiram agradaram a Deus, e Ele lhes agradou. Destina-lhes jardins nos quais correm os rios onde permanecerão para sempre. Tal será a grande vitória. ◊100

E entre os beduínos que vos rodeiam há embusteiros; e entre os habitantes de Medina, há os que cresceram adestrados na burla. Não os conheceis. Nós os conhecemos. Castigá-los-emos duas vezes e, depois, serão submetidos a um suplício pavoroso. ◊101

E há os que confessaram seus pecados. Suas ações são uma mistura de bem e de mal. Oxalá Deus os perdoe. Deus é bondoso e indulgente. E Ele sabe tudo e pode tudo. ◊102

Toma de seus bens um tributo que os purificará e elevará. E reza sobre eles. Tuas preces os reconfortarão. Deus ouve e compreende. E Ele é afável e acolhedor. ◊103

Não sabem que Deus aceita o arrependimento de Seus servos e recebe suas oferendas? ◊104

Dize: "Trabalhai. Deus, Seu Mensageiro e os crentes verão vossas obras. Depois, voltarei Àquele que conhece o visível e o invisível, e Ele vos inteirará de tudo o que costumais fazer" ◊105

Outros esperam o julgamento de Deus sem saber se os castigará ou perdoará. Deus é conhecedor e sábio. ◊106

Quanto àqueles que fizeram de uma mesquita um objeto de rivalidade e de descrença e de discórdia entre os crentes, e uma armadilha em favor daqueles que combatiam Deus e Seu Mensageiro, eles juram que só visavam ao bem. Mas Deus é testemunha de que são mentirosos. ◊107

Nunca a visites. Uma mesquita fundada sobre a piedade desde o primeiro dia é mais digna de tuas visitas. Lá encontrarás homens ansiosos para se purificarem. Deus ama os que se purificam. ◊108

Quem é melhor: aquele que fundou os alicerces de sua casa sobre a piedade e a aprovação de Deus ou aquele que elevou sua casa à beira de um penhasco minado, prestes a desmoronar-se? Desmoronou-se com ele e ambos caíram no fogo da Geena. Deus não guia os transgressores. E Ele é severo no castigo. ◊109

O edifício que construíram continuará a suscitar dúvidas nos seus corações até que seus corações se quebrem em pedaços. Deus é conhecedor e sábio. ◊110

Dos crentes, Deus comprou as almas e as posses em troca do Paraíso: combaterão na senda de Deus; matarão e serão mortos. É uma promessa que liga Deus e que já foi feita na Torá, no Evangelho e no Alcorão. E quem é mais cumpridor de suas promessas do que Deus? Regozijai-vos pela troca que fizestes com Ele. Essa será a grande vitória. ◊111

Os que se arrependem, adoram, louvam, viajam, se ajoelham, se prostram, recomendam o bem e proíbem o mal, guardam os limites de Deus, todos eles serão ricamente recompensados. Anuncia a boa-nova aos crentes. ◊112

Não cabia ao Profeta e aos crentes implorarem o perdão para os idólatras, fossem seus parentes mais próximos, após terem descoberto que eles são os herdeiros da Geena. ◊113

Foi somente para cumprir uma promessa que Abraão implorou o perdão para seu pai. Mas quando descobriu que seu pai era inimigo de Deus, repudiou-o. Abraão era compassivo, paciente. ◊114

Deus não desencaminha um povo após o ter guiado sem antes inteirá-lo do que deve temer. Deus está a par de tudo. ◊115

A Deus pertence o reino dos céus e da terra. Dá a vida e dá a morte. Não tendes fora d'Ele nem protetor nem defensor. ◊116

Deus aceitou o arrependimento do Profeta e dos emigrantes e dos aliados que os seguiram na hora da dificuldade

quando o coração de um grupo deles estava a ponto de
desviar-se. Deus os tratou com clemência e misericórdia. ◊117

E aceitou o arrependimento dos três que ficaram para trás,
quando a terra, com toda sua vastidão, pareceu-lhes
estreita, e suas próprias almas pareceram-lhes estreitas, e
pensaram que não havia mais refúgio contra Deus senão
em Deus. E Ele manifestou-lhes clemência para que se
arrependessem. Deus é perdoador e misericordioso. ◊118

Ó vós que credes, temei a Deus e aliai-vos aos justos. ◊119

Não tinham motivo os habitantes de Medina e os beduínos
que os cercavam de abandonar o Mensageiro de Deus nem
de querer proteger suas vidas em detrimento da dele. Pois
quando lutam pela causa de Deus, não se expõem nem à
sede nem à fome nem à exaustão. Todo passo que dão irrita
os descrentes. Mas seus prejuízos contarão como boas obras
aos olhos de Deus. Ele não deixa de recompensar os
benfeitores. ◊120

E não fazem gasto algum, pequeno ou grande, nem cruzam
vale algum sem que tudo seja registrado para que Deus
lhes pague de acordo com seus gestos mais nobres. ◊121

Não devem os crentes sair todos para o combate de uma vez.
Um grupo de cada divisão permanecerá para instruir-se na
religião e advertir os outros quando regressarem. E possam
acautelar-se. ◊122

Ó vós que credes, combatei os descrentes que estão próximos
de vós. E que sintam dureza em vós! E sabei que Deus está
com os piedosos. ◊123

Todas as vezes que uma revelação é feita, alguns deles
perguntam: "A quem dentre vós esta aumentou a fé?" Com
certeza, ela aumentará a fé dos crentes, e eles se alegrarão. ◊124

Mas para aqueles que têm a doença no coração, a revelação
provocará dúvidas sobre dúvidas. E eles morrerão
descrentes. ◊125

Não se dão conta de que são postos à prova uma ou duas
vezes por ano? Assim mesmo, não se arrependem e não
meditam. ◊126

E quando uma revelação é feita, olham-se uns aos outros,
como a dizer: "Alguém vos observa?" Depois, retiram-se.
Deus desviou-lhes o coração. Não mais raciocinam. ◊127

Na verdade, um Mensageiro, dentre vós mesmos, foi-vos
agora enviado, um Mensageiro que sofre por vossos
infortúnios e se preocupa convosco, e que é compassivo
para com os crentes. ◊128

Se virarem as costas e se afastarem, dize: "Basta-me Deus.
Não há deus senão Ele. N'Ele me apoio, o Senhor do
grandioso trono." Não refletirão? ◊129

10. JONAS

Em nome de Deus, o Clemente, o Misericordioso.
Alef. Lam. Re. Eis aqui os versículos do Livro sábio. ◊1

O que há de surpreendente para os homens que tenhamos
inspirado a um deles: "Adverte os povos e anuncia aos
crentes que terão uma posição elevada junto ao seu
Senhor"? Contudo, os descrentes dizem: "É manifestamente
um mágico." ◊2

Vosso Senhor é Deus que criou os céus e a terra em seis dias,
depois assentou-se no trono para dirigir todas as coisas.
Ninguém pode interceder junto a Ele senão com Sua
permissão. Tal é Deus, vosso Senhor. Adorai-O. Não refletis? ◊3

Para Ele será o regresso de todos vós. Suas promessas
cumprem-se. Inicia a criação, depois repete-a com a
Ressurreição para recompensar com equidade os que
creem e praticam o bem. Os descrentes terão água fervente
por bebida e serão severamente castigados pela sua descrença. ◊4

Foi Ele quem fez do sol uma luz e da lua uma claridade e
deu-lhe fases para que possais contar as estações e os anos.
Deus não criou tudo isso senão com a verdade. E Ele
detalha as revelações para os que meditam. ◊5

Na alternação do dia e da noite e no que Deus criou nos céus e na terra, há sinais para os piedosos. ◊6

Os que não esperam Nosso encontro e deleitam-se e satisfazem-se com a vida terrena e os que estão desatentos a Nossos sinais, ◊7

O Fogo será sua morada pelo que tiverem ganho com seus delitos. Deus observa o que fazem. ◊8

Os que creem e praticam o bem, seu Senhor recompensar-lhes-á a fé e os guiará para o Jardim das Delícias onde correm os rios. ◊9

Lá, sua invocação será: "Glorificado sejas, ó Deus!" e sua saudação: "Paz!" e a conclusão de suas preces: "Louvor a Deus, o Senhor dos mundos." ◊10

Se Deus apressasse o castigo dos homens tanto quanto eles se apressam na procura de suas recompensas, seu destino já teria sido selado. Deixamos os que não esperam Nosso encontro debaterem-se cegamente na sua rebelião. ◊11

Quando a desgraça atinge o homem, chama-Nos imediatamente a seu lado. Mas assim que o livramos da desgraça, prossegue no seu caminho como se não Nos tivesse chamado. Assim embelezamos falsamente para os transgressores o que costumam fazer. ◊12

Aniquilamos as gerações que vos precederam quando prevaricaram. Seus Mensageiros trouxeram-lhes as provas, mas elas não acreditaram. Assim castigamos os pecadores. ◊13

E designamo-vos califas na terra após eles para vermos como vos comportaríeis. ◊14

E quando lhes são recitadas Nossas revelações, com toda sua clareza, os que não esperam Nosso encontro dizem: "Traze um Alcorão diferente deste ou modifica-o." Dize: "Como posso modificá-lo por minha iniciativa? Não faço senão repetir o que me é inspirado. Se desobedecer ao Senhor, receio o castigo de um dia terrível." ◊15

Dize: "Se Deus não o tivesse determinado, eu não vô-lo teria recitado, e Ele não vo-lo teria revelado. Passei, antes disso, uma vida entre vós. Nunca compreendereis?" ◊16

Haverá pior prevaricador do que aquele que calunia Deus ou nega Suas revelações? Os criminosos nunca vencerão. ◊17

Adoram em vez de Deus a quem não os pode nem beneficiar nem prejudicar, e dizem: "Esses são nossos intercessores junto a Deus." Dize: "Pretendeis revelar a Deus algo que Ele ignora nos céus ou na terra?" Exaltado seja acima dos que Lhe associam! ◊18

Os homens formavam uma única nação. Depois, divergiram entre si. E não fosse por uma palavra adiantada por teu Senhor, teriam sido destruídos por suas dissensões. ◊19

Dizem: "Por que o seu Senhor não faz descer sobre ele algum milagre?" Responde: "O invisível pertence a Deus. Aguardai, pois. Aguardarei também." ◊20

E quando enviamos aos homens a misericórdia após terem sido castigados pela desgraça, usam de astúcia contra Nossas revelações. Dize: "Em matéria de astúcia, Deus é mais rápido." Nossos Mensageiros registram vossos ardis. ◊21

É Ele quem vos conduz na terra e no mar. E quando estais em navios que vogam com seus passageiros por um vento favorável, e todos estão felizes, e que de repente sopra um vento tempestuoso e as ondas batem de todos os lados e os passageiros se sentem cercados, eles apelam então para Deus, dedicando-Lhe a religião: "Se nos salvares desta, seremos agradecidos." ◊22

Mas assim que os tiver salvo, começam a corromper e oprimir pela terra, iniquamente. "Homens, são vossas próprias almas que estais corrompendo. Tendes o gozo desta vida terrena. Mas breve para Nós voltareis, e Nós vos informaremos do que estais fazendo." ◊23

A vida terrena assemelha-se a uma água que fazemos descer do céu; e ela se mistura com as plantas da terra, das quais se nutrem os homens e os animais; e a terra fica enfeitada e bela, e os seus habitantes pensam que têm poder sobre ela. E de repente, Nosso comando lhe é enviado, de dia ou de noite, e ela fica desolada como se, na véspera, nada tivesse

existido nela. Assim, esclarecemos as revelaçoes para os
que raciocinam. ◊24

Deus convoca quem Lhe apraz para o reino da paz e guia
quem Lhe apraz no caminho da retidão. ◊25

Os que praticarem o bem, receberão o bem e algo mais. Nem
a poeira nem a ignomínia cobrir-lhes-ão os rostos. Serão os
herdeiros do Paraíso onde morarão para todo o sempre. ◊26

Os que tiverem praticado o mal, receberão um mal igual, e a
ignomínia os cobrirá. Não terão defensor contra Deus.
Seus rostos parecerão como recobertos por pedaços de
uma noite escura. Sua herança será o Fogo, onde
permanecerão para todo o sempre. ◊27

E no dia em que os reunirmos todos, diremos aos que
associam outros deuses a Deus: "Permanecei onde estais,
vós e vossos ídolos." E uma vez consumada a separação,
seus ídolos lhes dirão: "Não éramos nós que adoráveis. ◊28

Basta Deus por testemunha entre vós e nós. Nós, na verdade,
desprezávamos vossa adoração." ◊29

Então, cada alma receberá o que tiver adiantado. E todos
reverterão a Deus, seu verdadeiro Senhor. E longe estarão
os ídolos que os descrentes haviam inventado. ◊30

Pergunta: "Quem vos proporciona alimentos do céu e da
terra? Quem vos deu o ouvido e a vista? Quem extrai o
vivo do morto e o morto do vivo? Quem determina todas
as coisas?" Responderão: "Deus." Dize: "E por que não
O temeis?" ◊31

Tal é Deus, vosso verdadeiro Senhor. O que há, fora da
verdade, senão o erro? Por que vos desviais? ◊32

Assim se cumpre a palavra de teu Senhor contra os perversos.
Na verdade, não são crentes. ◊33

Pergunta: "Pode algum de vossos deuses iniciar a criação e,
depois, repeti-la?" Dize: "Deus inicia a criação e, depois,
repete-a. Por que vos desviais?" ◊34

Pergunta: "Algum de vossos deuses guia para a verdade?"
Dize: "Deus guia para a verdade. Quem tem mais direito a

ser seguido: aquele que guia para a verdade ou aquele que não sabe guiar e precisa ser guiado? Que tendes? Como julgais?" ◊35

A maioria deles não fazem senão conjeturar. A conjetura não substitui a verdade. Deus sabe o que fazem. ◊36

É uma blasfêmia atribuir este Alcorão senão a Deus. Ele é a confirmação do que o precedeu e a elucidação do Livro incontestável do Senhor dos mundos. ◊37

Dirão: "Muhamad o inventou?" Dize: "Trazei uma sura igual às dele, pedindo ajuda a quem quiserdes, exceto a Deus, se sois sinceros." ◊38

Na realidade, desmentem o que não logram apreender e cuja interpretação não lhes foi revelada ainda. Seus antepassados desmentiam da mesma forma. Repara que fim levaram os iníquos. ◊39

Parte deles acredita no Livro, e parte não acredita. Teu Deus conhece os corruptores. ◊40

Se te desmentirem, dize-lhes: "A mim, minha obra; a vós, vossa obra. Não sois responsáveis por minhas ações; e não sou responsável por vossas ações." ◊41

E entre eles, há os que te escutam. Mas podes fazer ouvir os surdos? ◊42

E há os que olham para ti. Mas podes guiar os cegos? ◊43

Deus não oprime os homens: eles se oprimem a si mesmos. ◊44

E no dia em que os reunir, parecer-lhes-á que permaneceram no túmulo apenas uma hora. Reconhecer-se-ão mutuamente. Perderão os que qualificavam de mentira o reencontro com Deus e eram desencaminhados. ◊45

Quer te mostremos algo do que lhes destinamos, quer te façamos morrer antes, para Nós voltarão. Deus observa o que fazem. ◊46

Para cada nação, há um Mensageiro. Quando chegar o Mensageiro deles, serão julgados na equidade, e ninguém será lesado. ◊47

Perguntam: "Quando se cumprirá essa ameaça se vossas palavras forem verídicas?" ◊48

Responde: "Não mando por mim mesmo nem no bem nem no mal. É Deus que decide. Toda nação tem um termo. Quando o termo deles chegar, não o poderão adiantar ou retardar uma hora sequer." ◊49

Dize: "Já pensastes se o castigo de Deus vos surpreender de dia ou de noite? Que parte dele procuram os pecadores apressar? ◊50

Será que crereis nele somente quando ele vos açoitar? Ou credes nele agora que o desafiais?" ◊51

Depois, dirão aos que tiverem prevaricado: "Provai o castigo eterno. Não estais recebendo o que merecestes?" ◊52

E perguntar-te-ão: "É verdade tudo isso?" Responde: "Sim, por meu Senhor! Tudo isso é verdade. E não o podereis impedir." ◊53

Naquele dia, qualquer prevaricador, se possuísse tudo quanto existe na terra, o daria para resgatar-se. Sentirão o arrependimento quando virem o castigo. E serão julgados equitativamente, e ninguém será lesado. ◊54

Não pertence a Deus tudo quanto há nos céus e na terra? Não é toda promessa de Deus verídica? Contudo, a maioria deles não o sabe e perdem-se nas conjeturas. ◊55

É Ele que dá a vida e dá a morte. E para Ele voltareis. ◊56

Homens, chegou-vos de vosso Senhor uma preleção que é uma cura para as doenças de vossos corações e uma orientação e uma misericórdia para os crentes. ◊57

Dize: "Regozijai-vos pela graça de Deus e pela sua misericórdia. São preferíveis a tudo quanto entesourais." ◊58

Pergunta: "Dizei-me: quais dos alimentos que Deus vos enviou classificais de lícitos e quais de ilícitos?" Pergunta: "Deus vo-lo autorizou ou atribuís mentiras a Deus?" ◊59

E que pensarão no dia da Ressurreição os que atribuem mentiras a Deus? Deus é generoso para com os homens. Mas a maioria deles não agradece. ◊60

Não vos dediqueis a ocupação alguma, e não reciteis qualquer trecho do Alcorão, e não pratiqueis ato algum sem que sejamos Nós testemunhas do que fazeis. A teu Senhor, não escapa nem mesmo o peso de uma formiga na terra ou no céu. E não há coisa menor ou maior que não esteja registrada no Livro evidente. ◊61

Os amigos de Deus nada têm a temer e não se entristecerão. ◊62

Para os que creem e temem ao Senhor, ◊63

Há boas-novas na vida terrena e no Além. Imutáveis são as palavras de Deus. Tal será a grande vitória. ◊64

Não te entristeçam suas palavras. Toda a glória pertence a Deus. Ele ouve tudo e sabe tudo. ◊65

Não pertence a Deus tudo quanto há nos céus e na terra? Em que se baseiam os que atribuem associados a Deus? Em meras suposições. E não fazem senão conjeturar. ◊66

Foi Ele quem estabeleceu a noite para vosso descanso e o dia para permitir-vos ver. Há nisso sinais para os que têm ouvidos. ◊67

Dizem: "Deus tomou a Si um filho." Exaltado seja, o Auto suficiente! A Ele pertence tudo quanto está nos céus e na terra. Tendes alguma autoridade para dizer de Deus o que não sabeis? ◊68

Dize: "Os que caluniam Deus nunca vencerão." ◊69

Gozarão deste mundo. Depois para Nós voltarão. E infligir-lhes-emos um castigo severo pela sua descrença. ◊70

E conta-lhes a história de Noé quando disse a seu povo: "Meu povo, se a minha permanência entre vós e minha recordação dos sinais de Deus vos ofendem, em Deus ponho minha confiança. Decidi, vós e vossos ídolos, e não oculteis vossa decisão. E determinai minha sorte, e não me poupeis. ◊71

Se desistirdes, não vos pedirei recompensa. É Deus que responde por minha recompensa. Mandaram-me ser um dos submissos." ◊72

Chamaram-no de mentiroso, e Nós o salvamos, e os que estavam com ele, na arca. E fizemos deles os herdeiros da terra. E afogamos os que desmentiam Nossas revelações. Medita sobre a sorte dos que foram advertidos. ◊73

Apos ele, enviamos a cada povo seus proprios Mensageiros. Foram a ele com as provas. Mas todos persistiram na sua descrença. Assim selamos o coração dos transgressores. ◊74

Depois, enviamos Moisés e Arão, munidos de Nossos sinais, ao Faraó e sua corte; pois eles eram arrogantes e pecadores. ◊75

E quando demonstramos-lhes a verdade, disseram: "É magia evidente." ◊76

Moisés retrucou: "Assim falais da verdade que vos é enviada? Magia, isso? Os mágicos nunca vencem." ◊77

Disseram: "Vieste desviar-nos do que nossos pais criam e praticavam para que a grandeza na terra pertença a ti e a teu irmão? Não acreditamos em vós." ◊78

Disse o Faraó: "Trazei-me todo mágico habilidoso." ◊79

Quando os mágicos se apresentaram, disse-lhes Moisés: "Jogai o que tendes a jogar." ◊80

Quando o fizeram, disse Moisés: "Isso que fizeste é magia. Deus a tornará vã. Pois Deus não sustenta a obra dos corruptores. ◊81

Deus estabelece a verdade com Suas palavras, ainda que isso desgoste os transgressores." ◊82

Porém ninguém acreditou em Moisés – salvo uns poucos de seu povo – por medo de que o Faraó e sua corte os perseguissem. Pois o Faraó dominava a terra e era um dos transgressores. ◊83

Disse Moisés: "Meu povo, se acreditais em Deus, ponde vossa confiança n'Ele. Não sois submissos?" ◊84

Responderam: "Em Deus confiamos. Senhor nosso, não faças de nós uma tentação para os opressores. ◊85

E livra-nos, pela Tua misericórdia, dos descrentes." ◊86

E inspiramos a Moisés e a seu irmão: "Construí para vós e vosso povo casas no Egito. E fazei de vossas casas templos. E recitai as orações. E anuncia as boas-novas aos crentes." ◊87

Disse Moisés: "Senhor nosso, deste ao Faraó e à sua corte decoro e riquezas na vida terrena, graças aos quais se desviam e desviam os outros de Teu caminho. Senhor nosso, destrói-lhes as riquezas e endurece-lhes o coração para que não creiam até experimentarem o doloroso castigo." ◊88

E Deus disse: "O apelo de vós dois foi atendido. Permanecei na retidão e não sigais o caminho dos ignorantes." ◊89

E fizemos atravessar o mar aos filhos de Israel. E o Faraó e seus soldados os perseguiram, iníqua e hostilmente. Depois, quando estava afogando-se, disse: "Acredito que não há deus senão Aquele em que creem os filhos de Israel. Sou um dos submissos." ◊90

"Agora, disse Deus. Ao passo que, anteriormente, renegavas e eras um dos corruptores! ◊91

Salvar-te-emos hoje com teu corpo para que sirvas de sinal aos que virão depois de ti. Muitos homens se distraem de Nossos sinais!" ◊92

E instalamos os filhos de Israel numa terra segura e concedemos-lhes muitos alimentos deliciosos. E eles não começaram a disputar entre si até que o conhecimento lhes fosse revelado. Teu Senhor julgar-lhes-á as divergências no dia da Ressurreição. ◊93

Se estiveres em dúvida sobre o que te revelamos, consulta os que têm lido o Livro desde antes de ti. Teu Senhor te revelou a verdade. Não sejas um dos que duvidam. ◊94

E não sejas um dos que desmentem as revelações de Deus. Estarias entre os perdidos. ◊95

Aqueles contra os quais se cumpriu a palavra de Teu Senhor não crerão, ◊96

Ainda que recebam todos os sinais, até experimentarem o castigo doloroso. ◊97

Por que nunca houve uma cidade que cresse e tirasse proveito de sua fé, exceto a de Jonas? Quando creram, salvamo-los do castigo ignominioso nesta vida e deixamo-los gozar por um tempo. ◊98

Se teu Senhor quisesse, todos os habitantes da terra seriam crentes. Pertencerá a ti compelir os homens a crer? ◊99

Na verdade, nenhuma alma crerá sem a permissão de Deus.
E Ele cobrirá de opróbrio os que não raciocinam. ◊100
Dize: "Olhai para tudo o que existe nos céus e na terra: nem os
sinais nem as advertências aproveitam aos que não creem." ◊101
Que esperam senão um destino semelhante ao destino dos
que os precederam? Dize: "Esperai. Esperarei convosco." ◊102
Depois, salvaremos Nossos Mensageiros e os que creem. É
Nossa obrigação salvar os crentes. ◊103
Dize: "Homens! Se tiverdes dúvidas quanto à minha religião,
sabei que não adoro os que adorais em vez de Deus, mas
adoro Deus, que vos recolherá. Recebi ordens para ser um
dos crentes." ◊104
Dize: "Disseram-me: 'Orienta teu rosto para a religião
verídica e sê um homem de fé pura, e não sejas um dos
idólatras. ◊105
E não implores, em vez de Deus, quem não te pode beneficiar
nem prejudicar. Se o fizeres, serás um dos prevaricadores.'" ◊106
Se Deus te enviar alguma desgraça, ninguém te poderá salvar
dela, senão Ele. E se te destinar um bem, ninguém poderá
desviar Sua liberalidade. Envia Seus benefícios a quem Lhe
apraz dentre Seus servos. E Ele é clemente e misericordioso. ◊107
Dize: "Homens! Deus vos revelou a verdade. Quem a segue, é
a si próprio que beneficia. E quem a rejeita, é a si próprio
que prejudica. Não sou vosso tutor." ◊108
E obedece ao que te foi revelado. E espera até que Deus
pronuncie Seu julgamento. É o melhor dos juízes. ◊109

11. HUD

Em nome de Deus, o Clemente, o Misericordioso.
Alef. Lam. Re. Este é um Livro cujos versículos foram
aperfeiçoados e elucidados por um Sábio bem informado: ◊1
"Não adoreis senão a Deus. Sou para vós, por Sua ordem, um
admoestador e um anunciador de boas-novas. ◊2

Pedi perdão a vosso Senhor e arrependei-vos diante d'Ele.
E Ele vos agraciará generosamente até o termo
predeterminado, e a cada um dará o que tiver merecido.
Se virardes as costas e vos afastardes, receio para vós o
castigo de um dia pavoroso. ◊3

Para Deus voltareis. E Ele tem poder sobre tudo." ◊4

Cobrem o peito para esconder-se de Deus. Ora, no momento
em que põem a roupa, Ele sabe o que escondem e o que
exibem, e sabe o que encerram os corações. ◊5

Não existe ser vivo na terra que não dependa de Deus para seu
sustento. E Ele conhece-lhe a habitação e o lugar onde
deverá morrer. Tudo está no Livro evidente. ◊6

Foi Ele quem criou os céus e a terra em seis dias (antes, seu
trono repousava sobre água) a fim de submeter-vos à prova
e saber quem de vós tem melhor conduta. Todavia, se lhes
dissesse: "Sereis ressuscitados depois da morte", os
descrentes dirão: "É magia evidente." ◊7

E se adiamos-lhes o castigo até um tempo predeterminado,
dirão: "Por que procedeu assim?" O dia do castigo chegará.
Não poderá ser desviado. E serão cercados por aquilo de
que zombam. ◊8

E se agraciamos o homem com Nossa misericórdia e, depois,
a retiramos, ei-lo desesperado e renegado. ◊9

E se lhe enviamos a prosperidade enquanto padecia na
adversidade, exulta: "A adversidade me abandonou!"
E ei-lo cheio de alegria e glória, ◊10

A não ser que seja um dos que perseveram e praticam o bem.
Esses receberão o perdão e grandes recompensas. ◊11

É possível que omitas parte do que te foi revelado e que teu
peito se sinta oprimido por suas palavras: "Por que não
fizeram descer um tesouro sobre ele? Por que não foi
acompanhado por um anjo?" Tu és apenas um
admoestador. Deus é que é o tutor de tudo. ◊12

Ou dirão: "Ele inventou esse Alcorão?" Dize: "Inventai dez
suras iguais às dele, chamando quem quiserdes, exceto
Deus, para ajudar-vos, se sois sinceros. ◊13

Se não o conseguirdes, sabei então que é com o conhecimento de Deus que esse Alcorão foi baixado, e que não há deus senão Ele. Submeter-vos-eis?" ◊14

Aqueles que preferem a vida terrena e seus ornamentos, far-lhes-emos desfrutar suas obras nela. E não serão defraudados. ◊15

Mas, no Além, só terão o Fogo. E suas obras malograrão, e seus esforços serão infrutíferos. ◊16

Poderão ser considerados iguais a eles aqueles que põem sua confiança numa prova emanada do Senhor, trazida por uma testemunha enviada pelo Senhor e precedida pelo Livro de Moisés, um guia e uma misericórdia? Esses creem no Alcorão. Mas quem o negar entre os partidos, o Fogo será seu destino. Não duvides. A verdade de Deus está nele. Mas a maioria dos homens não creem. ◊17

Haverá pior prevaricador do que aquele que calunia Deus? Os prevaricadores serão trazidos diante de Deus, e as testemunhas dirão: "São estes que injuriavam seu Senhor." A maldição de Deus caia sobre os iníquos. ◊18

Que desviam os demais da senda de Deus e se esforçam para entortá-la, e no Além recusam acreditar. ◊19

Não são eles que reduzirão Deus à impotência na terra. E que protetor terão fora de Deus? Seu castigo será redobrado. Pois não eram capazes de ouvir e se recusavam a ver. ◊20

Perderam-se a si mesmos, e os ídolos que inventaram desvaneceram-se. ◊21

No Além, serão eles os que mais perderão. ◊22

Os que creem e praticam o bem e se humilham diante de seu Senhor, serão os herdeiros do Paraíso onde permanecerão para todo o sempre. ◊23

Seu caso é semelhante ao do cego e do mudo, e daquele que vê e daquele que ouve. Podem ser equiparados? Não meditais? ◊24

E enviamos Noé a seu povo. Disse-lhes: "Sou para vós um admoestador fidedigno. ◊25

Não adoreis senão Deus. Receio, para vós, o castigo de um dia
doloroso." ◊26

Disseram os anciãos, que descriam, dentre seu povo: "Não
vemos em ti senão um homem como nós, e só és seguido
pelos mais vis e insensatos dentre nós. Tampouco
distinguimos em ti algum mérito sobre nós. Antes
consideramos-te um mentiroso." ◊27

Disse: "Povo meu, verificastes se possuo a prova de meu
Senhor – eu fui agraciado pela Sua misericórdia – e se essa
prova, vós não a vedes por causa de vossa cegueira?
Poderemos vo-la impor quando vós a repugnais? ◊28

Povo meu, não vos peço retribuição alguma. Minha
retribuição vem de Deus. Mas não posso rechaçar os
crentes: eles se reunirão com Deus. Quanto a vós, vejo que
sois ignorantes. ◊29

Povo meu, quem me defenderá contra Deus se eu rechaçar os
crentes? Não raciocinais? ◊30

Não vos digo que disponho dos tesouros de Deus. Não vos
digo que conheço o invisível. Não vos digo que sou um
anjo. Não digo aos que vossos olhos menosprezam que
Deus não lhes concederá a prosperidade – Deus sabe
melhor que ninguém o que há nas suas almas –, pois se eu
assim agisse, seria um dos prevaricadores." ◊31

Disseram: "Ó Noé, tens discutido conosco, e discutido demais.
Traze sobre nós tudo aquilo de que nos ameaças se o que
dizes é verídico." ◊32

Disse: "Somente Deus pode fazê-lo se Lhe apraz. E não sois
capazes de reduzi-Lo à impotência. ◊33

De nada vos valerão meus conselhos, se eu quiser vos
aconselhar e Deus quiser vos desencaminhar. Ele é vosso
Senhor e para Ele todos voltareis." ◊34

Ou dirão: "Ele inventou o Livro"? Dize: "Se o inventei, que
caia meu crime sobre mim. Sou, todavia, inocente de
vossos crimes." ◊35

E foi revelado a Noé: "De teu povo só crerá quem já creu. Não
te aflijas pelo que fazem. ◊36

E constrói a arca sob Nossos olhos e conforme Nossa
orientação e não mais intercedas por aqueles que
prevaricaram: serão todos afogados." ◊37
E pôs-se a construir a arca, e cada vez que os dignitários de
seu povo passavam por ele, zombavam. Dizia-lhes:
"Zombai de nós; zombaremos de vós da mesma forma. ◊38
Breve sabereis sobre quem cairá um castigo que o aviltará e
não mais o abandonará." ◊39
Assim foi até que chegou Nossa ordem, e o forno transbordou.
E dissemos: "Conduze para a arca um casal de cada espécie
e tua família – salvo aqueles contra quem a Palavra já foi
pronunciada – e os que creem." Os que com ele creram
eram poucos. ◊40
Disse-lhes: "Embarcai nela. Em nome de Deus ela zarpará, e
em Seu nome ancorará. Meu Senhor é clemente e
misericordioso." ◊41
E a barca pôs-se a navegar, com eles, por entre ondas do
tamanho das montanhas. E Noé chamou o filho que ficara
afastado: "Meu filho, embarca conosco e não permaneças
com os descrentes." ◊42
Respondeu: "Refugiar-me-ei numa montanha que me
protegerá da água." Disse Noé: "Não há hoje proteção
contra a ordem de Deus, salvo para os que Ele toma em
piedade." E as ondas interpuseram-se entre eles, e o filho
foi um dos afogados. ◊43
Depois, foi dito: "Ó terra, engole tua água! O céu, detém-te!"
A água entrou nas profundezas. E era coisa feita. A arca
pousou sobre o monte de Aj-Judi. E foi dito: "Fora com os
prevaricadores!" ◊44
E Noé chamou o seu Senhor, e disse: "Senhor, meu filho faz
parte de minha família. Tua promessa é a verdade. És o
mais justo dos juízes." ◊45
E Deus disse: "Noé, ele não é de tua família. Cometeu o mal.
Não Me peças pelo que não sabes. Admoesto-te para que
não sejas um dos ignorantes." ◊46

Disse: "Senhor meu, longe de mim pedir-te pelo que não sei. Se não me perdoares e não te apiedares de mim, estarei perdido." ◊47

E foi dito: "Noé, desembarca em paz, e com Nossa bênção sobre ti e sobre as nações que surgirão desses que estão contigo. Haverá nações que deixaremos desfrutar a vida; depois, mandaremos sobre elas um castigo doloroso." ◊48

São esses alguns dos acontecimentos que permaneceram desconhecidos para ti e teu povo. Persevera. O futuro pertence aos que temem a Deus. ◊49

E enviamos aos Aad seu irmão Hud. Disse-lhes: "Ó meu povo, adorai Deus. Não tendes outro deus senão Ele. Sois apenas blasfemadores. ◊50

Ó meu povo, não vos peço retribuição alguma. Minha retribuição vem d'Aquele que me criou. Não raciocinais? ◊51

Ó meu povo, implorai o perdão de vosso Senhor e voltai, contritos, para Ele, e Ele fará o céu enviar-vos chuva abundante e acrescentará força à vossa força. Não vos afasteis criminosamente d'Ele." ◊52

Disseram: "Ó Hud, não nos trouxeste prova alguma; e não abandonaremos nossos deuses por tua palavra. Não cremos em ti. ◊53

Que diremos senão que um de nossos deuses te fez algum mal?" Disse: "Tomo Deus por testemunha, e testemunhai vós que sou inocente de quantos associais ◊54

A Deus. Tramai, pois, todos contra mim e não me poupeis. ◊55

Ponho minha confiança em Deus, meu Senhor e vosso Senhor. Não há um ser vivo de que Ele não cuide. Meu Senhor está na senda da retidão. ◊56

Se virardes as costas e vos afastardes, já vos transmiti o que fui enviado para transmitir-vos. Meu Senhor vos substituirá por outro povo. E em nada O prejudicareis. Meu Senhor é guardião de todas as coisas. ◊57

E quando chegou Nossa ordem, salvamos Hud e os que estavam com ele, por Nossa misericórdia, e poupamo-los de um sofrimento rigoroso. ◊58

Assim eram os Aad: renegaram as revelações de seu Senhor e obedeceram a Seus Mensageiros e seguiram as ordens de todo tirano obstinado. ◊59

Serão perseguidos pela maldição neste mundo; e no dia da Ressurreição, será dito: "Não renegaram os Aad seu Senhor? Fora com os Aad, o povo de Hud!" ◊60

E aos Samud, enviamos seu irmão Saleh. Disse: "Ó meu povo, adorai Deus. Não tendes outro deus senão Ele. Criou-vos da terra e vos estabeleceu nela. Implorai, pois, seu perdão e voltai para Ele, contritos. Meu Senhor é acessível, acolhedor." ◊61

Disseram: "Ó Saleh, eras nossa esperança antes disso. Interdizes-nos de adorar o que nossos pais adoravam? Suspeitamos de ti e hesitamos em aceitar tuas palavras." ◊62

Disse: "Povo meu, verificastes se possuo a prova de meu Senhor? Eu fui agraciado com Sua misericórdia. Quem me defenderá contra Deus se Lhe desobedecer? Só agravareis minha perda. ◊63

Ó meu povo, essa fêmea de camelo pertence a Deus – um sinal para vós – deixai-a pastar na terra de Deus, e não a molesteis; senão, um sofrimento iminente vos castigará." ◊64

Abateram-na. Disse-lhes Hud: "Gozai em vossas casas três dias. É uma ameaça que não será desmentida." ◊65

Quando chegou Nossa ordem, salvamos da ignomínia daquele dia Saleh e os que com ele creram: uma misericórdia Nossa. Teu Senhor é poderoso e forte. ◊66

E o Grito apanhou os que haviam prevaricado, e a manhã os encontrou prostrados em suas casas, ◊67

Como se nunca nelas tivessem habitado. E foi dito: "Não renegaram os Samud seu Senhor? Pereçam os Samud!" ◊68

E Nossos enviados trouxeram a boa-nova a Abraão: "Paz!", disseram: "Paz!", respondeu. E logo depois, servia-lhes um vitelo assado. ◊69

Mas quando observou que suas mãos não tocavam no vitelo, desconfiou deles e teve medo. Disseram: "Não temas. Somos enviados ao povo de Lot." ◊70

Sua mulher, que estava em pé, riu-se. Então, anunciamos-lhe Isaac e, depois de Isaac, Jacó. ◊71

Respondeu: "Ai de mim! Procriar, eu, que já sou uma anciã! E eis meu marido, velho como eu. Coisa estranha, em verdade!" ◊72

Disseram: "Estranhas as ordens de Deus? A misericórdia de Deus e as Suas bênçãos estejam sobre vós, habitantes desta casa. Ele é digno de louvor, glorioso." ◊73

Quando o temor de Abraão se dissipou após que tivesse recebido as boas-novas, começou a interceder junto a Nós pelo povo de Lot. ◊74

Abraão era afável, fervoroso nas suas preces e penitente. Dissemos-lhe: ◊75

"Ó Abraão, desiste disso. A sentença de teu Senhor já foi pronunciada. Um sofrimento irrevogável os castigará." ◊76

Quando Nossos enviados se apresentaram a Lot, sentiu-se constrangido e angustiado, e disse: "Eis um dia calamitoso." ◊77

E seu povo, contumaz nas perversidades, acorreu a ele. Disse-lhes: "Ó povo meu, eis minhas filhas. São mais puras para vós. Temei a Deus e não envergonheis meus hóspedes. Não haverá entre vós um homem sensato?" ◊78

Responderam: "Bem sabes que não temos necessidade de tuas filhas, e sabes o que queremos." ◊79

Disse: "Se tivesse forças para repelir-vos! Ou se encontrasse asilo junto a um apoio forte!" ◊80

Disseram os enviados: "Ó Lot, nós somos os enviados de teu Senhor. Eles não te atingirão. Leva tua família de noite, e que nenhum de vós olhe para trás, exceto tua mulher, pois acontecer-lhe-á o que lhes acontecerá. A hora marcada é a aurora. A aurora não está próxima?" ◊81

Quando chegou Nossa ordem, subvertemos inteiramente a cidade e desencadeamos sobre ela uma chuva de pedras argilosas. ◊82

Que haviam sido marcadas junto a teu Senhor: um castigo destinado a todos os iníquos. ◊83

E aos Medianitas enviamos seu irmão Chuaib. Disse-lhes: "Ó meu povo, adorai Deus. Não tendes outro deus fora d'Ele. E não enganeis na medida e no peso. Vejo-vos na prosperidade. Mas temo por vós o castigo de um dia que vos cerca. ◊84

Ó meu povo, sede justos na medida e no peso e em nada lesai os outros, e não corrompais a terra. ◊85

Preferi as dádivas de Deus se sois crentes. Eu não sou vosso guardião." ◊86

Disseram: "Ó Chuaib, dizem tuas preces que devemos abandonar o que nossos pais adoravam e deixar de dispor de nossas posses como queremos? Como és tolerante e maduro!" ◊87

Disse: "Ó meu povo, refleti. Se meu Senhor me revelou Sua vontade e me agraciou generosamente, como posso deixar de obedecer-Lhe? Não quero adquirir para mim o que vos proíbo. Só quero reformar o que puder. Meu sucesso depende somente de Deus. Nele ponho minha confiança e para Ele volto, contrito. ◊88

Ó meu povo, que por causa de nossa divergência, não ocorra convosco o que ocorreu com o povo de Noé e o povo de Hud e o povo de Saleh; e o povo de Lot não está distante de vós. ◊89

Implorai o perdão de vosso Senhor e voltai para Ele, contritos. Meu Senhor é misericordioso, afável." ◊90

Disseram: "Ó Chuaib, não compreendemos muita coisa do que dizes. E consideramos-te um fraco entre nós. Não fosse por tua família, apedrejar-te-íamos. Nunca prevalecerá contra nós." ◊91

Disse: "Ó meu povo, será minha família mais importante para vós que Deus? E colocais Deus atrás de vossas costas? Meu Senhor sabe o que fazeis. ◊92

Ó meu povo, procedei de acordo com vossa posição. Eu também agirei. Breve, sabereis quem receberá um castigo aviltante e quem é o mentiroso. Aguardai. Aguardarei convosco." ◊93

E quando Nossa ordem chegou, salvamos, por misericórdia
Nossa, Chuaib e os que com ele creram, e o Grito apanhou
os prevaricadores, e a manhã os encontrou nas suas casas,
prostrados. ◊94

Como se nelas nunca tivessem morado. E foi dito: "Pereçam
os medianitas como pereceram os Samud!" ◊95

E enviamos Moisés com Nossos sinais e Nossa autoridade ◊96

Ao Faraó e a seus dignitários. Estes seguiam as ordens do
Faraó, que não são sensatas. ◊97

Encabeçará seu povo no dia da Ressurreição e guiá-lo-á para
o Fogo. E que liderança deplorável! E que péssimo destino! ◊98

Uma maldição os perseguiu nesta vida e uma maldição os
perseguirá no dia da Ressurreição. A péssima recompensa! ◊99

Assim contamos-te história dessas cidades. Algumas delas
estão ainda de pé, outras já foram ceifadas. ◊100

Não as oprimimos: oprimiram-se a si mesmas. E de nada lhes
valeram os deuses que invocavam de vez de Deus, quando
chegaram as ordens de teu Senhor. Antes, agravaram-lhes a
perdição. ◊101

Assim é o punho de Deus quando apanha as cidades iníquas.
Seu punho é domador e forte. ◊102

Há nisso um sinal para os que temem o castigo do Além, no
dia em que os homens forem congregados – o dia a que
todos assistirão. ◊103

E que só adiamos por um prazo predeterminado. ◊104

Naquele dia, nenhuma alma falará senão com Sua permissão,
e haverá homens felizes e homens infelizes. ◊105

Os infelizes estarão no Fogo, com gemidos e soluços. ◊106

E lá permanecerão enquanto permanecerem os céus e a terra,
salvo se teu Senhor decidir outra coisa. Teu Senhor faz o
que quer. ◊107

Os outros estarão no Paraíso onde permanecerão enquanto
permanecerem os céus e a terra, com as dádivas que teu
Senhor queira outorgar-lhes. ◊108

Não tenhas dúvidas sobre o que esses idólatras adoram:
adoram o que seus pais adoravam. Retribuir-lhes-emos o
seu quinhão sem abatimento. ◊109

E enviamos o Livro a Moisés. Quantas divergências provocou!
Não fosse por uma palavra de teu Senhor, teriam sido já
julgados. E as dúvidas e as suspeitas continuam a prevalecer
entre eles. ◊110

A cada um deles, teu Senhor retribuirá conforme suas ações.
Ele sabe o que fazem. ◊111

Segue, com os que se arrependeram contigo, o caminho reto,
como te foi mandado. E não oprimais: Deus observa o que
fazeis. ◊112

E não vos fieis nos que prevaricam: seríeis atingidos pelo Fogo.
Não tendes protetores fora de Deus. E não sereis socorridos. ◊113

E observa a oração nas duas extremidades do dia e nas últimas
horas da noite. As boas ações cancelam as más ações.
Há nisso uma exortação para os que se lembram. ◊114

E sê paciente. Deus recompensa os benfeitores. ◊115

Se ao menos tivesse havido entre as gerações que vos
precederam homens que possuíssem um resto de bom
senso para proibir a corrupção da terra – além dos poucos
que salvamos! Os iníquos seguiram na sua concupiscência
e foram pecadores. ◊116

Nunca teu Senhor teria destruído injustamente as cidades,
caso seus habitantes fossem homens de bem. ◊117

Se teu Senhor quisesse, faria de todos os homens uma única
nação. Ora, não param de discordar entre si, ◊118

Salvo os que teu Senhor tomou em piedade, e é por isso que
Ele os criou. A palavra de teu Senhor será cumprida:
"Encherei a Geena de djins e de homens misturados." ◊119

Tudo o que te relatamos das histórias dos Mensageiros
destina-se a fortalecer-te o coração. E nelas há a revelação
da verdade para ti e uma preleção e uma recordação para
os crentes. ◊120

E dize aos que não creem: "Agi como o entendeis. Nos
também agiremos. ◊121
E aguardai. Nós também aguardaremos." ◊122
A Deus pertence o invisível dos céus e da terra. A Ele compete
tomar todas as decisões. Adora-O. Põe n'Ele tua confiança.
Teu Senhor não se distrai dos crentes. ◊123

12. JOSÉ

Em nome de Deus, o Clemente, o Misericordioso.
Alef. Lam. Re. Estes são os versículos do Livro evidente. ◊1
Fizemo-lo descer na língua árabe. Quiçá raciocinais. ◊2
Ao inspirar-te este Alcorão, contamos-te a mais bela das
narrativas embora fosses antes dele um dos desatentos. ◊3
Quando José disse ao pai: "Pai, vi num sonho 11 estrelas e o
sol e a lua prostrados diante de mim." ◊4
Respondeu o pai: "Meu filho, não contes tua visão a teus
irmãos. Armariam uma cilada contra ti. O demônio é para
o homem um inimigo declarado. ◊5
Assim Deus te elegerá e te ensinará a interpretar os sonhos e
completará Sua graça sobre ti e sobre a família de Jacó,co-
mo agraciou anteriormente teus dois ancestrais Abraão e
Isaac. Teu Deus é conhecedor e sábio." ◊6
Na história de José e de seus irmãos, há com certeza sinais
para os que gostam de pesquisar. ◊7
Disseram os irmãos: "José e Benjamim são mais queridos de
nosso pai do que nós, embora sejamos uma dezena. Nosso
pai está num erro manifesto." ◊8
E a tentação falou: "Matai José, ou expulsai-o para outra terra.
Assim o rosto de vosso pai se voltará só para vós e sereis
homens bem-vistos." ◊9
Disse um deles: "Não mateis José. Mas se tiverdes que fazer
algo, jogai-o no fundo de um poço. Alguma caravana o
recolherá." ◊10

Disseram: "Pai, por que não nos confias José? Somos bons
conselheiros para ele. ◊11

Envia-o amanhã conosco: correrá e se divertirá, e nós
tomaremos conta dele." ◊12

Disse: "Entristece-me que o leveis, e receio que um lobo o
devore quando estiverdes distraídos." ◊13

Disseram: "Se o lobo o pudesse devorar quando somos uma
dezena, já estaríamos perdidos." ◊14

Quando o levaram e tramaram jogá-lo no fundo de um poço,
inspiramos-lhe: "Um dia, revelar-lhes-ás sua conduta sem
que o percebam." ◊15

E voltaram para o pai, à noite, chorando. ◊16

E disseram: "Pai, estávamos apostando corrida, tendo deixado
José junto à nossa bagagem. Um lobo o devorou. Sabemos
que não nos irá crer embora estejamos falando a verdade." ◊17

E apresentaram a túnica de José, manchada de sangue falso.
Disse o pai: "Penso antes que foram vossas almas que vos
induziram ao mal. Devo me resignar. Deus é o socorro
contra o que descreveis." ◊18

E passou uma caravana por lá. E enviou seu aguadeiro em
busca de água. E ele jogou o balde no poço e exclamou:
"Boas-novas! Eis um jovem!" E o levaram como se fosse
uma mercadoria. Deus via o que faziam. ◊19

E venderam-no por algumas dracmas contadas. Não se
importavam muito com ele. ◊20

E quem o comprou, um egípcio, disse à mulher: "Trata-o
condignamente. Talvez nos seja útil e talvez o adotemos."
Assim consolidamos José na terra a fim de lhe ensinar a
interpretação dos sonhos. Deus não falha na execução de
Seus desígnios. Mas a maioria dos homens não o
percebe. ◊21

Quando atingiu a plenitude de seu crescimento,
outorgamos-lhe julgamento e sabedoria. Assim
recompensamos os benfeitores. ◊22

Ora, a mulher na casa da qual estava procurou seduzi-lo.
Fechou as portas e disse-lhe: "Vem. Eis-me pronta para ti"

Respondeu: "Deus me proteja! Meu senhor, teu marido, tem-me tratado bem, e os prevaricadores nunca vencem." ◊23

E ela se aproximou dele, e ele se teria aproximado dela se ele não tivesse visto um sinal enviado por seu Senhor. Assim agimos para afastar dele o mal e a concupiscência. Pois ele sempre foi um de Nossos servos leais. ◊24

Cada um dos dois quis atingir a porta antes do outro, e ela lhe rasgou a túnica por trás; e encontraram-se frente a frente com o dono da casa entrando. E ela disse: "Que castigo merece quem pretendeu desonrar tua família senão o cárcere ou um grande sofrimento?" ◊25

Disse José: "Foi ela quem me instigou ao pecado." E um parente da mulher sentenciou: "Se a túnica de José estiver rasgada na frente, é ela quem diz a verdade, e ele está entre os mentirosos; ◊26

Mas se a túnica estiver rasgada nas costas, é ela quem mente, e ele diz a verdade." ◊27

Quando o marido viu a túnica rasgada nas costas, disse à mulher: "É uma perfídia de mulher. Imensa é a perfídia das mulheres! ◊28

José, fecha os olhos sobre o ocorrido e tu, mulher, pede perdão por tua culpa. Foste uma das pecadoras." ◊29

Na cidade, as mulheres diziam: "A mulher do mordomo-chefe procura seduzir seu jovem escravo. Despertou nela uma grande paixão. Vemo-la num erro manifesto." ◊30

Quando soube de suas maledicências, convidou-as e ofereceu-lhes um repasto e deu a cada uma delas uma faca e disse a José: "Apresenta-te a elas." Quando o viram, ficaram pasmadas diante de sua formosura e feriram as mãos e exclamaram: "Louvado Deus! Este não é um ser humano. É um anjo nobre." ◊31

Disse ela: "É ele pelo qual me censurastes. Procurei seduzi-lo, mas resistiu. E se não ceder a meu desejo, será encarcerado e estará entre os rebaixados." ◊32

E José disse: "Senhor meu, prefiro o cárcere ao que me
querem. Contudo, se Tu não afastares de mim os ardis das
mulheres, acabarei sucumbindo e estarei entre os néscios." ◊33
Seu Senhor o atendeu e afastou dele os ardis das mulheres.
Ele ouve tudo e sabe tudo. ◊34
Apesar das provas de sua inocência, pareceu-lhes bom
aprisioná-lo por algum tempo. ◊35
E entraram para a prisão com ele dois mancebos. E um deles
contou: "Sonhei que estava esmagando uvas para fazer
vinho." E contou o outro: "Sonhei que estava carregando
pão na cabeça, e os pássaros vinham e comiam dele.
Revela-nos a interpretação desses sonhos, pois vemos que
és um dos benfeitores." ◊36
Disse: "Posso revelar-vos seu significado antes que vos tragam
a alimentação que vos é destinada. E uma ciência que meu
Senhor me ensinou, pois renunciei ao credo de um povo
que não crê em Deus e nega a vida futura. ◊37
E segui o credo de meus antepassados Abraão e Isaac e Jacó.
Nunca nos foi permitido atribuir associados a Deus: uma
graça que Deus nos concedeu e a todos os homens. Mas a
maioria dos homens não agradece. ◊38
Ó meus dois companheiros de prisão, o que é preferível:
muitos senhores dispersos ou um Deus único,
todo-poderoso? ◊39
O que adorais fora d'Ele não passa de nomes que vós e vossos
pais inventastes. Deus não lhes outorgou autoridade
alguma. O Julgamento pertence unicamente a Deus; e foi
Ele quem mandou que não adorásseis senão Ele. Essa é a
verdadeira religião. Mas a maioria dos homens não o sabe. ◊40
Ó meus dois companheiros de prisão, um de vós servirá
vinho a seu senhor; o outro será crucificado, e os pássaros
se alimentarão de sua cabeça. Já está resolvida a questão
sobre a qual me consultastes." ◊41
E disse àquele para quem esperava a libertação:
"Menciona-me a teu senhor." Mas o demônio o fez

esquecer a recomendação, e José permaneceu na prisão
vários anos. ◊42

Um dia, disse o rei: "Vi em sonho sete vacas gordas sendo
engolidas por sete vacas magras, e sete espigas verdes e sete
espigas secas. Ó notáveis, interpretai meu sonho se sabeis
interpretar os sonhos." ◊43

Responderam: "Amontoado de pesadelos! E nós não nos
conhecemos na interpretação dos sonhos." ◊44

Disse aquele dos dois prisioneiros que fora libertado,
lembrando-se de José depois de tanto tempo: "Eu vos
revelarei a interpretação. Enviai-me." ◊45

"José, conhecedor da verdade, que representam sete vacas
gordas sendo devoradas por sete vacas magras e sete
espigas verdes e sete espigas secas? Assim voltarei àquela
gente, e eles saberão." ◊46

Disse José: "Semeai sete anos seguidos, e do que ceifardes
deixai a colheita nas espigas, exceto o pouco que precisais
consumir. ◊47

Virão, depois, sete anos de escassez que acabarão com tudo
quanto tiverdes recolhido, menos o pouco que tiverdes
poupado. ◊48

Depois, virá um ano em que os homens serão cumulados e
terão o que levar ao largar." ◊49

Disse o rei: "Trazei-me esse homem." Mas quando o
mensageiro voltou a José, disse-lhe José: "Volta a teu senhor
e pergunta-lhe sobre as mulheres que se feriram as mãos.
Meu Senhor conhece-lhes a perfídia." ◊50

E o rei perguntou às mulheres: "Que houve quando
procurastes seduzir José?" Responderam: "Louvado Deus!
Não lhe conhecemos mal algum." E a mulher do
mordomo-chefe disse: "A verdade tornou-se manifesta.
Fui eu quem o procurou. Ele é, certamente, um dos justos." ◊51

Disse então José: "Pedi satisfação para que meu benfeitor
soubesse que não o traí na sua ausência e que Deus não
sustenta a astúcia dos traidores. ◊52

Não me declaro inocente. A alma é sempre propensa ao mal, salvo quando age a misericórdia de Deus. Meu Senhor é compassivo e clemente." ◊53

Repetiu o rei: "Trazei-o. Quero-o para mim." E quando lhe falou, disse-lhe: "Estará doravante entre nós em situação de autoridade e confiança." ◊54

Disse José: "Podes confiar-me os tesouros da terra. Saberei guardá-los." ◊55

Assim permitimos a José estabelecer-se onde quisesse na terra. Nós outorgamos Nossa misericórdia a quem queremos. E não esquecemos de recompensar os benfeitores. ◊56

E a recompensa do Além é preferível para os que creem e temem a Deus. ◊57

E os irmãos de José vieram ao Egito e apresentaram-se a ele. Reconheceu-os, mas eles não o reconheceram. ◊58

E após fornecer-lhes as provisões, disse-lhes: "Trazei-me vosso irmão, filho de vosso pai. Não vedes que faço medida cheia? Sou o melhor dos anfitriões. ◊59

Se não o trouxerdes, não recebereis mais provisões nem podereis aproximar-vos de mim." ◊60

Disseram: "Tentaremos persuadir seu pai. Com certeza tentaremos." ◊61

Então, ordenou a seus servidores: "Colocai nas suas bagagens a mercadoria que trouxeram para a troca. Talvez a reconheçam quando estiverem com suas famílias e voltem para cá." ◊62

Quando chegaram junto a seu pai, disseram: "Ó pai, negar-nos-ão novas provisões se não enviares nosso irmão conosco. Envia-o: seremos os seus guardiões." ◊63

Disse-lhes: "Deverei vo-lo confiar como vos confiei seu irmão antes dele? Em todo caso, Deus é o melhor guardião e o mais misericordioso dos misericordiosos." ◊64

E quando desfizeram as bagagens, viram que sua mercadoria lhes fora devolvida. Disseram ao pai: "Que podemos mais querer? Nossa mercadoria foi-nos devolvida.

Compraremos provisões para a família e velaremos sobre nosso irmão. Recebemos a carga de um camelo a mais. Será coisa fácil." ◊65

Disse o pai: "Não o enviarei convosco até que me deis a garantia em nome de Deus de que me devolvereis, a menos que sejais impedidos." Dada a garantia, acrescentou: "Deus é nosso fiador." ◊66

E disse: "Meus filhos, não entreis na cidade por uma só porta. Entrai por diferentes portas. Não vos poderei proteger contra Deus. O mando não pertence senão a Deus. N'Ele ponho minha confiança. Que n'Ele ponham sua confiança os que querem confiar." ◊67

E entraram por onde seu pai lhes havia recomendado. Isso não os teria protegido contra Deus; mas era uma ânsia que Jacó sentia na alma e que foi satisfeita. Pois ele sabia o que lhe ensinamos. Mas a maioria dos homens não o sabe. ◊68

Quando compareceram diante de José, tomou seu irmão de lado e disse: "Sou teu irmão. Não te aflijas por tudo quanto fizeram." ◊69

E quando lhes forneceu as provisões, mandou colocar a taça do rei na bagagem do irmão. Depois, um arauto anunciou: "Ó cameleiros, vós sois ladrões." ◊70

Voltando-se, perguntaram os irmãos de José: "De que destes falta?" ◊71

E os egípcios responderam: "Da grande taça do rei. Quem a encontrar receberá a carga de um camelo." "Isso, eu garanto", acrescentou José. ◊72

"Por Deus! disseram os israelitas. Sabeis que não viemos para corromper a terra, e não somos ladrões." ◊73

Perguntaram os egípcios: "Qual será o resgate se estiverdes mentindo?" ◊74

Responderam os israelitas: "Aquele na bagagem do qual foi encontrada a taça, será seu próprio resgate. Assim castigamos os prevaricadores." ◊75

José pôs-se a revistar as bagagens, começando pelos outros antes de chegar ao irmão, e encontrou a taça na bagagem

do irmão. "Assim armamos um ardil a favor de José.
De outra forma, ele não teria podido apoderar-se do irmão,
conforme a lei do Faraó, salvo se Deus quisesse. Pois
elevamos a quem Nos apraz. E acima de toda ciência está a
ciência do Onisciente." ◊76

Disseram os israelitas: "Se ele roubou, um irmão seu roubara
antes dele." Porém, José guardou seu segredo no coração
e não o manifestou. E pensou: "Vosso crime foi pior.
Deus sabe que estais mentindo." ◊77

Disseram: "Príncipe, ele tem um pai muito idoso. Prende um
de nós em seu lugar. Vemos em ti um dos benfeitores." ◊78

Respondeu: "Deus nos guarde de prender a não ser aquele em
cuja bagagem encontramos nosso bem: seríamos iníquos." ◊79

Quando desesperaram de demovê-lo, retiraram-se para
deliberar. Disse o mais velho: "Não sabeis que vosso pai
tomou uma garantia de vós com o aval de Deus? Já antes,
traístes José. Não deixarei esta terra até que meu pai o
permita ou que Deus julgue por mim. Ele é o melhor dos
juízes. ◊80

Voltai, pois, a vosso pai e dizei-lhe: 'Nosso pai, teu filho
roubou. Só dizendo o que sabemos, e não conhecemos o
invisível. ◊81

Pergunta à cidade onde estivemos e à caravana com a qual
viemos: o que dizemos é a verdade.'" ◊82

Disse o pai: "Foram antes vossas almas que vos desviaram. Só
me resta resignar-me. Possa Deus devolver-me todos eles.
Deus é conhecedor e sábio." ◊83

E afastou-se, e disse: "Oh, quanto sofro por José!" E seus olhos
tornaram-se brancos de aflição represada. ◊84

Disseram-Lhe: "Por Deus! Não cessarás de recordar-te de José
até que adoeças ou estejas entre os perdidos." ◊85

Disse: "Só me queixo a Deus da minha dor. E sei por Ele o que
não sabeis. ◊86

Meus filhos, ide e indagai acerca de José e de seu irmão. E
não desesperais da graça de Deus. Da graça de Deus, só
desesperam os renegados." ◊87

Quando se apresentaram a José, disseram: "Príncipe, a desgraça da penúria atingiu a nós e à nossa família. Trouxemos uma mercadoria ruim. Enche-nos, contudo, a medida e sê misericordioso para conosco. Deus recompensa os misericordiosos." ◊88

Disse: "Sabeis o que fizestes a José e a seu irmão na vossa ignorância?" ◊89

Exclamaram: "És tu José!" Disse: "Sou eu José e este é meu irmão. Deus tem sido generoso para conosco. Quem teme a Deus e persevera, Deus não desperdiça a recompensa dos benfeitores." ◊90

Disseram: "Por Deus! Deus te preferiu a nós. Nós fomos pecadores." ◊91

Disse: "Não haverá recriminações contra vós hoje. Deus vos perdoará. É o mais misericordioso dos misericordiosos. ◊92

Levai esta minha túnica e jogai-a sobre o rosto de meu pai, e ele recuperará a vista. E trazei-me todos os parentes." ◊93

E quando a caravana se aproximava, disse o pai: "Sinto o cheiro de José, embora me acuseis de divagar." ◊94

Disseram-lhe: "Por Deus, continuas com tua velha ilusão." ◊95

Mas quando chegou o portador de notícias, jogou a túnica de José sobre o rosto de Jacó, e Jacó recuperou a vista. E gritou: "Não vos disse que Deus me revela o que não sabeis?" ◊96

Disseram: "Pai, implora para nós o perdão de nossos pecados. Nós fomos pecadores." ◊97

Disse: "Implorarei Deus por vós. Ele é perdoador e clemente." ◊98

Quando se apresentaram a José, deu acolhimento afetuoso a seus pais, dizendo: "Entrai no Egito em segurança com a permissão de Deus." ◊99

E elevou seus pais ao trono, e todos se prostraram ante ele. E disse: "Pai, eis a interpretação de meu sonho de outrora. Meu Senhor o transformou em realidade. Ele foi bom para comigo. Pois tirou-me da prisão e fez-vos vir do deserto depois que o demônio provocou a inimizade entre mim e

meus irmãos. Meu Senhor é benévolo em tudo que Lhe
apraz. Ele é conhecedor e sábio. ◊100

Senhor meu, deste-me o poder e ensinaste-me a interpretar os
sonhos. Ó criador dos céus e da terra, és meu protetor neste
mundo e no outro. Senhor meu, faze com que eu morra
submisso, e junta-me aos justos." ◊101

Essas são informações acerca do desconhecido que hoje te
revelamos. Pois não estavas com os irmãos de José quando
conceberam seus planos e armaram seus ardis. ◊102

Por mais que te esforces, os homens não serão todos crentes. ◊103

E tu não lhes pedes salário: esta mensagem não é mais do que
uma advertência para os mundos. ◊104

Muitos são os sinais nos céus e na terra. Mas os homens
passam por eles, distraídos. ◊105

E a maioria deles não creem no Deus único, mas continuam a
associar-Lhe outros deuses. ◊106

Estão, acaso, seguros de que não os cobrirá como um manto o
castigo de Deus ou de que a Hora não chegará de
repente sem que o percebam? ◊107

Dize: "Este é meu caminho: prego Deus, em conhecimento de
causa, eu e os que me seguem. Louvado seja Deus! Eu não
sou um dos idólatras." ◊108

E não eram os Mensageiros que enviamos antes de ti senão
homens escolhidos entre seus povos e inspirados por Nós.
Não percorreram os descrentes a terra e não viram qual
foi o fim dos contestadores? A morada eterna é preferível
para os que temem a Deus. Nunca raciocinais? ◊109

Quando esses Mensageiros perderam a esperança, pensando
que ninguém acreditaria neles, veio-lhes Nosso socorro, e
salvamos os que escolhemos; mas os malfeitores não
escaparam a Nosso rigor. ◊110

Suas histórias são uma lição para os homens sensatos. Esta
não é uma narração inventada, mas a confirmação de
revelações anteriores, e uma elucidação de todas as coisas,
e uma orientação, e uma misericórdia para os que creem. ◊111

13. O TROVÃO

Em nome de Deus, o Clemente, o Misericordioso.

Alef. Lam. Mim. Re. Eis os versículos do Livro. O que te foi
revelado por teu Senhor é a verdade. Mas a maioria dos
homens não crê. ◊1

Foi Deus que erigiu os céus sem colunas visíveis. Sentou-se,
depois, no trono e submeteu o sol e a lua, cada qual girando
até um término previsto. Rege os assuntos e elucida os
sinais de maneira que acabeis acreditando no vosso
encontro com vosso Senhor. ◊2

Foi também Ele quem estendeu a terra e deitou nela as
montanhas e os rios; e de todas as frutas criou dois pares.
E fez a noite suceder ao dia. Há em tudo isso sinais para os
que refletem. ◊3

E, na terra, há regiões contíguas: vinhedos e searas e jardins de
tamareiras agrupados ou isolados, todos regados pela
mesma água. Preferimos certas frutas a outras no comer.
E nisso há sinais para os que raciocinam. ◊4

E se tiveres que admirar-te, admira-te diante dos que duvidam:
"Quando formos reduzidos a pó, teremos mesmo nova
criação?" São eles que renegam seu Senhor. Entrarão no
Fogo com o pescoço carregado de cadeias, e lá
permanecerão para todo o sempre. ◊5

Desafiam-te a apressar o mal antes que o bem. Contudo,
quantos foram castigados antes deles! Teu Senhor é
indulgente para com os homens apesar de suas iniquidades.
Mas Ele é severo no castigo. ◊6

E dizem os que descreem: "Se ao menos Deus fizesse descer
um sinal sobre ele! És um admoestador. Cada povo tem
seu guia. ◊7

Deus sabe o que cada fêmea carrega e o que os úteros
absorvem e o que cresce neles. E Ele fixou uma medida
para cada coisa. ◊8

Ele é o conhecedor do visível e do invisível, o Grande, o Altíssimo, o Poderoso. ◊9

Conhece o que ocultais e o que divulgais, e vê os que se escondem na noite tanto quanto os que se exibem em pleno dia. ◊10

Por ordem de Deus, cada homem é acompanhado por anjos que o protegem pela frente e por trás. Deus não muda o destino de um povo até que o povo mude o que tem na alma. Quando decreta uma desgraça, ninguém a pode sustar; e fora d'Ele, não há protetor. ◊11

É Ele quem provoca o relâmpago, que vedes com temor e esperança, enquanto junta as nuvens saturadas de chuva. ◊12

O trovão canta-Lhe os louvores, os anjos têm medo d'Ele e O glorificam. E Ele lança os raios contra quem escolher. E continuam a disputar sobre Deus, quando Ele é temível nos seus estratagemas. ◊13

É a Ele, por direito, que devem ser dirigidas as preces. As que são dirigidas a outros, jamais serão atendidas. Os idólatras agem como um homem sequioso que estende as mãos na água para que lhe suba à boca: o que nunca acontece. A invocação dos descrentes é uma extravagância. ◊14

Ante Deus, prostram-se, de bom grado ou de mau grado, todos os que estão nos céus e na terra. Mesmo suas sombras prostram-se pela manhã e ao entardecer. ◊15

Pergunta: "Quem é o Senhor dos céus e da terra?" Responde: "Deus." Pergunta: "E adotais, em vez de Deus, protetores impotentes até para se beneficiarem ou se prejudicarem a si mesmos?" Pergunta: "São iguais o cego e o vidente, as trevas e a luz? Ou terão os que associais a Deus produzido uma criação igual à d'Ele a ponto de confundirdes as duas criações?" Dize: "Deus é o criador de todas as coisas, e Ele é o Único, o Dominador." ◊16

Faz descer a água do céu, e os vales ficam inundados na medida de sua capacidade, e a inundação carrega uma espuma flutuante, semelhante à produzida pelos metais que os homens fundem no fogo para fabricarem utensílios e ornamentos. Assim Deus põe em parábolas o verdadeiro e o falso. O falso desvanece-se como a espuma. E o que beneficia o homem permanece na terra. Deus ensina com alegorias. Quiçá compreendais. ◊17

Os que respondem ao apelo do Senhor receberão a bem-aventurança. E os que não respondem, ainda que possuam a terra e o duplo da terra, jamais serão resgatados. E terão um terrível ajuste de contas. A Geena será sua morada. ◊18

Aquele que reconhece a verdade enviada por Deus sobre ti pode ser comparado ao cego? Só se lembram os homens de bom entendimento ◊19

Que são fiéis à aliança de Deus e não quebram o pacto, ◊20

Que unem o que Deus mandou unir e temem a Deus e receiam o dia do ajuste de contas, ◊21

Que perseveram no afã de ver o rosto de seu Senhor e recitam as preces e gastam do que lhes outorgamos, em segredo e em público, e repelem o mal com o bem. A eles pertencerá a última morada: ◊22

Os Jardins do Éden onde entrarão com os justos dentre seus pais e esposas e descendentes. E os anjos os visitarão por todas as portas, dizendo: ◊23

"Que a paz esteja convosco porque fostes perseverantes. Sede bem-vindos à última morada." ◊24

Quanto aos que quebram a aliança de Deus, depois de a terem ratificado, e separam o que Deus mandou unir e corrompem a terra, sobre eles cairá a maldição e irão para a pior morada. ◊25

Deus aumenta a medida para quem Lhe apraz e restringe-a para quem Lhe apraz. A vida terrena os enche de alegria? No Além, parecerá um gozo efêmero. ◊26

E os que descreem dizem do Mensageiro: "Se ao menos seu Senhor fizesse baixar sobre ele algum sinal!" Responde: "Deus desencaminha quem quiser e guia os que voltam para Ele, contritos, ◊27

E creem, e cujos corações serenam à evocação de Deus." Não é a evocação de Deus que acalma os corações? ◊28

Os que creem e praticam o bem: felizes deles, e como será bom seu regresso! ◊29

Assim enviamos-te a uma nação que foi precedida por outras nações para que lhe recites o que te temos revelado, embora negue o Misericordioso. Dize: "É meu Senhor. Não há deus senão Ele. N'Ele me apoio. E para Ele será o regresso." ◊30

Se um livro pudesse pôr as montanhas em marcha, ou fazer a terra rachar-se ou os mortos falarem, esse livro seria o Alcorão. Mas só a Deus pertence o mando. Não sabem os que creem que, se Deus quisesse, guiaria todos os homens? Quanto aos descrentes, as desgraças continuarão a atingi-los ou a instalar-se à entrada de suas casas por causa de seus erros até que se cumpra a promessa de Deus. Deus não falta às Suas promessas. ◊31

Antes de ti, Mensageiros foram escarnecidos. Pacientei com os descrentes, depois apoderei-me deles. E como foi o Meu castigo! ◊32

Quem vigia cada alma e registra-lhe as ações? Contudo, atribuem associados a Deus. Dize: "Nomeai-os! Ou achais que podeis ensinar a Deus algo que Ele ignora? Ou são, apenas, palavras ocas?" Na realidade, embelezaram aos descrentes seus malefícios porque se desviaram do caminho. E quem Deus perde, ninguém o guia. ◊33

Receberão um castigo na vida eterna; e o do Além será mais rigoroso ainda. E ninguém os protegerá contra Deus. ◊34

Assim é o Paraíso prometido aos piedosos. Por baixo, correm os rios. Seus frutos são inesgotáveis. Sua sombra nunca se desvanece. Essa será a recompensa dos piedosos. O castigo dos descrentes será o Fogo, onde permanecerão para todo o sempre. ◊35

Aqueles a quem revelamos o Livro regozijam-se pelo que foi baixado sobre ti, mas as facções negam parte dele. Dize:

"Foi-me ordenado que adorasse Deus e não Lhe associasse ninguém. Para Ele apelo. E para Ele regressarei." ◊36

Assim o revelamos: um código árabe. E se lhes seguires as paixões após todo o saber que recebeste, não encontrarás em Deus nem protetor nem defensor. ◊37

Antes de ti, enviamos Mensageiros e demos-lhes esposas e filhos. Mas a Mensageiro algum foi dado fazer milagres sem a permissão de Deus. Para cada época seu Livro. ◊38

Deus ab-roga o que quiser e confirma o que quiser. Porque o Livro original está com Ele. ◊39

Quer te mostremos o castigo que lhes prometemos, quer te chamemos a Nós antes de cumprir Nossas ameaças, a ti compete apenas transmitir a mensagem. É a Nós que compete o ajuste de contas. ◊40

Não repararam os descrentes como temos invadido seu território e reduzido suas fronteiras? Deus determina, e ninguém revoga Suas determinações. E Ele é rápido no ajuste de contas. ◊41

Os povos que os precederam também conspiraram. Mas Deus domina todas as conspirações. E conhece o mérito de cada alma. Os descrentes breve saberão a quem pertence a última morada. ◊42

Dizem os descrentes: "Não és um Mensageiro." Responde: "Basta-me Deus por testemunha entre vós e mim, e aqueles que possuem o conhecimento do Livro." ◊43

14. ABRAÃO

Em nome de Deus, o Clemente, o Misericordioso.

Alef. Lam. Re. Eis o Livro que fizemos descer sobre ti para que conduzas os homens, com a permissão de seu Senhor, das trevas para a luz na senda do Poderoso, o Digno de louvores, ◊1

Deus, a quem pertence tudo o que está nos céus e tudo o que está na terra. Ai dos descrentes quando chegar o castigo severo; ◊2

Pois preferem este mundo ao Além, e obstruem o caminho de Deus, e procuram torná-lo tortuoso. Estão num erro que vai longe demais. ◊3

Nunca enviamos um Mensageiro senão com o idioma de seu povo para que possa tornar tudo claro para eles. Deus desencaminha quem quiser e guia quem quiser. Ele é poderoso e sábio. ◊4

E enviamos Moisés com Nossos sinais: "Conduze teu povo das trevas para a luz e lembra-lhe dos dias de Deus." Há nisso sinais para todo homem sofredor e agradecido. ◊5

E quando Moisés disse a seu povo: "Lembrai-vos das graças de Deus para convosco: salvou-vos dos Faraós que vos infligiam os piores castigos, matando vossos filhos e poupando vossas mulheres. Havia lá uma grande provação enviada por vosso Senhor." ◊6

E quando vosso Senhor proclamou: "Se fordes agradecidos, dar-vos-ei mais, e se fordes ingratos, Meu castigo será terrível." ◊7

E disse Moisés: "Mesmo que renegásseis, vós e todos os habitantes da terra, Deus é autossuficiente, digno de louvores." ◊8

Não chegaram a vosso conhecimento as crônicas dos que vos precederam: os povos de Noé e Aad e Samud e os que lhes sucederam e que só Deus conhece? Seus Mensageiros trouxeram-lhes as provas, mas eles levaram as mãos à boca e disseram: "Rejeitamos o que nos trazeis e temos dúvidas e suspeitas acerca da fé para a qual nos chamais." ◊9

Seus Mensageiros perguntaram: "Existe dúvida a respeito de Deus, o criador dos céus e da terra? Chama-vos para perdoar-vos os pecados e adiar-vos até o termo predeterminado." Responderam: "Vós não passais de mortais como nós. Pretendeis afastar-nos do que nossos pais adoravam? Trazei-nos uma prova evidente." ◊10

Disseram os Mensageiros: "Sim, somos mortais como vós. Deus, porém, favorece quem Lhe apraz entre Seus servos. Não nos pertence trazer-vos provas senão com a permissão de Deus. Que os crentes depositem sua confiança em Deus. ◊11

E por que deixaríamos de depositar nossa confiança em Deus, quando Ele nos guia em nossos caminhos? Suportaremos vossos maus-tratos. Quem quer confiar, ponha sua confiança em Deus." ◊12

E os que descreram disseram a seus Mensageiros: "Ou reintegrai nossa religião ou expulsar-vos-emos de nossa terra." Mas Deus revelou aos Mensageiros: "Aniquilaremos os prevaricadores. ◊13

E instalar-vos-emos nos seus lugares: um exemplo para quem teme Minha presença e teme Minhas ameaças." ◊14

Então, os Mensageiros imploraram Deus. E todo rebelde insolente foi destruído. ◊15

A Geena está à frente dele, e ser-lhe-á dado a beber o pus que sai das feridas dos condenados. ◊16

E ele tentará engoli-lo sem o conseguir. E a morte o invadirá de todos os lados; mas ele não poderá morrer. Outro suplício pesado o aguardará. ◊17

As obras dos que descreem em seu Senhor assemelham-se a cinzas levadas pelo vento num dia de tempestade. De nada lhes valerão. Tal é a extensão de seu erro. ◊18

Não vês que Deus criou, com a verdade, os céus e a terra? E se quisesse, levar-vos-ia e vos substituiria por uma nova criação. ◊19

Para Deus, tudo é fácil. ◊20

E os homens comparecerão diante d'Ele. E os fracos dirão aos que se enchiam de orgulho: "Nós éramos vossos seguidores. Podeis salvar-nos, de alguma forma, do castigo de Deus?" Responderão: "Se Deus nos tivesse guiado, ter-vos-íamos guiado. Agora é igual para nós que cedamos ao pânico ou que nos controlemos. Nunca escaparemos ao castigo de Deus." ◊21

E quando Meu julgamento for pronunciado, dirá o demônio: "Deus vos havia feito uma promessa verídica. Eu prometi, depois falhei. Pois eu não possuía autoridade sobre vós: só que vos chamei e vós me atendestes. Não me censureis: censurai-vos antes a vós mesmos. Não vos posso socorrer nem vós me podeis socorrer. Nunca partilhei vossa crença de que eu era um associado de Deus. Aos iníquos é reservado um castigo doloroso." ◊22

Mas os que creem e praticam o bem serão introduzidos em jardins nos quais correm os rios, e lá morarão para todo o sempre com a permissão de seu Senhor. Sua saudação será: "Paz!" ◊23

Não viste como Deus comparou uma palavra boa a uma árvore boa: suas raízes são firmes, e seus ramos se elevam ao céu. ◊24

Produz seus frutos em todas as estações com a permissão de seu Senhor. Assim, Deus cunha os exemplos para os homens. Possam lembrar-se! ◊25

E uma palavra má é como uma árvore má: desenraizada da terra, carece de estabilidade. ◊26

Deus consolida os que creem com palavras sólidas, neste mundo e no outro. E desencaminha os iníquos. Deus faz o que Lhe apraz. ◊27

Não observaste aqueles que retribuíram a liberalidade de Deus com a ingratidão e instalaram seu povo na morada da perdição, ◊28

A Geena, onde serão queimados? ◊29

E atribuem semelhantes a Deus para desviar os outros de Sua senda. Dize: "Gozai! Para o Fogo estais caminhando." ◊30

E recomenda aos crentes entre Meus servos que observem a oração, e gastem do que lhes outorgamos, em segredo e em público, antes que chegue o dia em que não haverá mais nem comércio nem camaradagem. ◊31

Foi Deus quem criou os céus e a terra e envia do céu a água com a qual produz frutos para vossa alimentação. E foi Ele quem vos submeteu os navios que deslizam sobre o mar sob Seu comando, e vos submeteu os rios. ◊32

E vos submeteu o sol e a lua, firmes no seu percurso, e vos submeteu a noite e o dia. ◊33

E deu-vos tudo quanto Lhe pedistes. Se procurardes contar os favores de Deus, não o conseguireis. O homem é iníquo e renegado por natureza. ◊34

E quando Abraão disse: "Senhor meu, estende a segurança sobre esta terra e preserva-me e meus filhos da adoração dos ídolos. ◊35

Senhor meu, eles já desencaminharam muitos homens. Quem, pois, me seguir, será meu irmão, e quem me desobedecer; és compassivo e clemente. ◊36

Senhor nosso, estabeleci parte de meus descendentes num vale inculto, perto de Tua Casa Sagrada, para que possam observar a oração. Senhor nosso, faze com que os corações se inclinem para eles. E agracia-os com os frutos da terra. Quiçá sejam agradecidos. ◊37

Senhor nosso, conheces o que ocultamos e o que divulgamos. Nada escapa a Ti na terra ou no céu. ◊38

Louvado seja Deus que me deu, na minha velhice, Ismael e Isaac. Meu Deus atente às súplicas. ◊39

Senhor meu, faze com que eu e minha descendência observemos a oração e acolhe favoravelmente minhas preces. ◊40

Senhor nosso, perdoa-me e a meus pais e aos crentes no dia do ajuste de contas." ◊41

E não penses que Deus esteja desatento ao que fazem os iníquos. Tolera-os apenas até o dia em que os olhares serão fixos de pavor, ◊42

No dia em que acorrerão, a cabeça erguida, os olhos transtornados, os corações vazios. Olharão, mas nada verão. ◊43

E previne os homens contra o dia do castigo, quando os prevaricadores dirão: "Senhor nosso, concede-nos mais um prazo curto para que respondamos a teu apelo e sigamos

os Mensageiros." – "Não juráveis que não seríeis removidos
da terra? ◊44

Ocupáveis, porém, os lugares daqueles que foram iníquos para
consigo mesmos e vistes o que fizemos deles. ◊45

Tramaram, mas Deus domina-lhes as maquinações, ainda que
fossem tais que abalassem as montanhas. ◊46

Não penses que Deus falta às Suas promessas para com Seus
Mensageiros. Deus é poderoso e vingativo. ◊47

No dia em que a terra for substituída por algo que não é a
terra, e os céus por algo que não são os céus, e os homens
comparecerem ante Deus, o Único, o Dominador, ◊48

Naquele dia, verás os pecadores acorrentados dois a dois – ◊49

De alcatrão, suas túnicas, o fogo cobrindo-lhes o rosto – ◊50

Para que Deus pague a cada alma o que ela tiver merecido.
Deus não tarda no ajuste de contas. ◊51

Essa é uma advertência para todos os homens: Deus é o Deus
único. Que se lembrem os homens dotados de mente! ◊52

15. AL-HIJR

Em nome de Deus, o Clemente, o Misericordioso.

Alef. Lam. Re. Eis os versículos do Livro, do Alcorão manifesto. ◊1

Os que descreem lamentarão não ser muçulmanos. ◊2

Deixai-os por enquanto festejarem e regozijarem-se e serem
iludidos pela esperança. Breve saberão! ◊3

Nunca destruímos uma cidade sem que sua destruição tenha
sido decretada e determinada. ◊4

E nenhuma nação pode adiantar o seu termo, nem o poderá
retardar. ◊5

E dizem: "Ó tu sobre o qual desceu a mensagem, és, sem
dúvida, um louco. ◊6

Por que não nos trazes os anjos se o que dizes é verídico?" ◊7

Enviaremos os anjos quando Nosso julgamento for pronunciado. E aos descrentes não será dado então prazo algum. ◊8

Fomos Nós que fizemos descer a mensagem, e somos Nós que a protegemos. ◊9

Sim, enviamos Mensageiros antes de ti às nações mais antigas. ◊10

E todos foram recebidos com zombaria. ◊11

Da mesma forma, insinuamos a dúvida no coração dos pecadores de hoje, ◊12

E eles renegam seu Mensageiro apesar do exemplo dos antigos. ◊13

E ainda que lhes abríssemos uma porta no céu pela qual ascendessem, ◊14

Diriam: "Nossos olhos foram hipnotizados: somos um povo enfeitiçado." ◊15

E colocamos constelações no céu e embelezamo-lo para os contempladores. ◊16

E protegemo-lo contra todo demônio maldito. ◊17

E os que escutam às escondidas são perseguidos por bólides flamejantes. ◊18

E a terra, estendemo-la e jogamos montanhas sobre ela e nela fizemos crescer plantas de todas as espécies, na justa medida. ◊19

E dela tiramos o sustento para vós e os que deixais de prover. ◊20

E de tudo o que existe possuímos grandes quantidades, mas só fazemos descer porções determinadas. ◊21

E enviamos os ventos como fecundadores, e fazemos descer do céu uma água da qual vos damos a beber, e não sois vós que a armazenais: somos Nós. ◊22

E somos Nós que damos a vida e a morte. E somos Nós os herdeiros. ◊23

E conhecemos os que se adiantam e os que ficam para trás. ◊24

É teu Senhor que os congregará. Ele é sábio e conhecedor. ◊25

E criamos o homem de argila seca, de barro modelável. ◊26

E os djins, havíamo-los criado de fogo sem fumaça. ◊27

E quando Deus disse aos anjos: "Vou criar um homem de argila seca, de barro maleável; ◊28

E quando o tiver modelado e nele soprado de Meu espírito,
prostrai-vos diante dele." ◊29

Todos os anjos prostraram-se, ◊30

Exceto Satanás. Recusou-se a ser um dos prostrados. ◊31

Disse Deus: "Satanás, por que não estás entre os prostrados?" ◊32

Respondeu: "Não sou daqueles que se prostram ante um
mortal que criaste de argila seca, de barro maleável." ◊33

Disse Deus: "Sai do Paraíso, e sê um exilado. ◊34

A maldição estará sobre ti até o dia da Retribuição." ◊35

Replicou: "Senhor meu, concede-me um prazo até que sejam
ressuscitados." ◊36

"És um dos que têm prazo. ◊37

Até o dia do termo conhecido", respondeu Deus. ◊38

Disse Satanás: "Senhor meu, por me teres induzido ao erro,
embelezarei o mal para eles na terra e seduzirei todos eles, ◊39

Exceto, entre eles, Teus servos escolhidos." ◊40

Disse Deus: "Eis a senda reta que escolhi: ◊41

Sobre Meus servos, nenhum poder terás, com a exceção dos
que te seguirem por perversidade. ◊42

A Geena será sua terra da Promissão onde todos se
encontrarão. ◊43

Ela tem sete portas. Cada porta dará entrada a um grupo
deles. ◊44

Mas os piedosos estarão em meio a jardins e rios; e uma voz
lhes dirá: ◊45

'Entrai em paz e segurança.' ◊46

Extirparemos todo rancor de seus peitos. Serão como irmãos,
sentados em poltronas, frente um ao outro. ◊47

Nenhum cansaço os atingirá, e de lá nunca serão expulsos." ◊48

Anuncia a Meus servos que sou clemente e compassivo. ◊49

Mas que Meu castigo é um castigo doloroso. ◊50

E informa-os sobre os hóspedes de Abraão ◊51

Quando se apresentaram a ele, dizendo: "Paz", e ele respondeu:
"Na verdade, estamos com medo de vós." ◊52

Responderam: "Não tenhas medo. Anunciamos-te um menino
astuto." ◊53

Disse: "Dais-me boas-novas na minha velhice? O que me anunciais?" ◊54

Responderam: "O que te anunciamos é a verdade. Não sejas um dos desesperados." ◊55

Disse: "Quem desespera da misericórdia de seu Senhor senão os desencaminhados?" ◊56

Acrescentou: "Qual é, afinal, vossa missão, ó enviados?" ◊57

Responderam: "Fomos enviados para castigar um povo de pecadores, ◊58

Com a exceção da família de Lot, que pouparemos – ◊59

Salvo sua mulher." Nós havíamos previsto que ela estaria entre os que ficariam para trás. ◊60

Quando os enviados se apresentaram a Lot, ◊61

Disse: "Sois, na verdade, pessoas desconhecidas para mim." ◊62

Responderam: "Não. Viemos a ti com o castigo de que vosso povo duvida. ◊63

Viemos a ti com a verdade, e somos sinceros. ◊64

Leva tua família durante a noite, e anda na retaguarda. E que ninguém de vós olhe para trás. E ide aonde fordes mandados. ◊65

Esse povo será aniquilado ao amanhecer." ◊66

Mas os habitantes da cidade acudiram, eufóricos, à procura de boas-novas. ◊67

Disse-lhes Lot: "Estes são meus hóspedes. Não me desonreis. ◊68

E temei a Deus, e não me cubrais de infâmia." ◊69

Disseram-lhe: "Não te proibimos de receber estranhos?" ◊70

Disse-lhes: "Eis minhas filhas, se quiserdes fazer isso." ◊71

Por tua vida! Eles estavam cegos na sua ebriedade. ◊72

E o Grito os apanhou ao levantar do sol. ◊73

Pervertemos inteiramente a cidade e fizemos chover sobre ela tijolos de barro endurecido. ◊74

Há nisso sinais para os que são prudentes. ◊75

Sim, e a cidade está num caminho ainda transitado. ◊76

E há nisso um sinal para os crentes. ◊77

Os habitantes da cidade de Aiqah também eram iníquos. ◊78

Vingamo-Nos deles. E as duas cidades estão numa estrada onde podem ser vistas por todos. ◊79

E por sua vez, os habitantes de Al-Hijr chamaram os
Mensageiros de mentirosos. ◊80
Enviamos-lhes Nossos sinais, mas desprezaram-nos. ◊81
E escavavam casas nas montanhas, e moravam em segurança. ◊82
O Grito os apanhou pela manhã. ◊83
Suas riquezas de nada lhes serviram. ◊84
E não criamos os céus e a terra e tudo quanto existe entre eles
senão pela verdade. A Hora está chegando. Perdoa, pois, de
um belo perdão! ◊85
Teu Senhor é o supremo criador, o conhecedor supremo. ◊86
Em verdade, temos-te agraciado com os sete versículos mais
repetidos e com o glorioso Alcorão. ◊87
Não estendas os olhos da inveja para as boas coisas que
outorgamos a alguns dos descrentes e não te aflijas por eles.
E abaixa as asas para os crentes. ◊88
E dize: "Sou um admoestador fidedigno." ◊89
Nós enviamos o castigo sobre os diversionistas ◊90
E os que queriam dividir o Alcorão! ◊91
Por teu Senhor! Todos interrogaremos ◊92
Sobre o que faziam. ◊93
Proclama, pois, o que te for mandado, e afasta-te dos idólatras. ◊94
Bastamos Nós para te proteger contra os zombeteiros. ◊95
Que associam outro deus a Deus. Breve saberão! ◊96
Compreendemos que teu peito seja oprimido pelo que dizem. ◊97
Eleva louvores a teu Senhor e sê um dos que se prostram. ◊98
E adora teu Senhor até que o Indubitável venha sobre ti. ◊99

16. AS ABELHAS

Em nome de Deus, o Clemente, o Misericordioso.
A sentença de Deus está chegando. Não precisais apressá-la.
Glorificado e exaltado seja acima dos que Lhe associam! ◊1

Ele manda descer os anjos, com o espírito, sobre quem Lhe apraz entre Seus servos: "Adverti que não há deus senão Eu. E a Mim temei." ◊2

Criou os céus e a terra pela verdade. Exaltado seja acima dos que Lhe associam! ◊3

Criou o homem de uma gota de sêmen, e ei-lo um chicanista manifesto. ◊4

E criou para vós os rebanhos, dos quais tirais o vestuário que vos aquece, e os alimentos, e outras utilidades, ◊5

E nos quais encontrais beleza quando os reconduzis à noite aos apriscos, e quando os levais, pela manhã, aos pastos. ◊6

E carregam vossos fardos para terras que não poderíeis alcançar senão com grandes esforços. Vosso Senhor é clemente e misericordioso. ◊7

E criou os cavalos, e os mulos, e os asnos para que os cavalgueis, e para o aparato também. E cria o que não sabeis. ◊8

A Deus pertence indicar o caminho certo, do qual tantos se afastam. E se quisesse, a todos guiaria. ◊9

É Ele quem envia do céu a água que aplaca vossa sede e faz crescer as plantas que alimentam vossos rebanhos. ◊10

Com ela, dá nascimento aos cereais e às oliveiras e às tamareiras e às parreiras e a toda espécie de árvores frutíferas. Há nisso um sinal para os que refletem. ◊11

E submeteu-vos a noite e o dia, e o sol e a lua, e as estrelas – os quais a Ele obedecem. Há nisso sinais para os que raciocinam. ◊12

E no que Ele criou para vós na terra, quantas cores diferentes! Há nisso um sinal para os que refletem. ◊13

E foi Ele quem submeteu o mar para que dele comêsseis carne tenra e tirásseis ornamentos para vosso uso. Nele, vedes navios deslizando e nele podeis procurar pela Sua generosidade. Possais agradecer! ◊14

E jogou montanhas sobre a terra para fixá-la e impedi-la de mover-se convosco, e criou os rios e as estradas para que pudésseis orientar-vos. ◊15

E criou pontos de referência. É pelas estrelas que os homens se
guiam. ◊16

Compara-se quem cria a quem nada cria? Não vos lembrareis? ◊17

E se procurardes contar os benefícios de Deus, não o
conseguireis. Deus é clemente e misericordioso. ◊18

E Ele conhece o que proclamais e o que ocultais. ◊19

E os deuses que eles invocam em vez de Deus nada criam e
são eles mesmos criados. ◊20

E não são vivos. São mortos, e ignoram quando serão
ressuscitados. Não raciocinais? ◊21

Vosso Deus é o Deus único. Os que não creem na vida eterna
carregam a negação no coração e enchem-se de orgulho. ◊22

Sem dúvida, Deus sabe o que ocultam e o que proclamam
Ele não ama os orgulhosos. ◊23

E quando se lhes pergunta: "O que foi que vosso Senhor
revelou?" Respondem: "Fábulas dos tempos antigos." ◊24

Carregarão seus fardos inteiros no dia da Ressurreição e parte
dos fardos daqueles que eles tiverem desencaminhado por
ignorância. Detestáveis serão seus fardos! ◊25

Os que os precederam também usavam de perfídia. Mas Deus
sacudiu-lhes as edificações até os alicerces. E o teto ruiu
sobre eles, e o castigo os apanhou sem que soubessem de
onde vinha. ◊26

No dia da Ressurreição, cobri-los-á de ignomínia, dizendo:
"Onde estão Meus associados pelos quais disputáveis?"
Esses a quem foi dado o saber dirão: "A vergonha e a
desgraça caíram hoje sobre os descrentes, ◊27

De cujas almas os anjos se apoderaram: inimigos de si
mesmos até o fim." Oferecerão então a paz: "Nunca fizemos o mal." Não? Deus sabe o que fazíeis. E ser-lhes-á dito: ◊28

"Entrai pelas portas da Geena, onde permanecereis para todo
o sempre. Péssima é a morada dos orgulhosos!" ◊29

Aos piedosos perguntar-se-á: "Que foi que vosso Senhor
revelou?" Responderão: "O melhor." Os que praticam o
bem receberão sua recompensa neste mundo. Contudo, a

mansão do Além é preferível. Magnífica é a morada dos
piedosos! ◊30

Entrarão nos Jardins do Éden nos quais correm os rios. E lá
ser-lhes-á dado tudo o que desejarem. Assim Deus
recompensa os piedosos, ◊31

Cujas almas bondosas, os anjos receberão, dizendo-lhes:
"Entrai no Paraíso por vossas boas obras." ◊32

E que podem os descrentes esperar senão a chegada dos anjos
da morte ou o cumprimento das ordens de teu Senhor?
Assim agiam os que os antecederam. Deus não os
maltratou: maltrataram-se a si mesmos. ◊33

As consequências de suas perversidades os atingiram, e foram
envolvidos pelos flagelos de que escarneciam. ◊34

Dizem os idólatras: "Quisesse Deus, nunca teríamos adorado
seja quem fosse fora d'Ele, nem nós nem nossos
antepassados, e nada teríamos proibido sem Sua permissão."
Assim agiam os que os precederam. E que incumbe aos
Mensageiros senão transmitir claramente sua mensagem? ◊35

Enviamos a cada nação um Mensageiro a proclamar:
"Adorai Deus e evitai Tagut, o rebelde." A uns Deus
guiou; outros foram dominados pelo erro. Percorrei a terra
e vede qual foi o fim dos que trataram Meus Mensageiros
de impostores. ◊36

Se te preocupa sua salvação, Deus não guia os que se
desencaminham. E ninguém os socorrerá. ◊37

E juram com ênfase, pelo nome de Deus, que Deus não
ressuscitará os mortos. Ressuscitá-los-á, sim! É promessa
verídica, que Ele cumprirá. Mas a maioria dos homens não
o sabe. ◊38

Cumpri-la-á para mostrar-lhes em que divergiam e para que
os descrentes saibam que são mentirosos. ◊39

Quando desejamos algo, basta-Nos dizer: "Sê" para que seja. ◊40

Os que emigraram pela causa de Deus após ter recebido
vexames, Nós instalá-los-emos numa bela morada na terra.
Mas a recompensa do Além será maior – se soubessem! ◊41

Pois perseveraram e depositaram sua confiança em seu Senhor. ◊42

Antes de ti, só enviamos como Mensageiros homens inspirados por Nós. Perguntai aos portadores da mensagem se desconheceis ◊43

As provas e as Escrituras. A ti revelamos o Livro para que expusesses claramente aos homens o que lhes foi revelado. Quiçá reflitam. ◊44

Os que armam ardis perniciosos têm a certeza de que Deus não afundará a terra por baixo deles ou que o castigo não os atingirá sem que saibam de onde vem? ◊45

Ou que Ele não os surpreenderá no decorrer de suas viagens sem que possam escapar? ◊46

Ou que Ele não os condenará a uma lenta destruição? Vosso Senhor é compassivo e misericordioso. ◊47

Não repararam que todas as coisas criadas por Deus projetam sombras à direita e à esquerda, prostrando-se diante d'Ele humildemente? ◊48

Diante de Deus, prostra-se tudo quanto há nos céus e todos os seres que caminham sobre a terra, e os anjos. E ninguém se considera acima disso. ◊49

Temem a Deus, o Dominador, e executam o que lhes for ordenado em Seu nome. ◊50

Disse Deus: "Não adoteis dois deuses. Somente Eu sou o Deus único. A Mim temei." ◊51

A Ele pertence o que existe nos céus e na terra. A Ele é devida a submissão para sempre. Como temereis a qualquer outro? ◊52

Toda graça que vos beneficia vem de Deus. E quando alguma adversidade vos atinge, é para Ele que apelais. ◊53

Contudo, assim que Ele vos liberta da adversidade, muitos dentre vós Lhe atribuem associados, ◊54

Negando os favores que lhes outorgamos. Gozai, pois! Breve, sabereis. ◊55

E atribuem, a seres que desconhecem parte de Nossos favores. Por Deus! Sereis interrogados acerca de vossas calúnias. ◊56

E atribuem filhas a Deus. Glorificado seja! E atribuem a si mesmos o que mais almejam, filhos varões. ◊57

Pois, quando se anuncia a um deles o nascimento de uma
filha, seu rosto torna-se sombrio, e ele quase sufoca. ◊58
Esconde-se do mundo pela vergonha recebida e hesita entre
guardar a filha, humilhado, e enterrá-la viva. Oh! a
abominação desses preconceitos! ◊59
Os que não creem no Além são exemplo da perversidade.
Deus é o exemplo da perfeição. Ele é poderoso e sábio ◊60
Se Deus castigasse os homens por sua iniquidade, não
sobraria ninguém sobre a face da terra. Mas poupa-os por
um prazo determinado. Quando chegar o termo, não
poderão retardá-lo nem adiantá-lo de uma hora sequer. ◊61
Atribuem a Deus o que detestam para si mesmos. E suas
línguas mentirosas dizem que a felicidade suprema os
espera. O que os espera é o Fogo, onde serão precipitados. ◊62
Por Deus! Enviamos Mensageiros a outras nações antes de ti.
Mas o demônio embelezou-lhes falsamente as ações. Hoje,
ele é seu patrono. Um castigo doloroso os espera. ◊63
Enviamos-te o Livro para que lhes esclarecesses as
divergências, e como um guia e uma misericórdia para os
que creem. ◊64
Deus faz descer água do céu e, com ela, vivifica a terra depois
de morta. Há nisso um sinal para os que ouvem. ◊65
E tendes outro sinal nas reses. Damo-vos a beber daquilo que
há nas suas entranhas. Entre excrementos e sangue, sai um
leite puro, fácil de ingerir. ◊66
E dos frutos da tamareira e da videira, extraís uma bebida
inebriante e um alimento benéfico. Nisso também há um
sinal para os que raciocinam. ◊67
E teu Senhor inspirou às abelhas: "Fazei vossas colmeias nas
montanhas e nas árvores e nas construções dos homens. ◊68
E alimentai-vos de todas as frutas e segui docilmente os
caminhos de vosso Senhor." E do seu ventre sai um licor, de
cores diversas, que é uma cura para os homens. Nisso
também há um sinal para os que raciocinam. ◊69

Deus vos criou e, depois, vos fará morrer. E alguns de vós
chegarão ao extremo abjeto da idade quando nada mais
saberão do que sabem. Deus é conhecedor e poderoso. ◊70

Deus tem dado mais a uns do que a outros dos bens desta
vida. Mas os que receberam mais não o partilham com
seus servos para que todos os aproveitem igualmente. Será
que não reconhecem que as dádivas vêm de Deus? ◊71

E Ele vos concedeu esposas de vossa espécie e, delas, vos
outorgou filhos e netos. E cumulou-vos com toda espécie
de coisas saborosas. Como, pois, acreditarão em ídolos
vãos e renegarão os benefícios de Deus? ◊72

E adoram, em vez de Deus, quem não lhes proporciona
sustento algum nem dos céus nem da terra, e nunca
poderá fazê-lo. ◊73

Não procureis ensinar a Deus por alegorias. Deus sabe, e vós
não sabeis. ◊74

Deus citou em exemplo um escravo que nada possui e em
nada manda e um homem livre a quem gratificamos com
muitas riquezas, das quais faz liberalidades em segredo e
em público. Podemos considerar os dois iguais? Não!
Louvado seja Deus. Porém a maioria dos homens não o sabe. ◊75

Deus citou também o exemplo de dois homens. Um deles,
mudo, incapaz de qualquer tarefa, é um fardo para seu
senhor. Aonde quer que o mande, não lhe presta serviço
algum. Poderá ele ser comparado àquele que pratica a
justiça e caminha na retidão? ◊76

A Deus pertence o desconhecido dos céus e da terra. O
advento da Hora será rápido como um pestanejar ou mais
rápido ainda. Deus tem poder sobre tudo. ◊77

Deus vos tirou dos ventres de vossas mães, desprovidos de
todo conhecimento, e proporcionou-vos o ouvido, a vista
e o coração. Possais agradecer! ◊78

Não contemplaram os pássaros, esvoaçando no espaço?
Quem os sustenta senão Deus? Há nisso um sinal para os
que creem. ◊79

Deus fez moradas de vossas casas e outorgou-vos outras,
feitas de peles de animais, leves de transportar nas viagens
e nas pousadas. E com a lã dos animais e com sua pele e
seus pelos, podeis confeccionar móveis e utensílios que vos
servem por algum tempo. ◊80

E das coisas que criou, Deus vos proporcionou sombras e
deu-vos abrigos nas montanhas e vestimentas para vos
proteger do calor e outras para vos proteger nos combates.
Assim Deus completa Suas graças sobre vós. Quiçá vos
submetais. ◊81

E se se afastarem, a ti incumbe apenas transmitir a mensagem
claramente. ◊82

Conhecem os benefícios de Deus, mas renegam-nos porque,
na sua maioria, são ingratos. ◊83

E no dia em que suscitarmos uma testemunha em cada nação,
aos descrentes de nada servirão seus argumentos, nem lhes
será permitido desculparem-se. ◊84

E quando os iníquos virem o castigo! Não será atenuado e
não será adiado. ◊85

E quando os idólatras virem seus ídolos, dirão: "Senhor nosso,
eis os deuses que adorávamos em Vosso lugar." E os ídolos
responder-lhes-ão: "Mentirosos! Vós só adoráveis vossas
paixões." ◊86

Naquele dia, render-se-ão a Deus, e aqueles com quem
contavam desvanecer-se-ão. ◊87

Aos que descreem e desviam os outros do caminho de Deus,
infligiremos castigo sobre castigo pela corrupção que
perpetravam. ◊88

E no dia em que suscitarmos em cada nação uma testemunha
tomada nela mesma e te apresentarmos como
testemunha contra eles! A ti revelamos o Livro: uma
exposição de todas as coisas e uma orientação e
uma misericórdia e uma boa-nova para os submissos. ◊89

Deus ordena a justiça e a beneficência e a generosidade
para com os parentes, e proíbe a concupiscência, o ilícito e
a opressão. E Ele vos exorta. Possais lembrar-vos! ◊90

E respeitai os compromissos feitos a Deus e não traiais os juramentos confirmados, pois neles tomastes Deus por fiador. Deus sabe o que fazeis. ◊91

E não imiteis aquela mulher que desfiava sua roca após a ter solidamente tecido. Não façais de vossos juramentos um meio para vos burlar mutuamente, traindo-os quando vos achardes mais numerosos ou mais poderosos que os outros. Nisso Deus vos provará. E no dia da Ressurreição, mostrar-vos-á em que tiverdes divergido. ◊92

Se Ele quisesse, faria de todos vós uma única nação. Mas Ele desencaminha quem Lhe apraz e encaminha quem Lhe apraz. E sereis certamente interrogados sobre vossas obras. ◊93

E não useis vossos juramentos para vos enganar uns aos outros. Pois assim tropeçareis após ter caminhado firmemente, e conhecereis a desventura por terdes posto impedimentos no caminho de Deus. E vosso castigo será grande. ◊94

E não vendais a vil preço vosso pacto com Deus. Estar ao lado de Deus é mais vantajoso para vós. Se soubésseis! ◊95

O que possuís esgota-se; o que Deus possui nunca se esgotará. Pagaremos aos perseverantes recompensas correspondentes a suas melhores realizações. ◊96

Quem praticar o bem, homem ou mulher, e for crente, conceder-lhe-emos uma vida feliz e recompensas correspondentes às suas melhores realizações. ◊97

Quando recitas o Alcorão, pede a Deus proteção contra o demônio desterrado. ◊98

Ele não tem poder sobre os que creem e em Deus depositam sua confiança. ◊99

Seu poder só alcança os que o tomam como protetor e o associam a Deus. ◊100

Quando substituímos um versículo por outro – e Deus bem sabe o que nos envia – dizem: "Não passas de um blasfemador." A maioria deles é ignorante. ◊101

Dize: "O Alcorão foi trazido com a verdade, pelo espírito
sagrado, por ordem de teu Senhor, a fim de fortalecer os
que creem e servir de orientação e de boa-nova aos que se
submetem." ◊102

Bem sabemos o que alegam: "Alguém está-lhe ditando o
Alcorão." Ora, esse alguém que supõem só fala uma língua
estrangeira. E o Alcorão é versado num árabe castiço. ◊103

Os que não creem nas revelações divinas, Deus não os guiará.
E seu castigo será doloroso. ◊104

Inventam calúnias os que não creem nas revelações de Deus.
São eles os mentirosos. ◊105

Quem renegar Deus após O ter proclamado – exceto se for
coagido, enquanto seu coração se mantém firme na fé – e
quem abrir o coração à descrença, sobre todos esses cairá
a cólera de Deus. E seu castigo será grande. ◊106

Pois preferiram a vida terrena à vida eterna. Deus não guia os
descrentes, ◊107

E sela-lhes os ouvidos, os olhos e o coração, e deixa-os
viverem distraídos. ◊108

Sem dúvida, no Além estarão entre os derrotados. ◊109

Quanto aos que emigraram após terem sido perseguidos e
lutaram e perseveraram, Deus será misericordioso para
com eles ◊110

No dia em que cada alma procurará justificar-se, e ela
receberá o que tiver merecido. E ninguém será prejudicado. ◊111

Deus citou o exemplo de uma cidade que vivia segura e
tranquila, recebendo de todos os lados provisões
abundantes. Renegou as graças de Deus, e Deus castigou-a
com o medo e a fome. ◊112

Viera-lhes um Mensageiro dentre os seus; mas eles o
desmentiram; e o castigo os apanhou em plena iniquidade. ◊113

Desfrutai as coisas boas e legais que Deus vos concedeu e
agradecei Sua graça se é Ele que adorais. ◊114

Proibiu-vos apenas os animais mortos, o sangue, a carne de
porco e o abate sobre o qual foi invocado outro senão

Deus. Porém, quem for compelido, sem ser transgressor
nem rebelde, Deus é perdoador e clemente. ◊115

E não classifiqueis, ao sabor das mentiras de vossas línguas:
"Isso é lícito e aquilo é ilícito", inventando blasfêmias
contra Deus. Quem calunia Deus nunca vencerá. ◊116

Seu gozo será breve e seu castigo será doloroso. ◊117

Aos que abraçaram o judaísmo, proibimos o que já te
descrevemos. Não os oprimimos: foram eles que se
oprimiram a si mesmos. ◊118

Os que cometerem o mal por ignorância e se arrependerem e
se emendarem, teu Senhor os julgará com clemência e
compaixão. ◊119

Abraão era uma nação obediente a Deus e um homem de
fé pura, e não era um idólatra.[7] ◊120

Agradecia os favores de Deus. E Deus o elegeu e o guiou na
senda da retidão. ◊121

E concedemos-lhe bens neste mundo. E no outro, estará
entre os justos. ◊122

Depois, inspiramos-te: "Segue a religião de Abraão, um
homem de fé pura, que não era um dos idólatras." ◊123

O sábado foi instituído contra aqueles que disputavam a seu
respeito. Teu Senhor julgar-lhes-á as divergências no dia da
Ressurreição. ◊124

Convida à senda de teu Senhor com sabedoria e uma suave
exortação, e discute com brandura. Teu Senhor sabe quem
está no caminho certo e quem está no caminho errado. ◊125

Se tiverdes que vos vingar, vingai-vos na medida em que
fostes agredidos. E se tolerardes com paciência, melhor
será para vós. ◊126

Sê paciente. Contudo, só poderás sê-lo com a ajuda de Deus.
E não te aflijas por eles. E não te preocupem suas
maquinações. ◊127

Deus está com os piedosos e os benfeitores. ◊128

17. A VIAGEM NOTURNA

Em nome de Deus, o Clemente, o Misericordioso.

Glorificado seja Aquele que, certa noite, levou seu servo da Mesquita Sagrada à distante Mesquita de Al-Aqsa, cujos arredores abençoamos, para que pudéssemos mostrar-lhe alguns de Nossos sinais. Deus ouve tudo e vê tudo. ◊1

E havíamos concedido o Livro a Moisés, uma orientação para os filhos de Israel: "Não adoteis protetor algum fora de Mim!" ◊2

Eles eram os descendentes daqueles que embarcaram com Noé, um servo agradecido. ◊3

E no Livro, havíamos decretado aos filhos de Israel: "Duas vezes, ireis corromper a terra e vos encher de orgulho." ◊4

Depois, quando se cumpriu a primeira dessas previsões, suscitamos contra vós escravos Nossos, homens de grande poder, que penetraram em vossas casas. Promessa cumprida! ◊5

Depois, permitimo-vos vingança contra eles, e fortalecemo-vos com bens e filhos, e tornamo-vos mais numerosos. ◊6

E dissemo-vos: "Se praticardes o bem, vós próprios sereis os beneficiados, e se praticardes o mal, vós próprios sereis os prejudicados." Depois, quando se cumpriu a segunda previsão, mandamos novamente Nossos servos para humilharem vossos rostos e violarem o templo, como haviam feito da primeira vez, e destruírem tudo quanto lhes chegasse às mãos. ◊7

Possa vosso Senhor apiedar-se de vós. Mas, se reincidirdes, reincidiremos. E faremos da Geena a prisão dos descrentes. ◊8

Em verdade, este Alcorão encaminha os homens para a senda mais reta e anuncia recompensas aos crentes que praticam o bem ◊9

E um castigo doloroso aos que não acreditam no Além. ◊10

O homem reza pelo mal como reza pelo bem. E ele está
sempre apressado. ◊11

E fizemos da noite e do dia dois sinais. Depois, envolvemos a
noite com trevas, e fizemos do dia uma luz para que
pudésseis aproveitar a liberalidade de vosso Senhor e
calcular as estações e os anos. E todas as coisas, detalhamos
com clareza. ◊12

E no pescoço de cada homem, prendemos seu pássaro de
augúrio. E no dia da Ressurreição, apresentar-lhe-emos
um livro aberto: ◊13

"Lê teu livro: hoje, basta tua alma para te pedir contas." ◊14

Quem seguir o caminho da retidão, fá-lo-á em seu benefício;
e quem se desencaminhar é a si mesmo que se prejudicará.
Nenhuma alma carregará o fardo de outra alma. E jamais
castigamos um povo sem antes lhe enviar um Mensageiro. ◊15

E quando queremos destruir uma cidade, dirigimos Nossas
ordens a seus habitantes abastados, e eles praticam a
perversidade. Então, a Palavra é pronunciada. E Nós a
demolimos inteiramente. ◊16

Quantas gerações exterminamos desde Noé! Basta teu Senhor,
dos pecados de Seus servos conhecedor e observador. ◊17

Àqueles que preferem esta vida transitória apressamo-Nos
em dar o que desejamos a quem desejamos. Depois,
destinamos-lhes a Geena, onde, condenados e execrados,
serão queimados no fogo. ◊18

E aqueles que preferem a vida eterna e se esforçam por
merecê-la, sendo crentes, seus esforços serão
recompensados. ◊19

A todos, a esses e àqueles, agraciamos com as dádivas de teu
Senhor. As dádivas de teu Senhor não são confinadas. ◊20

Observa como preferimos alguns dentre eles aos outros; mas
é no Além que será a preferência mais marcada. ◊21

Não associes a Deus qualquer outro deus: serias aviltado e
desamparado. ◊22

Vosso Senhor mandou-vos não adorarem senão Ele e serem
bondosos para com os pais. Se um deles ou ambos

atingirem a velhice a teu lado, não os maltrates nem os
repreendas, mas dirige-lhes palavras generosas. ◊23

E, por compaixão, abaixa-te diante deles com humildade e
dize: "Senhor meu, sê misericordioso para com eles como
o foram para comigo desde pequenino." ◊24

Vosso Senhor bem sabe o que tendes na alma. Se sois justos,
Ele sempre perdoa aos que voltam para Ele, contritos. ◊25

E dá a cada parente o que lhe for devido. E ao necessitado, e
ao viajante. E nunca esbanjes: ◊26

Os esbanjadores são irmãos dos demônios, e o demônio foi
sempre ingrato para com seu Senhor. ◊27

Se, contudo, tiveres que te afastar deles à procura da esperada
misericórdia de teu Senhor, dirige-te a eles mansamente. ◊28

Acabarias censurado e desapossado. ◊29

Teu Senhor derrama os bens sobre quem Lhe apraz e os
restringe quando Lhe apraz. Ele conhece e observa Seus
servos. ◊30

E não mateis vossos filhos por temor à indigência! Nós os
proveremos, e a vós. Matá-los é um grande pecado. ◊31

E não vos aproximeis do adultério. É uma ignomínia e um
mau caminho. ◊32

E não mateis os seres que Deus proibiu matar, exceto com
justo motivo. Quem for morto injustamente, damos
poderes a seu parente mais próximo para vingá-lo: que não
se exceda, e será vitorioso. ◊33

E não vos aproximeis dos bens do órfão, a não ser da maneira
mais equitativa, até que atinja sua plenitude. E honrai
vossos compromissos. Sois responsáveis por eles. ◊34

E quando medis, medi com retidão e usai balanças corretas.
É mais justo assim e de melhores consequências. ◊35

E não sigas o que ignoras: o ouvido, a vista e o coração
também serão interrogados. ◊36

E não caminhes com jactância: pois jamais fenderás a terra e
jamais atingirás a altura das montanhas. ◊37

Em tudo isso há um mal detestável aos olhos de teu Senhor. ◊38

Essa é parte da sabedoria que teu Senhor te revela. E não associes outro deus a Deus: serias jogado no inferno, aviltado. ◊39

Que dizeis? Teria vosso Senhor agraciado-vos com filhos varões e tomado para si fêmeas entre os anjos? Proferis assim alegações monstruosas. ◊40

Temos reiterado essas verdades no Alcorão para que se lembrem. Mas eles só têm ficado mais cheios de aversão. ◊41

Dize: "Se houvesse outros deuses com Ele, conforme repetem os idólatras, não teriam procurado um caminho até o detentor do trono? Não raciocinais?" ◊42

Exaltado seja muito, muito acima dos que Lhe atribuem! ◊43

Glorificam-No os sete céus e a terra e todos os que estão neles. Nada existe que não Lhe dirija louvores. Mas vós não compreendeis esses louvores. E Ele é perdoador e compassivo. ◊44

Quando recitas o Alcorão, erguemos uma cortina invisível entre ti e os que não acreditam no Além. ◊45

E estendemos cobertas sobre seus corações e colocamos um peso nos seus ouvidos para que não o compreendam. E quando, no Alcorão, mencionas só teu Senhor afastam-se, entediados. ◊46

Bem sabemos com que intenção te escutam quando te escutam. E quando conversam entre si, os prevaricadores dizem: "Vós seguis um homem enfeitiçado." ◊47

Olha as comparações que fazem a teu respeito! Desviam-se, e nunca encontrarão o caminho. ◊48

E dizem: "Quando formos ossos e pó, ressuscitaremos mesmo com novos corpos?" ◊49

Dize: "Ainda que fôsseis pedra ou ferro, ◊50

Ou qualquer outra criatura mais monstruosa em vossas mentes." Perguntarão: "Quem nos ressuscitará?" Responde: "Aquele mesmo que vos criou da primeira vez." Então, abanarão a cabeça para ti e perguntarão: "Quando?" Responde: "Talvez breve. ◊51

No dia em que Ele voz chamar, atendereis, glorificando-O. E pensareis que permanecestes pouco tempo nos túmulos." ◊52

E dize a Meus servos que falem com brandura porque o demônio se ingere entre eles. O demônio tem sido para o homem um inimigo declarado. ◊53

Vosso Senhor vos conhece bem. Se quiser, compadecer-se-á de vós e se quiser, castigar-vos-á. E Nós não te enviamos como guardião sobre eles. ◊54

E teu Senhor conhece os que estão nos céus e na terra. E nós preferimos alguns Profetas a outros. E a David outorgamos os Salmos. ◊55

Dize: "Apelai para aqueles que deificais em vez d'Ele. Não possuem o poder nem de afastar as desgraças de vós nem de mudá-las." ◊56

Esses para quem apelam estão eles próprios procurando meios para se aproximarem de seu Senhor e solicitam Sua misericórdia e temem Seu castigo. O castigo de teu Senhor é algo que deve ser evitado. ◊57

Não existe cidade alguma que não vamos destruir antes do dia da Ressurreição ou à qual não vamos impor um duro castigo. Está tudo escrito no Livro. ◊58

Nada Nos impede de enviar Nossos sinais, salvo que os antigos os consideraram mentiras. Mandamos aos Samud a fêmea de um camelo como sinal visível. Mas eles a maltrataram. Nós só enviamos Nossos sinais para amedrontar. ◊59

E quando te dissemos: "Com certeza, teu Senhor cerca os homens", fazíamos da visão que te mostrávamos e da maldita árvore Zacum, meios para provar os homens. Procuramos incutir o temor nos seus corações; mas eles não fizeram senão aumentar em insolência. ◊60

E quando dissemos aos anjos: "Prostrai-vos ante Adão", prostraram-se, exceto Satanás, que disse: "Eu me prostrar ante quem criaste de barro!" ◊61

Disse também: "Vês esse homem que preferiste a mim? Se me concederes um prazo até o dia da Ressurreição, dominar-lhe-ei os descendentes com poucas exceções." ◊62

Deus respondeu: "Vai embora. Quem deles te seguir, a Geena será sua retribuição, uma retribuição generosa! ◊63

Incita quem puderes dentre eles com tua voz, e agrupa contra eles tua cavalaria e tua infantaria, e associa-te a eles nos bens e nos filhos, e faze-lhes tuas promessas enganadoras. ◊64

Quanto a Meus servos, não terás sobre eles poder algum." Basta-lhes teu Senhor por protetor. ◊65

Vosso Senhor é quem conduz vossos barcos no mar para que possais aproveitar Sua generosidade. Ele é misericordioso para convosco. ◊66

Quando uma aflição vos visita no mar, os que invocáveis somem, exceto Ele. Contudo, quando Ele vos salva e vos reconduz à terra, afastai-vos d'Ele. O homem é sempre ingrato. ◊67

Estais, acaso, seguros de que Ele não fará a costa soterrar-vos ou que não desencadeará uma rajada de seixos contra vós sem que possais encontrar protetor algum? ◊68

Ou estais seguros de que Ele não vos devolva ao mar e não envie uma tempestade que vos afogue por vossa ingratidão sem que possais encontrar quem promova vossa causa contra Nós? ◊69

E temos abençoado os descendentes de Adão e temo-los transportado por terra e por mar e temos-lhes concedido as boas coisas da vida e temo-los preferido a muitas de Nossas criaturas. ◊70

E no dia em que convocarmos todos os homens, cada um com o registro de suas obras, aqueles a quem seu registro for entregue na mão direita o lerão, e ninguém será lesado nem do valor de uma mecha de lampião. ◊71

E quem for cego neste mundo, será cego também no Além, e estará mais longe ainda do caminho. ◊72

Pouco faltou para que te afastassem do que te revelamos e te fizessem forjar outras revelações em Nosso nome. Então, ter-te-iam tomado por amigo. ◊73

E se não te tivéssemos fortalecido, ter-te-ias inclinado um pouco para eles. ◊74

Então, far-te-íamos provar o duplo da vida e o duplo da
morte. E não terias encontrado um aliado contra Nós. ◊75

E pouco faltou também para que te fizessem abandonar tua
terra. Porém eles não permaneceriam lá por muito tempo
depois de ti. ◊76

Esse foi Nosso comportamento para com os Mensageiros que
enviamos antes de ti, e não encontrarás desvio algum em
Nosso comportamento. ◊77

Recita a oração ao pôr do sol, à caída da noite e na aurora.
A oração da aurora tem testemunhas. ◊78

Reza também durante a noite: uma obrigação adicional pela
qual teu Senhor talvez te eleve a uma posição honrosa. ◊79

E dize: "Senhor, concede-me saída condigna deste mundo e
entrada condigna no outro. E sustenta-me com Teu poder." ◊80

E dize: "A verdade chegou; a falsidade desvaneceu-se.
A falsidade está destinada a desvanecer-se." ◊81

E o que revelamos no Alcorão é uma cura e uma bênção para
os crentes; mas aos prevaricadores só apressa a ruína. ◊82

E quando cumulamos o homem, vira as costas e se afasta; e
quando o mal toca nele, ei-lo desesperado. ◊83

Dize: "Cada um age segundo sua índole. Vosso Senhor bem
sabe quem está no melhor caminho." ◊84

E interrogar-te-ão sobre o espírito. Dize: "O espírito está sob o
comando de Deus. E vós recebestes poucos conhecimentos." ◊85

Se quiséssemos, poderíamos retirar o que te revelamos; e não
encontrarias ninguém para defender-te contra Nós. ◊86

Mas teu Senhor é misericordioso para contigo: Sua bondade
foi sempre grande. ◊87

Dize: "Ainda que os homens e os djins se reúnam para
produzir um Alcorão igual a este, jamais o conseguirão,
nem mesmo ajudando-se uns aos outros." ◊88

Demos aos homens neste Alcorão exemplos de toda a espécie;
mas a maioria deles só se comprazem em negar. ◊89

E disseram: "Não acreditaremos em ti até que faças brotar um
manancial da terra diante de nossos olhos, ◊90

Ou até que possuas um jardim de tamareiras e parreiras e
faças brotar nele rios abundantes, ◊91
Ou até que faças cair sobre nós, como pretendes, o céu em
pedaços, ou até que nos mostres Deus e os anjos face a face, ◊92
Ou até que tenhas uma casa de ouro ou que subas ao céu; e só
acreditaremos que a ele subiste se nos trouxeres de lá um
livro que possamos ler." Dize: "Glorificado seja meu Senhor!
Quem sou eu senão um mortal, um Mensageiro?" ◊93
Nada impede os homens de crer quando a luz os ilumina
senão esta reflexão: "Mandaria Deus um homem como
Mensageiro?" ◊94
Dize: "Se houvesse anjos na terra a andar tranquilamente,
ter-lhes-íamos enviado do céu um anjo como Mensageiro." ◊95
Dize: "Basta Deus por testemunha entre nós e vós.
Ele conhece e observa Seus servos. ◊96
Quem Deus guia, é bem-guiado; e quem Deus desencaminha,
não encontrarás, fora d'Ele, protetores que o protejam.
E no dia da Ressurreição, reuni-los-emos, prostrados sobre
os rostos, cegos, mudos, surdos. A Geena será sua morada.
Cada vez que suas chamas se enfraquecerem,
reavivá-las-emos. ◊97
Tal será seu castigo por negarem Nossos sinais e dizerem:
"Quando formos ossos e pó, seremos ressuscitados numa
nova criação?" ◊98
Não veem que Deus, que criou os céus e a terra, é capaz de
criar outras criaturas iguais a eles e fixar-lhes um termo
imutável? Os iníquos só sabem negar. ◊99
Dize: "Se fôsseis detentores dos tesouros da misericórdia de
meu Senhor, vós os trancaríeis por medo de gastar.
O homem foi sempre mesquinho." ◊100
Trouxemos a Moisés nove sinais manifestos. Pergunta aos
filhos de Israel como Moisés veio ter com eles, e o Faraó
disse-lhe: "Acho, ó Moisés, que és um enfeitiçado." ◊101
E Moisés respondeu: "Bem sabes que ninguém enviou esses
sinais senão o Senhor dos céus e da terra como provas
evidentes. Acho, ó Faraó, que és um amaldiçoado." ◊102

E o Faraó quis aterrorizá-los para que saíssem do país, e Nós
o afogamos com todos os que estavam com ele. ◊103
E após ele, dissemos aos filhos de Israel: "Habitai esta terra.
Quando for cumprida a promessa da outra vida,
chamar-vos-emos todos juntos." ◊104
Com a verdade, enviamos o Alcorão; com a verdade, ele
desceu. E Nós só te mandamos para divulgar as boas-novas
e advertir. ◊105
E dividimos o Alcorão em seções para que o recites, por
intervalos, aos homens. E o fizemos descer gradualmente. ◊106
Dize: "Crê nele ou não creias! Os que receberam o saber
antes dele, quando lhes é recitado, caem sobre os rostos e se
prostram. ◊107
E dizem: 'Glorificado seja nosso Senhor! A promessa de nosso
Senhor foi cumprida.' ◊108
E prostram-se sobre a face e choram, e assim aumenta-lhes a
humildade." ◊109
Dize: "Chamai-O Deus ou chamai-O o Clemente, a Ele
pertencem os nomes mais belos." E profere tua oração em
voz nem muito alta nem muito baixa. Procura um caminho
intermediário. ◊110
E dize: "Louvado seja Deus que não tomou a Si um filho nem
tem associados no remo, e não precisa de protetor."
E exalta-lhe a grandeza. ◊111

18. A GRUTA

Em nome de Deus, o Clemente, o Misericordioso.
Louvado seja Deus que fez descer sobre Seu servo o Livro no
qual não há tortuosidade alguma, ◊1
Um livro reto, no qual há ameaças e um anúncio de boas
recompensas para os crentes que praticam o bem – ◊2
Recompensas das quais gozarão eternamente – ◊3

E uma advertência aos que dizem: "Deus tomou um filho para Si." ◊4

Estes não possuem conhecimento algum, nem eles nem seus pais. Enorme essa palavra que sai de suas bocas! O que proferem é mentira. ◊5

Talvez chegues a te matar de pena por eles se não acreditarem nesta revelação. ◊6

Fizemos do que está na terra ornamentos para a terra a fim de experimentar os homens e saber quem deles obra melhor ◊7

Mas reduziremos à aridez tudo quanto existe sobre ela ◊8

Ou pensas que os companheiros da gruta e de Ar-Raquim constituíam um prodígio entre Nossos sinais? ◊9

Quando os jovens se refugiaram na gruta, disseram: "Senhor nosso, concede-nos misericórdia e inspira-nos maturidade para sairmos de nossa provação." ◊10

Então, tapamos-lhes os ouvidos na gruta por muitos anos. ◊11

Depois, despertamo-los para que pudéssemos verificar qual dos dois grupos saberia melhor calcular o tempo passado lá. ◊12

Narrar-te-emos a sua história verídica. Eram jovens que criam em seu Senhor; e Nós lhes havíamos aumentado a clarividência. ◊13

E lhes havíamos fortalecido o coração quando se levantaram e declararam: "Nosso Senhor é o Senhor dos céus e da terra. Jamais apelaremos para deus algum em vez d'Ele: diríamos uma tolice. ◊14

E esse nosso povo adotou outros deuses em vez d'Ele, sem ter prova alguma de sua divindade. E haverá pior prevaricador do que aquele que calunia Deus?" ◊15

E inspiramos-lhes: "Quando vos separardes dos vossos e do que eles adoram em vez de Deus, refugiai-vos na gruta. Deus vos agraciará com Sua misericórdia e vos encaminhará para uma boa saída." ◊16

E poderias ter visto o sol afastar-se da gruta pela direita quando se levantava e deslizar pela esquerda quando se punha, não atingindo o espaço que ocupavam. Esse era

um dos sinais de Deus. Aquele que Deus guia é
bem-guiado; e aquele que Deus desencaminha, não
encontrarás para ele nem protetor nem guia. ◊17

E terias pensado que estavam acordados quando estavam
dormindo. E Nós os virávamos para a direita e para a
esquerda, enquanto seu cão dormia, patas estendidas, na
entrada da gruta. Se os tivesses visto, terias fugido deles,
aterrorizado. ◊18

E despertamo-los para que se interrogassem entre si.
Perguntou um deles: "Quanto tempo ficastes aqui?"
Responderam: "Um dia, ou parte de um dia." E disseram:
"Vosso Senhor sabe melhor quanto permanecestes. Enviai
um de vós à cidade com vosso dinheiro a fim de procurar
os melhores alimentos e trazer-vos uma porção deles; e que
tenha o cuidado de não revelar vosso paradeiro. ◊19

Pois se vos descobrissem, apedrejar-vos-iam ou vos
obrigariam a reintegrar sua religião. E seria vossa ruína." ◊20

E Nós fizemos com que fossem descobertos para que
soubessem que a promessa de Deus é verídica e que a Hora
é inelutável. E quando os habitantes da cidade discutiam
seu caso, uns diziam: "Levantai uma construção por cima
deles. Seu Senhor é mais bem informado do que vós a seu
respeito." Retrucaram aqueles cuja opinião prevaleceu:
"Erijamos um templo por cima deles." ◊21

Alguns dirão: "Eram três, e seu cão era o quarto." Outros,
procurando adivinhar o desconhecido, dirão: "Eram cinco,
e seu cão era o sexto." E dirão: "Eram sete, e seu cão era o
oitavo." Dize: "Só meu Senhor conhece-lhes o número:
o que poucos conhecem." Não discutas, pois, a seu
propósito senão superficialmente, e não interrogues
ninguém de sua seita a seu respeito. ◊22

E nunca digas de coisa alguma: "Sim, fá-la-ei amanhã", ◊23

Sem acrescentar: "Se Deus permitir." E quando te esqueceres,
lembra-te de teu Senhor e dize: "Talvez meu Senhor me
encaminhe ao que é mais próximo da retidão." ◊24

E permaneceram na gruta trezentos anos, e mais nove. ◊25

Dize: "Deus sabe melhor quanto tempo permaneceram. A Ele
pertence o mistério dos céus e da terra. E como vê! E como
ouve! Não existe, fora d'Ele, protetor algum. E Ele não
associa ninguém a Seu mando." ◊26

E recita o que te foi revelado do Livro de teu Senhor.
Imutáveis são Suas palavras. E fora d'Ele, nunca acharás
amparo. ◊27

E une-te aos que invocam seu Senhor pela manhã e à tarde,
procurando o Seu rosto. E não distraias os olhos deles
à procura dos encantos da vida terrena. E não obedeças
àqueles cujos corações tornamos incapazes de se lembrar
de Nós e seguem suas paixões, e cuja conduta é feita de
excessos. ◊28

Dize: "A verdade emana de vosso Senhor. Quem quiser, que
creia; e quem quiser, que renegue." E Nós preparamos para
os iníquos um Fogo que os circundará como as paredes de
uma tenda. Quando implorarem por água, receberão água
de metal fundido. A bebida horrível! ◊29

Quanto aos que creem e praticam o bem – nunca
desperdiçamos a recompensa dos benfeitores –, ◊30

Eles entrarão nos Jardins do Éden onde correm os rios.
Lá serão enfeitados com braceletes de ouro e vestidos com
vestimentas verdes de tafetá e brocado e reclinar-se-ão em
poltronas. A bela recompensa! O feliz refúgio! ◊31

E cita-lhes o exemplo de dois homens: a um deles,
outorgamos dois vinhedos, cercados por tamareiras e
separados por searas. ◊32

Ambos os vinhedos davam sua colheita, e nunca deixavam de
produzir; e entre eles, fizemos brotar um riacho. ◊33

Assim esse homem tinha renda e, discutindo com o outro,
disse-lhe: "Sou mais rico que tu e mais poderoso entre os
homens." ◊34

E entrou no seu jardim. E, sendo iníquo para consigo mesmo,
disse: "Creio que este nunca perecerá. ◊35

Tampouco creio que a Hora chegue! Contudo, se voltar a meu Senhor, encontrarei outro jardim ainda melhor." ◊36

Respondeu o outro, discutindo: "Renegarias, acaso, Aquele que te criou, primeiro de barro e, depois, de esperma, e te modelou homem – e bem te modelou? ◊37

É Ele meu Senhor. Jamais associarei alguém a Ele. ◊38

Se, quando penetrasse no teu jardim, tivesse dito pelo menos: 'Seja feita a vontade de Deus! Não existe poder senão em Deus!' Sabes que sou menos provido que tu em bens e filhos. ◊39

Talvez meu Senhor me envie algo melhor que teu jardim e dirija contra este, do céu, um flagelo que o transforme em terra árida, ◊40

Ou que lhe afunde a água, sem que a possas recuperar." ◊41

E, de fato, suas propriedades foram arrasadas. E ele retorcia as mãos pelo que havia investido nelas. E vendo suas videiras caídas sobre as grades, dizia: "Não tivesse associado ninguém a meu Senhor!" ◊42

E não havia hoste alguma para defendê-lo contra Deus. E não foi capaz de ajudar-se a si mesmo. ◊43

Em tais provações, a proteção vem somente de Deus, o verdadeiro Senhor. Ninguém recompensa como Ele recompensa. Ninguém castiga como Ele castiga. ◊44

E cita-lhes esta alegoria: a vida terrena assemelha-se à vegetação produzida pela água que enviamos do céu; mas breve, ei-la transformada em feno que os ventos espalham. Deus tem poder sobre tudo. ◊45

As riquezas e os filhos são o ornamento da vida terrena. As boas ações que perduram são, todavia, preferíveis aos olhos de teu Senhor e valem-te maior recompensa e outras esperanças. ◊46

E lembrai-vos do dia em que obliteraremos as montanhas, e tu verás a terra como planície desértica. Naquele dia, reuniremos os homens sem esquecer um só. ◊47

Apresentar-se-ão ante teu Senhor em filas, e dir-lhes-emos: "Compareceis ante Nós como vos criamos da primeira vez. E pretendíeis que não vos chamaríamos!" ◊48

E o livro será aberto. E verás os culpados atemorizados pelo que possa conter, e dirão: "Ai de nós. Que Livro é este! Não omite coisa pequena ou grande. Está tudo registrado nele." E verão diante dos olhos tudo o que tiverem feito. Teu Senhor não será injusto para com ninguém. ◊49

E quando dissemos aos anjos: "Prostrai-vos ante Adão", prostraram-se, exceto Satanás que era um dos djins em rebelião contra seu Senhor. Ireis adotá-lo, e sua descendência, como protetores em vez de Mim, quando eles são vossos inimigos? Que desgraçada troca para os transgressores! ◊50

Não os fiz presenciar a criação dos céus e da terra nem a sua própria criação. Nunca tomaria os enganadores por assistentes. ◊51

E no dia em que Ele disser: "Chamai aqueles de quem fizestes Meus associados", chamá-los-ão, mas ninguém responderá. Pois entre eles, Nós teremos aberto um abismo. ◊52

E os pecadores verão a Geena, sabendo que nela cairiam, sem encontrar escapatória alguma. ◊53

Temos exposto neste Alcorão toda espécie de exemplos para os homens. Mas o homem é antes de tudo um disputador. ◊54

Ora, que impede os homens de crer e de pedir perdão a seu Senhor agora que a orientação lhes foi revelada? Desejam, acaso, o destino dos antigos? Ou desejam que o castigo os atinja de frente? ◊55

Enviamos os Mensageiros apenas para pregar e advertir. Mas os que descreem contestam, esperando refutar a verdade com o erro. E zombam de Meus sinais e de Minhas advertências. ◊56

Haverá iníquo maior do que aquele que, quando os sinais de Deus lhe são mostrados, despreza-os e esquece o que suas mãos fizeram? Nós lhes selamos o coração e tapamos-lhes

os ouvidos para que não compreendessem. Não adianta
que os chame para o caminho da retidão: nunca o seguirão. ◊57

E se teu Senhor, perdoador e misericordioso, os tratasse como
o merecem, apressar-lhes-ia o castigo. Eles, contudo, têm
um encontro marcado e dele não escaparão. ◊58

E aquelas cidades, destruímo-las quando transgrediram, mas
advertimo-las antes de as destruir. ◊59

E quando Moisés disse a seu servo: "Não descansarei até
alcançar o confluente dos dois mares, ainda que ande anos
e anos." ◊60

Depois, quando ambos atingiram o confluente, esqueceram
seu peixe, que tomou livremente o caminho do mar. ◊61

E quando seguiram mais adiante, disse a seu servo: "Traze-nos
o almoço. Cansamo-nos nesta viagem." ◊62

Respondeu o servo: "Lembras-te quando nós nos refugiamos
junto à rocha? Esqueci então o peixe – foi o demônio que
mo fez esquecer – e ele tomou o rumo do mar, de modo
quase milagroso." ◊63

Disse Moisés: "É o que estávamos procurando." E voltaram
pelo mesmo caminho. ◊64

E encontraram um de Nossos servos a quem concedemos
misericórdia e revelamos algo de Nossos conhecimentos. ◊65

Disse-lhe Moisés: "Posso seguir-te para que me ensines o que
te foi revelado da Verdade?" ◊66

Respondeu: "Não terias bastante paciência comigo. ◊67

Como suportarias aquilo de que não discernes a razão?" ◊68

Disse Moisés: "Encontrar-me-ás, se Deus permitir, paciente;
não desobedecerei a ordem alguma tua." ◊69

"Se me seguires, disse o outro, não me perguntes sobre nada
até que o mencione." ◊70

E partiram os dois. E quando entraram num barco, o homem
perfurou nele um buraco. Moisés perguntou: "Perfuraste-o
para afogar os que estão nele? Fizeste uma coisa reprovável." ◊71

Respondeu: "Não te disse que não terias paciência comigo?" ◊72

Disse Moisés: "Não me censures por algo que esquecera. E não me imponhas condições duras demais. ◇73

E partiram de novo, até que encontraram um adolescente; e o homem matou-o. E Moisés disse: "Mataste uma alma pura sem que fosse para vingar outra alma! Cometeste um ato abominável." ◇74

Respondeu: "Não te disse que não terias paciência comigo?" ◇75

Disse Moisés: "Se voltar a te interrogar sobre seja o que for, não me acompanhes mais. Tens minhas desculpas." ◇76

E partiram outra vez. E chegaram a uma cidade, e pediram hospitalidade a seus habitantes, e foram repelidos. Depois varou uma parede prestes a ruir. O homem a restaurou. Disse Moisés: "Se quisesses, exigirias um salário por esse serviço." ◇77

"É a separação entre nós", disse o homem. "Agora, revelar-te-ei a interpretação daquilo que não pudeste suportar. ◇78

Quanto ao barco, pertence a homens pobres que trabalham no mar. Quis avariá-lo porque atrás deles há um rei que se apodera de todo barco, injustamente. ◇79

Quanto ao adolescente, seus pais são crentes e receávamos que ele os oprimisse pela rebelião e a descrença. ◇80

E quisemos que seu Senhor o substituísse por outro filho melhor em pureza e sentimentos filiais. ◇81

Quanto à parede, é a propriedade de dois jovens órfãos daquela cidade. Por baixo dela, há um tesouro que lhes pertence, pois seu pai era um justo. Teu Senhor quis, portanto, que eles atingissem, primeiro, sua plenitude antes que recuperassem seu tesouro. Há em tudo isso uma misericórdia de teu Senhor. Pois nada fiz por minha iniciativa. Aí está a interpretação dos fatos que não conseguiste suportar." ◇82

E interrogar-te-ão sobre Alexandre Magno, O Bicornudo. Dize: "Contar-vos-emos algo de seus feitos." ◇83

Nós consolidamos, de fato, seu poder na terra e abrimos-lhe todos os caminhos. ◇84

E seguiu um desses caminhos. ◊85

Até que, chegando ao poente, viu o sol pôr-se numa fonte de fogo, e descobriu um povo vivendo por perto. Dissemos-lhe: "Ó Bicornudo, podes ou castigá-lo ou tratá-lo com benevolência." ◊86

Respondeu: "Os prevaricadores, castigá-los-emos; depois, voltarão para seu Senhor que os castigará ainda mais severamente. ◊87

Quanto aos que creem e praticam o bem, receberão uma bela recompensa e os trataremos com brandura." ◊88

Depois, seguiu outro caminho ◊89

Até que, chegando ao Oriente, viu o sol levantar-se sobre um povo que não havíamos protegido contra o calor. ◊90

Assim sucedeu porque sabíamos tudo a seu respeito. ◊91

Depois, seguiu outro caminho. ◊92

Até que, chegando entre as duas represas, encontrou atrás delas um povo que mal compreendia qualquer palavra. ◊93

Disseram-lhe: "Ó Bicornudo, Yajuj e Majuj corrompem a terra. Se te pagarmos um tributo, levantarás uma barreira que nos separe deles?"[8] ◊94

Respondeu: "O que meu Senhor me concedeu é preferível ao que me ofereceis. Ajudai-me, contudo, com vosso vigor, e levantarei uma barreira entre vós e eles. ◊95

Trazei-me blocos de ferro." Depois, quando tinha enchido o espaço entre as duas montanhas, disse: "Soprai!" Produzido o fogo, disse Alexandre: "Trazei-me cobre fundido para que o derrame em cima deste ferro." ◊96

E Yajuj e Majuj não puderam nem escalar a barreira nem a perfurar. ◊97

Disse então: "Essa muralha existe pela misericórdia de teu Senhor. Porém, quando a promessa de meu Senhor for cumprida, Ele a derrubará. A promessa de meu Senhor é verídica." ◊98

Naquele dia, deixá-los-emos insurgirem-se uns contra os outros. Depois, soará a trombeta, e serão todos reunidos. ◊99

Naquele dia, exporemos plenamente a Geena aos descrentes. ◊100

Cujos olhos estão hoje encobertos por um véu contra Minha recordação, e cujos ouvidos não podem ouvir. ◊101

Pensaram os descrentes tomar por protetores Meus servos em vez de Mim? Preparamos a Geena como hospedaria para eles. ◊102

Dize: "Revelar-vos-emos quem perderá mais pelas suas ações? ◊103

Serão aqueles que desperdiçaram seus esforços erradamente na vida terrena, pensando que estavam fazendo um bom trabalho? ◊104

Serão aqueles que renegaram os sinais de seu Senhor e pretenderam que nunca se encontrariam com Ele no Além." Vãs são as ações desses homens. E nenhum peso terão no dia da Ressurreição. ◊105

A Geena será sua recompensa por haverem descrido e por haverem zombado de Meus sinais e de Meus Mensageiros. ◊106

Quanto aos que creem e praticam o bem, os Jardins do Paraíso serão seu refúgio. ◊107

Lá morarão para todo o sempre, sem desejar mudança alguma. ◊108

Dize: "Se, para consignar as palavras de meu Senhor, o mar fosse tinta, o mar se esgotaria antes que se esgotem as palavras de meu Senhor. Ainda que trouxéssemos outro mar de tinta." ◊109

Dize: "Eu sou um homem como vós. Digo o que me é revelado. Quanto a vosso Deus, é o Deus único. Quem deseja encontrar seu Senhor, que pratique o bem e não Lhe associe ninguém." ◊110

19. MARIA

Em nome de Deus, o Clemente, o Misericordioso.
Caf. He. Ie. Ain. Sad. ◊1

Eis uma manifestação da misericórdia de teu Senhor para com Seu servo Zacarias: ◊2

Quando Zacarias apelou em segredo para seu Senhor, ◊3
Dizendo: "Senhor meu, os ossos em mim estão enfraquecidos,
  e minha cabeça brilha com cabelos brancos. Contudo,
  nunca fui rejeitado nos meus apelos para Ti. ◊4
Receio o que farão os parentes quando eu não existir mais.
  E minha mulher é estéril. Agracia-me, pois, com alguém
  ligado a mim. ◊5
Que seja meu herdeiro e o herdeiro da família de Jacó, e faze
  com que ele seja uma pessoa agradável, ó Senhor meu." ◊6
"Ó Zacarias, disse Deus, anunciamos-te um filho cujo nome
  será João. Não fizemos ainda um homônimo seu." ◊7
"Senhor meu, ponderou Zacarias, como terei um filho
  quando minha mulher é estéril e eu, de velhice, já estou
  caduco?" ◊8
Disse Deus: "Assim será. É coisa fácil para Mim. Não te criei,
  antes, quando nada eras?" ◊9
Pediu Zacarias: "Senhor, concede-me um sinal." E Deus: "Teu
  sinal é que ficarás mudo, embora sem defeito, durante três
  dias e três noites." ◊10
Saiu do santuário e, dirigindo-se ao povo, fez-lhe compreender
  com gestos: "Glorificai Deus pela manhã e à noite." ◊11
E dissemos a João: "Ó João, apanha o Livro com firmeza." E
  outorgamos-lhe a sabedoria, quando ainda menino, ◊12
E ternura, e pureza. E ele Nos temia, ◊13
E era bom para com seus pais, e não foi arrogante ou tirânico. ◊14
A paz esteja sobre ele no dia em que nasceu e no dia em que
  morrer e no dia em que for ressuscitado! ◊15
E menciona no Livro Maria quando se isolou de sua família
  num lugar para o Oriente. ◊16
E separou-se deles por um véu. E Nós lhe enviamos Nosso
  espírito sob a forma de um homem perfeito. ◊17
E ela disse: "Refugio-me no Misericordioso contra ti! Se temes
  a Deus, afasta-te de mim. ◊18
Disse ele: "Eu sou o Mensageiro de teu Senhor. Vim fazer-te
  dom de um filho santificado." ◊19

Disse ela: "Como terei um filho quando homem algum me tocou, e nunca deixei de ser casta?" ◊20

Respondeu: "Assim será. 'É-me fácil', disse teu Senhor. E faremos dele um sinal para os homens e uma misericórdia." ◊21

E concebeu-o, e retirou-se com ele para um lugar afastado. ◊22

E as dores do parto surpreenderam-na ao pé de uma tamareira. E disse: "Pudesse ter morrido antes deste dia e ficado uma coisa esquecida." ◊23

Mas uma voz de baixo dela chamou-a: "Não te aflijas. Teu Senhor colocou um regato a teus pés. ◊24

Sacode o tronco da tamareira. Cairão sobre ti tâmaras maduras e frescas. ◊25

Come e bebe e consola-te. E se vires alguma pessoa, dize: 'Dediquei um jejum ao Misericordioso e não falarei hoje com ninguém.'" ◊26

Depois, levou o bebê a seu povo. Disseram-lhe "Maria, cometeste um ato condenável. ◊27

Ó irmã de Arão, não era teu pai um homem mau nem era tua mãe uma libertina." ◊28

Apontou então para a criança. Retrucaram: "Como falaremos com um bebê no berço?" ◊29

Mas a criança falou: "Eu sou, na verdade, um servo de Deus. Deu-me o Livro e designou-me Profeta. ◊30

E tornou-me abençoado onde quer que me encontre, e recomendou-me a prece e o tributo dos pobres enquanto viver ◊31

E a bondade para com minha mãe. E não fez de mim um arrogante malfeitor. ◊32

E a paz esteja sobre mim no dia em que nasci e no dia em que morrer e no dia em que for ressuscitado." ◊33

Esse é Jesus, o filho de Maria: uma verdade da qual ainda duvidam. ◊34

Por que Deus teria tomado a Si um filho? Exaltado seja! Quando decreta algo, basta-lhe dizer: "Sê!" para que seja. ◊35

Deus é meu Senhor e vosso Senhor. Adorai-O. Esse é o caminho da retidão. ◊36

Depois, as seitas disputaram entre si mesmas a seu respeito.
Ai dos que descreem quando chegar o dia temível! ◊37

Como terão a vista e o ouvido apurados no dia em que
comparecerem ante Nós! Mas hoje, os prevaricadores estão
num erro evidente. ◊38

E adverte-os sobre o dia da angústia, quando Nossa sentença
será cumprida, enquanto continuam desatentos e céticos. ◊39

Nós herdaremos a terra e todos os que estão sobre ela. E para
Nós voltarão. ◊40

E menciona no Livro Abraão. Ele era um justo e um Profeta. ◊41

Quando disse ao pai: "Pai, por que adoras aquilo que não
ouve nem vê e em nada pode beneficiar-te? ◊42

Pai. Foram-me revelados conhecimentos que não te foram
revelados. Segue-me, pois: conduzir-te-ei numa senda reta. ◊43

Pai, não adores o demônio. O demônio rebelou-se contra o
Misericordioso. ◊44

Pai, receio para ti o castigo do Onipotente, e que te tornes um
aliado do demônio." ◊45

Disse o pai: "Rejeitas meus deuses, ó Abraão? Se não te
emendas, apedrejar-te-ei. Afasta-te de mim por um tempo." ◊46

"A paz esteja sobre ti, disse Abraão. Pedirei perdão para ti a
meu Senhor. Ele foi sempre bondoso para comigo. ◊47

Separo-me de vós e dos que invocais no lugar de Deus.
E apelarei para meu Senhor. Talvez ouça o meu apelo." ◊48

Quando se separou deles e dos que eles adoravam em vez de
Deus, agraciamo-lo com Isaac e Jacó; e de ambos fizemos
Profetas. ◊49

E cumulamo-los com Nossa misericórdia e demos-lhes uma
língua sublime que falava a verdade. ◊50

E menciona no Livro Moisés, que era um devoto e um
Mensageiro e um Profeta. ◊51

Chamamo-lo do lado direito do Monte Sinai e fizemo-lo
aproximar-se para um diálogo reservado. ◊52

E agraciamo-lo com seu irmão Arão, um Profeta. ◊53

E menciona no Livro Ismael. Era correto nas suas promessas
e era um Mensageiro e um Profeta. ◊54

Recomendava a seus parentes a prece e o tributo dos pobres,
e agradava a seu Senhor. ◊55

E menciona no Livro Idris, que foi um justo e um Profeta. ◊56

Elevamo-lo a um lugar alto. ◊57

Esses são os homens que Deus abençoou: são Profetas da
posteridade de Adão e dos que transportamos na arca com
Noé e da posteridade de Abraão e Israel e dos que
elegemos e guiamos. Quando os versículos do
Misericordioso lhes eram recitados, caíam prostrados e
choravam. ◊58

Depois, sucederam-lhes descendentes que negligenciaram a
oração e seguiram a luxúria. No erro estarão perdidos, ◊59

Exceto os que se arrependem e creem e praticam o bem. Esses
entrarão no Paraíso e em nada serão lesados. ◊60

Entrarão nos Jardins do Éden que o Misericordioso prometeu
a Seus servos no mundo invisível – Suas promessas são
sempre cumpridas – ◊61

Lá, não se ouve futilidade alguma, mas palavras de paz. E lá,
receberão seu sustento na madrugada e à noite. ◊62

Esse é o Paraíso que daremos em herança a Nossos servos que
forem devotos. E dirão: ◊63

"Só desceremos do céu por ordem de teu Senhor. A Ele
pertence tudo o que está diante de nós e tudo o que está
atrás de nós e tudo o que está entre os dois. Teu Senhor
nunca esquece, ◊64

O Senhor dos céus e da terra e do que está entre eles.
Adora-O e persevera na tua adoração. Conheces alguém
igual a Ele?" ◊65

O homem diz: "Quando estiver morto, serei ressuscitado?" ◊66

Não se lembra que o criamos da primeira vez quando nada
era. ◊67

Por teu Senhor! Reuni-los-emos, eles e os demônios. Depois,
fá-los-emos desfilar em volta da Geena, ajoelhados. ◊68

Depois, arrancaremos de cada seita aquele que era o mais
arrogante ante o Misericordioso. ◊69

Pois conhecemos os que mais merecem ser castigados no Fogo. ◊70

E não haverá dentre vós quem não chegue lá: essa é para vosso
Senhor coisa decretada, irrevogável. ◊71

Depois, salvaremos os piedosos e deixaremos nela os iníquos,
ajoelhados. ◊72

E quando Nossos versículos, claros, lhes forem recitados, os
descrentes perguntarão aos que creem: De nossos dois
grupos, qual ocupa melhor posição e tem mais prestígio?" ◊73

Oh! Quantas gerações, mais prósperas e de melhor aparência,
aniquilamos antes deles! ◊74

Dize: "Quem estiver no erro possa o Misericordioso
conceder-lhe um prazo até que veja o que lhe foi
anunciado: o castigo ou a Hora. Então, todos saberão
quem tem a pior posição e o exército mais fraco. ◊75

E Deus guiará ainda melhor os que são bem-guiados. As boas
ações que perduram e as sementes da retidão têm maior
mérito aos olhos de teu Senhor e têm melhor rendimento. ◊76

Reparaste naquele que rejeita Nossos sinais e diz: "Terei com
certeza bens e filhos?" ◊77

Anteviu ele o futuro? Ou estabeleceu um pacto com o
Misericordioso? ◊78

Não, não! Registraremos tudo o que diz e prolongaremos o
castigo para ele, ◊79

E herdaremos o que ele espera ter. E virá a Nós, sozinho. ◊80

E adotam deuses fora de Deus, acreditando conseguir sua
proteção e seus favores. ◊81

Não! Não! Esses deuses renegar-lhes-ão a adoração e serão
seus adversários. ◊82

Não reparaste que enviamos os demônios contra os
descrentes para que os atormentem? ◊83

Não solicites pressa para eles; contamos seus dias com
exatidão. ◊84

E o tempo chegará em que reuniremos os piedosos ante o
Senhor como uma delegação, ◊85

E empurraremos os pecadores para a Geena como um
    rebanho sequioso. ◊86

E lá não disporão de intercessão alguma, exceto os que
    tiverem uma aliança com o Misericordioso. ◊87

E dizem que o Clemente tomou para Si um filho. ◊88

Sem dúvida, haveis proferido uma enormidade. ◊89

Pouco falta para que os céus caiam em pedaços, e que a terra
    se abra, e que as montanhas desmoronem ◊90

Quando atribuem um filho ao Misericordioso. ◊91

E por que o Misericordioso tomaria a Si um filho? ◊92

Todos os habitantes dos céus e da terra são Seus servos. ◊93

Com certeza, Ele os contou e enumerou. ◊94

E no dia da Ressurreição, cada um deles se apresentará a Ele,
    sozinho. ◊95

Aos que creem e praticam o bem, o Clemente colocará o amor
    nos seus corações. ◊96

Fizemos este Alcorão fácil na tua língua para que anuncies as
    boas-novas aos piedosos e admoestes um povo duro. ◊97

Quantas gerações aniquilamos antes deles! Vês delas um só
    remanescente ou ouves-lhes sequer um murmúrio? ◊98

20. TAHA

Em nome de Deus, o Clemente, o Misericordioso. Taha. ◊1

Não te revelamos o Alcorão para tua infelicidade, ◊2

Mas para que sirva de advertência aos que temem ao Senhor. ◊3

Foi baixado por ordem d'Aquele que criou a terra e os céus
    elevados, ◊4

O Misericordioso, que se sentou no trono. ◊5

A Ele pertence tudo o que existe nos céus e na terra, e entre
    eles, e no subsolo. ◊6

Não precisas falar. Ele conhece os segredos e o que está além
    dos segredos. ◊7

Deus, não há deus senão Ele. A Ele, os nomes mais belos. ◊8

Chegou até ti a história de Moisés ◊9

Quando viu o fogo e disse a seus familiares: "Permanecei aqui. Entrevejo fogo. Talvez vos traga um tição, ou me oriente melhor à sua luz?" ◊10

Ao aproximar-se, ouviu uma voz chamá-lo: "Ó Moisés! ◊11

Sou Eu, teu Senhor. Tira as sandálias. Estás em Taua, o vale sagrado. ◊12

Eu te elegi. Escuta, pois, o que te será revelado. ◊13

Sou Eu Deus. Não há deus senão Eu. Adora-Me e recita a oração em lembrança de Mim. ◊14

A Hora se aproxima. Mas eu escolhi mantê-la em segredo para que cada alma seja recompensada conforme seu merecimento. ◊15

Não te deixes distrair dela por aqueles que nela não creem e seguem suas paixões: perecerias. ◊16

Que seguras na mão direita, ó Moisés?" ◊17

Respondeu: "É meu cajado, no qual me apoio. Com ele, quebro folhagem para meus carneiros. E serve-me para outros usos." ◊18

Ordenou Deus: "Deita-o fora, ó Moisés." ◊19

E Moisés lançou-o ao chão, e eis que o cajado virou uma serpente em movimento. ◊20

Deus ordenou: "Agarra-a, e nada temas: restituí-la-emos a seu primeiro estado. ◊21

E leva a mão à axila, e sairá branca, mas sem lepra. Esse será o segundo sinal. ◊22

Depois, mostrar-te-emos nossos sinais maiores. ◊23

Vai ao Faraó. Ele se excedeu." ◊24

"Senhor, alivia-me o peito, pediu Moisés, ◊25

E facilita minha tarefa, ◊26

E desata um nó na minha língua ◊27

Para que compreendam minha fala. ◊28

E dá-me um conselheiro de minha família: ◊29

Arão, meu irmão. ◊30

Fortifica-me com ele, ◊31

E associa-o à minha missão. ◊32

Para que Te glorifiquemos abundantemente. ◊33

E mencionemos Teu nome com frequência, ◊34

Pois, és quem nos observa." ◊35

Disse Deus: "Teu pedido foi atendido, ó Moisés, ◊36

Mais uma vez te agraciamos, ◊37

Quando inspiramos à tua mãe: ◊38

'Coloca-o numa arca e joga a arca nas ondas, e elas a rejeitarão à margem, e meu inimigo e seu inimigo apoderar-se-á dele'. E envolvei-te com a vigilância de Meu amor, ◊39

Foi quando tua irmã passava, e disse: 'Quereis que vos indique alguém para cuidar dele?' Assim te restituímos à tua mãe para que se consolasse e deixasse de se afligir. Mais tarde, mataste um homem. Salvamos-te, contudo, da angústia e te submetemos a várias provas. Depois, moraste durante anos entre os Medianitas. Finalmente, por determinação Minha, vieste. ◊40

E escolhi-te para Mim mesmo. ◊41

Ide, pois, tu e teu irmão, com Meus sinais e não vos esqueçais de Mim. ◊42

Ide ao Faraó, pois ele se excedeu. ◊43

E falai-lhe afavelmente: quiçá reflita, ou quiçá tema a Deus." ◊44

Disseram: "Senhor, receamos que ele nos agrida ou tiranize." ◊45

Disse Deus: "Não temais: estarei convosco a ver e ouvir, ◊46

Ide e dizei-lhe: 'Somos dois Mensageiros de teu Senhor. Deixa sair conosco os filhos de Israel e não os martirizes. Viemos a ti com um sinal de teu Senhor. A paz esteja com quem segue a luz. ◊47

Foi-nos revelado que o castigo recairá sobre quem desmentir e virar as costas e se afastar." ◊48

Perguntou o Faraó: "Quem é vosso Senhor, ó Moisés?" ◊49

Respondeu: "Nosso Senhor é quem criou todas as coisas e as governa." ◊50

"E que dizeis das gerações antigas?", perguntou o Faraó. ◊51

"Só meu Senhor possui esse conhecimento", respondeu Moisés. "Está registrado no Seu Livro. E Ele não erra nem esquece." ◊52

Ele vos deu a terra por berço e abriu nela caminhos para vós e mandou água do céu. Com ela, faz crescer todas as plantas, em pares, dizendo: ◊53

"Comei e pastoreai vossos rebanhos." Há em tudo isso sinais para os homens de discernimento. ◊54

Da terra vos criamos e para ela vos devolveremos e dela vos tiraremos outra vez. ◊55

Ao Faraó, mostramos todos os Nossos sinais; mas ele zombou deles e recusou crer, ◊56

E disse: "Vieste para nos expulsar de nossa terra com tua magia, ó Moisés? ◊57

Oporemos à tua magia, magia igual. Determina, pois, um encontro entre nós num lugar equidistante. Nem tu nem nós havemos de faltar." ◊58

Disse Moisés: "Nosso encontro será no dia do Pavesar. E que o povo se reúna ao amanhecer." ◊59

O Faraó retirou-se, reuniu seus mágicos e voltou. ◊60

Disse-lhes Moisés: "Ai de vós! Não blasfemeis contra Deus. Seu castigo vos destruiria. Decepciona-se quem blasfema." ◊61

Os homens do Faraó puseram-se então a deliberar entre si, mantendo em segredo suas decisões. ◊62

E disseram ao Faraó: "Esses dois são mágicos que querem expulsar-vos de vossa terra com seus artifícios e vos desviar de vosso caminho, que é o melhor de todos. ◊63

Reuni vossas forças e ponde-as em ordem de batalha. Quem vencer hoje será o vitorioso." ◊64

E os mágicos disseram a Moisés: "Arrojarás, primeiro, ou arrojaremos nós?" ◊65

Respondeu: "Arrojai vós." E sob o feitiço deles, pareceu a Moisés que as cordas e os cajados deles se moviam. ◊66

Moisés sentiu temor. ◊67

Mas dissemos-lhe: "Não tenhas medo. És o mais elevado. ◊68

Joga o que seguras na mão direita: devorará o que fabricaram; pois o que fabricaram é mera magia. E o mágico não ganha, aonde quer que vá." ◊69

E os mágicos prostraram-se, dizendo: "Cremos no Senhor de Arão e de Moisés." ◊70

Mas o Faraó repreendeu-os: "Credes n'Ele antes que vos autorize a fazê-lo? Como se fosse Ele vosso chefe que vos ensinou a magia! Cortarei vossas mãos e vossos pés alternados e crucificar-vos-ei nos troncos das tamareiras. Assim sabereis quem de nós castiga com maior rigor e é o mais forte." ◊71

Retrucaram: "Não te preferiremos às evidências que nos chegaram, nem a Deus que nos criou. Decreta o que decretares. Teus decretos só atingem esta vida terrena. ◊72

Cremos em nosso Senhor para que nos perdoe os pecados e a magia que nos forçaste a praticar. Deus é o melhor e o mais poderoso. ◊73

Quem comparecer diante d'Ele carregado de crimes irá para a Geena, onde nem se morre nem se vive. ◊74

E quem comparecer munido de sua fé e de suas boas ações, ocupará os lugares mais elevados, ◊75

Os Jardins do Éden nos quais correm os rios, onde morará para todo o sempre. Tal será a recompensa dos que se purificam." ◊76

E inspiramos a Moisés: "Parte à noite com Meus servos e abre-lhes um caminho seco no mar. E não temas que te alcancem." ◊77

O Faraó os perseguiu com seu exército, mas ele e seu exército foram afogados nas ondas. ◊78

Assim o Faraó desencaminhou seu povo em vez de guiá-lo. ◊79

Filhos de Israel, libertamo-vos de vosso inimigo e fizemos uma aliança convosco no flanco direito do Monte Sinai, e enviamo-vos o maná e as codornizes, dizendo-vos: ◊80

"Comei das boas coisas que vos outorgamos, sem cometer excessos, senão incorrereis na Minha ira, e quem incorrer na Minha ira estará perdido. ◊81

Perdoo, todavia, a quem se arrepender e crer e praticar o bem
e seguir a senda da retidão." ◊82

"O que te fez ultrapassar teu povo, ó Moisés?", perguntou Deus. ◊83

"Estão seguindo meus passos", respondeu Moisés, "e
apressei-me até Ti, Senhor meu, para Te agradar." ◊84

E Deus disse: "Em tua ausência, tentamos teu povo, e o
Samaritano o desencaminhou." ◊85

Moisés voltou aos seus, zangado e penalizado, e disse-lhes:
"Não recebestes de Deus promessas favoráveis?
Pareceu-vos que demoravam a ser cumpridas? Ou
quisestes chamar sobre vós a ira de Deus e por isso faltastes
a nosso encontro?" ◊86

Responderam: "Não faltamos ao encontro por nossa vontade;
mas mandaram-nos carregar os ornamentos do povo, e
nós os jogamos no fogo, e o Samaritano fez o mesmo, ◊87

Tirando em seguida dos ornamentos queimados um bezerro
que mugia. Depois, todos disseram: 'Eis vosso deus e o
deus de Moisés. Terá Moisés esquecido?'" ◊88

Podiam deixar de reparar que aquele bezerro não respondia a
seus apelos e não lhes podia ser nem útil nem prejudicial? ◊89

Arão os havia bem avisado: "Meu povo, estais sendo
enfeitiçados. Vosso Deus é o Misericordioso. Segui-me e
obedecei às minhas ordens." ◊90

Responderam: "Não o abandonaremos até que Moisés volte
para nós." ◊91

E Moisés perguntou a Arão: "Que te impediu de agir quando
viste que se desencaminhavam? ◊92

Não me querias mais seguir? Querias desobedecer às minhas
ordens?" ◊93

Respondeu Arão: "Ó filho de minha mãe, deixa de me puxar
pela barba e a cabeça. Receava que dissesses: 'Criaste
divergências entre os filhos de Israel e não escutaste minha
palavra.'" ◊94

Moisés disse: "E tu, que tens a dizer, ó Samaritano?" ◊95

Respondeu: "Vi o que não viam. Tive então o impulso de apanhar um punhado de terra das pegadas do Mensageiro e jogá-lo contra o bezerro." ◊96

Disse Moisés: "Afasta-te daqui. Teu quinhão da vida será repetir 'Não me toqueis'. E terás um encontro marcado que não falhará. Contempla teu deus a quem te dedicavas. Queimá-lo-emos e lançaremos suas cinzas ao mar." ◊97

Vosso Deus é o Deus único. Não há outro deus senão Ele. Seu saber abrange tudo. ◊98

Assim te contamos acontecimentos passados. E fizemos descer Nossa mensagem sobre ti. ◊99

Aqueles que dela se desviarem carregarão um fardo no dia da Ressurreição. ◊100

E para todo o sempre. ◊101

No dia em que soar a trombeta, os pecadores, atônitos, serão encurralados. ◊102

Sussurrarão uns aos outros: "Só dez noites permanecestes no túmulo!" ◊103

Sim! Sabemos o que dirão. Os mais graduados dirão: "Não, permanecestes apenas um dia." ◊104

E perguntar-te-ão acerca das montanhas. Dize: "Meu Deus as fará voar como pó, ◊105

E as converterá em planícies. ◊106

Onde não verás nem tortuosidade nem irregularidade." ◊107

Naquele dia, os homens seguirão o proclamador. E ninguém faltará; baixarão as vozes ante o Misericordioso, e não ouvirás senão cochichos. ◊108

Naquele dia, a intercessão só beneficiará a quem Deus permitir, e de quem Lhe agradar a palavra. ◊109

Ele sabe o que está na frente deles e atrás deles, mas eles mesmos não o sabem. ◊110

As frontes se inclinarão diante do Sempre vivo, do Absoluto, e os que planejam iniquidades serão decepcionados. ◊111

Quem praticar o bem e for crente não terá que temer a injustiça e não será lesado. ◊112

Assim revelamos o Alcorão em árabe e nele reiteramos as ameaças. Quiçá temam! Quiçá se lembrem! ◊113

Exaltado seja Deus, o verdadeiro rei. Não te apresses em recitar o Alcorão antes que se complete sua revelação. E dize: "Deus, aumenta meu saber." ◊114

Havíamos feito, no princípio, um pacto com Adão. Mas ele o esqueceu. E faltou-lhe resolução. ◊115

E quando dissemos aos anjos: "Prostrai-vos ante Adão", todos se prostraram, exceto Satanás. ◊116

Então dissemos: "Ó Adão, este é teu inimigo e o inimigo de tua mulher. Não o deixes provocar vossa expulsão do Paraíso. Serias desventurado. ◊117

No Paraíso, não sofrerás fome ou desnudamento, ◊118

Nem conhecerás a sede ou o calor incômodo." ◊119

Mas Satanás sussurrou-lhe: "Ó Adão, queres que te indique a árvore da imortalidade e de um reino que não fenece?" ◊120

Então, Adão e Eva comeram da árvore e deram-se conta das partes vergonhosas de sua nudez, e puseram-se a cobri-las com folhas do Paraíso. E Adão desobedeceu a seu Senhor e errou. ◊121

Depois, Deus aceitou-lhe o arrependimento e o guiou. ◊122

E disse: "Sai com tua mulher do Paraíso. Sereis inimigos um do outro. Enviar-vos-ei, contudo, uma mensagem, e quem a seguir não se desencaminhará, nem se afligirá. ◊123

Mas aquele que deixar de Me invocar levará uma vida de privações e, no dia da Ressurreição, apresentar-se-á, cego, diante de Nós. ◊124

Perguntará: 'Senhor, por que me fizeste comparecer cego? Eu era vidente.' ◊125

Deus responderá: 'Recebeste Nossas revelações e as esqueceste. Da mesma forma, serás hoje esquecido.'" ◊126

Assim castigamos quem se exceder e descrer em Nossas revelações. Mas o castigo do Além é mais severo e mais duradouro. ◊127

Não tiram uma lição das gerações passadas que aniquilamos,
nas pegadas das quais eles caminham hoje? Em tudo isso
há sinais para os homens dotados de razão. ◊128

Não fosse por uma palavra de teu Senhor, e pelo prazo
marcado, o castigo já teria sido aplicado. ◊129

Tolera, pois, o que dizem e eleva louvores a teu Senhor antes
de o sol nascer e antes de o sol se pôr, e nas horas da noite,
e no começo e no fim do dia. E sê feliz. ◊130

E não cobices as delícias da vida terrena que concedemos a
certos casais dentre eles para tentá-los e comprová-los.
Os bens de teu Senhor são melhores e mais duráveis. ◊131

E recomenda aos teus a oração, e observa-a com diligência.
Nós não te pedimos sustento. Somos Nós que te
sustentamos. Bendito será o fim dos piedosos. ◊132

Dizem: "Por que ele não nos traz uma prova de seu Senhor?"
Será que não tomaram conhecimento das provas incluídas
nas Escrituras antigas? ◊133

Se os tivéssemos castigado e aniquilado antes da vinda do
Mensageiro, teriam dito: "Senhor, por que não nos enviaste
um Mensageiro? Teríamos seguido Teus sinais em vez
de sermos humilhados e envergonhados." ◊134

Dize: "Cada qual está esperando. Esperai, pois. Breve sabereis
quem seguiu na senda reta e quem foi bem-guiado." ◊135

21. OS PROFETAS

Em nome de Deus, o Clemente, o Misericordioso.

Aproxima-se para os homens a prestação de contas. Mas eles
estão desatentos e entregues a outras preocupações. ◊1

Cada vez que lhes chega a mensagem, renovada, de seu
Senhor, escutam-na brincando, ◊2

O coração distraído, enquanto os prevaricadores confabulam
entre si contra o Mensageiro: "Não é ele um homem como
vós? Entregar-vos-íeis à magia quando tendes olhos para ver?" ◊3

E ele lhes respondeu: "Meu Senhor sabe o que é dito nos céus
e na terra. Ele ouve tudo e sabe tudo." ◊4

Disseram mais: "Amontoado de quimeras! Na realidade, foi
ele que inventou esse Alcorão. É um poeta. Senão que nos
traga um sinal como os que foram enviados aos antigos." ◊5

Nunca, antes deles, fizemos perecer uma cidade que tivesse fé.
Acreditarão eles agora? ◊6

Nunca, antes de ti, enviamos senão homens a quem fazíamos
Nossas revelações – perguntai aos portadores da
mensagem se não sabeis – ◊7

E nunca os dotamos de corpos que pudessem prescindir de
alimentos. Nem eram imortais. ◊8

E cumprimos Nossas promessas para com eles: salvamos os
que quisemos e aniquilamos os que se excediam. ◊9

Agora, enviamo-vos um Livro que encerra a mensagem. Não
compreendeis? ◊10

Quantas nações que prevaricavam, destruímos, criando outros
povos após elas. ◊11

Quando pressentiam Nosso rigor e fugiam dele
precipitadamente, nossos anjos diziam-lhes: ◊12

"Não fujais! Voltai antes a vosso luxo e a vossas moradas.
Sereis interrogados!" ◊13

Respondiam: "Ai de nós! Fomos prevaricadores." ◊14

E continuaram a lamentar-se até que fizemos deles como
trigo ceifado. ◊15

Não foi para brincar que criamos o céu e a terra e tudo
quanto existe entre eles. ◊16

Se estivéssemos procurando diversão, tê-la-íamos encontrado
a Nosso alcance. ◊17

E continuaremos a lançar o certo contra o falso até que o
certo lhe esmague os miolos e que o falso seja aniquilado.
Ai de vós pelo que proferíeis. ◊18

A Ele pertencem os que estão nos céus e na terra. E os que
O cercam não se sentem diminuídos por adorá-Lo, nem se
cansam de adorá-Lo. ◊19

Glorificam-No noite e dia, sem interrupção. ◊20

Acaso, os deuses que adotaram na terra podem ressuscitar os mortos? ◊21

Se houvesse no céu e na terra outros deuses além de Deus, céu e terra estariam em desordem. Exaltado seja Deus, o Senhor do trono, acima do que descrevem! ◊22

Ele não pode ser interrogado sobre o que faz, mas eles serão interrogados. ◊23

Adotaram outros deuses no lugar d'Ele? Dize: "Trazei vossas provas. Esta é a mensagem dos que estão comigo e a dos que me precederam." Contudo, a maioria não conhece a verdade e permanece indiferente. ◊24

E nunca enviamos antes de ti Mensageiro algum sem que lhe tivéssemos revelado: "Não, não há deus senão Eu. A Mim deveis adorar." ◊25

Dizem: "O Clemente tomou para Si um filho." Exaltado seja! Seus filhos são servos honrados. ◊26

Que não falam antes d'Ele e obedecem-Lhe no que fazem. ◊27

Conhece-lhes o passado e o futuro, e eles não intercedem senão a favor de quem Ele permitir. E tremem diante de Sua majestade. ◊28

E quem dentre eles disser: "Sou deus ao lado d'Ele", será castigado na Geena como castigamos os prevaricadores. ◊29

Os que descreem não viram que os céus e a terra formavam uma só massa, cosida juntamente? Então, tiramos da água todos os seres vivos. Não acreditarão? ◊30

E colocamos montanhas sobre a terra para impedir que oscile com seus habitantes. E traçamos barrancos para servirem de caminhos. Quiçá acertem a marcha. ◊31

E fizemos do céu um teto bem protegido. Mas eles permanecem indiferentes a esses sinais. ◊32

E foi Deus quem criou a noite e o dia, o sol e a lua, cada um gravitando em sua órbita. ◊33

E nunca concedemos a imortalidade a homem algum antes de ti. Haverias tu de morrer, e seriam eles imortais! ◊34

Toda alma provará a morte. E Nós vos submeteremos às provas do bem e do mal. E para Nós voltareis. ◊35

Quando os descrentes te veem, zombam de ti: "Vede! É ele que invectiva contra vossos deuses?" Mas eles descreem da mensagem do Misericordioso. ◊36

O homem foi criado de impaciência. Com certeza, mostrar-vos-ei Meus sinais. Não Me apresseis. ◊37

E perguntam: "Para quando é essa ameaça se o que dizeis é verdadeiro?" ◊38

Pudessem os descrentes saber como o fogo os castigará, no rosto e nas costas, sem que ninguém os socorra! ◊39

Ele os invadirá, consumindo-os sem interrupção e sem alívio. ◊40

Outros Mensageiros foram escarnecidos antes de ti. E os que riram deles foram atingidos pelos flagelos de que zombavam. ◊41

Pergunta: "Quem vos poderá proteger, noite e dia, do Misericordioso?" Assim mesmo, continuam desatentos à mensagem de seu Senhor, o Poderoso, o Dominador. ◊42

Ou possuem deuses capazes de defendê-los contra Nós? Esse são incapazes de defender-se a si mesmos. E não estão a salvo de Nós. ◊43

Concedemos a esses homens e a seus pais o gozo deste mundo até uma idade avançada. Não repararam, pois, como estamos conquistando a terra, reduzindo-a em suas extremidades? São, acaso, eles os vitoriosos? ◊44

Dize: "Eu só vos advirto pela revelação." Mas os surdos nunca ouvem o apelo quando são advertidos. ◊45

Se forem aflorados por um sopro do castigo de teu Senhor, dirão com certeza: "Ai de nós. Fomos prevaricadores." ◊46

Instalaremos balanças certas para o dia da Ressurreição, e nenhuma alma será lesada, fosse do peso de um grão de mostarda. Basta dizer que seremos Nós os contadores. ◊47

Enviamos a Moisés e a Arão o discernimento, e a luz, e uma mensagem para os piedosos ◊48

Que temem a seu Senhor, sem O precisarem ver, e estão apavorados pela Hora. ◊49

E este Alcorão é uma mensagem abençoada que fizemos descer. Ireis rejeitá-lo? ◊50

Fomos Nós que demos a Abraão sua retidão – pois já o conhecíamos – ◊51

Quando perguntou a seu pai e a seu povo: "Que são essas estátuas às quais estais apegados?" ◊52

Responderam: "Nossos antepassados as adoravam." ◊53

Replicou: "Vós e vossos antepassados tendes estado num erro evidente." ◊54

Perguntaram: "Acaso trazes-nos a verdade ou te divertes conosco?" ◊55

Respondeu: "Não! Foi vosso Senhor, o Senhor dos céus e da terra, quem as criou. Eu sou uma das testemunhas. ◊56

Por Deus! Armarei um ardil contra vossos ídolos assim que tiverdes voltado as costas." ◊57

Reduziu-os a pedaços, com efeito, menos o maior dentre eles, persuadido que voltariam a ele. ◊58

Reclamaram: "Quem fez isso com nossos deuses é um dos prevaricadores." ◊59

Disseram-lhes: "Ouvimos um jovem fazer menção deles. Chama-se Abraão." ◊60

Pediram: "Trazei-o e apresentai-o ao povo. Haverá testemunhas contra ele." ◊61

Perguntaram-lhe: "Foste tu que fizeste isso com nossos deuses, ó Abraão?" ◊62

Respondeu: "Foi antes esse seu maioral. Perguntai-lhes, se é que falam." ◊63

Voltaram-se para si mesmos e confessaram: "Somos nós mesmos os iníquos." ◊64

Depois, entraram em confusão: "Tu bem sabes que esses não falam." ◊65

Replicou: "E vós adorais, em vez de Deus, quem não vos pode nem beneficiar nem prejudicar? ◊66

Fora convosco e com os que adorais em lugar de Deus! Não compreendeis?" ◊67

Disseram: "Queimai-o! E socorrei vossos deuses." ◊68

E Nós dissemos: "Ó fogo, sê sobre Abraão frescor e proteção." ◊69

Quiseram perdê-lo com um ardil, e fizemos deles os maiores perdedores. ◊70

E salvamo-lo, assim como Lot, conduzindo-o para a terra que abençoamos entre todas as terras. ◊71

E agraciamo-lo, por acréscimo, com Isaac e Jacó, fazendo deles dois justos. ◊72

E designamo-los líderes que guiariam os outros por Nossa ordem. E inspiramos-lhes a prática das boas ações, a observância das preces e o pagamento do tributo dos pobres. E eles Nos adoraram. ◊73

E Lot – a ele concedemos julgamento e ciência, e salvamo-lo da cidade pervertida, cujos habitantes eram pecadores depravados – ◊74

Recebemo-lo em Nossa misericórdia. Ele era um dos justos. ◊75

E Noé, quando, no passado, lançou seu apelo! Atendemo-lo e salvamo-lo, com sua família, da grande angústia, ◊76

E socorremo-lo contra aqueles que desmentiam Nossos sinais. Eram mesmo um povo de perversos. Afogamo-los todos. ◊77

E David e Salomão, quando julgavam o caso de um campo cultivado onde carneiros alheios haviam pastado à noite. Assistimos a seu julgamento. ◊78

E ajudamos Salomão a compreender a causa. E a cada um, concedemos sabedoria e ciência. E submetemos a David as montanhas e os pássaros para glorificarem com ele o Senhor. Tudo isso fizemos Nós. ◊79

E ensinamos-lhe a arte de fazer couraças para vos proteger de vossa própria violência. Sois reconhecidos? ◊80

E a Salomão submetemos o vento tempestuoso que correu, por suas ordens, até a terra que abençoamos. Tínhamos conhecimento de tudo. ◊81

E submetemos-lhe demônios que, para ele, mergulhavam no
mar e efetuavam outros trabalhos. E Nós os vigiávamos. ◊82

E Jó, quando apelou para seu Senhor: "O mal me atingiu, e
Tu és o mais misericordioso dos misericordiosos." ◊83

Atendemo-lo e libertamo-lo do mal e devolvemos-lhe a
família, e mais outra igual: uma misericórdia Nossa e uma
exortação para os adoradores. ◊84

E Ismael e Idris e Ezequiel: todos eram perseverantes. ◊85

Acolhemo-los em Nossa misericórdia. Pois são justos. ◊86

E Jonas quando partiu, irado, pensando que nada poderíamos
contra ele. Depois, nas trevas, declarou: "Não há deus
senão Tu. Glorificado sejas! Eu era um dos iníquos." ◊87

Atendemo-lo e libertamo-lo da angústia. Assim salvamos os
crentes. ◊88

E Zacarias, quando apelou para seu Senhor: "Senhor meu,
não me deixes sozinho: Tu és o melhor dos herdeiros." ◊89

Atendemo-lo e agraciamo-lo com João e curamos-lhe a
esposa. Eles competiam entre si nas boas ações, e
invocavam-Nos por anelo e temor. E inclinavam-se diante
de Nós. ◊90

E aquela que protegeu sua virgindade, e Nós sopramos nela
de Nosso espírito e dela e de seu filho Jesus fizemos um
sinal para os mundos. ◊91

E dissemos a todos: "Sim, vossa nação é uma só nação, e Eu
sou vosso Senhor. Adorai-Me." ◊92

Mas desuniram-se. Assim mesmo, todos para Nós voltarão. ◊93

Quem praticar o bem, sendo crente, seus esforços não serão
rejeitados, e Nós próprios os registraremos. ◊94

Vedado está aos habitantes de toda cidade que destruímos a
ela voltarem ◊95

Até o dia em que Yajuj e Majuj sejam soltos e, então, desçam
por todas as vertentes. ◊96

O termo prometido aproxima-se. E eis que os olhares dos
que não creem se fixam: "Ai de nós! Estávamos distraídos
deste dia. Pior, éramos prevaricadores." E uma voz lhe dirá: ◊97

"Vós e os que adoráveis em vez de Deus sereis a lenha da
Geena, que já está à vista." ◊98

Se esses que adorais em vez de Deus fossem deuses, não
entrariam na Geena e não permaneceriam nela para todo o
sempre. ◊99

Lá, eles se lamentarão e gemerão, e serão surdos por tanto
sofrer. Duvidais? ◊100

Só permanecerão afastados dela aqueles que Nós tivermos
abençoado. ◊101

Esses não ouvirão os sibilos do fogo, e todos os seus desejos
serão atendidos, e no Paraíso morarão para todo o sempre. ◊102

A grande aflição ser-lhes-á poupada. Os anjos os acolherão:
"Eis vosso dia que vos era prometido." ◊103

Naquele dia, enrolaremos o céu como se enrola um
pergaminho. E como iniciamos a primeira criação,
iniciaremos a segunda. Uma promessa que Nos liga, e que
executaremos. ◊104

Nos salmos já escrevemos: "A terra será herdada por Meus
Servos virtuosos." ◊105

Essa é uma comunicação para os que adoram Deus. ◊106

Nós não te enviamos senão como uma misericórdia para os
mundos. ◊107

Dize: "Eis o que me foi revelado: vosso Deus é o Deus único.
Submeter-vos-eis a Ele?" ◊108

Se virarem as costas e se afastarem, dize: "Adverti-vos a todos
por igual. E não sei se está próximo ou remoto o castigo
que vos foi anunciado." ◊109

Ele ouve a palavra pronunciada e sabe o que ocultais. ◊110

Pode haver lá mais uma prova para vós e um gozo provisório. ◊111

Dize: "Senhor, julga com equidade. Nosso Senhor é o
Clemente, cujo socorro solicitamos contra as blasfêmias
dos descrentes." ◊112

22. A PEREGRINAÇÃO

Em nome de Deus, o Clemente, o Misericordioso.

Homens, temei a vosso Senhor. O terremoto da Hora será
algo pavoroso. ◊1

No dia em que o virdes, toda mulher que amamentava se
distrairá da criança que estava amamentando, e toda
mulher grávida libertar-se-á de seu fardo. E verás os
homens ébrios, sem estarem ébrios. Mas o castigo de Deus
será terrível. ◊2

E há entre os homens quem discute sobre Deus sem
conhecimento e quem segue qualquer demônio rebelde, ◊3

Embora esteja escrito que o demônio levará à perdição quem
a ele se entregar e o conduzirá ao castigo do Fogo. ◊4

Homens, se tiverdes dúvidas sobre a Ressurreição,
lembrai-vos de que Nós vos criamos primeiro de barro,
depois de uma gota de esperma, depois de sangue
coagulado, depois de um pedaço de carne deforme, para
vos mostrar o Nosso poder. E depositamos nos úteros o
que decidimos depositar por um prazo predeterminado.
Depois, extraímo-vos, crianças, e fizemo-vos atingir vossa
plenitude. E entre vós, há os que morrem jovens, e os que
caminham até a mais abjeta idade da vida, quando, após
terem sabido algo, nada mais saberão. Da mesma forma,
vês a terra árida. Mas quando enviamos a água sobre ela,
estremece e intumesce e produz toda espécie nova de
planos. ◊5

Tudo isso porque Deus é a verdade: ressuscita os mortos e
tem poder sobre todas as coisas. ◊6

A Hora está chegando – nenhuma dúvida a esse respeito –
e Deus ressuscitará seja quem estiver no túmulo. ◊7

E entre os homens, há quem discute sobre Deus sem
conhecimento e sem orientação e sem um livro que ilumina. ◊8

E afasta-se com orgulho para desviar os outros do caminho de Deus. A ignomínia será sua neste mundo e, no dia da Ressurreição, fá-lo-emos provar o suplício do fogo, dizendo-lhe: ◊9

"Isso pelo que tuas próprias mãos perpetraram. Deus não oprime Seus servos." ◊10

E entre os homens, há quem declara adorar Deus, mas permanece sobre um fio. Se a fortuna o favorece, tranquiliza-se; se uma provação o atinge, agita-se inutilmente. E perde este mundo e o outro. ◊11

E, em vez de Deus, apela para quem não o pode nem beneficiar nem prejudicar. Esse é um erro que vai longe demais. ◊12

Apela para quem antes o prejudicaria do que o beneficiaria. E que péssimo protetor! E que péssimo amigo! ◊13

Os que creem e praticam o bem, Deus os introduzirá em jardins onde correm os rios. Deus faz o que deseja. ◊14

Quem pensa que Deus não o socorrerá nem neste mundo nem no outro, que estenda uma corda até o céu e, depois, a corte! E que veja se terá passado então o que o encolerizava. ◊15

Assim, enviamos o Alcorão em versículos claros. Deus guia quem Lhe apraz. ◊16

Com certeza. Deus separará, no dia da Ressurreição, os que creem dos judeus e sabeus e nazarenos e magos e idólatras. Deus é testemunha de tudo. ◊17

Não vês que, diante de Deus, prostram-se os que estão nos céus e na Terra e o sol e a lua e as estrelas e as montanhas e as árvores e os animais e muitos homens? Muitos, porém, merecem o castigo. Quem Deus avilta, ninguém o honra. Deus faz o que quer. ◊18

Eis dois adversários que disputam acerca de seu Senhor. Para os que descreem, serão confeccionadas roupas de fogo, e sobre suas cabeças será derramada água em ebulição ◊19

Que lhes derreterá a pele e o que tiverem nas entranhas. ◊20

E para eles, haverá clavas de ferro com ganchos. ◊21

Todas as vezes que, na sua angústia, quiserem sair do Fogo, para ele serão empurrados de novo: "Provai o castigo que queima!" ◊22

Os que creem e praticam o bem, Deus os introduzirá em jardins onde correm os rios. Lá, serão enfeitados com braceletes de ouro e pérolas; e lá suas vestimentas serão de seda. ◊23

E ensinar-lhe-ão palavras suaves e serão guiados no caminho do Glorificado. ◊24

Os que descreem e desviam os outros da senda de Deus e da Mesquita Sagrada, que destinamos a todos os homens sem distinção – tanto os que lá habitam quanto os nômades – e os que procuram violá-la impiamente, todos eles receberão um castigo doloroso. ◊25

E quando preparamos o lugar da Casa para Abraão, dizendo-lhe: "Não Me associes ninguém. E purifica Minha Casa para os que a rodeiam e para os que permanecem em pé e para os que se inclinam e os que se prostram." ◊26

Exorta todos os homens a fazerem a peregrinação: virão a ti a pé ou em toda espécie de animal de montaria. Virão de todas a ravinas profundas. ◊27

Virão para aproveitar pessoalmente as coisas que lhes são benéficas e para invocar o nome de Deus, em dias determinados, sobre os animais que Ele lhes concedeu. Dize-lhes: "Comei de sua carne e alimentai o indigente e o desventurado." ◊28

E que se libertem de sua impureza, que cumpram seus votos e que andem ao redor da Casa antiga ◊29

Quem venerar as coisas sagradas de Deus será beneficiado junto a seu Senhor. São-vos lícitos os animais, exceto o que já foi mencionado. Evitai a profanação dos ídolos e abstende-vos das palavras mentirosas. ◊30

E dedicai-vos a Deus e nada Lhe associeis. Quem associa algo a Deus, é como se caísse do céu, e as aves o arrebatassem, e o vento o jogasse em algum precipício. ◊31

E quem venerar as insígnias de Deus, estará manifestando a
piedade de seu coração. ◊32
Há nos animais benefícios para vós até o momento de seu
abate. Depois, o lugar da imolação é a Casa antiga. ◊33
A cada nação, consignamos um ritual para que invoque o
nome de Deus sobre o gado que lhe concedemos. Vosso
Deus é um Deus único. A Ele submetei-vos. E anuncia as
boas-novas aos que se humilham e se arrependem ◊34
E cujo coração estremece cada vez que é mencionado o nome
de Deus, e que suportam pacientemente o que lhes sucede,
e observam as orações, e gastam do que lhes concedemos. ◊35
E os camelos! Designamo-los para vós entre as insígnias de
Deus. São-vos benéficos. Invocai, pois, sobre eles o nome
de Deus, quando os colocardes em fila para os abaterdes.
Comei de sua carne e dai de comer aos humildes e aos
mendigos. Assim vo-los sujeitamos. Possais agradecer! ◊36
A Deus não chegarão nem sua carne nem seu sangue. Mas a
Ele chegará a vossa devoção. E Ele vo-los sujeitou para que
proclamásseis a grandeza de Deus por vos ter guiado. E
anuncia as boas-novas aos benfeitores. ◊37
Deus defenderá os que creem. Sim! Deus não ama nenhum
traidor e nenhum ingrato. ◊38
Aqueles que forem agredidos pelos idólatras terão permissão
para usar armas. Deus é capaz de socorrê-los. ◊39
Pois foram expulsos de suas casas sem justificação, só por
haverem proclamado: "Nosso Senhor é Deus." Se Deus não
tivesse defendido certos homens pela força de outros,
quantos eremitérios teriam sido destruídos, e sinagogas, e
oratórios, e mesquitas onde o nome de Deus é invocado
com frequência. Deus socorre os que O socorrem. Ele é
forte e poderoso. ◊40
Deus defenderá aqueles que, uma vez donos da terra,
observarem a oração e pagarem o tributo dos pobres e
recomendarem as coisas honradas e proibirem as coisas
condenáveis. A Deus pertence o desfecho de todas as coisas. ◊41

Se te desmentem, antes deles os povos de Noé e Aad e Samud
também desmentiram seus Mensageiros. ◊42

Assim como os povos de Abraão e de Lot, ◊43

E os companheiros de Median. Moisés também foi
desmentido. Porém, concedi uma trégua aos descrentes;
depois, apanhei-os. E qual não foi Minha repulsa! ◊44

Quantas cidades destruímos por sua iniquidade! Estão vazias,
com tetos desabados. E quantos poços e altos palácios
arrasados! ◊45

Não percorreram a terra? Não têm mentes para compreender
e ouvidos para ouvir? Na realidade, não são os olhos que
se tornam cegos: são os corações nos peitos. ◊46

E desafiam-te a apressar o castigo. Deus não faltará a Suas
promessas. Mas um dia para teu senhor é como mil anos
em vosso cálculo. ◊47

A quantas cidades concedi prazos enquanto prevaricavam.
Depois castiguei-as. E para Mim foi a sua volta. ◊48

Dize: "Homens, não sou, em verdade, para vós, senão um
admoestador fidedigno." ◊49

Os que creem e praticam o bem receberão o perdão e
recompensas generosas. ◊50

Mas os que procuram desacreditar Nossos sinais, esses serão
os herdeiros da Geena. ◊51

Jamais enviamos, antes de ti, Mensageiro ou Profeta algum
sem que o demônio procurasse misturar-lhe os desejos
com algum desejo seu. Mas Deus anula o que o demônio
planeja e confirma Suas próprias revelações. Deus é
conhecedor e sábio. ◊52

E Ele transforma as maquinações do demônio em tentações
para os corações mórbidos ou endurecidos – os
prevaricadores estão num cisma que vai longe demais – ◊53

Para que aqueles a quem foi dado o conhecimento saibam
que o Alcorão é a verdade enviada por teu Senhor e
creiam nele e humilhem o coração para Deus. Deus guia os
crentes para a senda da retidão. ◊54

Mas os que descreem continuarão a ter dúvidas sobre ele, até que a Hora os surpreenda, ou que os surpreenda o castigo do dia da desolação. ◊55

O reino, naquele dia, pertencerá a Deus, e Ele vos julgará: aqueles que tiverem crido e praticado o bem irão para o Paraíso. ◊56

E aqueles que tiverem descrido e desmentido Nossas revelações receberão um castigo humilhante. ◊57

Àqueles que emigraram pela causa de Deus e depois foram mortos ou morreram Deus dará boas provisões. Deus é o melhor dos doadores. ◊58

E Ele os introduzirá num lugar que lhes agradará. Deus é conhecedor e clemente. ◊59

Aquele que infligir um castigo igual ao mal recebido e for novamente agredido, Deus o socorrerá. Deus perdoa e absolve. ◊60

E Ele insere a noite no dia e o dia na noite, e ouve tudo e vê tudo, o Poderoso, o Sábio. ◊61

E Ele é a verdade. E o que invocam, fora d'Ele, é falsidade. Deus é o Altíssimo, o Grande. ◊62

Não vês como Deus faz descer água do céu, e a terra amanhece verde? Deus é amável, onisciente. ◊63

A Ele pertence o que está nos céus e o que está na terra. Ele é opulento, digno de louvor. ◊64

Não reparaste como Deus vos submeteu tudo quanto está na terra? Os navios deslizam sobre o mar por Sua ordem. E Ele sustenta o céu e o impede de cair sobre a terra Deus é bondoso, compassivo para com os homens. ◊65

Deu-vos a vida, depois vos dará a morte, depois vos dará a vida outra vez. O homem é certamente um ingrato. ◊66

A cada nação, prescrevemos um rito que ele deve observar. Não os deixes disputar contigo nesse ponto. E apela para teu Senhor. Estás, sem dúvida, na senda reta. ◊67

E se discutirem contigo, dize: "Deus sabe melhor o que fazeis. ◊68

E no dia da Ressurreição, Ele julgará vossas divergências." ◊69

Ignoras, acaso, que Deus sabe tudo quanto há no céu e na
terra? Está tudo registrado no Livro. Para Deus, isso é fácil. ◊70
E adoram, em vez de Deus, divindades que não receberam
d'Ele autoridade alguma e das quais nada sabem. Os
iníquos não terão protetor. ◊71
E quando Nossos versículos lhes são recitados, discernirás a
renegação sobre os rostos dos que descreem; pouco falta
para que agridam aqueles que os recitam. Dize: "Posso
anunciar-vos algo pior? O Fogo: Deus prometeu-o aos
que descreem. E que destino cheio de horror!" ◊72
Homens, foi cunhada uma parábola, escutai-a: "Aqueles para
quem apelais em vez de Deus são incapazes de criar sequer
uma mosca, ainda que se reúnam para tanto. E se uma
mosca lhes roubar algo, não o poderão resgatar. São
igualmente fracos, na verdade, o procurador e o
procurado." ◊73
Não avaliam Deus na Sua medida. Deus é forte e poderoso. ◊74
E Ele escolhe Seus Mensageiros entre os anjos e entre os
homens. E ouve tudo e vê tudo. ◊75
Deus conhece tudo o que está na frente deles e tudo o que
está atrás deles. A Ele são referidos todos os assuntos. ◊76
Ó vós que credes, ajoelhai-vos e prostrai-vos e adorai vosso
Senhor e praticai o bem. Quiçá vençais. ◊77

23. OS CRENTES

Em nome de Deus, o Clemente, o Misericordioso.
Venceram os crentes. ◊1
Que são pios nas suas orações, ◊2
E desprezam as conversas fúteis, ◊3
E dão o que é devido aos pobres, ◊4
E refreiam sua concupiscência. ◊5

Exceto com suas esposas e servas – e neste caso não são
censurados. ◊6
Aqueles que cobiçam outras mulheres, são eles os transgressores. ◊7
Quanto àqueles que respeitam os depósitos que lhes forem
confiados e os compromissos assumidos ◊8
E observam as orações, ◊9
Serão eles os herdeiros: ◊10
Herdarão o Paraíso onde morarão para todo o sempre. ◊11
Criamos o homem de barro escolhido; ◊12
Depois, consignamo-lo, gota de esperma, num repositório
seguro – Deus sabe o que faz –[9] ◊13
Depois, transformamos a esperma em coágulo, e o coágulo
em óvulo, e o óvulo em osso, e revestimos o osso com
carne. E era mais uma criatura. Louvado seja Deus, o
melhor dos criadores. ◊14
Depois disso, morrereis. ◊15
E no dia da Ressurreição, sereis ressuscitados. ◊16
Por cima de vós, criamos sete céus. Não negligenciamos Nossa
criação. ◊17
E fizemos descer água do céu com moderação, e
armazenamo-la na terra e, se quiséssemos, poderíamos
fazê-la desaparecer. ◊18
E usamo-la para produzir jardins de tamareiras e vinhedos
onde tendes frutas em abundância e deles comeis, ◊19
E uma árvore que brota no Monte Sinai, e oferece aos
comensais azeite e condimentos. ◊20
E tendes uma lição nas reses: damo-vos a beber do que têm
no ventre; e encontrais nelas muitas utilidades. E de sua
carne alimentais-vos. ◊21
E por elas, como pelos navios, sois transportados. ◊22
E enviamos Noé a seu povo. "Ó povo meu, disse-lhes, adorai
Deus. Não tendes outro Deus. Não O temeis?" ◊23
Então, os chefes do povo, que eram descrentes, disseram:
"Quem é ele senão um homem como vós? Quer apenas
prevalecer sobre vós. Tivesse Deus querido, teria enviado

anjos. Nunca ouvimos coisa semelhante de nossos
antepassados. ◊24

É um homem possuído pela loucura. Observai-o por algum
tempo." ◊25

Noé disse: "Senhor, socorre-me. Tratam-me de impostor!" ◊26

Inspiramos-lhe então: "Constrói uma arca sob Nossos olhos e
conforme Nossa orientação. Quando Nossa ordem chegar,
e o forno transbordar, introduze na arca um casal de cada
espécie e tua família – exceto aqueles contra os quais a
Palavra já foi pronunciada – e não intercedas a favor dos
prevaricadores: serão todos afogados. ◊27

Depois, quando tu e teus companheiros tiverdes tomado
lugar na arca, dizei: "Louvado seja Deus que nos salvou dos
iníquos!" ◊28

E dize: "Senhor meu, assegura-me um desembarque
abençoado. És Aquele que assegura o melhor
desembarque." ◊29

Há nisso sinais. Pois Nós submetemos os homens a provas. ◊30

Depois deles, criamos uma nova geração. ◊31

E enviamos-lhes um Mensageiro dentre eles a pregar: "Adorai
Deus. Não tendes outro Deus. Não O temeis?" ◊32

E os chefes do povo, que eram descrentes e negavam o
encontro do Além – eles que havíamos agraciado com o
supérfluo na vida eterna –, disseram: "Quem é ele senão
um homem como vós? Come do que comeis e bebe do
que bebeis. ◊33

Se obedecerdes a um homem como vós, sereis derrotados. ◊34

Promete-vos que, depois de mortos e reduzidos a pó e ossos,
sereis ressuscitados. ◊35

Quem vos dera! Quem vos dera! Essas promessas! ◊36

Não temos senão esta vida. Vivemos e morremos. E nunca
seremos ressuscitados. ◊37

É simplesmente um homem que inventa mentiras em nome
de Deus. Não cremos nele." ◊38

Disse o Mensageiro: "Senhor meu, socorre-me. Chamam-me de mentiroso!" ◊39

Deus respondeu: "Breve, arrepender-se-ão." ◊40

O Grito apanhou-os, e reduzimo-los a um destroço. Fora com os prevaricadores! ◊41

Depois deles, criam outras gerações. ◊42

Nenhuma nação pode adiantar seu termo ou retardá-lo. ◊43

Depois, enviamos Nossos Mensageiros um após outro. Cada vez que um Mensageiro chegava à sua nação, era tratado de impostor. E Nós as aniquilamos, uma após outra, erigindo-as em exemplos. Fora com os que não querem crer! ◊44

Depois, enviamos Moisés e seu irmão Arão com Nossos sinais e revestidos de Nossa autoridade ◊45

Ao Faraó e sua corte. Mas estes, na sua arrogância, os receberam com desdém. ◊46

E disseram: "Acreditaremos em dois homens como nós, cujo povo são nossos escravos?" ◊47

Trataram-nos de mentirosos, e foram aniquilados. ◊48

E enviamos a Moisés o Livro para que seu povo fosse encaminhado. ◊49

E fizemos do filho de Maria e de sua mãe um sinal e os asilamos numa colina tranquila, provida de mananciais. ◊50

"Ó Mensageiros, desfrutai as boas coisas da vida e praticai o bem. Observo o que fazeis. ◊51

Esta é vossa nação, uma só nação, e Eu sou vosso Senhor. A Mim temei." ◊52

Mas os homens se dividiram em seitas, cada seita satisfeita com o que tem. ◊53

Deixa-os por enquanto na sua perplexidade. ◊54

Pensam que as riquezas e os filhos ◊55

Foram-lhes concedidos para seu deleite? De maneira alguma. Mas eles não o percebem. ◊56

Os que tremem de medo de seu Senhor, ◊57

E os que acreditam nas revelações de seu Senhor, ◊58

E os que ninguém associam a seu Senhor, ◊59
E os que distribuem de seus bens com o coração temeroso
porque terão que voltar para seu Senhor – ◊60
Todos eles competem pelo bem e serão os primeiros a
atingi-lo. ◊61
Nunca exigimos de uma alma além de sua capacidade.
Possuímos um livro que enuncia a verdade, e ninguém será
lesado. ◊62
Porém os descrentes permanecem cegos a tudo isso.
E continuarão absorvidos por outros assuntos, ◊63
Até que castiguemos os mais abastados dentre eles. Então,
gritarão por socorro. E Eu lhes direi: ◊64
"Não imploreis hoje: não vos socorreremos. ◊65
Quando Minhas revelações vos eram recitadas, vós lhes
voltáveis as costas, ◊66
E vos enchíeis de orgulho e vos divertíeis com elas em vossos
colóquios noturnos." ◊67
Não meditaram sobre a Palavra? Ou não lhes foi dito o que
foi dito a seus antepassados? ◊68
Ou não reconheceram seu Mensageiro, e por isso
renegaram-no? A Deus nada escapa. ◊69
Ou dirão: "É um louco" quando ele só lhes revelou a verdade?
A maioria deles têm aversão pela verdade. ◊70
Se a verdade tivesse-lhes seguido as paixões, os céus e a terra e
seus habitantes estariam corrompidos. Enviamos-lhes a
mensagem, mas desviaram-se dela. ◊71
Ou receiam que lhes peças alguma retribuição? A retribuição
de teu Senhor é preferível. Ele tem as dádivas mais
abundantes. ◊72
Sim! E tu os convidas para a senda da retidão; ◊73
Mas os que não acreditam no Além afastam-se da retidão. ◊74
E se Nós nos tivéssemos compadecido deles, e os tivéssemos
salvado da aflição, teriam-se tornado ainda mais iníquos. ◊75
Foram punidos. Mas eles não se submeteram a seu Senhor e
não O implorarão ◊76

Até que abramos para eles a porta de um suplício temível.
Então, o desespero os dominará. ◊77

Foi Deus quem vos outorgou o ouvido e a vista e o coração.
Mas vós raramente agradeceis. ◊78

E foi Ele quem vos multiplicou na terra, e para Ele voltareis. ◊79

E é Ele que dá a vida e dá a morte e alterna o dia e a noite.
Não raciocinais? ◊80

Repetem antes o que diziam seus antepassados: ◊81

"Quando morrermos e formos convertidos em pó e ossos,
seremos ressuscitados? ◊82

Tais promessas foram feitas a nossos pais antes de nós. Mas
não passam de fábulas dos tempos antigos." ◊83

Pergunta-lhes: "A quem pertence a terra e os que estão sobre
ela?" ◊84

Responderão: "A Deus." Dize: "Então? Não raciocinais?" ◊85

Pergunta: "Quem é o Senhor dos sete céus e do trono
glorioso? Respondei." ◊86

Responderão: "Deus." Dize: "E por que não O temeis?" ◊87

Pergunta: "Quem tem na mão a soberania de todas as coisas?
Quem socorre, e não precisa ser socorrido? Respondei se
sabeis." ◊88

Responderão: "Deus." Dize: "Por que então vos deixais
enfeitiçar?" ◊89

Revelamos-lhes a verdade. Mas são mentirosos. ◊90

Deus não tomou a Si um filho, e com Ele não há outro deus.
De outra forma, cada deus ter-se-ia apossado de sua
criação e teriam prevalecido uns sobre os outros. Exaltado
seja Deus acima do que Lhe atribuem! ◊91

Conhece o visível e o invisível e está acima dos que Lhe
associam. ◊92

Dize: "Senhor meu, não me mostrarás aquilo com que os
ameaças? ◊93

Senhor meu, não me coloques entre os iníquos." ◊94

Podemos com certeza mostrar-te o que lhes anunciamos. ◊95

Repele tu o mal com aquilo que é melhor. Bem sabemos o
que dizem contra ti. ◊96

Dize: "Senhor meu, procuro refúgio em Ti contra as
insinuações dos demônios. ◊97
Procuro refúgio em Ti, Senhor meu, para que não me possam
atingir." ◊98
Quando a morte chega a um deles, diz: "Senhor meu,
devolve-me à terra: ◊99
Talvez faça o bem que deixei de fazer." Não, não, é mera
palavra sua! Entre eles e o retorno, haverá uma barreira até
o dia da Ressurreição. ◊100
Quando a trombeta soar, não haverá parentesco entre eles,
e não se consultarão entre si. ◊101
Aqueles cujas ações pesarem mais na balança se salvarão. ◊102
E aqueles cujos pratos forem leves, perder-se-ão a si mesmos
na Geena para sempre. ◊103
O fogo lhes abrasará os rostos; e seus lábios separar-se-ão de
seus dentes. E o Senhor dir-lhes-á: ◊104
"Minhas revelações não vos eram recitadas, e não as tratáveis
de mentiras?" ◊105
Dirão: "Senhor, nosso infortúnio prevaleceu sobre nós.
Éramos um povo desencaminhado. ◊106
Senhor, tira-nos da Geena e se reincidirmos, seremos
prevaricadores." ◊107
Deus responderá: "Permaneci nela e não Me dirijais a palavra. ◊108
Um grupo de Meus servos dizia: 'Senhor, cremos, perdoa-nos
e apieda-te de nós. És o melhor dos misericordiosos.' ◊109
Tomaste-os por objeto de divertimento a ponto de vos terdes
esquecido de Mim enquanto zombáveis deles. ◊110
Hoje, recompensei-os pela sua perseverança." ◊111
E Deus lhes perguntará: "Quantos anos vivestes na terra?" ◊112
Responderão: "Um dia, ou menos. Pergunta aos anjos
contadores." ◊113
E Ele dirá: "Sim, permanecestes pouco, se quiserdes saber. ◊114
Pensáveis que vos criamos em vão e que não voltaríeis para
Nós? Nunca raciocinais? ◊115
Exaltado seja Deus; o verdadeiro rei. Não há deus senão Ele, o
Senhor do nobre trono. ◊116

Quem invocar outro deus junto a Deus, sem possuir a prova, terá que responder a seu Senhor. Os descrentes nunca vencem." ◊117

Dize: "Senhor meu, perdoa e apieda-te. És o melhor dos misericordiosos." ◊118

24. A LUZ

Em nome de Deus, o Clemente, o Misericordioso.

Esta é uma sura que revelamos e prescrevemos, incluindo nela revelações claras. Possais Lembrar-vos! ◊1

A adúltera e o adúltero, castigai cada um deles com cem açoites; e não tenhais pena deles na religião de Deus se credes em Deus e no último dia. E que um grupo de crentes assista ao castigo. ◊2

O adúltero não poderá casar-se senão com uma adúltera ou uma idólatra; e a adúltera não poderá ser tomada em casamento senão por um adúltero ou um idólatra. Tais uniões são vedadas aos crentes. ◊3

E aqueles que acusarem de adultério uma mulher honrada sem apresentar quatro testemunhas, castigai-os com oitenta açoites e nunca mais lhes aceiteis o testemunho. São eles os depravados, ◊4

Exceto os que se arrependem e se emendam. Deus é perdoador e misericordioso. ◊5

Quanto àqueles que acusarem de adultério as próprias esposas sem apresentarem testemunhas além de si mesmos, deixai que cada um testemunhe quatro vezes, jurando por Deus que está dizendo a verdade, ◊6

E uma quinta vez, conjurando a maldição de Deus sobre si caso estiver mentindo. ◊7

Mas ela não será castigada se jurar quatro vezes, por Deus, que seu acusador mente, ◊8

E uma quinta vez, conjurando a maldição de Deus sobre si
mesma caso ele esteja falando a verdade. ◊9

Não fosse a graça de Deus sobre vós e a Sua misericórdia!
Deus é compassivo e sábio. ◊10

Os caluniadores são legião entre vós. Não considereis o fato
um mal. Talvez seja um bem. A cada um deles, o preço de
seu pecado. E para quem cometer a culpa maior, um
castigo terrível. ◊11

Por que, quando ouvistes as acusações, vós homens e
mulheres crentes, não pensastes no bem e não dissestes:
"É uma calúnia evidente?"[10] ◊12

Por que não apresentaram quatro testemunhas? Não o tendo
feito, são, ante Deus, difamadores. ◊13

Não fosse a graça de Deus sobre vós e a Sua misericórdia
neste mundo e no outro, um castigo pavoroso vos teria
sido aplicado pelo que propalastes ◊14

Quando acolhestes em vossas línguas e dissestes com vossas
bocas o que não conhecíeis de ciência certa,
considerando-o sem importância enquanto para Deus
tem suma importância. ◊15

E por que, quando o ouvistes, não dissestes: "Que temos a
falar disso? Exaltado sejas Tu! Eis uma calúnia horrível." ◊16

Exorta-vos Deus a nunca reincidir se sois crentes. ◊17

Deus vos expõe as revelações, pois Ele é conhecedor e sábio. ◊18

Sim! Os que gostam de espalhar escândalos acerca dos crentes
receberão um castigo doloroso neste mundo e no outro.
Deus sabe, e vós não sabeis. ◊19

Não fosse a graça de Deus e Sua misericórdia sobre vós! Deus
é indulgente e perdoador. ◊20

Ó vós que credes, não sigais os passos do demônio. Quem
segue os passos do demônio, o demônio ordena a
ignomínia e o repreensível. Não fosse a graça de Deus e
Sua misericórdia sobre vós, ninguém de vós seria puro.
Mas Deus purifica quem Lhe apraz. Deus ouve tudo e sabe
tudo. ◊21

E que os detentores de honrarias e riquezas entre vós não
deixem de fazer liberalidades aos parentes, aos necessitados
e aos que emigram pela causa de Deus. E que eles saibam
ser tolerantes e perdoar. Não gostaríeis que Deus fosse
tolerante para convosco e vos perdoasse? Deus é generoso e
clemente. ◊22

Os que difamam as mulheres honradas, reservadas, crentes,
serão amaldiçoados neste mundo e no outro e receberão
um castigo doloroso ◊23

No dia em que suas próprias línguas e mãos e pernas
testemunharem contra eles. ◊24

Naquele dia, Deus lhes retribuirá o que tiverem merecido e
saberão que Deus é a verdade manifesta. ◊25

As mulheres más para os homens maus, e os homens maus
para as mulheres más. E as mulheres de bem para os
homens de bem, e os homens de bem para as mulheres de
bem. E estes não serão culpados pelos rumores levantados
contra eles. E receberão a indulgência e recompensas
generosas. ◊26

Ó vós que credes, não entreis nas casas dos outros sem antes
anunciar a vossa presença, invocando a paz sobre seus
habitantes. Assim é melhor para vós. Possais lembrar-vos. ◊27

Se não encontrardes lá ninguém, assim mesmo não entreis
até que vos seja dada permissão. E se vos for dito:
"Retirai-vos", então retirai-vos. É mais correto para vós.
Deus observa o que fazeis. ◊28

Não sereis censurados por entrardes em casas inabitadas onde
haja objeto que vos pertencem. Deus sabe o que revelais e
o que ocultais. E Ele vos observa. ◊29

Dize aos crentes que baixem o olhar e preservem o pudor:
é mais correto para eles. Deus observa o que fazem. ◊30

E dize às crentes que baixem o olhar e preservem o pudor e
não exibam de seus adornos além do que aparece
necessariamente. E que abaixem seu véu sobre os seios e
não exibam seus adornos senão a seus maridos ou pais ou

sogros ou filhos ou enteados ou irmãos ou sobrinhos ou
damas de companhia ou servas ou criados despojados do
apelo sexual ou às crianças que nada sabem da nudez da
mulher. E que não façam tilintar, ao andar, os anéis de seus
pés com a intenção de revelar suas joias escondidas. E vós,
todos, crentes, arrependei-vos a Deus. Quiçá vençais. ◊31

E casai os celibatários entre vós e as pessoas de bem entre
vossos escravos e escravas. Se forem pobres, Deus os
enriquecerá com Sua graça. Deus é vasto, onisciente. ◊32

Aqueles a quem faltam recursos para o casamento, devem
manter-se castos até que Deus os enriqueça de Sua graça.
Quanto a vossos escravos que solicitam uma proclamação
de libertação, concedei-lhas se sabeis que há bem neles, e
gratificai-os com algo dos bens que Deus vos outorgou.
E, na vossa ânsia pelos bens deste mundo, não constranjais
vossas escravas à prostituição se preferem a castidade.
Se forem compelidas, Deus lhes perdoará. Deus é clemente
e misericordioso. ◊33

Temo-vos feito revelações claras e temos citado como
exemplos os que vos precederam: uma exortação para os
piedosos. ◊34

Deus é a luz dos céus e da terra. Sua luz assemelha-se a um
nicho onde está uma lâmpada. A lâmpada está num
lampadário; o lampadário brilha como um astro de grande
esplendor. A luz tem sua origem numa árvore abençoada, a
oliveira, que não é nem do Leste nem do Oeste, e cujo
azeite brilha ainda que não seja tocado pelo fogo. Luz
sobre luz! Deus guia para a Sua luz quem Lhe apraz, e fala
aos homens com alegorias, e Ele está a par de tudo. ◊35

Em templos que Deus permitiu fossem erguidos e neles fosse
Seu nome recordado e louvado pela manhã e à tarde, ◊36

Homens que não se deixam absorver nem por negócios nem
por trocas louvam Deus, recitam a oração e pagam o
tributo dos pobres – temendo o dia em que os corações e
os olhares forem subvertidos – ◊37

277

Para que Deus os recompense pelas suas obras mais belas e lhes conceda ainda mais de Sua graça. Deus cumula quem Lhe apraz, sem medida. ◊38

Os que descreem, suas ações são como uma miragem no deserto. O sedento acha que é água. E quando se aproxima, verifica que nada é. Mas lá encontra Deus, e Deus paga-lhe conforme seu merecimento. Deus é rápido no ajuste de contas. ◊39

Os que descreem são também como as trevas sobre um vasto e profundo mar. Uma onda o recobre e mais outra onda, e nuvens e trevas, umas por cima das outras. Quando estendem a mão, mal a enxergam. Aquele a quem Deus não concede a luz, para ele não há luz. ◊40

Não reparaste que é Deus que glorificam todos os habitantes dos céus e da terra, e mesmo os pássaros quando abrem as asas? Cada qual conhece sua oração e sua glorificação. Deus sabe o que fazem. ◊41

A Deus pertence o reino dos céus e da terra. E para Ele é o regresso. ◊42

Não reparaste que Deus empurra as nuvens, depois as junta, depois as amontoa? E que a chuva nasce dentre elas? E que Deus faz descer do céu montanhas de granizo, que atingem quem Ele quer e evitam quem Ele quer? O fulgor de Seus raios põe os olhos em perigo. ◊43

Deus alterna a noite e o dia. Há nisso uma lição para os que têm olhos e veem. ◊44

Deus criou todos os animais da água. Uns deslizam sobre o ventre, outros andam em dois pés e outros andam em quatro pés. Deus cria o que Lhe apraz. Ele tem poder sobre tudo. ◊45

Temos enviado sinais que tudo esclarecem. Deus guia quem Lhe apraz na senda da retidão. ◊46

Dizem: "Acreditamos em Deus e no Mensageiro, e obedecemos." Depois, uma facção deles vira as costas e se afasta. Esses não são crentes. ◊47

E quando são convocados ante Deus para que Seu Mensageiro decida entre eles, muitos esquivam-se. ◊48

Se estivessem com a verdade, viriam a Ele, obedientes. ◊49

Há morbidez em seus corações? Ou desconfiam? Ou receiam que Deus e Seu Mensageiro os prejudiquem? São prevaricadores. ◊50

Os crentes, quando convocados por Deus e Seu Mensageiro para serem julgados, dizem apenas: "Ouvimos e obedecemos." São eles os vencedores. ◊51

Os que obedecem a Deus e a Seu Mensageiro e temem a Deus e o receiam, andam no caminho da vitória. ◊52

E àqueles que juram por Deus, com afirmações reforçadas, que se lhes ordenares marcharão para o combate, dize: "Não jureis. É a obediência, não as juras, que conta. Deus conhece vosso comportamento." ◊53

Dize: "Obedecei a Deus e a Seu Mensageiro. Se virardes as costas e vos afastardes, eu sou responsável por Sua mensagem; e vós, por vossas obrigações. Se obedecerdes, estareis no bom caminho." Ao Mensageiro só pertence transmitir claramente a mensagem ◊54

Àqueles entre nós que creem e praticam o bem, Deus prometeu dar a herança da terra, como a havia dado aos que os procederam, e fortalecer a religião que escolheu para eles, e dar-lhes a segurança após o medo: E disse: "Que Me adorem e não associem ninguém a Mim." Após isso, só renegarão os depravados. ◊55

Recitai as preces, pagai o tributo dos pobres e obedecei ao Mensageiro. Quiçá recebais misericórdia. ◊56

Não penses que os descrentes possam reduzir Deus à impotência na terra. Sua morada será o Fogo. A morada horrível! ◊57

Ó vós que credes, em três ocasiões, vossos escravos e os que entre vós ainda não atingiram a puberdade devem pedir-vos permissão antes de chegar à vossa presença: antes da prece da manhã; quando tirardes a roupa por causa do calor do meio-dia; e após a prece da noite – três ocasiões em que podeis estar nus. Fora dessas ocasiões, nem eles nem vós sereis censurados por vos visitardes mutuamente. Assim Deus vos esclarece as revelações. Deus é conhecedor e sábio. ◊58

Quando vossos filhos atingirem a puberdade, que eles também peçam licença como os que os precederam costumavam fazer. Assim Deus esclarece Suas revelações. Deus é conhecedor e sábio. ◊59

As mulheres que atingiram a menopausa e não esperam mais o casamento não serão censuradas por tirarem os vestidos externos sem, todavia, mostrar seus adornos. Mas se se abstiverem, será melhor para elas. Deus ouve tudo e sabe tudo. ◊60

Não há impedimento que o cego ou o coxo ou o doente ou vós mesmos comais em vossas casas ou nas casas de vossos pais ou mães ou irmãos ou irmãs ou tios ou tias, maternos e paternos, ou nas casas de vossos amigos e nas casas cujas chaves vos foram confiadas. Tampouco sereis censurados por comerdes juntos ou separados. Mas quando entrardes nas casas, saudai-vos mutuamente em nome de Deus e que vossas saudações sejam benditas e amáveis. Assim Deus vos esclarece as revelações. Por que não raciocinais? ◊61

Crentes são os que creem em Deus e em Seu Mensageiro. Quando estão reunidos com ele para um assunto de interesse comum, que não se retirem antes de lhe pedir licença. Sim, àqueles que te pedem licença para irem tratar de algum interesse seu, concede-a a quem quiseres e invoca sobre eles a indulgência de Deus. Deus é clemente e misericordioso. ◊62

Não confundais o apelo do Mensageiro com os apelos que dirigis uns aos outros. Deus conhece aqueles de vós que se esquivam às escondidas. Tomem cuidado os que lhe desobedecerem: poderão ser atingidos por alguma desgraça ou sofrer um castigo doloroso. ◊63

A Deus pertence tudo o que está nos céus e tudo o que está na
terra. Conhece todas as vossas intenções. E no dia em que
a Ele voltardes, informar-vos-á do que tiverdes feito. Deus
está a par de tudo.   ◊64

25.O DISCERNIMENTO

Em nome de Deus, o Clemente, o Misericordioso.
Bendito seja Aquele que inspirou o discernimento a Seu servo,
fazendo dele um admoestador para os mundos.   ◊1
A Ele pertence o reino dos céus e da terra; não tomou a Si um
filho, nem tem associados no reino; e criou todas as coisas
na medida certa, o Sábio, o Onisciente.   ◊2
Não obstante, adotaram, em vez d'Ele, deuses que nada criam
e são eles mesmos criados, que não podem beneficiar-se
nem prejudicar-se a si mesmos, e não mandam nem na
morte nem na vida nem na Ressurreição.   ◊3
E os que descreem dizem: "Esse Alcorão não passa de uma
invencionice que Mohamad forjou, ajudado por outros."
Falando assim, cometem uma iniquidade e uma falsidade.   ◊4
E disseram: "Fábulas dos tempos antigos que ele faz escrever
e que lhe são ditadas pela manhã e à tarde."   ◊5
Dize: "Antes fê-lo descer Aquele que conhece os segredos dos
céus e da terra, o Perdoador, o Clemente."   ◊6
E dizem: "Que Mensageiro é este que come como nós e
circula nos bazares? Por que não lhe foi enviado um anjo
que fosse, na sua companhia, um admoestador   ◊7
Ou por que não lhe foi jogado um tesouro? Ou por que não
possui um jardim cujos frutos poderia comer?" E os
prevaricadores dizem: "Não fazeis senão seguir um homem
enfeitiçado."   ◊8
Vê como inventam semelhanças para ti, e erram, e nunca
acertam seu caminho.   ◊9

Bendito seja Aquele que, se quisesse, conceder-te-ia muito
mais: jardins onde correm os rios, e castelos. ◊10

E descreem na Hora! Preparamos o Fogo para quem descrê
na Hora. ◊11

Mesmo de longe, ouvir-lhe-ão o furor e a crepitação. ◊12

E quando forem jogados, acorrentados, num recinto dele,
suplicarão pela morte. ◊13

E ser-lhes-á respondido: "Não apeleis hoje por uma morte,
apelai por muitas mortes." ◊14

Pergunta: "O que é melhor: isso ou o Paraíso eterno
prometido aos piedosos como recompensa e porvir?" ◊15

Lá obterão tudo o que desejarem e uma vida imortal: uma
promessa pela qual teu Senhor é responsável. ◊16

E no dia em que Ele os reunir com os ídolos que eles adoram
em vez de Deus! Dirá aos ídolos: "Fostes vós que
desencaminhastes Meus servos ou foram eles que
se desencaminharam?" ◊17

Responderão: "Glorificado sejas! Como poderíamos ter
adotado outros protetores fora de Ti? Mas cumulaste-os, a
eles e a seus antepassados, de tal modo que esqueceram a
mensagem e erraram." ◊18

Aos idólatras, Deus dirá então: "Vossos ídolos desmentem o
que dizeis. E agora, não podeis escapar ao castigo nem
obter socorro. Àqueles dentre vós que prevaricaram,
infligiremos um suplício doloroso." ◊19

Não enviamos antes de ti Mensageiro algum que não comesse
como comem os homens e não circulasse nos bazares.
E fizemos de alguns de vós uma tentação para os outros:
"Resistireis?" Teu Senhor é um observador penetrante. ◊20

Aqueles que não esperam Nosso encontro dizem: "Por que
não fizeram descer anjos sobre nós? Por que não vemos
nosso Senhor face a face? Enchem-se de insolência e são
arrogantes. ◊21

No dia em que virem os anjos, não haverá boas-novas para os
pecadores e dirão: "Uma barragem obstrui nosso caminho." ◊22

E iremos às obras que tiverem edificado e reduzi-las-emos a pó esparso. ◊23

Naquele dia, os herdeiros do Paraíso estarão na morada mais estável e no melhor gozo. ◊24

E no dia em que o céu for fendido pelas nuvens e os anjos descerem, ◊25

Naquele dia, o reino verdadeiro pertencerá ao Misericordioso. Será um dia duro para os descrentes. ◊26

E o prevaricador morderá as mãos, dizendo: "Ai de mim! Antes tivesse caminhado com o Mensageiro! ◊27

Ai de mim! Por que tomei fulano de tal por amigo? ◊28

Desviou-me da mensagem depois que a mensagem me havia sido transmitida. O demônio sempre deserta o homem." ◊29

E o Mensageiro diz: "Senhor, meu povo considera este Alcorão como objeto de refugo." ◊30

Assim, assinamos a cada Profeta um inimigo dentre os malfeitores. Mas basta teu Senhor por guia e protetor. ◊31

E os que descreem dizem: "Por que o Alcorão não lhe foi revelado de uma vez?" Assim fizemos para fortalecer-te o coração. Recitamo-lo, cantando-o, gradualmente. ◊32

E não te opõem argumento algum sem que te revelamos a verdade a seu respeito e sua interpretação correta. ◊33

Quanto aos que forem arrastados, sobre os rostos, até a Geena, estes terão o pior lugar porque seguiram o caminho mais errado. ◊34

E outorgamos o Livro a Moisés, e a Moisés assinamos Arão, seu irmão, como ministro. ◊35

E dissemos-lhes: "Ide àqueles que rejeitaram Nossos sinais", os quais, depois, destruímos inteiramente. ◊36

E o povo de Noé! Quando trataram Nossos Mensageiros de mentirosos, afogamo-los e fizemos deles um exemplo para os homens. E preparamos para os prevaricadores um castigo doloroso. ◊37

E os povos de Aad e Samud e Ar-Rass, e inúmeras gerações entre um e outro. ◊38

Para cada um deles, enviamos advertências e contamos
parábolas, e todos exterminamos um por um. ◊39

Os descrentes passaram sem dúvida, pela cidade sobre a qual
caiu a chuva fatal. Não a viram? Assim mesmo não creem. ◊40

E quando te veem, zombam de ti: "É este que Deus enviou
como Mensageiro? ◊41

Pouco faltou para que ele nos desviasse de nossos deuses, se
não lhes tivéssemos ficado fiéis." Breve saberão, quando
virem o castigo, quem se desviou! ◊42

Não reparaste naquele que toma por divindade sua paixão? És
responsável por ele? ◊43

Ou pensas que a maioria deles ouvem ou raciocinam? São
como o gado, e mais desencaminhados ainda. ◊44

Não reparaste como teu Senhor estendeu a sombra? Se
quisesse, fá-la-ia imóvel. Entretanto, apontamos-lhe o sol
por indicador. ◊45

Depois, recolhemo-la com suavidade. ◊46

E foi Ele quem fez da noite um manto para vós; e do sono, um
repouso; e de cada dia, uma ressurreição. ◊47

E é Ele quem envia os ventos como anunciadores de Sua
misericórdia. E fizemos descer do céu uma água pura ◊48

A fim de, por ela, devolver a vida a uma terra depois de morta
e dar de beber a muitos homens e rebanhos de Nossa
criação. ◊49

E distribuímo-la entre eles de todos os lados para que reflitam.
Mas a maioria dos homens são ingratos. ◊50

Se quiséssemos, suscitaríamos em cada cidade um
admoestador. Teu Senhor pode tudo. ◊51

Não obedeças aos descrentes e, com este Alcorão, luta contra
eles poderosamente. ◊52

E foi Ele quem desencadeou os dois mares: um de água doce e
fresca, o outro de água salgada e amarga. E separou-os por
um espaço e uma barreira intransponível. ◊53

E foi Ele quem criou o homem de água e determinou que
tivesse parentes pelo sangue e parentes pelo casamento. Teu
Senhor é poderoso. ◊54

E adoram, em vez de Deus, o que não lhes pode trazer nem benefício nem prejuízo. O descrente foi sempre um aliado contra Deus, o Clemente, o Misericordioso. ◊55

E Nós te enviamos apenas como pregador e admoestador. ◊56

Dize: "Não vos peço salário algum. Quem quiser tomar o caminho de Deus, que o faça." ◊57

E põe tua confiança no Vivente, no Eterno que nunca morrerá, e canta-Lhe os louvores. Ele conhece os pecados de Seus servos. ◊58

Criou os céus e a terra e tudo quanto há entre eles em seis dias. Depois, sentou-se no trono. Ó Clemente! Interroga sobre Ele os que sabem. ◊59

E quando se lhes diz: "Prostrai-vos diante do Misericordioso", replicam: "E o que é o Misericordioso? Por que iremos nos prostrar diante de quem nos mandas?" E cresce-lhes a aversão. ◊60

Bendito seja Aquele que colocou constelações no céu e uma lâmpada e uma lua luminosa. ◊61

E foi Ele quem estabeleceu a sucessão do dia e da noite para quem quiser lembrar-se e agradecer. ◊62

Servos do Clemente são aqueles que caminham mansamente pela terra, e quando os ignorantes se dirigem a eles, respondem: "Paz!" ◊63

E passam as noites diante de seu Senhor, prostrados ou em pé. ◊64

E dizem: "Senhor, afasta de nós o castigo da Geena. Esse castigo é uma angústia. ◊65

E ela é horrível como refúgio e como morada." ◊66

E quando gastam, não são nem pródigos nem parcimoniosos, pois entre os dois está a retidão. ◊67

E não invocam, com Deus, deus algum e não matam quem Deus proibiu matar, exceto legitimamente, e não fornicam: pois quem o fizer irá ao encontro do mal. ◊68

E, no dia da Ressurreição, receberá um castigo dobrado, e na Geena permanecerá, menosprezado, para todo o sempre, ◊69

A menos que se arrependa e creia e pratique o bem. Então, Deus mudar-lhe-á os malefícios em benefícios. Deus é perdoador e misericordioso. ◊70

Quem se arrepende e pratica o bem, volta verdadeiramente a Deus, o Poderoso, o Sábio. ◊71

Os servos do Clemente não prestam falso testemunho e, quando deparam com a vulgaridade, conservam-se dignos. ◊72

E ao serem lembrados dos sinais de seu Senhor, não os tratam como cegos e surdos, ◊73

E dizem: "Senhor, faze de nossas esposas e de nossos descendentes um motivo de alegria para nós, e faze de nós modelos para os piedosos." ◊74

Esses serão recompensados por sua perseverança com a morada mais alta do céu, onde serão recebidos com saudações e palavras de paz, ◊75

E lá permanecerão para todo o sempre. E que refúgio! E que morada maravilhosa! ◊76

Dize aos descrentes: "Deus pouco se preocupa se O invocais ou não. Já que desmentistes Suas revelações, não escapareis a Seu castigo." ◊77

26. OS POETAS

Em nome de Deus, o Clemente, o Misericordioso.
Tah. Sin. Mim. ◊1

Eis os versículos do Livro evidente. ◊2

Talvez te consumas de pesar porque não querem acreditar. ◊3

Se quiséssemos, enviar-lhes-íamos, do céu, um sinal diante do qual inclinariam a cabeça em humilhação. ◊4

Por que se esquivam sempre que uma advertência lhes é enviada pelo Misericordioso? ◊5

E dizem que é mentira? Breve receberão notícias daquilo de que zombam. ◊6

Não repararam quantas espécies de plantas benéficas fizemos brotar da terra? ◊7

E não há nisso um sinal? Contudo, a maioria deles não creem. ◊8

Sim, é teu Deus que é o Poderoso, o Misericordioso. ◊9

E quando teu Senhor chamou Moisés e disse-lhe: "Vai ao povo dos prevaricadores. ◊10

O povo do Faraó. Não Me temerão?" ◊11

Respondeu Moisés: "Senhor, receio que me tratem de mentiroso e de impostor ◊12

E que meu peito se oprima e minha língua se entrave. Envia, antes, Arão. ◊13

E acusam-me de um crime. Receio que me matem." ◊14

Disse Deus: "Jamais! Ide ambos com Nossos sinais. Estaremos convosco a escutar. ◊15

Comparecei diante do Faraó e dizei-lhe: 'Somos os Mensageiros do Senhor dos mundos. ◊16

Deixe os filhos de Israel partirem conosco.'" ◊17

Quando se apresentaram ao Faraó, disse o Faraó a Moisés: "Não te criamos entre nós, quando eras criança, e não passaste conosco muitos anos de tua vida? ◊18

Assim mesmo, cometeste essa ação que sabes. Com certeza és um dos ingratos." ◊19

Disse Moisés: "Cometi essa ação quando era ainda um dos desencaminhados. ◊20

E fugi de vós por medo de vós. Depois, o Senhor outorgou-me o discernimento e fez de mim um de Seus Mensageiros. ◊21

E será um favor que me fazes, escravizando e matando os filhos de Israel?" ◊22

"E quem é esse Senhor dos mundos?", perguntou o Faraó. ◊23

"É o Senhor dos céus e da terra, respondeu Moisés, e de tudo quanto há entre eles. Se tivésseis fé!" ◊24

O Faraó perguntou aos que o cercavam: "Estais ouvindo?" ◊25

Mas Moisés prosseguiu: "É vosso Senhor e o Senhor de vossos antepassados." ◊26

O Faraó disse aos que o rodeavam: "Com certeza, o
Mensageiro que nos foi enviado é um louco." ◊27

Moisés prosseguiu: "E é o Senhor do Oriente e do Ocidente e
de tudo quanto há entre eles, se quiserdes raciocinar." ◊28

O Faraó disse: "Se adoras outro deus que não eu, mandar-te-ei
encarcerar." ◊29

Moisés perguntou: "E se te apresentar uma prova evidente?" ◊30

"Apresenta-a, disse o Faraó, se o que dizes for verídico." ◊31

Moisés atirou seu cajado ao chão, e o cajado se converteu
numa serpente. ◊32

E estendeu a mão, e eis que ela apareceu branca aos presentes. ◊33

O Faraó disse aos dignitários que o rodeavam: "Eis certamente
um mágico habilidoso. ◊34

Pretende expulsar-vos de vossas terras com sua magia. Que
aconselhais?" ◊35

Responderam: "Manda-o esperar com seu irmão e envia
emissários às cidades ◊36

Para que tragam todos os mágicos de habilidade." ◊37

Os mágicos foram convocados para o dia marcado. ◊38

E perguntou-se ao povo: "Quereis também assistir?" ◊39

Responderam: "Sim. Talvez sigamos os mágicos se saírem
vitoriosos." ◊40

Ao chegarem, os mágicos indagaram ao Faraó: "Teremos
recompensas se sairmos vitoriosos?" ◊41

"Sim, com certeza, respondeu, e estareis entre os mais
favorecidos." ◊42

Disse-lhes Moisés: "Atirai o que pretendeis atirar." ◊43

Lançaram por terra sua cordas e seus cajados, dizendo: "Pelo
poder do Faraó, com certeza ganharemos." ◊44

Moisés lançou, então, seu cajado, o qual engoliu os outros. ◊45

Os mágicos caíram de joelhos, ◊46

Exclamando: "Cremos no Senhor dos mundos, ◊47

O Senhor de Moisés e Arão." ◊48

Mas o Faraó os repreendeu: "Credes Nele antes que vos
autorize? Como se fosse Ele vosso mestre que vos ensinou a

magia! Logo vereis! Cortar-vos-ei mãos e pés alternados e vos crucificarei todos, sem exceção." ◊49

Responderam: "Não importa. É para nosso Senhor que voltaremos, o Poderoso, o Onipotente ◊50

Aspiramos a ser perdoados por Ele já que somos os primeiros a nos converter." ◊51

E inspiramos a Moisés: "Conduze Meus servos de noite, pois sereis perseguidos." ◊52

E o Faraó despachou recrutadores militares que diziam nas cidades: ◊53

"Esses israelitas são um bando pequeno ◊54

Que nos irrita e provoca. ◊55

Mas nós somos um exército numeroso e bem preparado." ◊56

Assim fizemo-los abandonar jardins e mananciais ◊57

E tesouros e moradas esplêndidas, ◊58

E outorgamo-los aos filhos de Israel. ◊59

Ao levantar do sol, o Faraó e seu exército os perseguiram. ◊60

E quando os dois povos se avistaram, os companheiros de Moisés disseram: "Eles nos alcançarão." ◊61

Respondeu Moisés: "Jamais! Meu Senhor está comigo e me guiará." ◊62

Inspiramos então a Moisés: "Bate no mar com teu cajado." E as águas se separaram, e cada lado era igual a uma montanha. ◊63

Fizemos então aproximar o Faraó e sua gente. ◊64

Salvamos Moisés e seu povo. ◊65

E afogamos os demais. ◊66

Havia lá, com certeza, um sinal. Mas a maioria dos homens não acredita. ◊67

Teu Senhor é poderoso e misericordioso. ◊68

E conta-lhes a história de Abraão ◊69

Quando perguntou a seu pai e a seu povo: "Que adorais?" ◊70

Responderam: "Adoramos nossos ídolos e estamos-lhes inteiramente devotados." ◊71

Perguntou-lhes: "Ouvem-vos quando os invocais? ◊72

Ou vos beneficiam ou vos prejudicam?" ◊73
Responderam: "Não. Mas encontramos nossos pais
  adorando-os. E seguimos seus passos." ◊74
Disse-lhes: "Vede agora o que tendes adorado, ◊75
Vós e vossos velhos pais: ◊76
São todos eles inimigos meus, exceto o Senhor dos mundos ◊77
Que me criou, e me guia, ◊78
E proporciona-me o alimento e a água, ◊79
E me cura quando estou doente. ◊80
Ele me matará e, depois, me ressuscitará, ◊81
E espero que me perdoe os pecados no dia do Julgamento. ◊82
Senhor meu, concede-me discernimento e une-me aos justos. ◊83
E dá-me uma língua que não minta às gerações futuras. ◊84
E conta-me entre os herdeiros do Jardim das Delícias. ◊85
E perdoa a meu pai, que era um desencaminhado, ◊86
E não me humilhes quando todos forem ressuscitados, ◊87
No dia em que de nada valerão as riquezas e os filhos, ◊88
E só será salvo aquele que comparecer diante de Deus com um
  coração íntegro, ◊89
Quando o Paraíso se aproximar dos piedosos, ◊90
E a Geena, dos perversos. ◊91
E a estes perguntarão: 'Onde estão os que adoráveis ◊92
Em vez de Deus? Socorrem-vos? Ou socorrem-se a si mesmos?
  Respondei.' ◊93
E serão precipitados na Geena, eles e seus sedutores ◊94
E todos os soldados de Satanás. ◊95
E disputarão entre si e dirão a seus ídolos: ◊96
'Por Deus! Estávamos num engano patente, ◊97
Quando vos equiparamos ao Senhor dos mundos! ◊98
Foram os malfeitores que nos desencaminharam. ◊99
E agora não temos nem intercessor ◊100
Nem amigo íntimo. ◊101
Se pudéssemos voltar à terra, seríamos crentes.' ◊102
Em tudo isso, há também um sinal. Mas a maioria dos
  homens não crê. ◊103

Teu Deus é poderoso e clemente. ◊104
Os compatriotas de Noé chamaram os Mensageiros de
  mentirosos. ◊105
Quando seu irmão Noé lhes disse: 'Não temeis a Deus? ◊106
Sou para vós um Mensageiro fidedigno. ◊107
Temei a Deus e obedecei-me. ◊108
Não vos peço recompensa alguma. O Senhor dos mundos me
  recompensará. ◊109
Temei a Deus e obedecei-me.'" ◊110
Disseram: "Creremos em ti quando te seguem somente os
  mais vis?" ◊111
Respondeu: "Como hei de saber o que eles faziam? ◊112
É somente a Deus que compete pedir-lhes contas. Se
  compreendêsseis! ◊113
Não me pertence rechaçar os crentes: ◊114
Sou um mero admoestador." ◊115
Disseram: "Se não desiste, ó Noé, serás um dos apedrejados." ◊116
Exclamou: "Senhor, meu povo me trata de impostor. ◊117
Decide entre nós e salva-me com os crentes que me
  acompanham. Tu ouves as súplicas." ◊118
E salvamo-lo e seus companheiros na arca. ◊119
E afogamos os demais. ◊120
Havia lá certamente um sinal. Mas a maioria dos homens não
  acreditam. ◊121
Teu Deus é poderoso e clemente. ◊122
Os Aads também trataram os Mensageiros de mentirosos, ◊123
Quando Hud, seu irmão, lhes disse: "Não temeis a Deus? ◊124
Sou para vós um Mensageiro fidedigno. ◊125
Temei a Deus e obedecei-me. ◊126
Não vos peço recompensa alguma. O Senhor dos mundos me
  recompensará. ◊127
Edificais, por frivolidade, um monumento em cada colina, ◊128
E construís castelos como se fôsseis viver eternamente, ◊129
E quando venceis, agis como tiranos. ◊130
Temei a Deus e obedecei-me. ◊131

E temei Àquele que vos transmitiu o que sabeis, ◊132

E deu-vos riquezas e filhos, ◊133

E jardins e rios, ◊134

Em verdade, receio para vós o castigo de um dia incomum." ◊135

Responderam: "Tanto faz que exortes ou deixes de exortar. ◊136

Aquilo com que nos ameaças é uma lenda dos antigos. ◊137

Nunca seremos castigados." ◊138

Chamaram-no de mentiroso. E Nós os aniquilamos. Havia
nisso mais um sinal. Mas a maioria deles não acredita. ◊139

Teu Deus é poderoso e clemente. ◊140

Os Samuds trataram os Mensageiros de impostores ◊141

Quando seu irmão, Saleh, lhes disse: "Não temeis a Deus? ◊142

Sou para vós um Mensageiro fidedigno. ◊143

Temei a Deus e obedecei-me. ◊144

Não vos peço recompensa alguma. O Senhor dos mundos me
recompensará. ◊145

Achais que sereis deixados na terra em segurança ◊146

Entre jardins e mananciais ◊147

E searas e tamareiras carregadas de frutos, ◊148

Cavando, com insolência, casas nas montanhas? ◊149

Temei a Deus e obedecei-me. ◊150

E não sigais os extravagantes ◊151

Que corrompem a terra e não a beneficiam." ◊152

Responderam-lhe: "És um dos enfeitiçados. ◊153

Não passas de um homem como nós. Traze-nos um sinal se o
que dizes for verídico." ◊154

Respondeu: "Vosso sinal é esta fêmea de camelo. Ela tem
direito a beber, como tendes direito a beber, em dias
determinados. ◊155

Não a maltrateis, para não sofrerdes o castigo de um dia
incomum." ◊156

Mataram-na e arrependeram-se. ◊157

E foram submetidos ao castigo. Há nisso um sinal. Mas a
maioria dos homens não acredita. ◊158

Teu Deus é poderoso e clemente. ◊159

Os compatriotas de Lot também trataram os Mensageiros de
mentirosos ◊160

Quando seu irmão, Lot, lhes disse: "Não temeis a Deus? ◊161

Sou para vós um Mensageiro fidedigno. ◊162

Temei a Deus e obedecei-me. ◊163

Não vos peço recompensa alguma. O Senhor dos mundos me
recompensará ◊164

Vós, homens, só procurais outros homens, ◊165

E desprezais as esposas que Deus criou para vós? Em verdade,
sois um povo de transgressores." ◊166

Retrucaram: "Se não desistires, serás um dos desterrados." ◊167

Disse: "Sou, na verdade, um dos que detestam vosso
comportamento. ◊168

Senhor meu, preserva-me e minha família do que eles fazem." ◊169

Salvamo-lo com todos os seus, ◊170

Exceto uma anciã que se deteve. ◊171

E destruímos os demais. ◊172

E mandamos sobre eles uma chuva. E que chuva funesta para
os descrentes! ◊173

Havia nisso um sinal. Mas a maioria deles não crê. ◊174

Teu Deus é poderoso e clemente. ◊175

Os habitantes de Al-Aiqah também chamaram os
Mensageiros de mentirosos ◊176

Quando Chuaib lhes disse: "Não temeis a Deus? ◊177

Sou para vós um Mensageiro fidedigno. ◊178

Temei a Deus e obedecei-me. ◊179

E não vos peço recompensa alguma. O Senhor dos mundos
me compensará. ◊180

Enchei a medida e não sejais defraudadores. ◊181

E pesai em balança certa. ◊182

E não vos apodereis dos bens alheios e não corrompais a terra ◊183

E temei Àquele que vos criou e criou as gerações anteriores." ◊184

Responderam: "És um dos enfeitiçados. ◊185

Não passas de um homem como nós e cremos que és um dos
impostores. ◊186

Faze cair sobre nós fragmentos do céu se o que dizes for
verídico." ◊187
Respondeu: "Deus sabe o que fazeis." ◊188
Trataram-no de mentiroso. E foram submetidos ao castigo do
dia das trevas. Sim, foi o castigo de um dia terrível ◊189
Havia lá um sinal. Mas a maioria deles não crera. ◊190
Teu Deus é poderoso e clemente. ◊191
Este Alcorão é uma revelação do Senhor dos mundos. ◊192
Trouxe-o o Espírito leal, ◊193
E depositou-o em teu coração para que sejas um dos
admoestadores ◊194
Em língua árabe clara. ◊195
Na verdade, ele está mencionado nas Escrituras dos antigos. ◊196
E não é um sinal que ele tenha sido reconhecido pelos doutos
dos filhos de Israel? ◊197
Se o tivéssemos revelado a um não árabe, ◊198
E ele o tivesse transmitido, não teriam acreditado. ◊199
Assim introduzimos a descrença no coração dos pecadores ◊200
Para que não acreditem nele até que vejam o castigo doloroso ◊201
Que os atingirá subitamente sem que o percebam. ◊202
Então, dirão: "Não nos darão um prazo? ◊203
Procuram, acaso, apressar nosso castigo?" ◊204
Que achas? Se lhes houvéssemos concedido anos de deleites ◊205
E os açoitasse então aquilo com que foram ameaçados, ◊206
De que lhes valeriam todos os deleites gozados? ◊207
Jamais destruímos uma cidade sem antes lhe enviar
admoestadores ◊208
Para preveni-la. Nunca agimos como opressores. ◊209
Não foram os demônios que trouxeram o Alcorão. ◊210
Isso não lhes conviria, nem poderiam fazê-lo. ◊211
Em verdade, estão muito afastados para poderem ouvi-lo. ◊212
Não invoques, pois, outro deus com Deus. Serias um dos
castigados. ◊213
E adverte tua tribo e teus parentes, ◊214
E abaixa as asas para os crentes que te seguem. ◊215

E se te desobedecerem, dize: "Não sou responsável pelo que fazeis." ◊216

E põe tua confiança no Poderoso, no Misericordioso ◊217

Que te vê quando te levantas ◊218

E quando te prostras com os que se prostram. ◊219

Ele ouve tudo e sabe tudo. ◊220

Revelar-vos-ei sobre quem descem os demônios? ◊221

Descem sobre todo caluniador e todo pecador. ◊222

E procuram descobrir os segredos; mas a maioria deles é mentirosa. ◊223

E os poetas, seguem-nos apenas os errantes. ◊224

Não vês como vagueiam por todos os vales ◊225

E dizem o que não fazem? ◊226

Exceto os que creem e praticam o bem e se recordam com frequência de Deus e lutam contra a iniquidade.
Os opressores saberão que destino os aguarda. ◊227

27. AS FORMIGAS

Em nome de Deus, o Clemente, o Misericordioso.

Tah. Sin. Estes são os versículos do Alcorão e do Livro evidente, ◊1

Um guia e boas-novas para os crentes ◊2

Que recitam as orações, pagam o tributo dos pobres e no Além acreditam. ◊3

Quanto àqueles que não acreditam no Além, embelezamos falsamente seus delitos a seus olhos, e eis que erram, perplexos e confusos ◊4

São eles que sofrerão o pior castigo e, no Além, serão os que mais perderão. ◊5

Sim, recebe o Alcorão, enviado por um Sábio, um Conhecedor. ◊6

E conta-lhes a história de Moisés, quando disse a seus parentes: "Avistei fogo; trar-vos-ei notícias dele, ou talvez um tição para vos aquecer." ◊7

Ao aproximar-se, foi chamado: "Benditos sejam aqueles que
estão no fogo e aqueles que estão em volta do fogo.
E glorificado seja Deus, o Senhor dos mundos. ◊8
Moisés, sou Eu, Deus, o Poderoso, o Sábio. ◊9
Joga teu cajado." E quando viu-o mexer-se como uma
serpente, virou as costas e fugiu sem olhar para trás.
"Não tenhas medo, Moisés. Os Mensageiros não têm medo
na Minha presença. ◊10
Quanto àqueles que pecam, mas voltam ao bem após o mal,
sou perdoador, misericordioso. ◊11
Põe tua mão no bolso. Sairá branca, sem mácula: um dos nove
sinais destinados ao Faraó e a seu povo, os depravados." ◊12
Mas quando Nossos sinais, esclarecedores, lhes foram
exibidos, disseram: "É magia manifesta." ◊13
E rejeitaram-nos, por orgulho e iniquidade, embora suas
almas reconhecessem a verdade. Vê o que foi o destino dos
corruptores! ◊14
Depois, concedemos o saber a David e Salomão. E eles
disseram: "Louvado seja Deus que nos preferiu a muitos de
Seus servos crentes." ◊15
E Salomão sucedeu a David e disse: "Homens, foi-nos
ensinada a linguagem dos pássaros; e foi-nos dado algo de
tudo o que existe: uma liberalidade manifesta." ◊16
E foram reunidos os exércitos de Salomão, djins, homens e
pássaros, devidamente dispostos. ◊17
Quando chegaram ao vale das formigas, uma formiga disse:
"Formigas, entrai em vossas moradas com receio de que os
soldados de Salomão vos esmaguem sem o perceber." ◊18
Salomão sorriu de suas palavras e disse: "Senhor meu,
leva-me a agradecer Teus benefícios para comigo e para
com meus pais e a realizar boas coisas que Te agradem; e
introduze-me, por Tua clemência, entre Teus servos
íntegros." ◊19
E passou em revista os pássaros, e disse: "Por que não vejo a
poupa? Estará entre os ausentes? ◊20

Com certeza impor-lhe-ei um castigo duro, ou antes a
degolarei. Ou, então, que me apresente uma desculpa
válida." ◊21

A poupa chegou e disse de certa distância: "Descobri o
que não descobriste, e venho a ti de Sabá com uma notícia
segura. ◊22

Encontrei uma mulher que reina sobre seu povo, e foi-lhe
dado de tudo, e ela tem um trono grandioso. ◊23

Encontrei-a e a seu povo a se prostrarem diante do sol em
vez de Deus. E o diabo embelezou-lhes falsamente o
comportamento iníquo e desviou-os do caminho certo, e
eles se perderam. ◊24

E não se prostram diante de Deus que conhece o que está
escondido nos céus e na terra e o que revelais e o que
ocultais. ◊25

Deus. Não há deus senão Ele, o Senhor do trono glorioso." ◊26

Disse Salomão: "Verificaremos se disseste a verdade ou se
foste um dos mentirosos. ◊27

Leva esta carta minha e joga-lhas, depois afasta-te e vê o que
farão." ◊28

Disse a rainha de Sabá: "Ó dignitários, foi-me enviada uma
carta honrada. ◊29

Vem de Salomão e ei-la: 'Em nome de Deus, o Clemente, o
Misericordioso, ◊30

Não vos ensoberbeçais contra mim, e vinde a mim,
submissos.'" ◊31

Acrescentou a rainha: "Ó dignitários, opinai sobre esta
questão. Nada decidirei até ouvir-vos." ◊32

Responderam: "Somos detentores de força e de coragem. A ti
pertence a decisão. Determina e ordena." ◊33

Disse ela: "Os reis, quando invadem uma cidade,
corrompem-na e reduzem ao aviltamento seus habitantes
mais poderosos. Assim também farão eles. ◊34

Mas enviar-lhes-ei um presente e verei com o que voltará o
emissário." ◊35

Quando o emissário chegou junto de Salomão, disse o rei: "O quê! É com ouro que quereis me socorrer? O que Deus me proporcionou é melhor do que aquilo que vos proporcionou. E jactais-vos de vosso presente! ◊36

Volta a eles. Breve atacá-los-emos com exércitos que não poderão repelir. E expulsá-los-emos de suas terras, aviltados e humilhados. Sim, serão derrotados." ◊37

E disse aos componentes de sua corte: "Quem de vós me traria o trono da rainha antes que venham a mim submissos?" ◊38

Disse um dos djins: "Eu to trarei antes que te levantes de teu lugar. Sou forte e leal." ◊39

Disse aquele que possuía o conhecimento do Livro: "Eu to trarei em um abrir e fechar de olhos." E quando Salomão viu o trono na sua frente, disse: "É uma graça de meu Senhor. Ele quer provar-me para saber se sou agradecido ou ingrato. Quem for agradecido a si mesmo beneficia, e quem for ingrato, Deus é autossuficiente e rico." ◊40

E ordenou: "Desfigurai-lhe o trono. Veremos se ela o reconhecerá e se é dos bem-guiados ou dos desencaminhados." ◊41

Quando a rainha chegou, perguntaram-lhe: "Teu trono é assim?" Respondeu: "Parece ele." Disse Salomão: "Nós recebemos o saber e éramos submissos antes dela. ◊42

Mas os deuses que ela adorava em vez de Deus desviaram-na, pois pertence a um povo de descrentes." ◊43

Disseram à rainha: "Entra no palácio." E quando entrou, confundiu o brilho do piso com água, e suspendeu o vestido acima dos joelhos. Disse Salomão: É um palácio de cristal polido." Disse ela: "Senhor, fui iníqua para comigo mesma. Submeto-me, com Salomão, a Deus, o Senhor dos mundos." ◊44

E enviamos aos Samuds seu irmão Saleh. Disse-lhes: "Adorai Deus." E eis que se cindiram em dois grupos rivais. ◊45

Disse-lhes: "Ó povo meu, por que procurais apressar o mal antes do bem? Por que não pedis perdão a Deus? Quiçá recebais misericórdia." ◊46

Disseram: "Vemos mau augúrio em ti e nesses que estão contigo." Respondeu: "Vosso augúrio está com Deus e estais sendo submetidos a provas." ◊47

Ora, havia na cidade um grupo de nove homens que semeavam a corrupção na terra e não praticavam o bem. ◊48

Disseram: "Juremos uns aos outros por Deus de matá-lo, de noite, com sua família. Depois, diremos a seu protetor: 'Não estávamos presentes quando foram mortos. Sem dúvida, falamos a verdade.'" ◊49

E tramaram um ardil, e Nós tramamos um ardil sem que eles o percebessem. ◊50

E vê qual foi o fruto de suas tramas: aniquilamo-los, e todo o seu povo. ◊51

Aí estão suas casas arruinadas, em castigo pelos seus delitos. Há nisso um sinal para os que compreendem. ◊52

E salvamos os crentes que temiam a Deus. ◊53

E Lot, quando disse a seu povo: "Cometeis essas obscenidades quando tendes olhos e vedes? ◊54

Acercai-vos com luxúria dos homens em vez das mulheres? Sois um povo de insensatos." ◊55

E qual foi a resposta de seu povo? Disseram: "Expulsai Lot e sua família de vossa cidade. São pessoas que querem ficar puras." ◊56

Salvamo-lo, com a família, exceto sua mulher, que destinamos a estar entre os que ficaram para trás. ◊57

E fizemos desabar sobre eles uma chuva. E que chuva para os que haviam sido advertidos! ◊58

Dize: "Louvado seja Deus, e que a paz esteja sobre Seus servos prediletos! Quem é melhor: Deus ou os que Lhe associam? ◊59

Vede! Aquele que criou os céus e a terra e vos envia água do céu e Nós, com essa água, fazemos brotar jardins que alegram os olhos e cujas árvores nunca teríeis sido capazes de fazer brotar – Aquele, haveria outro deus com Ele? E, contudo, atribuem associados a Deus! Exaltado seja! ◊60

Vede! Aquele que fez da terra uma morada estável e dotou-a com rios e colocou nela montanhas e pôs uma barreira entre os dois mares – Aquele, haveria outro deus com Ele? Na verdade, a maioria deles são ignorantes. ◊61

Vede! Aquele que atende o necessitado quando O solicita e neutraliza o mal e vos designa herdeiros na terra – Aquele, haveria outro deus com Ele? Quão pouco vos lembrais! ◊62

Vede! Aquele que vos guia nas trevas da terra e do mar e envia os ventos anunciarem Sua misericórdia – Aquele, haveria outro deus com Ele? ◊63

Aquele que criou o homem e o criará de novo e vos envia o sustento do céu e da terra – Aquele, haveria outro deus com Ele? Dize, "Trazei vossa prova se sois sinceros." ◊64

Dize: "Ninguém nos céus e na terra conhece o invisível senão Deus. E não sabem os homens quando serão ressuscitados. ◊65

Chegaram ao conhecimento do Além? De maneira alguma. Têm dúvidas a seu respeito, e seus olhos são selados. ◊66

E dizem os que descreem: "Quando formos reduzidos a pó, como nossos pais, seremos mesmo ressuscitados? ◊67

Prometeram-no a nós e a nossos pais antes de nós. Mas tudo não passa das fábulas dos antigos." ◊68

Dize: "Percorrei a terra e verificai qual foi o destino dos pecadores." ◊69

E não te aflijas sobre eles e não te angusties por causa de seus ardis. ∨70

E perguntam ironicamente: "Para quando aquele castigo se sois sinceros?" ◊71

Responde: "Talvez parte do que procurais apressar já esteja atrás de vós." ◊72

Teu Senhor tem dado muito aos homens. Mas a maioria deles não agradece. ◊73

E teu Senhor sabe o que proclamam e o que escondem no coração. ◊74

E não há segredo no céu e na terra que não esteja registrado no Livro evidente. ◊75

Este Alcorão relata aos filhos de Israel a maior parte das coisas sobre as quais divergem. ◊76

E ele é um guia e uma misericórdia para os crentes. ◊77

Teu Senhor julgar-lhes-á as divergências. Ele é poderoso e
informado. ◊78

Põe, pois, tua confiança em Deus: estarás com a verdade
manifesta. ◊79

Não poderás fazer os mortos ouvirem e não poderás fazer os
surdos ouvirem o apelo quando virarem as costas e se
afastarem. ◊80

Tampouco poderás conduzir os cegos para a verdade. Só te
ouvirão os que creem em Nossos sinais e são submissos. ◊81

E quando a Palavra cair sobre eles, faremos sair da terra um
monstro que lhe dirá: "Em verdade, os homens não têm fé
em nossos sinais." ◊82

Naquele dia, reuniremos de cada nação um grupo dos que
desmentiam Nossos sinais, ◊83

E Deus lhes dirá: "Renegastes Meus sinais porque não os
compreendíeis ou por algum outro motivo? E que fazíeis?" ◊84

E eles permanecerão atônitos e mudos. E o castigo cairá sobre
eles pelo que prevaricavam. ◊85

Não veem que fizemos a noite para seu descanso e o dia para
· lhes dar a luz? Há nisso sinais para os que creem. ◊86

E no dia em que a trombeta soar e o terror dominar os que
estiverem nos céus e na terra – exceto os que Deus
escolher –, todos comparecerão diante d'Ele, acovardados. ◊87

E verás as montanhas, que supões firmes, moverem-se como
nuvens: tal é poder de Deus que tudo acertou. Ele sabe o
que fazeis. ◊88

Quem vier com uma boa ação, receberá algo melhor ainda,
será imune ao medo. ◊89

E quem vier com uma ação má, será empurrado na Geena:
"Recebe a retribuição daquilo que fazias." ◊90

Dize: "Fui mandado adorar o Senhor desta terra que Ele
santificou – a Ele tudo pertence – e ser um dos submissos, ◊91

E recitar o Alcorão. Quem acertar o caminho, o fará em seu
próprio benefício. E a quem se desencaminhar, dize: "Sou
apenas um dos admoestadores." ◊92

E dize: "Louvado seja Deus. Ele vos mostrará Seus sinais, e vós os reconhecereis." Teu Senhor não está desatento ao que fazeis. ◊93

28. AS NARRATIVAS

Em nome de Deus, o Clemente, o Misericordioso.

Tah. Sin. Mim. ◊1

Eis os versículos do Livro evidente. ◊2

Contar-te-emos algo da história de Moisés e do Faraó, com toda a verdade, para os que creem. ◊3

O Faraó tornou-se muito soberano na terra do Egito, dividindo-lhe o povo em castas, algumas das quais procurava enfraquecer, degolando-lhes os filhos e poupando as mulheres. Pois era um dos corruptores. ◊4

E Nós queríamos favorecer os oprimidos da terra, e fazer deles os líderes e os herdeiros. ◊5

E estabelecê-los na terra e infligir ao Faraó, a Haman e a seus exércitos aquilo mesmo que suas vítimas temiam da parte deles. ◊6

E inspiramos à mãe de Moisés: "Amamenta-o. E quando temeres por ele, joga-o no rio, e não te preocupes e não te entristeças. Pois Nós to devolveremos e faremos dele um dos Mensageiros." ◊7

A família do Faraó recolheu-o para que viesse a ser para ela um adversário e uma aflição. Pois o Faraó e seus exércitos eram pecadores. Deus sabe o que faz. ◊8

E a mulher do Faraó disse: "Será a alegria de meus olhos e dos teus. Não o mates. Talvez nos seja útil, e talvez o adotemos por filho." E nada percebiam! ◊9

E o coração da mãe de Moisés tornou-se vazio. E teria tudo revelado se não lhe tivéssemos fortalecido a alma para que permanecesse entre os crentes. ◊10

E disse à irmã de Moisés: "Segue-o." E ela pôs-se a observá-lo de longe sem que o reparassem. ◊11

Ora, Nós fizemos com que ele recusasse os seios de qualquer ama de leite. E sua irmã disse aos Faraós: "Quereis que vos indique uma família que se encarregue dele para vós e o trate com devoção?" ◊12

Assim restituímo-lo à mãe para que se alegrasse e não mais se afligisse e para que soubesse que a promessa de Deus é verídica, embora a maioria dos homens não o saibam. ◊13

E quando ele atingiu a sua plenitude e ficou bem-formado, demos-lhe julgamento e sabedoria. Assim recompensamos os benfeitores. ◊14

Ora, entrando na cidade sem ser notado, encontrou dois homens brigando: um era de seu povo, o outro, de seus inimigos. O homem de seu povo apelou para ele contra seu inimigo. E Moisés espancou o inimigo e matou-o. E disse: "É obra do demônio. Ele é com certeza um inimigo declarado e enganador." ◊15

E disse: "Senhor meu, fui iníquo para comigo mesmo. Perdoa-me." E Deus lhe perdoou. Ele é perdoador e misericordioso. ◊16

E disse: "Senhor meu, pela graça que me concedeste, jamais darei apoio aos criminosos." ◊17

Amanheceu na cidade, temeroso, vigilante. E eis que aquele que apelara para ele na véspera, apelou para ele de novo. Moisés lhe disse: "És manifestamente um desordeiro." ◊18

E quando quis matar o inimigo de ambos, este lhe disse: "Ó Moisés, queres matar-me como mataste aquela alma ontem? Só queres ser um tirano na terra, e não queres ser um dos reformadores?" ◊19

Então chegou um homem dos confins da cidade, correndo, e disse: "Ó Moisés, os anciãos conspiram contra tua vida. Parte. Sou para ti um dos conselheiros." ◊20

Saiu da cidade, temeroso e vigilante, dizendo: "Senhor meu, salva-me dos prevaricadores" ◊21

E quando rumou para Median, disse: "Queira Deus guiar-me no caminho certo." ◊22

E quando chegou à aguada de Median, encontrou um grupo de pastores que davam de beber a seus rebanhos e duas mulheres, afastadas, que seguravam suas ovelhas. Perguntou às mulheres: "Qual é vosso problema?" Responderam: "Não podemos dar de beber ao nosso rebanho até que os pastores se tenham afastado, e nosso pai é muito velho." ◊23

Deu, por elas, de beber às ovelhas e retirou-se para uma sombra, e disse: "Senhor meu, estou em necessidade de qualquer coisa boa que me envies." ◊24

Então, uma das mulheres aproximou-se timidamente dele e disse: "Nosso pai te convida para te recompensar por teres conseguido água para nós." Quando se apresentou e contou ao pai sua história, disse-lhe o ancião: "Não temas. Estás a salvo dos prevaricadores." ◊25

Uma das duas mulheres disse: "Pai, emprega-o. Será o melhor dos que empregaste: forte e leal." ◊26

Disse o pai: "Na verdade, quero dar-te em casamento uma de minhas duas filhas, com a condição de que fiques a meu serviço pelo termo de oito anos. Se completares dez, será por tua escolha. Não te desejo explorar. Deus querendo, encontrarás em mim um dos justos." ◊27

"Fica combinado entre nós, respondeu. E seja qual for aquele dos dois termos que eu escolher, não haverá injustiça contra mim. Deus é fiador do que dissemos." ◊28

Depois, quando Moisés tinha cumprido o termo e saído com sua família, avistou fogo do lado do Monte. E disse aos seus: "Aguardai aqui. Vejo um fogo. Talvez vos traga notícias a seu respeito ou um tição para vos aquecer." ◊29

Quando lá chegou, foi chamado do lado direito do vale, no campo abençoado, do meio de uma árvore: "Ó Moisés, sou Eu, Deus, o Senhor dos mundos. ◊30

Arroja teu cajado!" E quando o viu agitar-se qual uma
serpente, virou as costas, fugindo, e não se deteve mais.
Mas Deus chamou: "Ó Moisés, aproxima-te e não temas:
estás em segurança. ◊31

Mete a mão no bolso: sairá branca, sem mácula. E aperta teu
braço sobre ti para não sentir medo. Eis aí dois sinais de
teu Senhor para o Faraó e sua corte: esses são, na verdade,
perversos." ◊32

Disse Moisés: "Senhor meu, matei um deles e receio que me
matem. ◊33

E meu irmão Arão tem a língua mais eloquente que eu.
Envia-o comigo para me auxiliar e para confirmar minhas
palavras. Pois temo que me tratem de mentiroso." ◊34

Disse: "Fortificaremos teu braço com teu irmão, e vos
daremos autoridade, de forma que não vos poderão atingir.
Graças a Nossos sinais, vós e os que vos seguirão
prevalecereis." ◊35

E quando Moisés foi a eles com Nossos sinais, disseram:
"Tudo isso não passa de magia forjada. Nunca ouvimos
tais coisas de nossos antepassados." ◊36

Disse Moisés: "Meu Senhor bem sabe quem trouxe os sinais
com Sua orientação e quem obterá a última morada.
Os iníquos jamais vencerão." ◊37

Disse o Faraó: "Ó membros da corte, ignoro que tenhais
outro deus além de mim! Ó Haman, acende o fogo sobre
o barro e constrói uma torre para que suba até o deus de
Moisés. Pois considero-o um dos impostores." ◊38

E ele e seu exército se encheram de orgulho pela terra, sem
justificação, e pensaram que nunca voltariam para Nós. ◊39

E Nós nos apoderamos dele e de seu exército e jogamo-los no
mar. Meditai sobre o destino dos iníquos! ◊40

E fizemos deles líderes cuja função é levar para o Fogo. E no
dia da Ressurreição, não serão socorridos. ◊41

E perseguimo-los neste mundo com uma maldição e, no dia
da Ressurreição, estarão entre os execrados. ◊42

E após termos aniquilado as gerações anteriores, concedemos
o Livro a Moisés: uma clarividência e um guia e uma
misericórdia para os homens. Quiçá se lembrem. ◊43
Tu não estavas na vertente ocidental do Monte quando
outorgamos o mando a Moisés, nem eras uma das
testemunhas. ◊44
E criamos após ele novas gerações, cuja idade estendemos.
Tu não moraste com os Medianitas nem lhes recitaste
Nossas revelações. Mas enviamos-lhes outros Mensageiros. ◊45
Tampouco estavas no flanco do Monte quando chamamos
Moisés. Porém, enviamos-te uma graça de teu Senhor, para
que admoestasses um povo a quem nenhum Mensageiro
fora enviado antes de ti. Talvez pudessem assim refletir. ◊46
E caso uma aflição tivesse que castigá-los pelo que suas mãos
fizeram, eles não pudessem dizer: "Senhor nosso, por que
não nos enviaste um Mensageiro? Teríamos seguido Tuas
revelações, e estaríamos entre os crentes." ◊47
Mas agora que lhes revelamos a verdade, dizem: "Por que não
foi concedido a este Mensageiro o que foi concedido a
Moisés?" Não descreram, acaso, do que fora concedido
a Moisés? E não disseram dele e do Mensageiro: "Duas
magias que se sustentam mutuamente?" E também:
"Na realidade, não acreditamos em nenhum deles." ◊48
Dize: "Trazei, por ordem de Deus, um Livro que seja melhor
guia do que esses dois, se sois sinceros; e eu o seguirei." ◊49
Se não te atenderem, saberás que eles só seguem suas paixões,
e quem é mais perdido do que aquele que segue suas
paixões sem ser guiado por Deus? Deus não guia os
prevaricadores. ◊50
E continuamos a enviar-lhes Nossa Palavra. Talvez acabem
compreendendo. ◊51
Aqueles a quem enviamos o Livro anteriormente acreditam
neste Alcorão. ◊52
E quando lhes é recitado, dizem: "Cremos nele. Ele é a
verdade emanada de Deus. Mesmo antes dele, nós éramos
submissos." ◊53

Esses receberão sua recompensa duas vezes: por sua perseverança e por retribuírem o mal com o bem e porque gastam do que lhes outorgamos. ◊54

E quando ouvem futilidades, afastam-se dizendo: "Temos nossos feitos, e tendes os vossos. Que a paz esteja convosco! Não procuramos a companhia dos ignorantes." ◊55

Tu não podes guiar quem desejas. Mas Deus guia quem quiser. Ele conhece melhor os que seguem o caminho da retidão. ◊56

E dizem: "Se seguíssemos a orientação contigo, seríamos desterrados." Não temos estabelecido para eles um santuário seguro, para onde chegam os produtos de todas as espécies: uma provisão de Nossa parte? Mas a maioria deles são ignorantes. ◊57

E quantas cidades destruímos pelos excessos de sua insolência! Eis suas casas: quase nunca foram ocupadas depois deles. E fomos Nós os herdeiros. ◊58

Teu Senhor, contudo, nunca destruiu as cidades sem antes enviar à cidade-mãe um Mensageiro encarregado de recitar-lhes Nossas revelações. Tampouco destruímos cidades cujos habitantes não sejam transgressores. ◊59

O que vos foi concedido é usufruto e ornamentos passageiros nesta vida. O que Deus possui é melhor e mais durável. Não raciocinais? ◊60

Acaso, aquele a quem fizemos uma bela promessa, que lhe será paga, pode ser equiparado com aquele a quem concedemos apenas o usufruto da vida terrena e que estará, no dia da Ressurreição, entre os acusados? ◊61

Naquele dia, Ele os convocará, perguntando: "Onde estão os que pretendíeis associar a Mim?" ◊62

E aqueles a quem se dirigirá a pergunta responderão: "Senhor nosso, são esses os homens que enganamos; enganamo-los como nós próprios estávamos sendo enganados. Proclamamos nossa inocência perante Ti. Não era a nós que eles adoravam." ◊63

E uma voz lhes dirá: "Chamai vossos ídolos." Chamá-lo-ão; mas não receberão resposta alguma. Então, verão o castigo. Se tivessem sido guiados! ◊64

E naquele dia, Ele os chamará, dizendo: "Que respondestes aos Mensageiros?" ◊65

E sua confusão será tamanha que nada dirão. ◊66

Contudo, aqueles que se arrependerem e praticarem o bem talvez possam receber a salvação. ◊67

Teu Senhor cria o que quiser e escolhe o que quiser, enquanto eles não têm escolha alguma. Exaltado seja sobre os que Lhe associam! ◊68

Teu Senhor conhece o que seus corações ocultam e o que eles proclamam. ◊69

É Ele Deus. Não há deus senão Ele. A Ele são devidos os louvores neste mundo e no outro. A Ele pertence o mando. E para Ele voltareis. ◊70

Pergunta-lhes: "Que vos pareceria se Deus estendesse a noite por cima de vós continuamente até o dia da Ressurreição? Que deus, senão Deus, vos proporcionaria então a luz? Não tendes ouvidos para ouvir?" ◊71

Pergunta-lhes: "Que vos pareceria se Deus estendesse o dia sobre vós continuamente até o dia da Ressurreição? Que deus, senão Deus, vos proporcionaria então a noite para vosso repouso? Não tendes olhos para ver? ◊72

Por Sua misericórdia, proporciona-vos a noite e o dia para que repouseis e procureis Sua generosidade. Possais ser reconhecidos!" ◊73

Naquele dia, Ele o chamará, dizendo: "Onde estão os deuses que Me atribuís como associados?" ◊74

E traremos de cada nação uma testemunha e diremos: "Trazei vossas provas." Saberão então que a verdade pertence a Deus, e os deuses que inventavam os abandonarão. ◊75

Korah fazia parte do povo de Moisés. Depois, oprimiu seu próprio povo. Havíamos-lhe concedido tantos tesouros que as suas chaves constituíam fardo pesado para um

bando de homens fortes. E seu povo disse-lhe: "Não
exultes. Deus não ama os exultantes, ◊76
Mas procura, no que Deus te proporcionou, a última morada.
E não descuides de teu quinhão neste mundo. E sê
generoso como Deus tem sido generoso para contigo. E
não semeies a corrupção na terra. Deus não ama os
corruptores." ◊77
Retrucou: "Nada disso! O que possuo devo-o a
conhecimentos que tenho." Ignorava que, antes dele, Deus
havia aniquilado homens mais poderosos e mais opulentos
do que ele? Não é necessário interrogar os malfeitores
acerca de seus malefícios. Deus os conhece. ◊78
Depois, apresentou-se a seu povo com todo seu fausto. E os
que anseiam pela vida terrena diziam: "Ai, se tivéssemos
o que foi concedido a Korah. Sua sorte é mesmo
maravilhosa!" ◊79
Mas aqueles a quem a ciência fora dada disseram-lhes:
"Ai de vós! A recompensa de Deus é preferível para quem
crê e pratica o bem. E não a receberam senão os
perseverantes." ◊80
Fizemos então a terra engoli-lo com sua casa. E não havia
ninguém para socorrê-lo contra Deus. E foi um dos
derrotados. ◊81
E os que, na véspera, cobiçavam-lhe a sorte diziam pela
manhã: "Sim! Deus aumenta a porção para quem Lhe
apraz entre Seus servos, e a restringe para quem Lhe apraz.
Se Deus não tivesse sido bondoso para conosco, teria feito
a terra nos engolir também. Sim! Não vencem os
descrentes." ◊82
Aquela última morada, Nós a destinamos aos que não
ambicionam a grandeza na terra e não semeiam nela a
corrupção. A vitória final pertence aos piedosos. ◊83
Quem fizer uma boa ação, receberá uma recompensa superior
a ela. E quem fizer uma ação má, os malfeitores serão
retribuídos pelo que fizerem. ◊84

Aquele que te confiou o Alcorão te reconduzirá com certeza para teu lar novamente. Dize: "Deus sabe melhor quem trouxe a boa orientação e quem está num erro evidente." ◊85

Não esperavas que este Livro te fosse revelado. Foi a misericórdia de teu Senhor que o fez descer sobre ti. Não sejas, pois, um amparo para os descrentes. ◊86

E não deixes que te afastem dos sinais de Deus agora que te foram revelados. E apela para teu Senhor. E não sejas um dos idólatras. ◊87

E não invoques deus algum com Deus. Não há deus senão Ele. Tudo está destinado a perecer exceto Sua face. A Ele pertence o Julgamento. E para Ele voltareis. ◊88

29. A ARANHA

Em nome de Deus, o Clemente, o Misericordioso.
Alef. Lam. Mim. ◊1

Pensam os homens que serão deixados em paz por proclamarem: "Cremos" e que não serão postos à prova? ◊2

Pusemos à prova os que os precederam. Deus conhece os que são sinceros e os que são mentirosos. ◊3

Ou pensam os malfeitores que poderão ultrapassar-Nos? Péssimo é seu raciocínio! ◊4

Quem anseia pelo encontro com Deus, lembre-se de que o termo de Deus está chegando. Ele ouve tudo e sabe tudo. ◊5

E quem luta por Deus é para si mesmo que luta. Deus pode prescindir dos mundos. ◊6

Quanto aos que creem e praticam o bem; absolver-lhes-emos os pecados e recompensá-los-emos de acordo com seus feitos mais meritórios. ◊7

Prescrevemos ao homem a bondade para com seu pai e sua mãe; mas se eles quiserem levar-te a associar a Mim quem não conheces, não lhes obedeças. Para Mim voltareis e, então, vos informarei do que tiverdes feito. ◊8

Aqueles que creem e praticam o bem, juntá-los-emos aos
justos. ◊9

Entre os homens, há os que dizem: "Cremos em Deus."
Depois, quando são maltratados por Sua causa, não
distinguem entre o castigo de Deus e a maldade dos
homens. E quando chegar um socorro de teu Senhor,
dizem: "Estivemos convosco." Não sabe Ele o que há no
coração dos homens? ◊10

Deus reconhece os crentes e reconhece os hipócritas. ◊11

E os que descreem dizem aos que creem: "Segui nosso
caminho, e nós carregaremos vossos pecados." Não, não
podem carregar os pecados dos outros. São apenas
mentirosos. ◊12

Terão que carregar seus próprios fardos e outros fardos
também. E serão interrogados no dia da Ressurreição
sobre suas calúnias. ◊13

Enviamos Noé a seu povo. Permaneceu com eles mil anos
menos cinquenta. Depois, o dilúvio os apanhou quando
prevaricavam. ◊14

E o salvamos com seus companheiros da arca, e fizemos deles
um sinal para os mundos. ◊15

E Abraão quando disse a seu povo: "Adorai a Deus e temei-O:
é melhor para vós. Se soubésseis! ◊16

Vós adorais ídolos em vez de Deus, e inventais calúnias. Os
que adorais em vez de Deus não podem proporcionar-vos
sustento algum. Procurai vosso sustento junto a Deus e
adorai-O e agradecei-Lhe: é para Ele que voltareis. ◊17

E se desmentis, outros povos antes de vós desmentiram. Ao
Mensageiro só pertence transmitir a mensagem com
clareza." ◊18

Não viram como Deus inicia a criação e, depois, a reinicia?
Isso para Deus é fácil. ◊19

Dize: "Andai pela terra e vede como Ele iniciou a primeira
criação. Mais tarde, será também Deus quem criara a
última criação. Deus tem poder sobre tudo." ◊20

Ele castiga quem Lhe apraz. E absolve quem Lhe apraz. E para Ele voltareis. ◊21

E não O podeis reduzir à impotência na terra ou no céu. E não tendes, fora d'Ele, nem protetor nem defensor. ◊22

E os que renegam os sinais de Deus e duvidam de seu encontro com Ele, esses desesperam da Minha clemência. Doloroso castigo os aguarda. ◊23

A única resposta do povo de Abraão foi: "Matai-o ou queimai-o." Deus o salvou do fogo. Há nisso um sinal para os que creem. ◊24

E disse Abraão: "Adotastes ídolos em vez de Deus? A afeição entre vós e eles existirá somente na vida terrena. No dia da Ressurreição, renegar-vos-eis uns aos outros e vós vos amaldiçoareis uns aos outros. O Fogo será vossa morada. E ninguém vos socorrerá." ◊25

Lot acreditou n'Ele e disse: "Vou emigrar para meu Senhor. Ele é o Poderoso, o Sábio." ◊26

E agraciamo-lo com Isaac e Jacó; e depositamos na sua descendência o dom da profecia e o Livro e pagamos-lhe seu salário neste mundo; e ele estará no outro mundo entre os justos. ◊27

E Lot quando disse a seu povo: "Cometeis obscenidades que ninguém antes de vós cometeu: ◊28

Procurar os homens, cortar os caminhos, entregar-se a abominações durante as reuniões!" Qual foi a resposta de seu povo? Disseram: "Faze com que caia sobre nós o castigo de Deus se tuas palavras forem verídicas."[11] ◊29

Disse: "Senhor meu, concede-me a vitória sobre os corruptores. Tu ouves as súplicas." ◊30

E quando Nossos anunciadores trouxeram as boas-novas a Abraão, dizendo: "Aniquilaremos os habitantes desta cidade: eles têm sido prevaricadores", ◊31

Objetou: "Mas Lot habita nela!" Responderam: "Bem sabemos quem habita nela. Salvá-lo-emos, com sua família, exceto a mulher: ela estará entre os que ficarão para trás." ◊32

E quando Nossos anjos se apresentaram a Lot, perturbou-se e irritou-se. Disseram-lhe: "Não temas e não te aflijas. Salvar-te-emos com a família exceto a mulher que estará entre os que ficarão para trás." ◊33

E desencadeamos sobre os habitantes daquela cidade uma calamidade do céu pelas perversidades que praticavam. ◊34

E deixamos dela um sinal manifesto para os que raciocinam. ◊35

E aos Medianitas enviamos seu irmão Chuaib. Disse-lhes: "Ó meu povo, adorai Deus e esperai pelo último dia e não corrompais a terra." ◊36

Desmentiram-no. O Tremor os apanhou. E a manhã os encontrou em suas casas, prostrados. ◊37

E fizemos o mesmo com os povos de Aad e Samud. Vede seu destino nas ruínas de suas moradas! O diabo fez parecer-lhes belas as perversidades e desviou-os do caminho. ◊38

E Karum e o Faraó e Haman. Moisés trouxe-lhes as provas; mas eles se ensoberbeceram na terra sem serem capazes de ganhar a corrida. ◊39

Cada um deles, castigamo-lo por seus pecados. A uns enviamos um furacão; outros foram apanhados pelo Grito; outros fizemos engolir pela terra; outros, afogamos. E não foi Deus que os oprimiu: oprimiram-se a si mesmos. ◊40

Os que adotam outros protetores em vez de Deus assemelham-se à aranha que constrói sua casa. A mais frágil das casas é a casa da aranha. Se soubessem! ◊41

Deus sabe o que invocam em vez d'Ele. Ele é o Poderoso, o Sábio, o Onisciente. ◊42

Esses exemplos, Nós os cunhamos para os homens. Porém só os conhecedores alcançam-lhes o significado. ◊43

Deus criou, com a verdade, os céus e a terra. Há nisso um sinal para os crentes. ◊44

Recita o que te foi inspirado do Livro, e observa a oração. A oração interdiz a concupiscência e o ilícito. Mas a

recordação de Deus é a mais importante. Deus sabe o
que fazeis. ◊45

E não disputeis com os adeptos do Livro senão com
moderação, salvo os que prevaricam. E dizei: "Cremos no
que nos foi revelado e no que vos foi revelado. Nosso
Deus e vosso Deus é o mesmo. A Ele nos submetemos." ◊46

Assim temos feito descer o Livro sobre ti. Aqueles a quem
trouxemos o Livro nele acreditam. Entre os outros
também, há os que acreditam. Só os descrentes renegam
Nossos sinais. ◊47

E nunca recitaste livros antes do Livro, e nunca os escreveste
com tua mão direita. Se o tivesses feito, os céticos teriam
ficado ainda mais céticos. ◊48

Este Alcorão é, ao contrário, feito de versículos claros para os
corações dotados de saber. Só os prevaricadores renegam
Nossos sinais. ◊49

Dizem: "Por que não lhe foram enviados sinais por seu Senhor?"
Responde: "Os sinais estão com Deus. Eu sou apenas um
admoestador fidedigno." ◊50

Não lhes basta que tenhamos feito descer sobre ti o Livro que
lhes é recitado: uma misericórdia e uma recordação para
os que creem? ◊51

Dize: "Basta Deus por testemunha entre mim e vós. Ele sabe o
que há nos céus e na terra. E aqueles que creem no erro e
renegam Deus, serão eles os derrotados. ◊52

E desafiam-te a apressar o castigo. Não fosse pelo termo
predeterminado, o castigo já os teria atingido. Atingi-los-á
de repente sem que o pressintam. ◊53

Desafiam-te a apressar o castigo. Mas o dia virá com certeza
quando a Geena cercará os descrentes: ◊54

O castigo os cobrirá então de cima de suas cabeças e de baixo
de seus pés. E Deus lhes dirá: "Provai os frutos do que
fazíeis!" ◊55

Ó Meus servos que credes, Minha terra é vasta. A Mim adorai. ◊56

Toda alma é destinada a provar a morte. Depois, para Nós voltareis. ◊57

Quanto aos que creem e fazem o bem, instalá-los-emos em altos andares no Jardim onde correm os rios. E lá permanecerão para todo o sempre. Como é esplêndido o salário dos trabalhadores ◊58

Que perseveram e depositam sua confiança em seu Senhor! ◊59

Quantos seres não carregam seu sustento! Deus os sustenta, e a vós. Ele ouve tudo e sabe tudo. ◊60

E se lhes perguntares: "Quem criou os céus e a terra, e submeteu o sol e a lua?" Responderão: "Deus." Como, depois, se desviam? ◊61

Deus alarga a porção para quem Lhe apraz entre Seus servos, e a restringe para quem Lhe apraz. Ele se entende em tudo. ◊62

E se lhes perguntares: "Quem, do céu, faz descer a água e com ela vivifica a terra depois de morta?" Responderão: "Deus." Dize: "Louvado seja Deus!" Porém, a maioria deles não raciocina. ◊63

Esta vida terrena não é senão um passatempo e um jogo. A morada eterna, é ela a vida. Se soubessem! ◊64

Quando embarcam num navio, invocam Deus, sendo-Lhe sinceros na religião; mas depois que Ele os traz em segurança até a terra, ei-los a atribuir-Lhe associados. ◊65

Renegam Nossas revelações, mas gozam de Nossos benefícios. Breve saberão! ◊66

Não repararam que lhes concedemos um santuário seguro, ao passo que, a seu redor, as pessoas são raptadas? Acreditarão no erro e duvidarão das graças de Deus? ◊67

Haverá pior prevaricador do que aquele que ofende a Deus ou renega a verdade quando lhe é revelada? Não há na Geena uma morada para os descrentes? ◊68

Quanto aos que lutam por Nós, conduzi-los-emos em Nossos caminhos. Deus está com os benfeitores. ◊69

30. OS BIZANTINOS

Em nome de Deus, o Clemente, o Misericordioso.
Alef. Lam. Mim. ◊1
Os bizantinos foram derrotados ◊2
Numa terra próxima. Depois de sua derrota, porém, vencerão ◊3
Dentro de poucos anos – a Deus pertence o mando antes e
    depois – e naquele dia, os crentes regozijar-se-ão ◊4
Do socorro de Deus. Deus socorre quem Lhe apraz. Ele é
    poderoso e misericordioso. ◊5
É promessa de Deus. Deus nunca falta a Suas promessas; mas
    a maioria dos homens não o sabem. ◊6
Conhecem aparências da vida terrena, mas são desatentos
    acerca do Além. ◊7
Não são capazes de refletir? Deus não criou os céus e a terra e
    quanto existe entre eles senão pela verdade e por um prazo
    predeterminado. Assim mesmo, muitos homens descreem
    que encontrarão seu Senhor. ◊8
Não andaram pela terra e não viram qual foi o destino
    daqueles que os precederam? Eram mais poderosos do que
    eles, e haviam lavrado e povoado a terra mais do que eles.
    Seus Mensageiros vieram a eles com as provas. E não foi
    Deus que os oprimiu: oprimiram-se a si mesmos. ◊9
E mau foi o fim dos que praticavam o mal, e desmentiam os
    sinais de Deus, e zombavam deles. ◊10
Deus inicia a criação, depois repete-a, e no fim para Ele
    voltareis, o Eterno, o Digno de louvores ◊11
No dia em que a Hora chegar, os pecadores estarão
    confundidos e desesperados ◊12
Nenhuma intercessão receberão de seus ídolos e, na verdade,
    renegarão esses ídolos. ◊13
E quando a Hora chegar, os homens estarão divididos: ◊14
Os que tiverem crido e praticado o bem estarão num prado,
    felizes; ◊15

E os que tiverem descrido e desmentido Nossos sinais e o encontro do Além, esses serão entregues ao castigo. ◊16

Glorificai, pois, Deus no entardecer e no amanhecer. ◊17

Louvado seja Ele nos céus e na terra, de tarde e ao meio-dia. ◊18

Ele extrai o vivo do morto e o morto do vivo e vivifica a terra depois de murcha. Assim sereis ressuscitados. ◊19

Um de Seus sinais é vos ter criado de barro; e agora, eis que sois homens, espalhados pela terra. ◊20

E de Seus sinais ter criado para vós esposas de vós próprios para que moreis com elas, e ter posto entre vós amor e misericórdia. Há em tudo isso um ensinamento para os que raciocinam. ◊21

E de Seus sinais: a criação dos céus e da terra, e a diversidade de vossos idiomas e de vossas cores. Há nisso um ensinamento para os mundos. ◊22

E de Seus sinais: vosso sono de noite e de dia e vossa procura pelas Suas graças. Há nisso um ensinamento para os que ouvem. ◊23

E de Seus sinais: levar-vos a ver o relâmpago com medo e esperança, e enviar do céu água que vivifica a terra depois de morta. Há nisso um ensinamento para os que pensam. ◊24

E de Seus sinais: que o céu e a terra permaneçam estáveis por Sua ordem. Depois, quando Ele vos chamar de repente, eis que saireis dos túmulos. ◊25

A Ele pertencem todos os que estão nos céus e na terra, e a Ele obedecem. ◊26

É Deus que inicia a criação e, depois, a repete. Para Ele é coisa fácil. A Ele pertencem os títulos mais sublimes nos céus e na terra. Ele é o Poderoso, o Sábio. ◊27

De vós mesmos, para vós, Ele tira um exemplo: porventura, tendes, entre vossos escravos, associados com quem compartilhais em igualdade as riquezas que vos concedemos? E vós os temeis como vos temeis uns aos outros? Assim detalhamos Nossas revelações para os que compreendem. ◊28

Os que prevaricam seguem, na sua ignorância, suas próprias paixões. E quem pode guiar os que Deus desencaminha? E quem os socorrerá? ◊29

Consagra-te à religião, um homem de fé pura, e segue a índole elevada com que Deus fez o homem. A criação de Deus não muda. Esta é a religião verídica, embora a maioria dos homens não o saibam. ◊30

Voltai a Ele, arrependidos. E temei-O. E observai a oração. E não sejais dos que atribuem associados a Deus. ◊31

E não dividais a religião em seitas, cada seita exultando no que possui. ◊32

Quando algum mal aflige os homens, invocam seu Senhor e voltam a Ele, contritos; mas quando, depois, Ele lhes mostra Sua misericórdia, eis que muitos atribuem associados a seu Senhor, ◊33

Renegando o que lhes concedemos: "Gozai! Breve sabereis." ◊34

Acaso, enviamos-lhes alguma autoridade que sancione os associados que inventaram? ◊35

Quando agraciamos os homens com Nossa misericórdia, regozijam-se. Mas quando uma desgraça os atinge, consequência do que suas próprias mãos fizeram, ei-los desesperados. ◊36

Não viram que Deus alarga a porção para quem Lhe apraz e a reduz para quem Lhe apraz? Há nisso um ensinamento para os que creem e temem a Deus. ◊37

Daí o que é devido aos parentes, aos pobres, aos viajantes. Assim é melhor para os que procuram a aprovação de Deus. Deles será a vitória. ◊38

Os juros que pagais para aumentar vossas riquezas com a dos outros não as aumentarão junto a Deus. Mas o que dais em caridade, anelando pela aprovação de Deus, vos será devolvido, dobrado. ◊39

Foi Deus quem vos criou e vos sustenta; e Ele vos matará e, depois, vos ressuscitará. Algum de vossos ídolos faz coisas semelhantes? Exaltado e glorificado seja acima dos que Lhe associam! ◊40

A corrupção apareceu na terra e no mar pelo que as próprias mãos dos homens têm feito. Deus o quer assim para que sofram as consequências de seus delitos e talvez se emendem. ◊41

Dize: "Andai pela terra e observai qual foi o fim dos que vos precederam. A maioria deles eram idólatras." ◊42

Consagra-te à religião verídica antes que chegue, por ordem de Deus, um dia que não pode ser afastado. Naquele dia, os homens serão divididos: ◊43

Aqueles que descreem terão que responder por sua descrença, e os que praticam o bem estão fazendo provisões para si mesmos. ◊44

E Ele recompensará, com Sua graça, os que creem e fazem o bem, e rejeitará os descrentes. ◊45

De Seus sinais: enviar os ventos para anunciar Sua misericórdia e para que os navios naveguem por Sua ordem e para que procureis Sua bondade. Possais agradecer! ◊46

Enviamos, antes de ti, Mensageiros a seus próprios povos. Levaram-lhes as provas. E vingamo-Nos dos que prevaricaram, e era obrigação Nossa socorrer os crentes. ◊47

Deus envia os ventos que erguem as nuvens, e espalha as nuvens no céu como Lhe apraz, e separa-as, e vês as chuvas saírem de seu meio. E quando atingem os que Ele escolher dentre Seus servos, eis que eles se regozijam, ◊48

Embora estivessem, antes da chuva, desesperados. ◊49

Contempla, pois, os efeitos da misericórdia de teu Senhor: como vivifica a terra depois de dessecada. Da mesma forma, Ele ressuscitará os mortos. Ele tem poder sobre tudo. ◊50

Se, porém, enviamos um vento, e eles veem seus campos amarelando, voltam a sua descrença. ◊51

Tu não farás os mortos ouvirem, e não farás os surdos ouvirem teu apelo. Esquece-te dos que voltam as costas e se afastam. ◊52

E não poderás guiar os cegos nas suas vagueações. Só te
ouvirão os que creem em Nossos sinais e são submissos. ◊53
Foi Deus quem vos criou na fragilidade, depois transformou
vossa fragilidade em força, depois transformou vossa força
em fraqueza e cabelos brancos. Ele cria o que Lhe apraz, o
Conhecedor, o Poderoso. Interroga sobre Ele os que sabem. ◊54
E no dia em que chegar a Hora, os pecadores jurarão que
haviam permanecido nos túmulos um instante apenas.
É assim que eles se afastavam da verdade na terra. ◊55
Mas aqueles a quem ciência e fé forem dadas dirão:
"Com certeza permanecestes, conforme o Livro de Deus,
até o dia da Ressurreição, e este é o dia da Ressurreição,
mas não o sabíeis." ◊56
Naquele dia, as desculpas de nada servirão aos
prevaricadores; e eles não serão resgatados. ◊57
Neste Alcorão, damos aos homens exemplos de toda espécie.
E se lhes trouxerdes um sinal, os que descreem dirão:
"Não passais de falsificadores." ◊58
Assim Deus sela o coração dos ignorantes. ◊59
Persevera! Pois a promessa de Deus é verídica. E não deixes
que te abalem os homens de fé insegura. ◊60

31. LUKMAN[12]

Em nome de Deus, o Clemente, o Misericordioso.
Alef. Lam. Mim. ◊1
Estes são os versículos do Livro sábio: ◊2
Um guia e uma misericórdia para os benfeitores ◊3
Que observam a oração, pagam o tributo dos pobres e
acreditam no Além. ◊4
Esses seguem a orientação de seu Senhor. E deles será a vitória. ◊5
Há homens que, na sua ignorância, compram histórias
frívolas para afastar os outros do caminho de Deus e
zombam desse caminho Esses sofrerão um castigo aviltante. ◊6

Quando Nossos versículos lhes são recitados, voltam as
costas, cheios de presunção, como se não os tivessem
escutado ou como se tivessem um peso no ouvido.
Anuncia-lhes um castigo doloroso. ◊7

Aos que creem e praticam o bem, pertencerá o Jardim das
Delícias ◊8

Onde permanecerão para todo o sempre. A promessa de
Deus é verídica. Ele é poderoso e sábio. ◊9

Criou os céus sem pilastras visíveis aos vossos olhos e jogou
montanhas sobre a terra para que não oscile convosco, e
povoou-a com seres de toda a espécie. E enviamos do céu
água com a qual fazemos brotar plantas generosas de todas
as variedades. ◊10

Aí está a criação de Deus. Mostrai-me agora o que os outros
deuses criaram. Os prevaricadores estão num erro evidente. ◊11

E concedemos a Lukman a sabedoria, dizendo-lhe: "Agradece
a Deus. Quem agradece, agradece em benefício próprio.
E quem renega, Deus é autossuficiente, digno de louvores." ◊12

E quando Lukman disse ao filho, exortando-o: "Meu filho,
não atribuas associados a Deus. Quem o fizer, comete uma
iniquidade enorme." ◊13

Recomendamos ao homem benevolência para com seus
pais: sua mãe o carrega, fragilidade sobre fragilidade, e o
amamenta dois anos. E dissemos-lhe: "Agradece a Mim e
a teus pais. Pois para Mim é o porvir. ◊14

Porém se te procurarem constranger a associar a Mim o que
ignoras, então não lhes obedeças. Comporta-te para com
eles, neste mundo, como um amigo correto. Mas segue o
caminho de quem se inclina para Mim. Depois, para Mim
voltareis, e Eu vos informarei do que tiverdes feito." ◊15

E Lukman prosseguiu: "Meu filho, se algo do peso de um grão
de mostarda fosse oculto num rochedo ou nos céus ou na
terra, Deus o faria surgir. Deus é amável e onisciente. ◊16

Meu filho, observa a oração, prescreve a justiça, proíbe o mal e
suporta com força de alma o que te atingir. Isso é ser um
homem resoluto. ◊17

E não trates os outros com altivez, e não andes pela terra com arrogância. Deus não gosta dos presunçosos e dos soberbos. ◊18

Sê modesto no teu porte e abaixa a voz. A voz mais detestável é a voz do asno." ◊19

Não vedes que Deus vos subordinou tudo quanto existe nos céus e na terra e vos cumulou com favores visíveis e invisíveis? E há quem discute sobre Deus sem possuir saber nem orientação e sem o Livro esclarecedor. ◊20

E quando se lhes diz: "Segui o que Deus tem revelado", replicam: "Seguiremos antes o que nossos pais faziam." Mesmo se o demônio os esteve convidando para o suplício das chamas?" ◊21

Mas quem se entregar a Deus e for caridoso, já apanhou a ansa inquebrantável. De Deus depende a solução de qualquer assunto. ◊22

Não te aflija a descrença dos descrentes. Para Nós voltarão, e Nós os inteiraremos do que tiverem feito. Deus sabe o que encerram os corações. ◊23

Deixamo-los gozar algum tempo. Depois, arrastá-los-emos para um castigo severo. ◊24

Se lhes perguntas: "Quem criou os céus e a terra?" Respondem: "Deus." Dize: "Louvado seja Deus." Mas a maioria deles é ignorante. ◊25

A Deus pertence tudo quanto existe nos céus e na terra. Deus é autossuficiente, digno de louvores. ◊26

Se todas as árvores da terra fossem cálamos, e o mar, e mais sete mares fossem tinta, não esgotariam as palavras de Deus, o Poderoso, o Sábio. ◊27

Vossa criação e vossa ressurreição são como a criação e a ressurreição de uma só alma. Deus ouve tudo e observa tudo. ◊28

Não vês que Ele insere a noite no dia e o dia na noite? E Ele sujeitou o sol e a lua a girarem até um termo predeterminado? Deus é bem informado do que fazeis. ◊29

É que Deus é a verdade e tudo quanto invocam fora d'Ele é
falso. Deus é o Altíssimo, o Grande. ◊30

Não vês que os navios navegam no mar pela graça de Deus,
em meio aos prodígios de Deus? Há em tudo isso sinais
para todo homem perseverante e agradecido. ◊31

E quando as ondas cobrem os navios como sombras, os
homens apelam para Deus, dedicando-Lhe a religião com
sinceridade; mas quando Ele os traz salvos para a terra,
quantos são parcimoniosos nos seus agradecimentos!
Não renega Nossos sinais senão todo ingrato traidor. ◊32

Homens! Temei a vosso Senhor e temei um dia em que o pai
não poderá redimir o filho nem o filho, o pai. Sim, a
promessa de Deus é verídica. Que a vida terrena não vos
seduza, e não deixeis o Enganador enganar-vos a respeito
de Deus. ◊33

Só Deus tem conhecimento da Hora. Ele faz cair a chuva e
sabe o que há nos úteros. Nenhuma alma sabe o que
ganhará amanhã. Nenhuma alma sabe em que terra
morrerá. Só Deus conhece tudo e está a par de tudo ◊34

32. A PROSTRAÇÃO

Em nome de Deus, o Clemente, o Misericordioso.
Alef. Lam. Mim. ◊1

Este é, sem dúvida, o Livro enviado pelo Senhor dos mundos. ◊2

Dirão: "Muhamad o inventou?" Antes, o Livro é a verdade
vinda de teu Senhor para que advirtas um povo a quem
não foi enviado admoestador algum. ◊3

Foi Deus quem criou em seis dias os céus e a terra e tudo
quanto existe entre eles. Depois, assentou-se no trono. Vós
não tendes, fora d'Ele, nem protetor nem intercessor.
Lembrar-vos-eis? ◊4

É Ele quem rege todos os assuntos dos céus e da terra. No fim, subirão até Ele num dia que, para vossas medidas, equivale a mil anos. Ele é vosso Senhor. ◊5

Conhece o visível e o invisível, o Poderoso, o Misericordioso. ◊6

Deu beleza a tudo quanto criou. E formou o primeiro homem de barro. ◊7

Depois, perpetuou-lhe a descendência por uma gota de sêmen, ◊8

E modelou-o e insuflou nele Seu espírito. E dotou-vos de ouvidos e olhos e coração. Quão pouco agradeceis! ◊9

Dizem: "Quando formos diluídos na terra, ressuscitaremos numa nova criação?" E descreem que reencontrarão seu Senhor. ◊10

Dize-lhes: "O anjo da morte, incumbido de vós, vos matará e a Deus voltareis." ◊11

Se pudesses ver os pecadores, cabisbaixos, ante seu Senhor, implorando: "Vimos e ouvimos, Senhor. Restituí-nos à terra, e praticaremos o bem. Agora cremos. ◊12

Se quiséssemos, poríamos todas as almas no caminho da retidão. Mas, digo-o em verdade, encherei o inferno de djins e de homens. ◊13

"Sofrei, dir-lhes-emos, por vos terdes esquecido deste dia. É nossa vez de vos esquecer. Provai o castigo eterno por aquilo que perpetráveis." ◊14

Crentes são aqueles que, quando inteirados de Nossas revelações, prostram-se e, livres do orgulho, elevam louvores ao Senhor. ◊15

Seus corpos arrancam-se aos leitos para ir invocar o Senhor com temor e esperança. E gastam do que lhes concedemos. ◊16

Não sabem que felicidade lhes reservamos como recompensa de suas boas ações. ◊17

Poderá o ímpio ser comparado àquele que crê? ◊18

Os que creem e praticam o bem morarão no Jardim das Delícias em recompensa de suas ações. ◊19

Mas os que se entregarem à perversidade, sua morada será o Fogo. Todas as vezes que procurarem sair dele, para ele

serão empurrados, e uma voz dir-lhes-á: "Experimentai o
castigo do Fogo que dizíeis não existir." ◊20

Em verdade, submetê-los-emos a um castigo leve neste
mundo antes de submeter ao grande suplício no Além.
Arrepender-se-ão em tempo? ◊21

E haverá pior prevaricador do que aquele a quem as
revelações de seu Senhor são lembradas, e ele as despreza?
Sim, vingar-nos-emos dos malfeitores. ◊22

Enviamos o Livro a Moisés – não duvides de que o
encontrarás um dia como guia para os filhos de Israel. ◊23

E quando os filhos de Israel manifestaram fortaleza e
perseverança e fé em Nossas revelações, designamos entre
eles líderes para os guiar sob Nossas ordens. ◊24

Teu Senhor julgará suas disputas no dia da Ressurreição. ◊25

Como! Não terão tirado alguma lição de tantas gerações que
aniquilamos antes deles? Andam entre suas moradas
arruinadas. Há em tudo isso muitos sinais. Não têm
ouvidos para ouvir? ◊26

E não repararam como conduzimos a água às terras áridas e
como fazemos crescer nelas as colheitas que os alimentam
e alimentam-lhes os rebanhos? Não têm olhos para ver? ◊27

E desafiam: "Quando será aquele dia do Julgamento se é que
dizeis a verdade?" ◊28

Responde: "No dia do Julgamento, de nada valerá aos
descrentes acreditarem. E não lhes será concedido outro
prazo." ◊29

Afasta-te, pois, deles, e espera. E deixa-os esperar. ◊30

33. OS COLIGADOS[13]

Em nome de Deus, o Clemente, o Misericordioso.

Ó Profeta, teme a Deus e não cedas aos descrentes e aos
hipócritas. Deus é conhecedor de tudo e sábio. ◊1

E segue o que te é revelado em nome de teu Senhor. Deus sabe
o que fazeis. ◊2

E põe tua confiança em Deus. Basta Ele por protetor. ◊3

Deus nunca coloca dois corações no peito de um homem.
Tampouco faz de vossas esposas que repudiais, dizendo:
"Sejam-me vossas costas tão proibidas quanto as costas de
minha mãe", verdadeiras mães vossas; nem faz de vossos
filhos adotivos, verdadeiros filhos vossos. Essas são apenas
palavras que vossas bocas proferem. Deus só diz a verdade
e guia no caminho da retidão ◊4

Dai a vossos filhos adotivos os sobrenomes de seus pais: é
mais equitativo ante Deus. Se não lhes conheceis os pais,
considerai-os então vossos irmãos na religião e vossos
aliados. Não sereis responsabilizados por vossos enganos,
mas pelo que vossos corações premeditam. Deus
permanece perdoador e misericordioso. ◊5

O Profeta está mais próximo dos crentes do que os crentes
uns dos outros. E as esposas do Profeta são as mães dos
crentes. E no Livro de Deus, os parentes são mais próximos
uns dos outros do que o são dos outros crentes e dos
emigrantes. Contudo, deveis tratar vossos amigos
condignamente. Isto está inscrito no Livro. ◊6

E quando fizemos um pacto com os Profetas e contigo e com
Noé, e Abraão, e Moisés, e Jesus, o filho de Maria, fizemos
um pacto solene ◊7

Para que Deus pudesse pedir contas aos leais de sua lealdade.
Deus preparou um castigo doloroso para os descrentes. ◊8

Ó vós que credes, lembrai-vos da bondade de Deus para
convosco quando fostes atacados por tropas inimigas e
enviamos contra elas um vendaval e soldados que vós não
vistes. Deus observava o que fazíeis. Ele vê tudo e sabe
tudo. ◊9

Quando vos atacaram por cima de vós e por baixo de vós, e
quando vossos olhos se apavoraram e vossos corações
subiram às gargantas, e pensastes coisas sobre Deus, ◊10

Os crentes foram então provados e violentamente sacudidos. ◊11

E quando os hipócritas e os que têm a doença no coração
diziam: "Ilusórias são as promessas de Deus e de Seu
Mensageiro." ◊12

E quando um grupo deles disse: "Ó gente de Israel, não há
lugar para vós aqui. Voltai para vossa cidade. Outros
pediam licença ao Profeta, dizendo: "Nossas casas são
indefesas", quando não eram indefesas; mas eles só
queriam fugir ◊13

Se o inimigo tivesse forçado a entrada por todos os lados e os
tivesse incitado a rebelar-se, ter-se-iam rebelado. Mas
teriam ocupado a cidade por pouco tempo. ◊14

Anteriormente, eles haviam jurado a Deus que nunca
recuariam. Sobre esse juramento, serão interpelados. ◊15

Dize: "A fuga de nada vos servirá. Se escapastes da morte e da
matança, curto será o prazo que tereis para gozar." ◊16

Pergunta: "Quem vos protegerá contra Deus se Ele vos quiser
infligir um mal e quem poderá impedi-Lo de vos beneficiar
com Sua misericórdia?" Não encontrarão, fora de Deus,
nem protetor nem aliado. ◊17

Certamente, Deus sabe quem impede os outros de seguir o
Mensageiro e quem diz a seus companheiros: "Vinde a nós",
enquanto ele próprio participa pouco do combate ◊18

E reluta em vos socorrer. Depois, quando o medo os dominar,
vê-los-ás olhando para ti com olhos a rolar como quem vai
desmaiar e morrer. Mas quando o medo os abandona,
agridem-vos com línguas afiadas na sua avidez pelos
despojos. Esses nunca creram, e Deus malograr-lhes-á os
empreendimentos. É coisa fácil para Deus. ◊19

Supunham que os coligados nunca levantariam o cerco. Ora,
se esses coligados voltassem, eles desejariam ser antes
nômades no deserto e pedir de longe notícias vossas. E se
estivessem entre vós, não combateriam senão pouco. ◊20

O Mensageiro de Deus é um belo exemplo para os que
confiam em Deus e no último dia e recordam Deus com
frequência. ◊21

E quando os crentes divisaram os coligados, disseram: "Foi o
que Deus e Seu Mensageiro nos prometeram. Deus e Seu
Mensageiro disseram a verdade." E a chegada do inimigo
não fez senão aumentar-lhes a fé e a submissão. ◊22

Entre os crentes, há homens que cumpriram seu pacto com
Deus: uns perderam a vida; outros aguardam e em nada
mudaram. ◊23

Deus recompensará com certeza os leais por sua lealdade – e
castigará os hipócritas ou lhes perdoará conforme Sua
vontade. Deus é perdoador e misericordioso. ◊24

E Deus rechaçou os descrentes cheios de fúria e frustrados, e
poupou o combate aos crentes. Deus é poderoso e forte. ◊25

E desalojou de suas fortalezas os adeptos do Livro que haviam
secundado os coligados e infundiu o terror em seus
corações: parte deles, matastes; e parte capturastes. ◊26

E Deus fez-vos herdeiros de suas terras e casas e posses e de
outra terra que nunca havíeis pisado. Deus tem poder
sobre tudo. ◊27

Ó Profeta, dize a tuas esposas: "Se é a vida terrena que quereis,
com seus adornos, vinde: dar-vos-ei vossa provisão e
libertar-vos-ei com benevolência. ◊28

Mas se for Deus e Seu Mensageiro e a última morada que
quereis, Deus preparou para as virtuosas dentre vós uma
recompensa magnífica. ◊29

Mulheres do Profeta, quem dentre vós cometer uma
indecência flagrante, receberá um castigo dobrado. É coisa
fácil para Deus. ◊30

E quem dentre vós permanecer submissa a Deus e a Seu
Mensageiro, e praticar o bem, receberá uma recompensa
dobrada. E para ela, preparamos generosas provisões. ◊31

Mulheres do Profeta, vós não sois como as outras mulheres.
Se temeis a Deus, evitai ser obsequiosas na conversação
para não provocar a luxúria dos que têm a doença no
coração. Usai palavras discretas e cautelosas. ◊32

Permanecei em vossos lares; e não exibais vossos adornos como faziam as pagãs de antanho. E observai a oração, e pagai o tributo dos pobres, e obedecei a Deus e a Seu Mensageiro. Deus só quer preservar-nos de toda mácula, mulheres da casa do Profeta, e purificar-vos. ◊33

E decorai o que for recitado em vossos lares das revelações de Deus e dos ditos dos sábios. Deus é amável e onisciente. ◊34

Os submissos e as submissas, os crentes e as crentes, os homens obedientes e as mulheres obedientes, os homens leais e as mulheres leais, os homens perseverantes e as mulheres perseverantes, os homens humildes e as mulheres humildes, os homens caridosos e as mulheres caridosas, os homens que jejuam e as mulheres que jejuam, os homens castos e as mulheres castas, os homens que invocam a Deus com frequência e as mulheres que invocam a Deus com frequência – para todos eles, Deus preparou a indulgência e grandes recompensas. ◊35

Não pertence a crente algum e a crente alguma, quando Deus e Seu Mensageiro decidirem algo, escolher outra opção. E quem desobedecer a Deus e a Seu Mensageiro comete um erro manifesto. ◊36

E quando disseste àquele a quem Deus conferiu favores e a quem tu conferiste favores: "Guarda tua esposa para ti e teme a Deus", enquanto ocultavas em ti o que Deus revelaria. Agias assim por temor aos homens quando era mais decente temer a Deus. E quando Zaid satisfez seu desejo e de sua mulher, Nós a demos em casamento para que os crentes soubessem que não é crime para eles casarem-se com as mulheres de seus filhos adotivos, uma vez que estes tenham satisfeito seu desejo e o delas. O mandamento de Deus é sempre cumprido. ◊37

Ninguém pode censurar o Profeta pelo que Deus lhe outorgou: tal foi a lei de Deus para com os Profetas que se foram anteriormente (os decretos de Deus são predeterminados), ◊38

Os quais transmitiram a mensagem de Deus, e O temiam e
não temiam a ninguém senão a Ele. Basta Deus para pedir
contas. ◊39

Muhamad não é pai de homem algum dentre vós, mas é o
Mensageiro de Deus e o selo dos Profetas. Deus tem
conhecimento de tudo. ◊40

Ó vós que credes, mencionai Deus com frequência, ◊41

E glorificai-O pela manhã e à tarde. ◊42

É Ele quem vos abençoa, com Seus anjos, para conduzir-vos
das trevas para a luz. Ele é misericordioso para com os
crentes. ◊43

E estes, no dia do Encontro, O saudarão: "Paz!" e Ele lhes terá
preparado recompensas generosas. ◊44

Ó Profeta, enviamos-te como testemunha e um anunciador
de boas-novas e um admoestador ◊45

E também para que convoques os homens a Deus com Sua
permissão, e os guies, tal uma lâmpada luminosa. ◊46

Anuncia aos crentes que receberão de Deus grandes
liberalidades. Ele é o doador supremo. ◊47

E não cedas aos descrentes e aos hipócritas e não faças caso
de suas perseguições e põe tua confiança em Deus. Basta-te
Deus por protetor. ◊48

Ó vós que credes, se vos casardes com mulheres crentes e as
repudiardes antes de havê-las tocado, não tereis termos a
cumprir. Dotai-as e libertai-as honradamente. ◊49

Ó Profeta, tornamos legais para ti as tuas esposas que dotaste
e as escravas que Deus te outorgou e as filhas de teus tios
paternos e maternos e de tuas tias paternas e maternas que
emigraram contigo e qualquer outra mulher crente que se
oferecer ao Profeta e que ele quiser desposar: privilégio teu,
com exclusão dos demais crentes – sabemos o que lhes
impusemos com relação às suas esposas e escravas – para
que ninguém possa censurar-te. Deus é perdoador e
misericordioso. ◊50

Podes adiar a companhia de quem quiseres entre elas e
chamar a ti quem quiseres. E se procurares essas que havias
desprezado, não serás censurado. É mais provável que elas
estejam assim satisfeitas e não mais se aflijam e que
todas estejam felizes com o que lhes concederes. Deus sabe o
que há em vossos corações. Deus é conhecedor e clemente. ◊51

Além dessas, as mulheres não serão lícitas para ti nem te será
permitido trocar tuas esposas por outras, mesmo que sua
beleza te agrade, com exceção das escravas que possuis.
Deus observa tudo. ◊52

Ó vós que credes, não entreis nos aposentos do Profeta,
exceto quando convidados para uma refeição, e aguardai o
momento próprio para entrar. Depois da refeição,
retirai-vos, sem vos prolongar em conversação familiar.
De outra forma, incomodaríeis o Profeta. E ele ficaria
constrangido diante de vós; mas Deus não fica constrangido
diante da verdade. E se pedirdes algum objeto às suas
esposas, pedi-o através de uma cortina: é mais limpo para
vossos corações e para os seus. Não vos pertence
molestar o Mensageiro de Deus nem desposar-lhe as
mulheres após ele, nunca. Seria, aos olhos de Deus, uma
grave ofensa. ◊53

Quer reveleis algo, quer o oculteis, Deus tem conhecimento
de tudo. ◊54

As esposas do Profeta não serão censuradas por serem vistas
(sem véu) por seus pais, filhos, irmãos, sobrinhos, nem
pelas outras mulheres e suas escravas. E temei a Deus. ◊55

Deus e Seus anjos abençoam o Profeta. Ó vós que credes,
abençoai-o também e saudai-o calorosamente. ◊56

Todos os que blasfemam Deus e Seu Mensageiro, Deus os
amaldiçoará neste mundo e no outro e destinar-lhes-á um
castigo aviltante. ◊57

E os que blasfemam os crentes e as crentes, sem que o tivessem
merecido, carregarão o peso da calúnia e um pecado
manifesto. ◊58

Ó Profeta, recomenda a tuas esposas e a tuas filhas e às
mulheres dos crentes que apertem seus véus em volta delas:
é mais provável que sejam assim reconhecidas, evitando ser
molestadas. Deus é perdoador e misericordioso. ◊59

Se os hipócritas e os que têm a doença no coração e os
provocadores de sedições em Medina não se contiverem,
incitar-te-emos contra eles, e seus dias nesta cidade serão
contados. ◊60

Amaldiçoados serão e poderão ser capturados e mortos onde
quer que forem encontrados. ◊61

Tal é a lei de Deus que foi aplicada aos que os precederam.
E não encontrarás, na lei de Deus, desvio algum. ◊62

Interrogar-te-ão sobre a Hora. Responde: "O conhecimento
da Hora não pertence senão a Deus. Que sabes? Talvez a
Hora esteja chegando." ◊63

Deus amaldiçoou os descrentes e destina-lhes as chamas ◊64

Nas quais permanecerão para todo o sempre. sem aliado, sem
protetor. ◊65

No dia em que seus rostos forem virados e revirados no fogo,
dirão: "Tivéssemos obedecido a Deus e a Seu Mensageiro!" ◊66

E dirão: "Senhor nosso, nós obedecemos a nossos líderes e a
nossos maiorais, e eles nos desencaminharam. ◊67

Senhor nosso, dobra-lhes o castigo e amaldiçoa-os
pesadamente." ◊68

Ó vós que credes, não imiteis os que caluniaram Moisés. Deus
o absolveu das falsas acusações e fez dele um de Seus
dignitários. ◊69

Ó vós que credes, temei a Deus e só dizei palavras verídicas ◊70

Para que Ele abençoe vossas ações e perdoe vossos pecados.
Quem obedecer a Deus e a Seu Mensageiro logrará grande
vitória. ◊71

Propusemos Nosso Depósito[14] aos céus e à terra e às
montanhas: recusaram carregá-lo e tiveram medo dele. E o
homem aceitou carregá-lo! Mas revelou-se um pecador e
um tolo. ◊72

Deus castigará os hipócritas e as hipócritas, os idólatras e as idólatras, e perdoará aos crentes e às crentes. Deus é perdoador e misericordioso. ◊73

34. SABÁ

Em nome de Deus, o Clemente, o Misericordioso.

Louvado seja Deus a quem pertence tudo quanto existe nos céus e na terra. Louvado seja no Além, o Sábio, o Onisciente. ◊1

Sabe o que penetra na terra e o que sai dela. Sabe o que desce do céu e o que a ele ascende, o Clemente, o Perdoador. ◊2

Dizem os que descreem: "A Hora nunca chegará." Dize. "Sim por meu Senhor! chegará." Ele conhece o invisível. Nada lhe escapa, seja o tamanho de uma formiga, nos céus ou na terra. E nada, menor ou maior, que não esteja no Livro evidente. ◊3

Recompensará os que creem e praticam o bem com a indulgência e com riquezas abundantes. ◊4

Mas os que se empenham em refutar Nossas revelações sofrerão o castigo de um flagelo pavoroso. ◊5

Aqueles a quem a ciência foi dada consideram que o que te foi revelado em nome de teu Senhor é a verdade e leva para o caminho do Poderoso, o Digno de louvores. ◊6

E os que descreem dizem: "Quereis conhecer um homem que ensina que, quando fordes completamente desintegrados, sereis criados de novo? ◊7

Inventa blasfêmias contra Deus! Ou há loucura nele?" Não! Antes, os que não creem no Além estão no tormento e num erro que vai longe demais. ◊8

Será que não veem o que os rodeia do céu e da terra? Se quiséssemos, faríamos a terra engoli-los ou pedaços do céu caírem sobre eles. Há nisto um sinal para todo servo contrito. ◊9

E concedemos Nossa graça a David: "Montanhas, cantai
com ele os louvores do Senhor, e vós, pássaros, também."
E para ele, amolecemos o ferro, ◊10
Dizendo-lhe: "Fabrica cotas de malha completas e ajusta-as às
malhas." E praticai o bem: Eu observo o que fazeis. ◊11
E demos a Salomão poderes sobre o vento cujo percurso
matinal é de um mês e cujo percurso vesperal é de um mês.
E, para ele, fizemos brotar a fonte de cobre fundido. E djins
trabalhavam para ele com a permissão de seu Senhor.
E àqueles que desacataram Nossas ordens, infligimos o
castigo das chamas. ◊12
Executavam para ele o que ele desejasse: castelos, estátuas,
bandejas como bacias e caldeiras estáveis. E dizíamos:
"Família de David, trabalha com gratidão." Quão poucos
são agradecidos entre Meus servos! ◊13
Quando decretamos sua morte, não houve para avisar de
seu fim senão o verme de terra que lhe roeu o cajado sobre
o qual se apoiava. E quando tombou, os djins verificaram
que, se conhecessem o invisível, não permaneceriam na sua
aviltante aflição. ◊14
Os habitantes de Sabá tinham na sua cidade um sinal: dois
jardins, um à direita e um à esquerda. Dissemos-lhes;
"Comei das provisões de vosso Senhor e agradecei-Lhe.
Bela é vossa terra e indulgente é vosso Senhor." ◊15
Mas não se importaram. E desencadeamos sobre eles as águas
da barragem e substituímos-lhes os dois jardins por dois
jardins de frutos amargos, tamargas e algumas jujubas. ◊16
Assim castigamo-los pela sua ingratidão. Castigamos Nós
senão os ingratos? ◊17
E estabelecemos, entre eles e as cidades que abençoamos,
lugarejos na estrada para que pudessem viajar de uma
cidade para outra por etapas. E dissemos-lhes: "Viajai
entre elas em segurança, de noite e de dia." ◊18
Mas eles disseram: "Senhor, aumenta as distâncias de nossas
viagens!" E foram iníquos para consigo mesmos. Então,

convertemo-los em assunto de conversação e dispersamo-los por toda parte. Há nisso um sinal para todo homem perseverante e agradecido. ◊19

A avaliação que Satanás fez deles revelou-se correta: todos o seguiram, exceto um grupo de crentes, ◊20

Embora ele não tivesse autoridade sobre eles. Mas Nós queríamos saber quem deles acreditava no Além e quem duvidava. Teu Senhor é guardião de todas as coisas. ◊21

Dize: "Invocai os que endeusais em vez de Deus. Nada possuem, fosse do valor de uma formiga, nem nos céus nem na terra. E Deus não tem auxiliar algum dentre eles. ◊22

Ninguém pode interceder junto a Ele sem Sua permissão. Quando o terror abandonar-lhes o coração, perguntarão: "Que disse vosso Senhor?" Responderão: "A verdade. Ele é o Altíssimo." ◊23

Pergunta: "Quem vos concede provisões dos céus e da terra?" Responde: "Deus. Não podemos ambos ter razão: nós ou vós estamos na retidão ou num erro manifesto." ◊24

Dize: "Não sereis interrogados sobre nossos crimes e não seremos interrogados sobre o que fazeis." ◊25

Dize: "Nosso Senhor nos reunirá. Depois, decidirá entre nós pela verdade. Ele é o Libertador, o Conhecedor." ◊26

Dize: "Mostrai-me os que associais a Ele. Não! Não! É Ele Deus, o Poderoso, o Sábio." ◊27

E enviamos-te a todos os homens para que lhes anuncies as boas-novas e os admoestes. Mas a maioria deles é ignorante. ◊28

E desafiam: "Para quando é essa ameaça se vossas palavras forem verídicas?" ◊29

Responde: "Vosso dia está marcado. E quando ele chegar, não o podereis atrasar ou adiantar de uma hora sequer." ◊30

E dizem os que descreem: "Jamais acreditaremos neste Alcorão nem nos livros que o precederam." Ah! Se visses os prevaricadores quando comparecerem diante de seu Senhor a trocarem acusações entre si! Os mais humildes dirão aos mais orgulhosos: "Não fosse por vós, teríamos sido crentes!" ◊31

E aqueles que se enchiam de orgulho dirão aos que eram rebaixados: "Nós vos impedimos de seguir a verdade quando vos foi revelada? Não! Antes éreis pecadores!" ◊32

E aqueles que eram rebaixados dirão àqueles que se enchiam de orgulho: "Foram, antes, vossos ardis quando, dia e noite, nos constrangíeis a renegar Deus e a atribuir-Lhe associados." E procurarão dissimular o remorso quando virem o castigo. E colocaremos golilhas nos pescoços dos que descreem. Não estarão recebendo o que terão merecido? ◊33

E não enviamos admoestador a cidade alguma sem que seus habitantes abastados dissessem: "Não, não cremos no que nos pregas." ◊34

E acrescentavam: "Possuímos mais riquezas e filhos do que tu, e não seremos castigados." ◊35

Dize: "Meu Senhor alarga a provisão para quem Lhe apraz, e a restringe para quem Lhe apraz. Mas a maioria dos homens não o sabem." ◊36

Nem vossas riquezas nem vossos filhos poderão vos aproximar de Nós. Só os que creem e praticam o bem receberão recompensa dobrada pelo que tiverem feito. E habitarão em segurança nos andares superiores do céu. ◊37

Quanto àqueles que se empenham em refutar Nossos sinais serão trazidos para o suplício. ◊38

Dize: "Meu Senhor alarga a provisão para quem Lhe apraz e a restringe para quem Lhe apraz de Seus servos. Tudo o que dardes vos será por Ele restituído. Ele é o melhor dos doadores." ◊39

E no dia em que Ele os reunir e perguntar aos anjos: "São estes que vos adoravam?" ◊40

Responderão: "Glorificado sejas! Tu és nosso protetor, não eles. Adoravam antes os djins, e a maioria deles acreditava neles." ◊41

Naquele dia, ninguém de vós poderá beneficiar ou prejudicar outrem e diremos aos prevaricadores: "Provai o castigo do Fogo por vós considerado uma mentira." ◊42

E quando Nossos versículos evidentes lhes são recitados, dizem: É apenas um homem que vos quer desviar do que vossos pais adoravam." E dizem: "Tudo isso nada é senão falsidade inventada." E os que descreem dizem da verdade quando lhes é transmitida: "É magia manifesta." ◊43

Não lhes revelamos livros que pudessem estudar, e não lhes enviamos antes de ti admoestador algum. ◊44

Aqueles que os precederam também desmentiram Nossas revelações. E eram dez vezes mais prósperos e mais poderosos. Desmentiram Meus Mensageiros. E como foi a Minha reprovação! ◊45

Dize: "Exorto-vos a uma coisa só: que fiqueis de pé diante de Deus, cada um por si só ou dois por dois, e que reflitais." Não, não há loucura em vosso camarada. Ele é apenas um admoestador para vós. Eu disponho de um suplício terrível. ◊46

Dize: "Não vos peço salário algum. Guardai-o para vós. Deus me recompensará. Ele é testemunha de tudo." ◊47

Dize: "Sim. Meu Senhor difunde a verdade. Ele é o conhecedor do invisível." ◊48

Dize: "A verdade chegou. O erro não inicia a criação nem a recomeça." ◊49

Dize: "Se errar, será em detrimento meu. Se acertar, será graças ao que meu Senhor me revelou. Ele ouve e está presente." ◊50

Se pudesses vê-los quando forem apanhados pelo terror sem escapatória. (Serão apanhados nos seus túmulos, por perto) ◊51

Dirão "Cremos!" Mas como poderão alcançar a verdade de um lugar tão distante ◊52

Se antes a haviam renegado? E farão conjecturas de longe. ◊53

E serão impedidos de atingir o que desejarem, tal como aconteceu a seus semelhantes antes deles, vítimas das mesmas suspeitas. ◊54

35. O CRIADOR

Em nome de Deus, o Clemente, o Misericordioso.

Louvado seja Deus, o criador dos céus e da terra, que faz dos anjos Mensageiros dotados de dois ou três ou quatro pares de asas. Acrescenta à criação o que Lhe apraz. Ele tem poder sobre tudo. ◊1

As dádivas com que Deus agracia os homens, ninguém as pode impedir. As dádivas que Ele recusa, ninguém as pode outorgar. O Poderoso, o Sábio. ◊2

Homens, lembrai-vos dos benefícios de Deus para convosco. Existe outro criador, a não ser Deus, que vos assegure o sustento do céu e da terra? Não há deus senão Ele. Como, pois, vos afastais d'Ele? ◊3

Se te tratam de impostor, outros Mensageiros antes de ti foram tratados de impostores. A Deus os assuntos serão submetidos. ◊4

Homens, a promessa de Deus é verídica. Não vos iluda a vida terrena, e não deixeis o Enganador vos enganar acerca de Deus. ◊5

O demônio é um inimigo para vós. Tratai-o, pois, como inimigo. Ele leva seus partidários a serem companheiros do Fogo. ◊6

Os que descreem receberão um castigo rigoroso. Os que creem e praticam o bem receberão o perdão e grandes recompensas. ◊7

Aquele cujas más ações o demônio faz parecer belas será igual ao homem de boas ações? Deus desencaminha quem Lhe apraz e guia quem Lhe apraz. Que tua alma não se desfaça em lamentos sobre eles. Deus sabe o que fazem. ◊8

É Deus quem manda o vento mover as nuvens. E Nós então as dirigimos para uma região árida onde vivificamos a terra depois de morta. Assim será a Ressurreição. ◊9

Quem procura a glória, toda a glória pertence a Deus. Para Ele ascendem as palavras amáveis e as boas ações. Quanto aos que urde malefícios, receberão um castigo rigoroso, e sua astúcia será vã. ◊10

Deus vos criou de barro, depois de esperma. E formou-vos em casais. Nenhuma fêmea concebe ou gera sem Seu conhecimento. E ninguém atinge uma idade avançada, e ninguém tem a vida abreviada, senão de acordo com o Livro. Isso, para Deus, é fácil. ◊11

Assim também os dois mares não são iguais: aquele é fresco, doce, agradável ao paladar, e este é salgado, amargo. Contudo, de ambos, comeis carne macia e extraís ornamentos que usais. E vedes os navios neles navegando para que possais procurar as graças de Deus. Quiçá agradeçais. ◊12

Deus insere a noite no dia e o dia na noite. Sujeitou o sol e a lua, cada um girando até um termo predeterminado. Tal é Deus, vosso Senhor. A Ele pertence o reino. E os que invocais, em vez d'Ele, não mandam nem na casca de um caroço de tâmara. ◊13

Se apelais para eles, não ouvem vossos apelos, e se os ouvissem, não vos atenderiam. E no dia da Ressurreição, renegarão vossa idolatria. Ninguém te informa melhor do que um experimentado. ◊14

Homens, sois vós que precisais de Deus. Ele é autossuficiente, digno de todos os louvores. ◊15

Se Ele quiser, poderá fazer-vos desaparecer e trazer outra criação em vosso lugar. ◊16

Para Deus, isso em nada pesa. ◊17

Nenhuma alma carregará o fardo de outra alma. E se a alma sobrecarregada solicitar ajuda, não será aliviada, nem mesmo por um parente. Admoesta os que temem a seu Senhor, sem O precisarem ver, e observam a oração. Quem se purifica, purifica-se em benefício próprio. E para Deus é o retorno. ◊18

O cego e o vidente não são iguais. ◊19

As trevas e a luz não são iguais. ◊20

A sombra e a canícula não são iguais. ◊21

Os mortos e os vivos não são iguais. Deus faz chegar Sua voz a quem Lhe apraz, mas tu não podes fazer chegar tua voz aos que estão nos túmulos. ◊22

Não és senão um admoestador. ◊23

Enviamos-te com a verdade para pregar e advertir. Não houve nação por onde um admoestador não tivesse passado. ◊24

Se te tratarem de impostor; seus antecessores trataram de impostores seus próprios Mensageiros que lhes trouxeram as provas e as Escrituras e o Livro esclarecedor. ◊25

Depois, agarrei os descrentes. E como foi Minha reprovação! ◊26

Não viste que, do céu, Deus faz descer água e com ela produzimos frutas de cores diversas? E nas montanhas, há estrias brancas e vermelhas, de matizes diferentes, e outras negras como o corvo. ◊27

Entre os homens, e entre as reses e os demais animais, há também cores diversas. Temem a Deus os de Seus servos que sabem. Deus é poderoso e perdoador. ◊28

Os que recitam o Livro de Deus e observam a oração e fazem liberalidades do que lhes outorgamos em segredo e em público, contam com um comércio que nunca falirá. ◊29

Deus lhes pagará os salários, acrescidos de Sua graça. Ele é perdoador e agradecido. ◊30

O que te temos revelado do Livro é a verdade que corrobora as revelações anteriores. Deus conhece Seus servos e os observa. ◊31

Depois, legamos o Livro aos que escolhemos dentre Nossos servos. Uns são iníquos para consigo mesmos; outros seguem um curso médio, outros competem nas boas ações, com a permissão de Deus. Tal é o mérito supremo. ◊32

Para os Jardins do Éden entrarão, e lá serão enfeitados com braceletes de ouro e pérolas. E sua vestimenta será de seda. ◊33

E dirão: "Louvado Deus que nos libertou da aflição. Nosso
Senhor é perdoador e agradecido. ◊34

Alojou-nos, por Sua graça, na morada da estabilidade onde a
fadiga não nos atinge, nem a lassidão." ◊35

Os que descreem irão para a Geena. Não serão salvos por
uma segunda morte. E seu sofrimento não será aliviado.
Assim castigamos os ingratos. ◊36

Gritarão: "Senhor nosso, tira-nos daqui, e faremos o bem, e
não voltaremos a fazer o que fazíamos." E Ele lhes
responderá: "Não vos demos vida bastante para que
pudesse lembrar-se quem o quisesse? E um admoestador
foi-vos enviado. Agora, provai o castigo do Fogo! Os
prevaricadores não serão socorridos." ◊37

Deus conhece o invisível dos céus e da terra. E conhece o que
encerram os corações. ◊38

Foi Ele quem vos designou califas na terra. Quem descrê,
carregará as consequências de sua descrença. A descrença
só aumenta a aversão de Deus para com os descrentes.
E ela não fará senão aumentar-lhes a perdição. ◊39

Dize: "Vedes os ídolos que invocais em vez de Deus?
Mostrai-me o que criaram na terra. Ou será que estão
associados a Deus nos céus? Ou enviamos-lhes um Livro
que seja uma prova entre suas mãos?" É de ilusão que são
feitas as promessas dos prevaricadores uns aos outros. ◊40

Deus sustenta os céus e a terra, impedindo que se desloquem.
E se se deslocarem, ninguém, após Ele, os poderá
sustentar, o Sábio, o Perdoador. ◊41

Juraram enfaticamente por Deus que, se lhes viesse um
admoestador, caminhariam na retidão mais do que
qualquer outra nação. Mas agora que um admoestador
veio a eles, não fazem senão crescer em aversão, ◊42

Em orgulho, em astúcia e em perversidade. Mas a astúcia só
opera contra seus autores. E que podem eles esperar senão
o destino que Deus reservou aos antigos? O caminho de
Deus nunca muda. O caminho de Deus nunca se desvia. ◊43

Não percorreram a terra e não viram qual foi o fim dos que os
precederam, embora fossem mais poderosos do que eles?
Nada reduz Deus à impotência nos céus ou na terra. Ele é
conhecedor e poderoso.   ◊44
Se Deus castigasse os homens como merecem, não deixaria
sobre a face da terra sequer uma criatura viva. Mas Ele os
tolera até um termo predeterminado. Depois, quando o
termo chegar, saberão que Deus vem observando Seus
servos.   ◊45

36. IA. SIN

Em nome de Deus, o Clemente, o Misericordioso.
Ia. Sin.   ◊1
Pelo sábio Alcorão,   ◊2
És com certeza um dos Mensageiros,   ◊3
Num caminho reto,   ◊4
Enviado pelo Poderoso, o Clemente,   ◊5
Para admoestar homens cujos pais não foram admoestados e
estão por isso desatentos.   ◊6
A palavra aplica-se à maioria deles: é descrente.   ◊7
Por-lhes-emos nos pescoços cadeias que subirão até o queixo:
andarão com a cabeça levantada e os olhos abaixados.   ◊8
E colocaremos uma barreira na frente deles e outra por trás
deles e cobrir-lhes-emos os olhos: nada poderão ver.   ◊9
Para eles, é igual que os admoestes ou não: não crerão.   ◊10
Admoesta apenas quem segue a mensagem e teme a Deus
sem O precisar ver: a ele anuncia o perdão e uma generosa
recompensa.   ◊11
Somos Nós que ressuscitaremos os mortos e somos Nós que
registramos os feitos que enviam na sua frente e os que
deixam atrás de si. Tudo anotamos claramente.   ◊12

E cita-lhes em exemplo os habitantes daquela cidade visitada
pelos Mensageiros. ◊13

Enviamos-lhes dois Mensageiros. Chamaram-nos de
mentirosos. Reforçamo-los com um terceiro. E os três
disseram: "Somos, na verdade, Mensageiros enviados a vós." ◊14

Os homens retrucaram: "Nada mais sois do que homens
como nós. O Misericordioso nada fez descer. Sois meros
impostores." ◊15

"Nosso Senhor sabe, disseram os Mensageiros, que, em
verdade, somos enviados a vós. ◊16

A nós só incumbe transmitir claramente a mensagem." ◊17

"Vemos em vós mau augúrio, replicaram os descrentes.
Se não desistirdes, apedrejar-vos-emos e vos infligiremos
um doloroso castigo." ◊18

"Vosso mau augúrio está em vós, responderam os
Mensageiros. Maltratar-nos-eis só porque vos avisamos?
Sois mesmo um povo de transgressores." ◊19

E do extremo da cidade acorreu um homem, dizendo:
"Meu povo, segui os Mensageiros. ◊20

Segui os que não vos pedem salário algum e estão
bem-guiados. ◊21

E por que não adoraria eu Aquele que me criou? É para Ele
que voltarei. ◊22

Adotaria, em vez d'Ele, deuses que, caso Deus me queira mal,
em nada me beneficiariam com sua intervenção nem me
poderiam salvar? ◊23

Estaria, então, com certeza, num erro evidente. ◊24

Mensageiros, eu creio em vosso Senhor. Povo meu, escutai." ◊25

Dissemos-lhe: "Vem para o Paraíso." E ele exclamou: "Se meu
povo soubesse ◊26

Como meu Senhor foi generoso para comigo e me elevou!" ◊27

Depois dele, não fizemos descer do céu exército algum contra
seu povo, nem o faríamos. ◊28

Foi apenas um Grito, um só, e ei-los todos imóveis. ◊29

Ai dos servos! Cada vez que um Mensageiro lhes é enviado, zombam dele. ◊30

Não viram quantas gerações aniquilamos antes deles, que nunca mais voltarão? ◊31

É ante Nós que terão que comparecer. ◊32

Um sinal para eles: a terra morta à qual damos nova vida, fazendo sair dela os cereais que os alimentam. ◊33

Nela colocamos pomares de tamareiras e videiras, e fazemos brotar mananciais, ◊34

Para que eles se alimentem com suas frutas e com o que eles próprios produzirem. Não agradecerão? ◊35

Glorificado seja Aquele que fez Suas criaturas macho e fêmea: as plantas, os animais, os seres humanos e outras criaturas que não conheceis. ◊36

Outro sinal para eles: a noite, da qual desligamos o dia, e ei-los nas trevas. ◊37

E o sol, que desliza para seu lugar de repouso, por determinação do Poderoso, do Conhecedor. ◊38

E a lua: dividimos seu percurso em estações até que volte a ser como uma velha folha de palmeira. ◊39

Nem o sol deve alcançar a lua, nem a noite ultrapassar o dia. Cada um girará na sua própria órbita. ◊40

Outro sinal para eles: reunimos sua descendência na arca sobrecarregada. ◊41

E criamos outros barcos iguais, nos quais podem navegar. ◊42

E se quiséssemos, afogá-los-íamos; e ninguém os socorreria, e nenhum deles se salvaria, ◊43

A não ser por Nossa misericórdia, e para um gozo temporário. ◊44

E quando se lhes diz: "Temei o que está diante de vós e o que está atrás de vós, para que recebais misericórdia", não se importam.[15] ◊45

Na verdade, cada vez que um sinal lhes é enviado por seu Senhor, esquivam-se. ◊46

E quando se lhes diz: "Gastai do que Deus vos concedeu", os que descreem dizem aos que creem: "Alimentaríamos os

que Deus alimentaria se Ele quisesse? Estais num erro
manifesto." ◊47

E desafiam: "Para quando é aquela ameaça se vossas palavras
são verídicas?" ◊48

Deixa-os esperar pelo Grito. Ele os apanhará enquanto
estiverem ainda disputando. ◊49

E não terão tempo para fazer um testamento, nem voltarão
para suas famílias. ◊50

E quando a trombeta soar, ei-los, dos túmulos,
precipitando-se para seu Senhor. ◊51

Dizendo: "Ai de nós, quem nos despertou de nosso sono?"
Não foi isso mesmo que o Misericordioso havia
anunciado? Os Mensageiros disseram a verdade. ◊52

Haverá um Grito, um só, e todos terão que se apresentar
diante de Nós. ◊53

Naquele dia, nenhuma alma será lesada de seja o que for.
E não recebereis senão o equivalente de vossas obras. ◊54

Os habitantes do Paraíso estarão então ocupados a divertir-se, ◊55

Eles e suas esposas, na sombra, acomodados sobre almofadas, ◊56

Tendo frutas e tudo o que desejarem. ◊57

"Paz!" Assim serão saudados por um Senhor misericordioso. ◊58

"E vós, pecadores, afastai-vos neste dia, dirá o Senhor. ◊59

Não vos avisei, ó filhos de Adão, para que não adorásseis o
demônio, vosso inimigo declarado, ◊60

E para que Me adorásseis? Tal é o caminho da retidão. ◊61

Ele desencaminhou muitos dentre vós. Nunca chegastes a
raciocinar? ◊62

Eis a Geena que vos era prometida. ◊63

Entrai hoje nela por causa de vossa descrença. ◊64

Naquele dia, selar-lhes-emos as bocas; mas suas mãos falarão;
e seus pés testemunharão contra eles. ◊65

E se quisermos, apagar-lhes-emos os olhos. Correrão no
caminho, mas que poderão ver? ◊66

E se quisermos, metamorfoseá-los-emos onde estiverem, e
então não poderão nem avançar nem recuar. ◊67

A quem concedemos longa vida, fazemos regressar na ordem da criação. Nunca compreenderão? ◊68

Não ensinamos a Muhamad a poesia; e ela não lhe seria decorosa. Este Livro não é senão uma advertência e um Alcorão evidente, ◊69

Para que admoestes com ele quem estiver vivo e para que a Palavra possa valer contra os descrentes. ◊70

Não viram que criamos para eles, com Nossas mãos, os rebanhos de que são proprietários? ◊71

A eles os submetemos para que lhes sirvam seja de cavalgadura seja de alimento, ◊72

E para que tirem deles proveitos e bebidas. Não agradecerão? ◊73

E, contudo, adotam, em vez de Deus, deuses, na esperança de serem por eles socorridos. ◊74

Esses deuses não os podem socorrer, pois eles próprios terão que ser protegidos pelos idólatras. ◊75

Que seus dizeres não te aflijam! Sabemos o que ocultam e o que divulgam. ◊76

Será que o homem não se deu conta de que o criamos de uma gota de esperma? Ei-lo um oponente declarado! ◊77

E, esquecendo sua própria criação, dá-nos uma aula: "Quem pode ressuscitar os ossos decompostos?" ◊78

Dize: "Ressuscitá-los-á Aquele que os criou da primeira vez. Ele sabe criar, ◊79

Ele que, da árvore verde, criou fogo para vós, e eis que o ateais, o Glorioso, o Digno de louvores." ◊80

Como? Aquele que criou os céus e a terra não seria capaz de criar iguais a eles? Sim! Ele é o Criador, o Conhecedor. ◊81

Quando deseja algo, basta-lhe dizer: "Sê" para que seja. ◊82

Glória a Ele que tem na mão o domínio sobre todas as coisas. Para Ele voltareis.

◊83

37. AS FILEIRAS

Em nome de Deus, o Clemente, o Misericordioso.

Pelos anjos organizados em filas, ◊1

Pelos repressores do mal, ◊2

Pelos recitadores da mensagem, ◊3

Juro que nosso Deus é único. ◊4

É o Senhor dos céus e da terra e de quanto existe entre eles, e
é o Senhor dos Levantes. ◊5

Decoramos o céu mais próximo com estrelas. ◊6

E elas o protegem contra os demônios rebeldes, ◊7

Impedindo-os de ouvir as deliberações da corte celestial. Os
meteoros os rechaçam de todos os lados ◊8

E obrigam-nos a recuar, confinando-os num castigo sem fim. ◊9

E se um deles surpreender algo das palavras proibidas, será
perseguido por um bólide flamejante. ◊10

Pergunta aos descrentes se era mais difícil criá-los – e Nós os
criamos de barro – ou criar os céus, a terra e os anjos. ◊11

Tu admiras, e eles zombam. ◊12

E esquecem após terem sido advertidos. ◊13

E quando veem um milagre, escarnecem. ◊14

E dizem: "É simples magia. ◊15

Acaso, quando estivermos mortos e reduzidos a pó e ossos,
seremos ressuscitados? ◊16

E também nossos antepassados?" ◊17

Responde: "Sim! E sereis humilhados." ◊18

Um só apelo da trombeta, e ei-los abrindo os olhos. ◊19

E exclamarão: "Ai de nós. É o dia do Julgamento." ◊20

E ser-lhes-á dito: "Sim, é o dia da Ressurreição que
qualificáveis de mentira" ◊21

E aos anjos será dito: "Reuni os iníquos com suas esposas e os
que adoravam ◊22

Em vez de Deus, e encaminhai-os para a Geena. ◊23

E detende-os, pois são responsáveis. E perguntai-lhes: ◊24

'O que vos impede de vos socorrerdes uns aos outros?'" ◊25

Naquele dia, render-se-ão incondicionalmente. ◊26

E recriminarão uns aos outros: ◊27

"Vós nos seduzistes", dirão alguns. ◊28

"Mas vós nem éreis crentes, responderão outros. ◊29

E não possuíamos autoridade sobre vós. Vós éreis
transgressores e iníquos." ◊30

"Agora cumpriu-se contra nós a palavra de nosso Senhor.
Provaremos o castigo", dirão outros. ◊31

"Se vos extraviamos é porque nós próprios estávamos
extraviados." ◊32

Naquele dia, serão todos associados no castigo. ◊33

É assim que agimos para com os pecadores. ◊34

Quando se lhes dizia: "Não há deus senão Deus",
ensoberbeciam-se e enfatuavam-se, ◊35

E diziam: "Iremos abandonar nossos deuses por um poeta
louco?" ◊36

Mas ele trouxe a verdade e confirmou os Mensageiros que o
precederam. ◊37

E vós sofrereis um castigo doloroso: ◊38

Recebereis o equivalente do que fazíeis, ◊39

Salvo os servos escolhidos de Deus. ◊40

Esses receberão as recompensas estipuladas e festejarão ◊41

Com frutas e receberão honrarias ◊42

Nos jardins da beatitude ◊43

Onde estarão reclinados em poltronas em frente uns aos
outros. A promessa de Deus é verídica. ◊44

Ser-nos-ão servidas taças de água de nascente, ◊45

Cristalina, saborosa para os que a tomarem, ◊46

Não provocando nem dores nem embriaguez. ◊47

Junto deles, beldades puras, de olhos grandes, ◊48

Similares a pérolas em suas conchas. ◊49

E interrogar-se-ão uns aos outros. ◊50

Um dirá: "Tinha na terra um companheiro ◊51

Que me dizia: 'Crês mesmo ◊52

Que quando estivermos mortos e reduzidos a pó e ossos,
seremos chamados a prestar contas?'" ◊53

E acrescentará: "Quereis observar?" ◊54

E olhará e o verá nas profundezas da Geena. ◊55

E dir-lhe-á: "Por Deus! Estiveste a ponto de seduzir-me. ◊56

E não fosse a graça de Deus, estaria entre os condenados." ◊57

Não, não somos mortos ◊58

Depois de nossa primeira morte. Mas seremos ressuscitados e
julgados. ◊59

Essa será a grande vitória. ◊60

Para tal fim, devem trabalhar os trabalhadores. ◊61

O que preferis que vos seja oferecido: esse Paraíso ou a árvore
do zacum? ◊62

É com essa árvore que provamos os iníquos. ◊63

É uma árvore que brota do fundo da Geena. ◊64

Seus frutos são como cabeças de demônios. ◊65

Dela comerão os condenados e encherão o estômago. ◊66

Depois, ser-lhes-á servida uma bebida feita de água fervente. ◊67

No fim, serão devolvidos à Geena. ◊68

Encontraram seus pais desencaminhados ◊69

E apressaram-se a seguir-lhes os passos. ◊70

Antes deles, a maioria dos povos viviam no erro. ◊71

Enviamos-lhes admoestadores. ◊72

Observa qual foi o fim dos que foram admoestados, ◊73

Salvo os servos escolhidos de Deus. ◊74

Noé apelou para Nós, e Nós o atendemos, ◊75

E o salvamos, com sua família, da grande angústia. ◊76

E foi a sua descendência que fizemos sobreviver. ◊77

E levamos as gerações posteriores a homenagear-lhe o nome: ◊78

"Que a paz esteja sobre Noé nos dois mundos." ◊79

É assim que recompensamos os benfeitores. ◊80

Ele foi um de Nossos servos crentes. ◊81

Depois afogamos os outros. ◊82

Entre os seguidores de Noé, Abraão ◊83

Veio a Deus com um coração sadio. ◊84

E perguntou a seu pai e a seus familiares: "Que é isso que
adorais? Não refletis? ◊85
Preferis as falsas divindades a Deus? ◊86
Que ideia tendes do Senhor dos mundos?" ◊87
E dirigiu seu olhar às estrelas, ◊88
E disse: "Vou adoecer." ◊89
Afastaram-se dele. ◊90
E ele se insinuou até onde estavam as divindades por eles
adoradas e perguntou-lhes: "Não comeis? ◊91
Por que não falais?" ◊92
E pôs-se a bater nelas com a mão direita. ◊93
Os outros voltaram até ele, correndo. ◊94
Perguntou-lhes: "Adorais o que vós mesmos esculpistes ◊95
Quando Deus vos criou e criou o que inventais?" ◊96
Responderam: "Construí um forno e jogai-o no fogo." ◊97
Foi assim que prepararam contra ele uma armadilha, mas
Nós os derrotamos. ◊98
E ele disse: "Vou a meu Senhor. Meu Senhor me guiará. ◊99
Senhor meu, agracia-me com um filho que seja um dos justos." ◊100
Anunciamos-lhe um filho amável. ◊101
E quando o filho atingiu a adolescência, o pai disse-lhe: "Filho
meu, vi num sonho que devo imolar-te. Que achas?"
Respondeu: "Pai, faze o que te for ordenado.
Encontrar-me-ás, Deus querendo, entre os perseverantes." ◊102
Quando ambos se submeteram, e Abraão preparava o filho
para o sacrifício, ◊103
Chamamos: "Ó Abraão, ◊104
Já executaste a visão." É assim que recompensamos os
benfeitores. ◊105
Havia lá, com certeza, uma prova decisiva. ◊106
E resgatamos o filho com um sacrifício grandioso. ◊107
E fizemos a posteridade repetir: ◊108
"Que a paz esteja sobre Abraão!" ◊109
É assim que recompensamos os benfeitores. ◊110
Abraão foi um de Nossos servos crentes. ◊111

E anunciamos-lhe que Isaac seria um Profeta entre os justos ◊112
E o abençoamos e abençoamos Isaac. De sua descendência, saíram benfeitores, e iníquos que se prejudicaram a si mesmos. ◊113
E favorecemos Moisés e Abraão. ◊114
E salvamo-los e os seus da angústia suprema. ◊115
E socorremo-los, e eles saíram vitoriosos. ◊116
E enviamos-lhes o Livro esclarecedor. ◊117
E guiamo-los na senda da retidão. ◊118
E fizemos a posteridade repetir: ◊119
"Que a paz esteja sobre Moisés e Abraão!" ◊120
É assim que recompensamos os benfeitores. ◊121
Ambos estiveram entre Nossos servos crentes. ◊122
Elias também foi um dos enviados. ◊123
Quando disse a seu povo: "Não temeis a Deus? ◊124
Invocais Baal e desprezais o melhor dos criadores, ◊125
Deus, vosso Senhor e o Senhor de vossos antepassados?" ◊126
Trataram-no de impostor, e Nós os destinamos ao suplício, ◊127
Salvo os servos escolhidos de Deus. ◊128
E fizemos a posteridade repetir: ◊129
"Que a paz esteja sobre Elias!" ◊130
É assim que recompensamos os benfeitores. ◊131
Elias foi um de Nossos servos crentes. ◊132
E Lot foi um de nossos Mensageiros. ◊133
Salvamo-lo e toda sua família, ◊134
Exceto uma anciã que se demorava. ◊135
Depois, aniquilamos os demais. ◊136
Passais, por certo, pelas ruínas de suas casas pela manhã ◊137
E de noite. E não refletis? ◊138
Jonas também foi um dos enviados. ◊139
Fugiu para o navio sobrecarregado. ◊140
E quando escolheram pela sorte quem deveria ser jogado no mar, foi um dos perdedores. ◊141
Uma baleia o engoliu, pois ele era culpado. ◊142
E se não tivesse glorificado a Deus, ◊143

Teria permanecido no ventre da baleia até o dia da
  Ressurreição dos mortos. ◊144
E o arrojamos, doente, sobre a praia deserta. ◊145
E fizemos brotar sobre ele uma aboboreira. ◊146
Depois, enviamo-lo para pregar a cem mil pessoas ou mais. ◊147
E elas se converteram, e deixamo-las gozar a vida por algum
  tempo. ◊148
Pergunta aos descrentes: "Deus teria filhas e eles, filhos varões?
  Respondei. ◊149
E Nós criamos os anjos de sexo feminino? E eles estavam
  presentes?" ◊150
Proferem infâmias contra Deus, dizendo: ◊151
"Deus gerou um filho." Mentem. ◊152
Caluniam também quando dizem: "Deus preferiu as filhas aos
  filhos varões." ◊153
Que tendes? Em que base julgais? ◊154
Não vos lembrais? ◊155
Ou possuís alguma prova manifesta? ◊156
Trazei vosso Livro se o que dizeis for verídico. ◊157
E inventam um parentesco entre Mahumad e os djins, quando
  sabem os djins que todos serão trazidos diante de Deus – ◊158
Exaltado seja Deus acima do que Lhe atribuem! – ◊159
Salvo os servos escolhidos de Deus. ◊160
Pois, na verdade, nem vós nem os que adorais ◊161
Podeis enganar outros acerca de Deus, ◊162
A não ser aqueles destinados à Geena. ◊163
Cada um de nós tem seu lugar predestinado. ◊164
Em fila, adoramo-Lo. ◊165
Em fila, glorificamo-Lo. ◊166
Os idólatras dizem: ◊167
"Se tivéssemos recebido a mensagem dos antigos, ◊168
Seríamos servos leais de Deus." ◊169
Contudo, agora que a mensagem chegou, renegam-na. Breve
  conhecerão a verdade! ◊170
Prometemos no passado a Nossos Mensageiros ◊171

Que seriam socorridos ◊172
E que Nosso exército prevalecerá. ◊173
Afasta-te deles, pois, por algum tempo. ◊174
Tu verás sua derrota, e eles verão teu triunfo. ◊175
É Nosso castigo que querem apressar? ◊176
Quando o castigo os atingir, terrível será o despertar! ◊177
Afasta-te deles por algum tempo. ◊178
Tu verás sua derrota, e eles verão teu triunfo. ◊179
Exaltado seja teu Senhor, o Senhor da majestade, sobre o que
    Lhe atribuem! ◊180
E paz sobre os Mensageiros. ◊181
E louvado seja Deus, o Senhor dos mundos! ◊182

38. SAD

Em nome de Deus, o Clemente, o Misericordioso.
Sad. Juro pelo Alcorão, portador da mensagem, ◊1
Que os descrentes vivem na arrogância e nas contendas. ◊2
Quantas gerações anteriores a eles, aniquilamos! Imploraram
    quando não havia mais escapatória. ◊3
Agora, admiram-se de que um Mensageiro lhes seja enviado
    dentre eles mesmos e dizem: "É um mágico impostor. ◊4
Pretende reduzir os deuses a um Deus único. Pretensão
    assombrosa!" ◊5
E seus líderes vão repetindo: "Não presteis atenção e
    permanecei fiéis a vossos deuses. É vossa obrigação
    indiscutível. ◊6
Nunca ouvimos falar, na outra religião, disso que ele prega.
    Trata-se de mera invencionice. ◊7
Teria sido escolhido dentre todos nós para receber a
    mensagem?" Estão antes em dúvida sobre Minha
    mensagem. É que ainda não provaram Meu castigo. ◊8

Possuem, acaso, os tesouros da misericórdia de teu Senhor, o
Poderoso, o Doador? ◊9

Ou possuem o reino dos céus e da terra e tudo quanto existe
entre eles? Que subam, então, até o céu nas cordas! ◊10

Sua facção nada mais é do que uma hoste derrotada. ◊11

Antes deles, os povos de Noé e de Aad e do Faraó, que
empalava suas vítimas nas estacas – todos desmentiram os
Mensageiros. ◊12

E também os povos de Samud e de Lot e os habitantes de
Al-Aiqah. Todos negaram seu Senhor e dividiram-se em
seitas. ◊13

Cada um deles tratou os Mensageiros de impostores.
E justificou Meu castigo. ◊14

O que eles esperam é o Grito, único, ininterrupto. ◊15

E ironizam: "Senhor, executa tuas ameaças contra nós antes
do dia do ajuste de contas." ◊16

Pacienta com o que dizem e lembra-te de Nosso servo David
que era ao mesmo tempo poderoso e penitente. ◊17

Sujeitamos as montanhas a cantar os louvores com ele, à
tarde e pela manhã, ◊18

Assim como os pássaros reunidos. Cada um para Deus voltará,
arrependido. ◊19

E reforçamos seu reino e demos-Lhe a sabedoria e o dom de
julgar. ◊20

Tomaste conhecimento da história dos litigantes que entraram
nos seus aposentos após escalar o muro do santuário? ◊21

Quando entraram, David espantou-se. Disse um deles:
"Não tenhas medo! Somos dois litigantes: um
de nós foi injusto para com o outro. Decide entre nós
na justiça. Não sejas parcial e indica-nos
a senda da retidão. ◊22

Este é meu irmão. Possui 99 ovelhas; e eu possuo uma só.
Disse-me: 'Confia-me.' E convenceu-me com sua lábia." ◊23

"Com certeza, disse David, ele foi injusto para contigo ao te
pedir acrescentar tua ovelha às dele. Muitos associados

oprimem-se uns aos outros, exceto os que creem em Deus e praticam o bem, e esses são poucos." E David percebeu que o havíamos posto à prova. Pediu perdão a seu Senhor e caiu de joelhos e voltou a Nós, arrependido, penitente. ◊24

E Nós o perdoamos. E no Paraíso dar-lhe-emos um lugar próximo a Nós e uma linda estância. ◊25

E dissemos-lhe: "Ó David, designamos-te califa na terra. Julga os homens pela justiça, e não sigas a paixão, pois ela te afastará do caminho de Deus. Os que se afastam do caminho de Deus receberão um castigo severo." ◊26

Não foi em vão que criamos o céu e a terra e tudo quanto existe entre eles, como pensam os que descreem. Ai dos que descreem do castigo do Fogo! ◊27

Como? Trataríamos os que creem e praticam o bem como os que corrompem a terra? Os piedosos como os perversos? ◊28

Um livro abençoado fizemos descer sobre ti para que meditassem sobre seus versículos os homens dotados de inteligência e para que fossem advertidos. ◊29

E a David concedemos Salomão. Que servo! E cheio de arrependimento. ◊30

Quando, certa tarde, apresentaram-lhe seus magníficos corcéis, equilibrados em três patas, ◊31

Disse: "Sim, minha paixão pelas boas coisas da vida me tem desviado da mensagem de meu Senhor." E quando o sol desapareceu atrás de um véu, disse: ◊32

"Trazei-me novamente os corcéis." E pôs-se a cortar-lhes as patas e os pescoços. ◊33

E tentamos Salomão, jogando um corpo imóvel sobre seu trono. Então, voltou a Nós, ◊34

Dizendo: "Senhor, perdoa-me e concede-me um reino que não seja de ninguém após mim. És o Doador!" ◊35

Sujeitamos-lhe o vento que soprava na direção que ele indicasse, e os pássaros. ◊36

E sujeitamos-lhe os demônios, construtores e mergulhadores de toda espécie, ◊37

E outros, encadeados dois a dois. E dissemos-lhe: ◊38

"Tudo isso te outorgamos: dá ou retém, sem prestar contas." ◊39

Ele também estará próximo de Nós no Paraíso, numa linda
estância. ◊40

E lembra-te de Jó, Nosso servo, quando apelou para seu
Senhor: "O demônio tem-me afligido com a desventura e o
sofrimento." Dissemos-lhe: ◊41

"Bate na terra com o pé: terás um manancial de água para
refrescar-te e para beber." ◊42

E restituímos-lhe a família em dobro: uma misericórdia Nossa
e uma recordação para os homens dotados de inteligência. ◊43

E dissemos-lhe: "Toma na mão um feixe de vergastas e bate na
tua mulher e não violes tua promessa." Sim, achamo-lo
perseverante. Que servo! E cheio de arrependimento.[16] ◊44

E lembra-te de Nossos servos Abraão e Jacó, homens sagazes,
dotados de força e visão. ◊45

Escolhemo-los por se terem lembrado da última morada. ◊46

E estarão, junto a Nós, entre os preferidos e os escolhidos. ◊47

E lembra-te de Ismael e Elisha e Ezequiel: todos entre os justos
que escolhemos. ◊48

Esta é uma recordação. Aos piedosos, pertencem ◊49

Os Jardins do Éden com as portas abertas para recebê-los. ◊50

Recostados lá, festejarão com frutas abundantes e bebidas, ◊51

Tendo ao lado beldades de olhar casto, todas da mesma idade. ◊52

Tudo isso será vosso no dia do ajuste das contas: ◊53

Dádivas Nossas que nunca se esgotarão. ◊54

Aos opressores, reservamos, ao contrário, a pior morada: ◊55

A Geena, onde serão queimados. ◊56

Deixa-os provar sua bebida: água fervente e pus ◊57

E outros suplícios similares e simultâneos. ◊58

E aos líderes será dito: "Eis um grupo que entra na vossa
companhia: amaldiçoados sejam! Sim! Serão assados na
Geena." ◊59

E os condenados dirão a seus líderes: "Tampouco haverá
boas-vindas para vós! Conduzistes-nos a este horrível
destino!" ◊60

E dirão a Deus: "Senhor, a quem nos induziu a isso, dá castigo
dobrado no Fogo!" ◊61
E acrescentarão: "Por que não vemos aqui aqueles que
considerávamos como homens perversos de quem
zombávamos? ◊62
Ou nossos olhos não os distinguem?" ◊63
É uma realidade, as disputas entre os companheiros do Fogo! ◊64
Dize: "Eu sou apenas um admoestador. Não há deus senão
Deus o Único, o Dominador, ◊65
O Senhor dos céus e da terra e de tudo quanto existe entre
eles, o Poderoso, o Perdoador." ◊66
Dize: "Eis uma notícia prodigiosa ◊67
Que vós desprezais: ◊68
Eu nada sabia da corte celestial e das contendas de seus
membros. ◊69
Isso foi-me revelado para que pudesse advertir-vos." ◊70
Teu Senhor disse aos anjos reunidos: "Vou criar de barro um
ser humano. ◊71
Quando o tiver formado e nele insuflado de Meu espírito, caí
diante dele, prostrados." ◊72
Todos os anjos prostraram-se ◊73
Exceto Satanás, que se encheu de orgulho porque já era um
dos descrentes. ◊74
Deus disse: "Satanás, o que te impede de te prostrares diante
de quem criei com Minhas próprias mãos? Vaidade? Ou
queres ficar entre os altivos?" ◊75
Respondeu: "Sou melhor do que ele. Criaste-me de fogo e
criaste-o de barro." ◊76
"Sai, pois, daqui, disse Deus. És banido. ◊77
E sobre ti pesará Minha maldição até o dia do Julgamento." ◊78
"Senhor, disse Satanás, concede-me um prazo até o dia em
que serão ressuscitados." ◊79
"Seja!, disse Deus, és um daqueles a quem um prazo foi
concedido ◊80
Até o dia do termo predeterminado." ◊81

"Por tua potência!, disse Satanás. Seduzi-los-ei todos, ◊82
Exceto Teus servos prediletos." ◊83
Disse Deus: "Eis a verdade, a verdade digo: ◊84
Lotarei a Geena de ti e de todos os que te seguirão." ◊85
Dize: "Não vos peço salário pelo que vos revelo. Nem sou dos
que procuram impor-se. ◊86
Transmito apenas uma mensagem aos mundos. ◊87
E breve ouvireis mais a seu respeito." ◊88

39. OS GRUPOS

Em nome de Deus, o Clemente, o Misericordioso.
Este Livro é revelado por Deus, o Poderoso, o Sábio. ◊1
Sim, fizemos descer sobre ti o Livro com a verdade. Adora,
pois, Deus e tem n'Ele uma fé sincera. ◊2
Só a Deus pertence a adoração. Quanto àqueles que adotam
protetores em vez d'Ele, dizendo: "Nós só os adoramos
para que nos aproximem de Deus", Deus julgar-lhes-á as
divergências. Deus não guia os mentirosos e os ingratos. ◊3
Se Deus tivesse querido tomar a Si um filho, teria escolhido
quem quisesse dentre Suas criaturas. Exaltado seja! Ele é
Deus, o Único, o Dominador. ◊4
Criou os céus e a terra pela verdade, inserindo a noite no dia
e o dia na noite; e submeteu o sol e a lua, que deslizam para
um termo predeterminado. Não é Ele o Poderoso, o
Perdoador? ◊5
E criou-vos de um só homem, e dele tirou-lhe a esposa. E
das reses, fez descer, para vós, oito casais. Cria-vos no útero
de vossas mães, de estágio em estágio, em três dobras
escuras. Tal é Deus, vosso Senhor. A Ele pertence o reino.
Não há deus senão Ele. Como podeis afastar-vos d'Ele? ◊6
Se sois ingratos, Deus prescinde de vós; contudo,
desagrada-Lhe a ingratidão em Seus servos. Se fordes

agradecidos, Ele estará satisfeito convosco. Nenhuma alma carregará o fardo de outra alma. Depois, para vosso Senhor voltareis; e Ele vos informará sobre o que tiverdes feito. Ele sabe o que encerram os corações. ◊7

Quando uma infelicidade toca o homem, implora a seu Senhor e volta para Ele, arrependido. Mas quando Ele lhe envia um benefício, esquece o que antes implorava e atribui semelhantes a Deus a fim de desencaminhar os outros de Sua senda. Dize: "Desfruta por algum tempo em tua ingratidão. Serás com certeza um dos companheiros do Fogo." ◊8

Vede! Aquele que passa as horas da noite na devoção, prostrado ou em pé, preocupado com o Além e aguardando a misericórdia de seu Senhor, pode ser comparado ao descrente? Dize: "São iguais os que sabem e os que não sabem?" Só se lembram os homens dotados de mente. ◊9

Dize: "Temei a vosso Senhor, vós servos crentes de Deus. Aos que fazem o bem neste mundo, será retribuído o bem. A terra de Deus é vasta. Os perseverantes receberão recompensas sem medida." ◊10

Dize: "Fui mandado adorar Deus, sendo-Lhe sincero na religião, sem Lhe associar seja quem for. ◊11

E fui mandado ser o primeiro dos submissos." ◊12

Dize: "Sim, temo, caso desobedecer a meu Senhor, o castigo de um dia nefasto." ◊13

Dize: "É Deus que adoro, e minha fé n'Ele é sincera ◊14

Quanto a vós, adorai fora d'Ele quem quiserdes." Dize: "Perderão tudo aqueles que perderem sua alma e sua família no dia da Ressurreição. Não é essa a grande perda?" ◊15

Naquele dia, reflexos do Fogo brilharão por cima deles; outros reflexos brilharão por baixo deles. É assim que Deus atemoriza Seus servos: "Ó Meus servos, temei-Me." ◊16

E Àqueles que fogem da adoração do Tagut, o ídolo, e voltam, contritos, para Deus a eles as boas-novas. Anuncia as boas-novas a Meus servos ◊17

Que escutam a Palavra e seguem o que nela há de melhor. São eles que Deus guia e são eles os dotados de mente. ◊18

E aquele que tiver merecido a condenação e for jogado no Fogo, poderás tu salvá-lo? ◊19

Mas os que temem a seu Senhor, morarão em mansões elevadas, construídas por cima de outras mansões, e com rios correndo em baixo. Promessa de Deus! Deus nunca falta a Suas promessas. ◊20

Não vês como Deus faz descer do céu água que penetra na terra e depois sai em fontes? E, por ela, faz Ele brotar searas de diversas variedades que, a seguir, murcham e as vês amareladas: depois, converte-as em feno. Há nisso uma recordação para os homens dotados de razão. ◊21

Aquele a quem Deus abriu o coração para a submissão caminhará à luz de seu Senhor; mas ai dos corações endurecidos contra o apelo de Deus! Estão num engano clamoroso. ◊22

Deus fez descer a mais bela narrativa num Livro ordenado, ritmado. Arrepia-se a pele dos que a ouvem e temem a seu Senhor. Depois, enternece-se o seu coração à menção de Deus. Assim é o Livro de Deus: um guia com o qual Ele encaminha quem Lhe apraz. Mas os que Deus desencaminha, não encontrarão guia algum. ◊23

Aquele que, no dia da Ressurreição, procurará proteger o rosto do pior castigo pode ser comparado ao crente? E será dito aos prevaricadores: "Provai o castigo que vos próprios ganhastes." ◊24

Os que vieram antes deles desmentiram, e o castigo lhes sobreveio sem que soubessem de onde. ◊25

E Deus fez-lhes provar a ignomínia na vida terrena. Mas o castigo do Além é maior. Se soubessem! ◊26

Já demos aos homens, neste Alcorão, exemplos de toda a espécie. Possam lembrar-se! ◊27

É um Alcorão árabe, sem tortuosidade. Quiçá os ajude a temer a Deus. ◊28

Deus deu por exemplo um homem que tem diversos donos a
brigarem entre si e outro que tem um só dono. Podem os
dois ser equiparados? Louvado Deus! Mas a maioria dos
homens não o sabe. 029

Sem dúvida morrerás, e eles morrerão. 030

Depois, no dia da Ressurreição, ante vosso Senhor disputareis. 031

Existe homem mais iníquo do que aquele que profere
infâmias contra Deus e rejeita a verdade quando lhe é
revelada? Não há lugar na Geena para os descrentes? 032

E os que trazem a verdade e creem nela, são eles os piedosos. 033

Receberão de Deus o que desejarem. Tal será a recompensa
dos benfeitores. 034

Deus absolvê-los-á de suas piores ações e os recompensará
conforme suas melhores ações. 035

Não basta Deus a Seu servo? Contudo, procuram
amedrontar-te com seus deuses. Quem Deus
desencaminha, não terá guia algum. 036

E quem Deus encaminha, ninguém desencaminhará. Não é
Deus poderoso, vingativo? 037

Se lhes perguntas: "Quem criou os céus e a terra?"
Respondem: "Deus!" Dize: "Pensais que aqueles para quem
apelais em vez de Deus, se Deus me mandar uma aflição,
poderão remover Sua aflição? E se Ele for misericordioso
para comigo, poderão impedir Sua misericórdia?" Dize:
"Basta-me Deus. Que n'Ele confiem os que querem confiar." 038

Dize: "Povo meu, agi conforme vossa posição. Agirei
conforme a minha. Breve sabereis 039

Quem receberá um castigo aviltante que nunca mais o
abandonará." 040

Fizemos descer sobre ti o Livro, com a verdade, para a
instrução de todos os homens. Quem seguir a senda da
retidão, fá-lo-á em seu benefício; e quem se
desencaminhar, fá-lo-á em seu prejuízo. E não és
responsável por eles. 041

Deus recolhe as almas quando morrem e aquelas que ainda não morreram, durante o sono. E retém aquelas contra as quais decretou a morte e liberta as outras até um termo predeterminado. Há nisso sinais para os que raciocinam. ◊42

Adotaram intercessores fora de Deus? Dize: "O quê! Ainda que esses intercessores nada possuam e não saibam raciocinar?" ◊43

Dize: "Só a Deus pertence a intercessão. A Ele pertence o reino dos céus e da terra. Depois, para Ele voltareis." ◊44

Quando somente Deus é mencionado, encolhem-se os corações dos que não creem no Além, mas quando aqueles que eles associam a Deus são mencionados, ei-los que se regozijam. ◊45

Dize: "Ó Deus, criador dos céus e da terra, conhecedor do visível e do invisível, és Tu que julgarás Teus servos pelo que divergem entre si." ◊46

Se os prevaricadores possuíssem tudo o que está na terra, e outro tanto, pagá-lo-iam de boa vontade para se resgatar do castigo no dia da Ressurreição. Pois verão da parte de Deus o que não esperam: ◊47

Os pecados que haviam cometido estarão expostos a seus olhos. E aquilo de que zombavam os envolverá. ◊48

Quando uma aflição atinge o homem, apela para Nós; mas quando lhe enviamos uma graça, diz: "Consegui-a com meus conhecimentos." Assim provamos os homens. Mas a maioria deles não o percebe. ◊49

Os que vieram antes deles falavam da mesma maneira. E de nada lhes valeu tudo o que ganharam. ◊50

Ao contrário, seus malefícios recaíram sobre eles. O mesmo acontecerá com os malfeitores de hoje. E não serão capazes de Nos reduzir à impotência. ◊51

Não sabem que Deus aumenta a porção para quem quiser e restringe-a para quem quiser? Há nisso sinais para os que creem. ◊52

Dize: "Ó Meus servos que vos excedestes em detrimento de vós mesmos, não desespereis da misericórdia de Deus. Deus perdoa todos os pecados. Ele é compassivo e misericordioso. ◊53

E inclinai-vos para vosso Senhor e submetei-vos a Ele antes que chegue o castigo: então não sereis socorridos. ◊54

E segui o melhor do que vos foi revelado por ordem de vosso Senhor antes que se abata o flagelo de repente sem que o percebais e sem saberdes de onde vem, ◊55

E antes que a alma diga: 'Ai de mim por ter-me descuidado de minhas obrigações para com Deus e por ter seguido os escarnecedores!' ◊56

Ou que diga: 'Se Deus me tivesse guiado, seria um dos piedosos e um dos submissos.' ◊57

Ou que diga, vendo o castigo: 'Ah, se pudesse voltar à terra! Então seria um dos benfeitores.'" E Deus lhe dirá: ◊58

"Sim, em verdade? Meus sinais foram-te revelados, mas consideraste-os mentiras. E encheste-te de orgulho, e estavas entre os descrentes." ◊59

E no dia da Ressurreição, verás os que renegavam a Deus com os rostos enegrecidos. Não há na Geena uma morada para os orgulhosos? ◊60

E Deus salvará os piedosos que o tiverem merecido. O mal não os atingirá, e não se entristecerão. ◊61

Deus criou todas as coisas e tem mandato sobre todas as coisas. ◊62

A Ele pertencem as chaves dos céus e da terra. Os que negam os sinais de Deus, serão eles os derrotados. ◊63

Dize: "Aconselhais-me adorar outro deus que Deus, ó ignorantes?" ◊64

Foi-te revelado, assim como aos que te precederam: "Se associares outros deuses a Deus, com certeza tua obra malogrará e estarás entre os perdidos. ◊65

Só a Deus adora, e sê um dos reconhecidos." ◊66

Não avaliaram Deus na Sua justa medida. A terra toda estará no seu punho no dia da Ressurreição, e os céus estarão

dobrados na Sua mão direita. Exaltado seja acima dos
que Lhe associam! ◊67

E a trombeta soará. E todos os que estiverem nos céus e na
terra desfalecerão, salvo os que Deus poupar. Depois,
a trombeta soará de novo. E todos serão ressuscitados, a
olhar. ◊68

E a terra brilhará da luz de seu Senhor. E o registro será
aberto. Os Profetas e as testemunhas serão chamados.
E será decidido entre todos na justiça. E ninguém será
lesado. ◊69

Cada alma será recompensada por suas ações. Deus bem sabe
o que faziam. ◊70

E os que descriam serão conduzidos para a Geena em grupos.
Quando lá chegarem, as portas serão abertas e os guardas
lhes dirão: "Não vos foram enviados Mensageiros dentre
vós que vos transmitiram as revelações de vosso Senhor
e vos advertiram sobre vosso encontro com este dia?"
Responderão: "Sim." Justa será a condenação dos descrentes. ◊71

"Entrai, dir-lhes-ão, pelas portas da Geena: nela
permanecereis para todo o sempre." O horrível reduto! ◊72

E os que temem a seu Senhor serão conduzidos ao Paraíso em
grupos, e suas portas serão abertas, e os guardas lhes dirão:
"A paz sobre vós! Fostes excelentes. Entrai e morai aqui
para todo o sempre." A bela morada! ◊73

Exclamarão: "Louvado seja Deus que cumpriu Sua promessa
para conosco e nos deu a terra por herança a fim de que
possamos instalar-nos no Paraíso onde quisermos." Como
é maravilhosa a recompensa dos justos! ◊74

E verás os anjos circundando o trono e entoando louvores a
seu Senhor. E todos serão julgados na justiça, e dirão:
"Louvado seja Deus, o Senhor dos mundos." ◊75

40. O PERDOADOR

Em nome de Deus, o Clemente, o Misericordioso.

He. Mim. ◊1

Eis o Livro que emana de Deus, o Poderoso, o Onisciente, ◊2

Perdoador do pecado, acolhedor do arrependimento, severo
no castigo, senhor da generosidade. Não há Deus senão
Ele. Para Ele será o retorno. ◊3

Sobre os sinais de Deus, só discutem os que descreem. Que
sua prosperidade na terra não te iluda. ◊4

Antes deles, o povo de Noé desmentiu, e depois deles, os
coligados. Cada nação procurou dominar seu Mensageiro,
e armou-se da falsidade para refutar a verdade. Então,
apoderei-me dela. E como foi Meu castigo! ◊5

Assim cumpriu-se a palavra de teu Senhor sobre os que
descreem: serão os companheiros do Fogo. ◊6

Os que carregam o trono e os que estão ao redor dele cantam
os louvores de seu Senhor e creem n'Ele e imploram
perdão para os que creem: "Senhor nosso, que abranges
todas as coisas na Tua misericórdia e na Tua ciência,
perdoa aos que se arrependem e seguem Teu caminho e
protege-os do suplício da Geena, ◊7

Senhor nosso, e introduze-os nos Jardins do Éden que lhes
prometeste e aos justos dentre seus antepassados e suas
esposas e sua descendência. És Tu o Poderoso, o Sábio. ◊8

E afasta deles o mal. Pois nesse dia, aqueles de quem afastares
o mal terão merecido Tua misericórdia. Essa será a grande
vitória." ◊9

Aos descrentes, será dito: "A aversão de Deus para convosco é
maior que a vossa aversão uns para com os outros, pois
fostes chamados para a fé e vos recusastes." ◊10

Dirão: "Senhor nosso, fizeste-nos morrer duas vezes e
deste-nos a vida duas vezes. Reconhecemos nossos pecados.
Haverá uma saída possível?" E ser-lhes-á respondido: ◊11

Estais como estais porque, quando só Deus era invocado, descríeis, e quando eram-Lhe atribuídos associados, acreditáveis. O julgamento, hoje, pertence a Deus, o Altíssimo, o Majestoso." ◊12

É Ele quem vos mostra Seus sinais e baixa para vós, do céu, o sustento. Mas só se lembram os que se arrependem. ◊13

Invocai Deus, pois, e sede-Lhe sinceros na religião, embora isso desgoste os infiéis. ◊14

Exaltado e elevado no trono, Ele ilumina os que Lhe apraz de Seus servos e anuncia-lhes o dia em que O encontrarão. ◊15

O dia em que todos os homens serão ressuscitados e nada poderão esconder de Deus. A quem o reino naquele dia? A Deus, o Único, o Dominador. ◊16

Naquele dia, cada alma receberá o que tiver merecido. E não haverá iniquidade. Deus é rápido nas contas. ◊17

E adverte-os sobre o Dia que se aproxima, quando os corações subirão às gargantas, sufocantes. Naquele dia, os prevaricadores não terão nem amigo zeloso nem intercessor obedecido. ◊18

Deus descobre a traição nos olhos e vê o que escondem os corações. O Poderoso, o Sábio. ◊19

E julga na justiça, enquanto os que são invocados em vez d'Ele nada julgam. É Deus quem atende e observa. ◊20

Por que não percorrem a terra e veem o destino dos que passaram antes deles? Eram mais fortes do que eles, e mais influentes. Deus os agarrou pelos seus pecados. E ninguém os protegeu contra Ele. ◊21

Haviam recebido as provas de seus próprios Mensageiros, mas descreram. E Deus os surpreendeu. Ele é forte e duro no castigo. ◊22

E enviamos Moisés com Nossos sinais e uma autoridade proclamada ◊23

Ao Faraó e a Haman e a Karun. Gritaram: "Mágico! Mentiroso! Impostor!" ◊24

E quando Moisés lhes trouxe a verdade, em Nosso nome,
disseram: "Matai os filhos varões dos que creem com ele, e
poupai as mulheres." Mas o ardil dos descrentes perdeu-se
no malogro. ◊25

E disse o Faraó: "Deixai-me matar Moisés. Que apele então
para seu Senhor! Receio que mude a vossa religião ou que
semeie a corrupção na terra." ◊26

E disse Moisés: "Amparo-me em meu Senhor e vosso
Senhor contra todo arrogante que não crê no
dia do ajuste das contas." ◊27

E um crente da família do Faraó, que escondia sua crença,
disse: "Mataríeis um homem por ter dito: 'Meu Senhor é
Deus' quando vos trouxe provas enviadas por vosso
Senhor? Se for mentiroso, suas mentiras recairão sobre ele;
mas se suas palavras forem verídicas, sereis atingidos por
aquilo com que vos ameaça. Deus não guia quem for
transgressor e impostor. ◊28

Povo meu, hoje o reino é vosso: dominais na terra. Mas quem
nos defenderá se o castigo de Deus nos atingir?"
Respondeu o Faraó: "Disse-vos as coisas como as vejo; e
não vos conduzirei senão na senda da razão." ◊29

Disse aquele que escondia sua crença: "Sim, temo por vós um
dia semelhante ao dia dos coligados ◊30

E um castigo igual ao dos povos de Noé e Aad e Samud e dos
que lhes sucederam. Deus não quer a injustiça para Seus
servos. ◊31

Ó meu povo, temo para vós o dia em que os homens se
chamarão uns aos outros, ◊32

E vós voltareis as costas e fugireis, e não tereis protetor contra
Deus. Quem Deus desencaminha, não terá guia algum. ◊33

Outrora, trouxe-vos José as provas; mas duvidastes delas.
E quando morreu, dissestes: 'Deus não enviará depois dele
outro Mensageiro.' Assim Deus desencaminha os
transgressores incrédulos ◊34

Que disputam sobre Seus sinais sem autoridade recebida: motivo de desgosto para Deus e para os que creem. Assim Deus sela todo coração orgulhoso e tirânico." ◊35

E o Faraó disse: "Ó Haman, constrói-me uma torre. Talvez descubra ◊36

Os caminhos do céu e suba até o Deus de Moisés, que considero um mentiroso." Assim a má ação do Faraó foi falsamente embelezada a seus olhos, e foi desviado do caminho. E seus estratagemas de nada lhe valeram. ◊37

E disse aquele que escondia sua crença: "Ó meu povo, segui-me. Conduzir-vos-ei no caminho da retidão. ◊38

Ó meu povo, esta vida terrena nada é senão um gozo efêmero; o Além é que é a morada da estabilidade. ◊39

Os que cometerem más ações receberão o seu equivalente, e os que praticarem o bem e forem crentes, homens ou mulheres, entrarão no Jardim das Delícias e serão cumulados sem medida. ◊40

Povo meu, por que vos convido para a salvação e vós me convidais para o Fogo? ◊41

Convidais-me para renegar Deus e atribuir-Lhe associados, dos quais nada sei, e eu vos convido para o Poderoso, o Perdoador: ◊42

Por que quereis levar-me a alguém que não tem autoridade alguma neste mundo nem no outro? Nós voltaremos para Deus, e os transgressores serão os herdeiros do Fogo. ◊43

Mais tarde, recordar-vos-eis do que vos estou dizendo. Encomendo-me a Deus. Ele observa Seus servos." ◊44

Deus o preservou contra os ardis; e o Faraó e os seus foram cercados pelo castigo maior: ◊45

O Fogo, ao qual estarão expostos de manhã e à tarde. E no dia em que chegar a Hora, dir-lhes-emos: "Entrai, família do Faraó, na morada mais funesta." ◊46

E quando estiverem discutindo na Geena, os mais fracos dirão aos mais soberbos: "Éramos vossos seguidores. Podeis ao menos atenuar este fogo?" ◊47

Responderão os soberbos: "Estamos todos no mesmo fogo. Deus julgou Seus servos." ◊48

E os que estarão na Geena dirão aos guardiões: "Rogai a vosso Senhor para que nos alivie o suplício, por um dia só que seja." ◊49

E os guardiões responderão: "Não vos apresentaram vossos Mensageiros as provas?" "Sim", dirão os condenados. E os guardiões concluirão: "Então, apelai!" O apelo dos descrentes desvanece-se na ilusão ◊50

Socorreremos Nossos Mensageiros e os que creem nesta vida e no dia em que as testemunhas se levantarão para testemunhar. ◊51

Naquele dia, aos iníquos de nada aproveitarão suas desculpas, e sobre eles pesará a maldição, e terão a pior morada. ◊52

E concedemos a Moisés a orientação e legamos aos filhos de Israel o Livro: ◊53

Um guia e uma recordação para os homens dotados de compreensão. ◊54

Persevera. A promessa de Deus é verídica. Implora o perdão de teus pecados e canta louvores a teu Senhor à tarde e na aurora. ◊55

Os que contestam os sinais de Deus sem autoridade recebida só têm soberba no coração, e ela não os levará a parte alguma. Implora, pois, a proteção de Deus. Ele ouve tudo e vê tudo. ◊56

Criar os céus e a terra é mais prodigioso do que criar o homem. Mas a maioria dos homens não o sabe. ◊57

O cego e o vidente não são mais iguais do que os que creem e praticam o bem e o malfeitor. Mas vós pouco vos lembrais. ◊58

A Hora está chegando. Nenhuma dúvida a esse respeito. Mas a maioria dos homens não acredita. ◊59

Disse vosso Senhor: "Apelai para mim, e Eu vos atenderei. Os que se acham acima de Me adorar entrarão na Geena, humilhados." ◊60

Deus, foi Ele quem vos concedeu a noite para que descanseis e o dia para que possais ver. Deus é credor de muitos benefícios feitos aos homens. Mas a maioria deles não agradece. ◊61

Tal é Deus, vosso Senhor, o criador de todas as coisas. Não há deus senão Ele. Como podeis afastar-vos d'Ele? ◊62

Assim se desviam aqueles que renegam os sinais de Deus. ◊63

Deus, que vos deu a terra por morada e o céu por teto e vos modelou – e tão bem vos modelou – e vos concedeu alimentos deliciosos, esse é Deus, vosso Senhor. Abençoado seja Ele, o Senhor dos mundos. ◊64

Ele é o Imortal. Não há deus senão Ele. Invocai-O e sede-Lhe sinceros na religião. Entoai louvores a Deus, o Senhor dos mundos. ◊65

Dize: "Foi-me proibido adorar os que invocais em vez de Deus, desde que recebi as provas de meu Senhor, e foi-me ordenado submeter-me ao Senhor dos mundos." ◊66

Foi Ele quem vos criou, primeiro de barro, depois de uma gota de esperma, depois de um coágulo de sangue; depois, fez-vos sair um bebê; depois, faz-vos atingir vossa plenitude e a velhice e um termo preestabelecido, embora haja quem morra prematuramente. Possais compreender! ◊67

É Ele quem dá a morte e quem dá a vida. Quando decide algo, basta-Lhe dizer: "Sê" para que seja. ◊68

Não viste aqueles que disputam acerca dos sinais de Deus, como se afastam! ◊69

Renegam o Livro e a mensagem de Nossos Mensageiros. Breve saberão! ◊70

Quando, com golilhas nos pescoços, forem arrastados ◊71

Para a água fervente e quando forem torturados no Fogo, ◊72

Dir-lhes-ão: "Onde estão os que associáveis ◊73

A Deus?" Responderão: "Afastaram-se de nós. Mais exatamente, nos invocávamos seres inexistentes." Assim Deus desencaminha os descrentes. ◊74

E a voz dirá: "Este será vosso castigo porque na terra
exultáveis na perversidade e leváveis uma vida insolente. ◊75

Entrai pelas portas da Geena e nela permanecei para todo o
sempre." Horrível é a morada dos orgulhosos! ◊76

Persevera, pois. A promessa de Deus é verídica. Quer te
mostremos parte das coisas com que os ameaçamos, quer
te façamos morrer antes do cumprimento da promessa,
para Nós voltarão. ◊77

Enviamos Mensageiros antes de ti. De alguns deles,
falamos-te. De outros, não te falamos. Nenhum deles podia
realizar um milagre senão com a permissão de Deus.
Quando chega a ordem de Deus, tudo é decidido na
justiça. E perdem os impostores. ◊78

Foi Deus quem vos outorgou as reses para vos servirem, umas
de cavalgadura, outras de alimento. ◊79

Encontrais nelas outros benefícios também. E talvez
permitam-vos executar projetos caros a vossos corações.
Pois elas, como o navio, servem-vos de transporte. ◊80

Assim Deus vos mostra Seus sinais. Quais dos sinais de Deus
rejeitais? ◊81

Não percorreram a terra e não viram qual foi o destino dos
que os precederam? Eram mais numerosos e mais fortes e
mais influentes na terra do que eles. Mas o que ganhavam
de nada lhes serviu. ◊82

E quando seus Mensageiros lhes trouxeram as provas,
permaneceram embevecidos com seus próprios
conhecimentos. Até que foram cercados por aquilo de que
zombavam. ◊83

E quando viram Nosso poder, disseram: "Cremos unicamente
em Deus e rejeitamos os que a Ele associávamos." ◊84

Porém de nada lhes valeu essa profissão de fé feita após terem
visto Nosso poder. Tal é a lei de Deus para com Seus servos.
Os descrentes serão derrotados. ◊85

41. OS VERSÍCULOS DETALHADOS

Em nome de Deus, o Clemente, o Misericordioso.

He. Mim. ◊1

Esta é a revelação do Clemente, do Misericordioso. ◊2

Um Livro cujos versículos têm sido detalhados, um Alcorão árabe para os que compreendem, ◊3

Um anunciador e um admoestador. Porém a maioria deles esquiva-se e não quer ouvir. ◊4

E dizem: "Nossos corações estão fechados contra o que nos pregas, e em nossos ouvidos há um peso. E entre ti e nós, estende-se uma cortina. Age por ti mesmo: agiremos por nós mesmos." ◊5

Dize: "Não sou senão um homem como vós. A revelação desce sobre mim: vosso Deus é o Deus único. Endireitai-vos diante d'Ele e pedi-Lhe perdão. Ai dos idólatras ◊6

Que não pagam o tributo e renegam o Além. ◊7

Os que creem e praticam o bem receberão um salário que nunca será interrompido." ◊8

Dize: "Como? Ireis renegar Aquele que criou a terra em dois dias e atribuir-Lhe associados? Ele é o Senhor dos mundos." ◊9

E estendeu as montanhas sobre a terra em quatro dias, e abençoou-a e distribuiu alimentos iguais a todos os solicitantes. ◊10

Dirigiu-se, depois, ao céu que era ainda uma nebulosa e disse-lhe e à terra: "Vinde, de bom ou de mau grado." Disseram: "Iremos de bom grado." ◊11

E em dois dias, criou sete céus e determinou a cada um deles sua função. E decoramos o céu mais próximo com lâmpadas e protegemo-lo. Tal foi a determinação do Poderoso, do Conhecedor. ◊12

Se, depois, virarem as costas e se afastarem, dize-lhes: "Previno-vos contra um raio semelhante ao que se abateu sobre os povos de Aad e de Samud." ◊13

Quando os Mensageiros vieram a eles pela frente e por trás, dizendo: "Não adoreis senão a Deus", retrucaram: "Se Deus quisesse, mandaria anjos. Não, não acreditamos no que nos pregais." ◊14

Quanto ao povo de Aad, ensoberbeceram-se na terra iniquamente e disseram: "Quem é mais poderoso do que nós?" Não viam que Deus, que os criara, era mais poderoso do que eles? E continuaram a rejeitar Nossos sinais. ◊15

Enviamos contra eles um vento glacial em dias nefastos para fazer-lhes sentir um castigo humilhante nesta vida.
O castigo do Além será mais humilhante ainda. E ninguém os socorrerá. ◊16

Quanto ao povo de Samud, quisemos guiá-los, mas eles preferiram a cegueira à luz; e o Grito os apanhou pelos seus delitos. ◊17

E salvamos os que criam e temiam a Deus. ◊18

E no dia em que os inimigos de Deus forem reunidos e encaminhados para a Greena, fileira por fileira, ◊19

Seus próprios ouvidos e seus olhos e sua pele testemunharão contra eles, pelo que faziam. ◊20

E perguntarão a suas peles: "Por que testemunhastes contra nós?" Responderão: "Foi Deus que nos fez falar. Ele faz falar todas as coisas. E foi Ele quem vos criou, e para Ele voltareis. ◊21

Não vos escondíeis ao ponto de escapar ao testemunho de vossos ouvidos e de vossos olhos e de vossa pele. Mas acreditáveis que Deus pouco sabia do que fazíeis. ◊22

E foi essa dúvida a respeito de vosso Senhor que vos derrotou, e eis que estais entre os perdidos." ◊23

Se persistirem, o Fogo será sua morada. E se oferecerem reparação, nenhuma reparação será aceita deles. ◊24

E designamos-lhes companheiros que lhes embelezavam falsamente as ações passadas e presentes. Contra eles foi cumprida a palavra que havia sido cumprida contra as nações que os precederam, homens e djins sem distinção. E foram destruídos. ◊25

E os **que** descreem dizem: "Não deis ouvidos a este Alcorão.
E dizei futilidades sobre ele. Quiçá vençais." ◊26

Submeteremos os que descreem a um castigo pesado e terão
em retribuição algo pior do que suas ações: ◊27

O flagelo dos inimigos de Deus, o Fogo. Nele permanecerão
para todo o sempre, por terem renegado Nossos sinais. ◊28

E dirão: "Senhor nosso, deixa-nos ver os que nos enganaram
entre os djins e os homens para que pisemos sobre eles e
estejam eles entre os rebaixados." ◊29

E os que dizem: "Nosso Senhor é Deus" e endireitam-se, os
anjos descerão sobre eles, dizendo: "Não tenhais medo, e
não vos aflijais. E recebei as boas-novas: eis o Paraíso que
vos foi prometido. ◊30

Somos vossos aliados neste mundo e no outro onde
encontrareis tudo o que desejais e tudo o que pretendeis: ◊31

Hóspedes sereis do Poderoso, do Misericordioso." ◊32

E quem diz palavras mais formosas do que aquele que invoca
Deus e realiza boas ações e diz: "Sou um dos submissos"? ◊33

A boa ação e a má ação não são iguais. Repele o mal da melhor
maneira e verás aquele que era teu inimigo agir como se
fosse teu amigo leal. ◊34

Tudo isso, contudo, não é oferecido senão aos que pacientam
e perseveram e têm uma sorte imensa. ◊35

Quando o demônio procura seduzir-te, refugia-te em Deus.
Ele ouve tudo e sabe tudo. ◊36

Entre Seus sinais estão a noite e o dia, o sol e a lua. Não vos
prostreis diante do sol nem diante da lua. Prostrai-vos
diante de Deus que os criou. Não é a Ele que adorais? ◊37

Se eles se ensoberbecem, os que estão junto a teu Senhor
glorificam-No dia e noite sem se cansarem. ◊38

De Seus sinais também é a terra humilhada que estremece e
intumesce quando fazemos descer a água sobre ela. Aquele
que a ressuscita, ressuscitará os mortos. Ele tem poder
sobre tudo. ◊39

Os que blasfemam contra Nossos sinais não podem esconder-se de Nós. Quem é melhor: aquele que é jogado no inferno ou aquele que virá a Nós em segurança no dia da Ressurreição? Fazei o que quiserdes: Ele observa tudo quanto fazeis. ◊40

Os que renegam a mensagem quando lhes é transmitida! Com certeza, este é um Livro sublime, ◊41

Que a falsidade não pode atingir, venha por diante dele ou por trás. Uma revelação do Sábio, do Digno de louvores. ◊42

Tudo quanto te é dito, já foi dito aos Mensageiros que te precederam. Teu Senhor é dono do perdão e também dono do castigo doloroso. ◊43

Se houvéssemos revelado este Alcorão em alguma língua estranha, teriam dito: "Por que seus versículos não foram detalhados? Uma mensagem não árabe para um árabe!" Dize: "Para os crentes, é um guia e uma salvação; mas para os que não creem, é um peso no ouvido e uma cegueira, como se estivessem sendo chamados de um lugar distante." ◊44

Nós havíamos enviado o Livro a Moisés, mas houve divergências a seu respeito e não fosse por uma palavra de teu Senhor, eles teriam sido já julgados. Permanecem, assim mesmo, numa dúvida perturbadora. ◊45

Quem pratica o bem, beneficia-se a si mesmo. Quem pratica o mal, prejudica-se a si mesmo. Deus não oprime Seus servos. ◊46

A Ele pertence o conhecimento da Hora. E nenhuma fruta sai de seu invólucro, e nenhuma fêmea concebe ou gera sem Seu conhecimento. E no dia em que os convocar, perguntar-lhes-á: "Onde estão Meus associados?" Responderão: "Confessamos que nenhum de nós é testemunha deles." ◊47

E o que, antes, invocavam se desvanecerá. E saberão que não têm refúgio. ◊48

O homem não se cansa de solicitar as boas coisas. Mas basta que a infelicidade toque nele, e ei-lo desesperado, desalentado. ◊49

E se lhe fazemos provar Nossa misericórdia depois que tenha
sido alvo da desgraça, diz: "Isso é-me devido. Não creio
que a Hora venha. E se eu for devolvido a meu Senhor,
obterei d'Ele bela recompensa." Então, informaremos os
que descreem do que tiverem feito. E inflingir-lhes-emos
um castigo pesado. ◊50

Quando agraciamos o homem, ele se esquiva e se afasta. Mas
quando uma infelicidade o visita, ei-lo recitando orações
sem fim. ◊51

Dize: "Que achais? Se esse Alcorão for mesmo de Deus e vós o
renegais, haverá alguém mais perdido do que aquele que se
opõe a Deus?" ◊52

Breve, mostrar-lhes-emos Nossos sinais nos horizontes e neles
próprios, até que se deem conta de que é a verdade. Aliás,
não basta que teu Senhor seja testemunha de tudo? ◊53

Estão ainda em dúvida sobre seu encontro com seu Senhor?
Não abrange Ele todas as coisas? ◊54

42. A CONSULTA

Em nome de Deus, o Clemente, o Misericordioso.
He. Mim. ◊1
Ain. Sin. Kaf. ◊2
Assim te inspira, como inspirou aos que vieram antes de ti,
Deus, o Poderoso, o Sábio. ◊3
A Ele pertence tudo quanto existe nos céus e na terra, o
Altíssimo, o Glorioso. ◊4
Pouco falta para que os céus se fendam quando os anjos
cantam os louvores de seu Senhor e imploram perdão para
os que estão na terra. Não é Deus perdoador e
misericordioso? ◊5
Quanto aos que adotam protetores fora d'Ele, é Deus quem
os vigia. Tu não és responsável por eles. ◊6

Assim te revelamos um Alcorão árabe para que advirtas a
cidade-mãe e seus arredores: adverte-os quanto ao dia
indubitável da última reunião: uns irão para o Paraíso,
outros para as chamas. ◊7

Se Deus quisesse, faria deles uma única nação. Mas Ele
introduz na Sua Misericórdia quem Lhe apraz. Os
prevaricadores não têm nem protetor nem aliado. ◊8

Adotam protetores fora d'Ele? Só Deus é o Protetor.
Ressuscita os mortos e tem poder sobre tudo. ◊9

Seja qual for o assunto de vossas divergências, a palavra final
pertence a Deus. Ele é meu Senhor. N'Ele deposito minha
confiança e para Ele volto contrito, ◊10

O criador dos céus e da terra! De vós próprios tirou vossas
esposas para que vos multiplicásseis. As reses também,
Ele as fez machos e fêmeas. Ninguém pode ser comparado
a Deus. Ele ouve tudo e vê tudo. ◊11

A Ele pertencem as chaves dos céus e da terra. Aumenta a
porção para quem Lhe apraz e restringe-a para quem Lhe
apraz. Ele conhece tudo. ◊12

Prescreveu-vos, em matéria de religião, o que prescreveu a
Noé e o que te temos revelado e o que ordenamos a Abraão
e a Moisés e a Jesus, dizendo: "Estabelecei a religião e não
divirjais nela." E isso revolta os idólatras. Deus atrai para
Si quem Lhe apraz e conduz para Si quem se arrepende. ◊13

Eles só se dividiram após receberem a ciência, tendo-se
tornado maus uns para com os outros. Tivesse teu Senhor
deixado de pronunciar uma palavra fixando-lhes o termo,
já teriam sido julgados nesta vida. Sim, e os que herdaram
o Livro após eles estão, a seu respeito, numa dúvida
perturbadora. ◊14

Convoca-os, pois, e persevera na senda da retidão como te foi
ordenado. E não sigas suas paixões. E dize: "Creio em todos
os Livros que Deus fez descer. Foi-me ordenado fazer
justiça entre vós. Deus é nosso Senhor e vosso Senhor.
Temos nossas obras e tendes vossas obras. Que não haja

discussões entre nós. Deus nos unificará. É para Ele que todos caminhamos." ◊15

E aqueles que argumentam acerca de Deus, após pleitearem-Lhe obediência, seus argumentos serão nulos junto a Deus. A ira divina cairá sobre eles, e sofrerão um castigo rigoroso. ◊16

Deus fez descer o Livro, pela verdade, e também a balança. E que sabes? Talvez a Hora esteja próxima. ◊17

Os que nela não acreditam procuram apressá-la. Mas os que acreditam têm medo dela e sabem que ela é a verdade. E os que discutem a respeito da Hora cometem um erro que vai longe demais. ◊18

Deus é amável com Seus servos. Agracia a quem Lhe apraz. O Poderoso, o Dominador. ◊19

Àquele que deseja a colheita do Além, dar-lha-emos, acrescida. E àquele que deseja a colheita deste mundo, dar-lhe-emos uma participação nela, mas nenhuma participação terá no Além. ◊20

Ou têm eles ídolos que lhes legalizaram o que Deus não autorizou? Não fosse pela palavra da decisão, já teriam sido julgados. Um castigo doloroso aguarda os prevaricadores. ◊21

Naquele dia, verás os prevaricadores apavorados à vista de suas próprias ações. E não poderão escapar às consequências. Mas os que creem e praticam o bem estarão nos Jardins do Paraíso. Receberão de Deus tudo o que desejarem. Tal será a graça suprema. ◊22

Eis o que Deus anuncia a Seus servos que creem e praticam o bem. Dize: "Não vos peço recompensa alguma a não ser que ameis vossos parentes. Quem fizer uma boa ação, devolver-lha-emos ainda melhor. Deus é perdoador, agradecido." ◊23

Dirão: "Muhamad proferiu uma falsidade contra Deus?" Ora, se Deus quisesse, selaria teu coração. Por Suas palavras Deus apaga o falso e estabelece a verdade. Ele conhece o que encerram os corações. O Poderoso, o sábio. ◊24

E Ele aceita o arrependimento de Seus servos e absolve-lhes os delitos e sabe o que fazeis. ◊25

E atende os que creem e praticam o bem e aumenta-lhes as graças – enquanto prepara para os descrentes um castigo severo. ◊26

Se Deus tivesse dado com maior generosidade a Seus servos, ter-se-iam tornado opressores na terra. Por isso, mede-lhes as dádivas. Ele bem conhece Seus servos e observa-os. ◊27

É Ele quem faz descer a chuva, depois que os homens perdem a esperança, e estende Seus benefícios. É o Protetor, o Merecedor dos louvores. ◊28

Um de Seus sinais é a criação dos céus e da terra e de todos os seres que neles propagou. E Ele pode reuni-los quando quiser. ◊29

Toda desgraça que vos atinge é o efeito de vossas ações. E quanto Ele perdoa! ◊30

Não podeis reduzi-lo à impotência na terra. E fora Deus, não tendes nem protetor nem aliado. ◊31

E de Seus sinais, os navios que deslizam no mar como estandartes. ◊32

Se Lhe apraz, acalma o vento e eis que permanecem imóveis na superfície. Há nisso sinais para o perseverante e o agradecido. ◊33

Pode também destruí-los pelos delitos dos seus ocupantes. E quanto Ele perdoa! ◊34

E saibam os que discutem sobre Nossos sinais que eles não terão refúgio. ◊35

Tudo o que possuís é gozo da vida terrena. E o que Deus tem é melhor e mais durável para os que creem e põem sua confiança no seu Senhor ◊36

E para os que se abstêm dos pecados mais graves e das torpezas e que, mesmo em cólera, sabem perdoar, ◊37

E para os que respondem a seu Senhor e praticam a oração e resolvem seus problemas por consultas entre si; e gastam do que lhes concedemos, ◊38

E para os que, agredidos, sabem defender-se ◊39

O castigo de um mal é um mal igual. E quem perdoar e conciliar de Deus receberá sua recompensa. Ele não gosta dos opressores. ◊40

Contudo, aqueles que se vingarem de uma injustiça recebida, não serão incriminados. ◊41

Mas serão incriminados os que oprimirem os outros e agredirem na terra e cometerem injustiças. A eles será infligido um castigo doloroso. ◊42

E quem se dominar e perdoar, será credor de uma das melhores recomendações. ◊43

Quem Deus desencaminha não terá protetor. E ouvirás os prevaricadores dizerem, ao verem o castigo: "Haverá algum caminho para a volta?" ◊44

E quando forem expostos ao Fogo, vê-lo-ás humilhados no seu opróbrio a olharem furtivamente, enquanto os que creem dirão: "Os derrotados! Perderam-se a si mesmos e perderam suas famílias no dia da Ressurreição." Sim! Os prevaricadores sofrerão um castigo duradouro. ◊45

E não terão protetor para socorrê-los, exceto Deus. E quem Deus desencaminha, não acertará mais o caminho. ◊46

Respondei ao chamamento de vosso Senhor antes que chegue, por ordem de Deus, um dia que não pode ser afastado. Naquele dia, não tereis nem refúgio nem defesa. ◊47

Depois, se eles virarem as costas e se afastarem, Nós não te enviamos como guardião sobre eles: tudo o que deves fazer é transmitir a mensagem. Quando agraciamos um homem com Nossa misericórdia, exulta; mas se uma desgraça o atinge por culpa do que suas mãos perpetraram, eis que se manifesta a sua ingratidão. ◊48

A Deus pertence o reino dos céus e da terra. Cria o que quer e agracia com filhas quem Lhe apraz e com filhos quem Lhe apraz. ◊49

E agracia com umas e outros quem Lhe apraz; e deixa estéril quem Lhe apraz. Ele sabe tudo e tem poder sobre tudo. ◊50

E a nenhum mortal é dado que Deus lhe fale, exceto por
revelação ou por detrás de um véu ou por intermédio de
um Mensageiro enviado para transmitir o que Deus
determinar. Ele é o Altíssimo, o Sábio. ◊51

Foi assim que te revelamos um espírito enviado por Nós.
Tu nada sabias do Livro nem da fé. Mas Nós fizemos desse
espírito uma luz com a qual guiamos quem Nos apraz de
Nossos servos. E tu os guiarás com certeza para a senda da
retidão, ◊52

A senda de Deus a quem pertence tudo quanto existe nos
céus e na terra. É para Ele que todas as coisas e todos os
seres serão encaminhados. ◊53

43. OS ORNAMENTOS

Em nome de Deus, o Clemente, o Misericordioso.

He. Mim. ◊1

Pelo Livro evidente! ◊2

Fizemo-lo um Alcorão árabe para que o possais compreender. ◊3

O original, conservado junto a Nós, é sublime, cheio de
sabedoria. Se soubésseis! ◊4

Privar-vos-íamos da mensagem porque sois transgressores? ◊5

Quantos Profetas enviamos aos povos antigos! ◊6

Cada vez que um Profeta lhes era enviado, zombavam dele. ◊7

Aniquilamo-los, embora fossem mais poderosos do que vós.
Mas seu exemplo desvaneceu-se. ◊8

Se perguntares aos descrentes: "Quem criou os céus e a terra?"
Responderão: "Criou-os o Poderoso, o Conhecedor." ◊9

Foi Ele quem vos deu a terra por berço, e nela traçou
caminhos para que pudésseis orientar-vos. ◊10

É Ele quem faz descer água do céu na devida medida e com
ela ressuscita uma terra depois de morta: assim vos
próprios sereis ressuscitados. ◊11

Foi Ele quem criou todas as coisas vivas em casais e vos
destinou os animais e os barcos para vos carregar, ◊12

E para que vos lembreis – quando estiverdes sendo
transportados por eles – da benevolência de vosso Senhor,
dizendo: "Louvado seja Aquele que no-los submeteu; pois,
sem Ele, nós não os poderíamos ter submetido. ◊13

Sim, e é para nosso Senhor que voltaremos." ◊14

Apesar disso, atribuem-Lhe descendentes entre Seus próprios
servos. O homem é um ingrato proclamado. ◊15

Vede! Ele teria escolhido as filhas para Si mesmo e vos teria
concedido os filhos varões! ◊16

Mas quando anunciam a alguém o que ele atribui a Deus – o
nascimento de uma filha – seu rosto escurece e ele sufoca. ◊17

Esse ser criado no meio das joias e que nunca participa dos
combates! ◊18

E atribuíram o sexo feminino aos anjos, que são os servos do
Misericordioso. Assistiram ao seu nascimento?
Seu testemunho será registrado, e serão interrogados. ◊19

E dizem: "Se o Misericordioso não o quisesse, não os
adoraríamos." ◊20

Ou ter-lhes-íamos trazido um Livro antes deste, ao qual se
agarram? ◊21

Não. Dizem apenas: "Encontramos nossos antepassados neste
caminho, e seguimos-lhes as pegadas." ◊22

Do mesmo modo, nunca enviamos, antes de ti, um
admoestador a uma cidade sem que seus habitantes
abastados dissessem: "Encontramos nossos antepassados
neste caminho, e seguimos-lhes fielmente as pegadas." ◊23

Dize: "Como! Mesmo que vos traga uma orientação mais
certa que a que vossos antepassados seguiam?" Dizem: "Nós
rejeitamos o que nos trazes." ◊24

Vingamo-Nos deles, e vê qual foi o fim dos contestadores! ◊25

E quando Abraão disse a seu pai e a seu povo; "Não sou
responsável pelo que adorais. ◊26

Adoro somente Aquele que me criou. É Ele que me guiará." ◊27

E essas palavras, ele as transmitiu a seus descendentes para
que adorassem somente Deus. ◇28

E a eles e aos pais deles, concedi gozo temporário até que
chegassem a verdade e um Mensageiro fidedigno. ◇29

E agora que a verdade lhes foi manifestada, dizem: "É magia.
Rejeitamo-la." ◇30

E dizem: "Se ao menos este Alcorão tivesse sido revelado a um
homem poderoso das duas cidades!"[17] ◇31

São eles que distribuem os benefícios de teu Senhor? Somos
Nós que, nesta vida terrena, repartimos o sustento entre
eles e elevamos uns acima de outros de maneira que uns se
fazem servir por outros. A misericórdia de teu Senhor é
melhor que as riquezas que amontoam. ◇32

Não fosse pelo receio de que todos os homens se tornassem
uma nação de descrentes, dotaríamos as casas dos que
descreem do Misericordioso com tetos de prata e escadas
e portas de prata, ◇33

E com leitos em que se reclinassem, ◇34

E com ornamentos de ouro. Pois tudo isso é apenas o gozo
efêmero desta vida. O Além, junto a Deus, pertence aos
piedosos. ◇35

Quem desprezar a advertência do Misericordioso terá um
demônio por companheiro – ◇36

Os demônios desviam os homens do caminho, mas estes
creem que estão bem-guiados – ◇37

Até que venha a Nós e diga a seu companheiro: "Pudesse ter
existido entre mim e ti a distância de dois Orientes!"
Ó péssimo companheiro! ◇38

Nada, naquele dia, vos salvará. Pois prevaricastes juntos.
E juntos sereis castigados. ◇39

Podes, acaso, conceder ouvidos ao surdo? Ou guiar o cego e
aqueles que estão num erro evidente? ◇40

Quer te chamemos a Nós, quer te deixemos testemunhar o
cumprimento de Nossas ameaças, deles nos vingaremos, ◇41

Pois temos poder absoluto sobre eles. ◇42

Apega-te ao que te tem sido revelado: estás num caminho reto. ◊43

É uma recordação para ti e teu povo: sereis interrogados. ◊44

E pergunta aos Mensageiros que enviamos antes de ti se designamos, fora do Misericordioso, deuses a adorar. ◊45

E enviamos Moisés com Nossos sinais ao Faraó e à sua corte. Disse-lhes: "Sou o Mensageiro do Senhor dos mundos." ◊46

Mas quando lhes apresentou Nossos sinais, puseram-se a rir. ◊47
Cada sinal era, porém, maior que o anterior.
E surpreendemo-los com o castigo para que se arrependessem. ◊48

Disseram: "Ó mágico, implora a teu Senhor por nós em nome do pacto que fez contigo, e com certeza seguiremos o caminho da retidão." ◊49

Mas quando levantamos Nosso castigo, faltaram à sua palavra. ◊50

E o Faraó proclamou a seu povo: "Ó povo meu, não me pertence o reino do Egito com estes rios que correm diante de mim? Não estais vendo? ◊51

Não sou melhor que esse simplório que mal sabe expressar-se? ◊52

Por que não se lhe lançaram braceletes de ouro? Por que os anjos não vieram com ele em fileiras apertadas?" ◊53

Assim ludibriou seu povo e foi obedecido. Eram todos perversos. Deus observa o que fazem. ◊54

Depois, quando acabaram provocando Nossa ira, vingamo-Nos deles e os afogamos. ◊55

E fizemos deles um precedente e um exemplo para a prosperidade. ◊56

E quando é citado o filho de Maria como exemplo, teu povo clama com veemência. ◊57

E perguntam: "Quem é melhor: nossos deuses ou ele?" É só para discutir que falam assim. São homens disputadores ◊58

Ele não foi senão um servo que agraciamos, e dele fizemos um exemplo para os filhos de Israel. ◊59

Se quiséssemos, teríamos feito anjos de vós mesmos para que herdassem a terra. ◊60

Ele foi um anunciador da chegada da Hora. Não duvideis. E segui-Me. Tal é o caminho da retidão. ◊61

E não vos deixeis desviar pelo demônio. Ele é vosso inimigo declarado. ◊62

E quando Jesus trouxe as provas, disse-lhes: "Trouxe-vos a sabedoria e esclarecer-vos-ei parte das coisas sobre as quais disputais. Temei a Deus e obedecei-me. ◊63

Deus é meu Senhor e vosso Senhor. Adorai-O. Tal é o caminho da retidão." ◊64

Mas as seitas divergiram entre si. Ai dos que zombavam, do castigo de um dia doloroso! ◊65

Esperam por outra coisa senão a Hora? Chegará subitamente quando menos a esperarem. ◊66

Naquele dia, os amigos serão inimigos uns dos outros – exceto os piedosos, a quem diremos: ◊67

"Ó Meus servos! Não correreis perigo algum hoje, e não vos afligireis." ◊68

E aos que creram em Nossas revelações e tornaram-se submissos, diremos: ◊69

"Entrai no Paraíso, vós e vossas esposas, e regozijai-vos." ◊70

Serão servidas, em bandejas de ouro, taças que conterão tudo o que o homem deseja e que alegra o olhar. E ser-lhes-á dito: "Aqui vivereis para todo o sempre: ◊71

Tal é o Paraíso que herdastes em recompensa de vossas ações. ◊72

Aqui tendes frutas diversas, das quais podeis alimentar-vos." ◊73

Quanto aos pecadores, no castigo da Geena estarão para todo o sempre, ◊74

Sem que lhes seja atenuado um dia sequer. E estarão na pior confusão. ◊75

Não os oprimimos: foram eles que se oprimiram a si mesmos. ◊76

E gritarão: "Ó Malik, que teu Senhor acabe conosco." Responderá: "Aqui permanecereis. ◊77

Não vos revelamos a verdade? Mas a maioria de vós detesta a verdade." ◊78

Estariam tramando algum ardil? Nós também tramamos. ◊79

Ou supõem que não lhes ouvimos os pensamentos e não lhes acompanhamos as conspirações? Sim. Nossos Mensageiros estão com eles e anotam. ◊80

Dize: "Se o Clemente tivesse um filho, seria eu o primeiro a adorá-lo." ◊81

Exaltado seja o Senhor dos céus e da terra, o Senhor do trono acima do que Lhe atribuem! ◊82

Deixa-os se debaterem e brincarem até que deparem com o dia que lhes foi anunciado. ◊83

Ele é Deus no céu e Deus na terra, o Conhecedor, o Sábio. ◊84

Abençoado seja Ele, a quem pertencem o reino dos céus e da terra e tudo quanto existe entre eles. É Ele que possui o conhecimento da Hora. E para Ele voltareis. ◊85

Os deuses que os descrentes invocam em vez d'Ele não possuem o poder de interceder por eles. Ninguém pode interceder por eles exceto aquele que conhece a verdade e testemunha pela verdade. ◊86

E se lhes perguntares: "Quem vos criou?" Responderão com força: "Deus." Como, então, podem afastar-se d'Ele? ◊87

O Mensageiro diz: "Senhor, esses homens são descrentes." ◊88

Assim mesmo, perdoa-lhes e deseja-lhes a paz. Breve reconhecerão seu erro. ◊89

44. A FUMAÇA

Em nome de Deus, o Clemente, o Misericordioso.

He. Mim. ◊1

Juramos pelo Livro evidente ◊2

Que revelamos o Alcorão numa noite bendita para advertir os homens. Revelamo-lo ◊3

Na noite em que qualquer assunto era decidido sabiamente ◊4

Por ordens Nossas: ◊5

Uma misericórdia de teu Senhor que ouve tudo e sabe tudo, ◊6

O Senhor dos céus e da terra e de tudo quanto existe entre eles, conforme creem os homens cuja fé é firme. ◊7

Não há deus senão Ele que dá a vida e dá a morte, vosso Senhor e o Senhor de vossos antepassados. ◊8

Contudo, duvidam e brincam. ◊9

Aguarda o dia em que do céu descerá uma fumaça densa ◊10

Que cobrirá todos os homens: uma aflição temível. ◊11

"Senhor nosso, dirão, afasta o castigo de nós. Somos crentes!" ◊12

Mas como sua nova fé os beneficiará quando um Mensageiro
fidedigno lhes havia sido enviado, ◊13

E eles lhe viraram as costas, dizendo: "Um louco, orientado por
outros?" ◊14

Contudo, se abrandarmos um pouco o castigo, voltareis à
vossa descrença. ◊15

Um dia virá em que desfecharemos o grande golpe para Nos
vingar. ◊16

Antes deles, submetemos à prova o povo do Faraó, quando
um nobre Mensageiro lhes foi enviado, dizendo: ◊17

"Confiai-me os servos de Deus. Sou para vós um Mensageiro
fidedigno. ◊18

E não vos ensoberbeçais diante de Deus. Trago-vos provas
incontestáveis. ◊19

E peço asilo a vosso Senhor e meu Senhor para que não me
apedrejeis. ◊20

Se não confiais em mim, pelo menos não me maltrateis." ◊21

E Moisés apelou para seu Senhor, dizendo: "Este é um povo
de pecadores." ◊22

E Deus lhe disse: "Conduze Meus servos de noite. Pois sereis
seguidos. ◊23

E atravessai o mar aberto: o Faraó e seus soldados serão
afogados até o último." ◊24

Quantos jardins e mananciais abandonaram! ◊25

E quantos campos de cereais, e quantas nobres residências! ◊26

E quantos benefícios de que estavam gozando! ◊27

Tudo isso, eles abandonaram; e Nós o demos em herança a
outros homens. ◊28

Nem o céu nem a terra os choraram, e nenhum prazo lhes foi
concedido. ◊29

Assim salvamos os filhos de Israel da aflição humilhante ◊30

Do Faraó, que era um arrogante e um transgressor. ◊31

E elegemo-nos, com Nossa presciência, acima dos mundos. ◊32

E enviamos-lhes sinais nos quais havia uma prova manifesta. ◊33

Contudo, os céticos dizem: ◊34

"Só existe uma morte para nós, a primeira. Nunca seremos
ressuscitados. ◊35

Devolvei nossos antepassados se o que dizeis for verídico!" ◊36

São melhores, acaso, que o povo de Tuba e os que o
precederam? Aniquilamo-los porque eram pecadores. ◊37

Não foi para brincar que criamos os céus e a terra e tudo
quanto há entre eles. ◊38

Criamo-los para revelar a verdade; mas a maioria dos homens
não o sabem. ◊39

O dia do Julgamento será para todos o dia do encontro ◊40

Quando amigo algum poderá ajudar seu amigo, e ninguém
será socorrido, ◊41

Exceto aqueles de quem Deus tiver compaixão. Ele é o
Poderoso, o Sábio. ◊42

O cacto ◊43

Será o alimento do pecador. ◊44

Tal qual um metal fundido, ferve no estômago ◊45

Com o borbulhar de uma água superaquecida. ◊46

"Agarrai-o, será então dito aos guardiões, e levai-o ao centro
da Geena ◊47

E vertei sobre ele água fervente. E dizei-lhe: ◊48

'Aguenta, tu, o poderoso, o nobre. ◊49

Sim! é de tudo isso que duvidavas!'" ◊50

Os piedosos estarão num lugar seguro ◊51

Entre jardins e rios, ◊52

Vestidos de cetim e brocado, em frente uns dos outros. ◊53

E dar-lhes-emos por esposas huris de olhos grandes. ◊54

Terão todas as frutas e a segurança. ◊55

Não conhecerão mais a morte, e Deus os protegerá dos
tormentos da Geena. ◊56

Tal será a graça de teu Senhor. Tal será a grande vitória. ◊57

Transmitimos claramente a mensagem em teu idioma. Possam
   lembrar-se! ◊58
Aguarda, pois. Eles também aguardam. ◊59

45. A AJOELHADA

Em nome de Deus, o Clemente, o Misericordioso.
He. Mim. ◊1
A revelação do Livro vem de Deus, o Poderoso, o Sábio. ◊2
Nos céus e na terra, há sinais para os crentes, ◊3
E em vossa criação e em todos os seres que andam pela terra,
   há sinais para aqueles cuja fé é sincera. ◊4
E na alternância do dia e da noite, e na chuva que Deus faz
   descer do céu – e pela qual vivifica a terra depois de morta
   – e na ordenação dos ventos, há também sinais para os que
   raciocinam. ◊5
Tais são as revelações de Deus. Recitamo-las para ti com toda
   a verdade. Em que mensagem crerão se não creem em Deus
   e em Suas revelações? ◊6
Ai de todo caluniador pecador ◊7
Que ouve, recitados para ele, os versículos de Deus, mas
   obstina-se, no seu orgulho, como se não os estivesse
   ouvindo. Anuncia-lhe um castigo doloroso. ◊8
E quando apreende algo de Nossas revelações, trata-as com
   zombaria. A ele é reservado um castigo aviltante. ◊9
A Geena está no seu encalço. De nada lhe valerá tudo o que
   tiver ganho. De nada lhe valerão os que ele tiver adotado
   por protetores em vez de Deus. Um castigo terrível o
   aguarda. ◊10
Este Alcorão é um guia. E os que rejeitarem as revelações de
   seu Senhor terão o castigo de um suplício doloroso. ◊11
Foi Deus que vos submeteu o mar para que os navios
   circulem nele por Sua ordem, e para que possais procurar
   Seus benefícios. Possais agradecer! ◊12

A vós Ele submeteu também tudo o que está nos céus e na terra. Nisso também há sinais para os que refletem. ◊13

Dize aos crentes que perdoem àqueles que nada esperam dos dias de Deus, quando Ele recompensará cada um conforme seu merecimento. ◊14

Quem pratica o bem, beneficia-se a si mesmo; quem pratica o mal, prejudica-se a si mesmo. Depois, para vosso Senhor voltareis. ◊15

Concedemos aos filhos de Israel o Livro, a sabedoria e o dom da profecia, e agraciamo-los com as boas coisas da vida e preferimo-los aos mundos. ◊16

E transmitimos-lhes mandamentos claros. Mas depois que a ciência lhes tinha sido dada, puseram-se a disputar entre si por motivos maliciosos. ◊17

Agora, estás numa estrada clara. Segue-a e não te deixes seduzir pelos caprichos dos que nada sabem, ◊18

Pois eles não te podem auxiliar em coisa alguma contra Deus. Os iníquos são os protetores uns dos outros. Deus é o protetor dos piedosos. ◊19

Este Alcorão é um caminho de salvação para os homens e um guia e uma misericórdia para aqueles cuja fé é firme. ◊20

Pensam os que praticam o mal que os trataremos como tratamos os que creem e praticam o bem, e que todos eles são iguais na vida e na morte? Quão erradamente julgam! ◊21

Deus criou os céus e a terra, pela verdade, e destinou a cada um o que tiver merecido. E ninguém será lesado. ◊22

Viste aquele que fez de sua paixão seu ídolo? Deus o desencaminhou propositadamente e selou-lhe os ouvidos e o coração e cobriu-lhe os olhos com um véu. Após Deus, quem o guiará? Não vos lembrareis? ◊23

Dizem: "Só temos esta vida terrena. Morremos como vivemos. Só o tempo nos destrói." Falam sem conhecimento certo. Conjeturam! ◊24

E quando lhes são recitadas Nossas claras revelações, seu único argumento é: "Trazei-nos nossos antepassados se vossas palavras forem verídicas." ◊25

Dize: "Deus vos dá a vida e, depois, a morte. Depois, Ele vos reunirá no dia da Ressurreição, o dia inelutável. Mas a maioria dos homens não o sabe." ◊26

A Deus pertence o reino dos céus e da terra. No dia em que chegar a Hora, a perdição será o quinhão dos que se dedicam a coisas vãs. ◊27

E verás todas as nações de joelhos, cada qual convocada perante seu Livro: "Hoje, recebereis a retribuição do que fizestes. ◊28

Eis nosso Registro. Diz a verdade a vosso respeito. Pois nele consignamos tudo aquilo que fizestes." ◊29

Os que creem e praticam o bem, Deus os introduzirá na Sua misericórdia. Deles será a grande vitória. ◊30

Quanto aos que descreem, Ele dirá: "Minhas revelações não vos eram recitadas? Entretanto, éreis orgulhosos e malfeitores. ◊31

E quando vos diziam: 'A promessa de Deus é verídica e a Hora é inelutável', respondíeis: 'Não sabemos o que é a Hora. Achamos que não passa de uma conjetura. Não sabemos ao certo.'" ◊32

E suas ações más ser-lhes-ão expostas, e serão cercados pelo flagelo de que zombavam, ◊33

E ser-lhes-á dito: "Hoje, Nós vos esquecemos como esquecestes vosso encontro deste dia. Vossa morada será o Fogo. E ninguém vos socorrerá. ◊34

Pois, fizestes dos sinais de Deus um motivo de irrisão, e vos deixastes seduzir pela vida terrena." E não terão saída alguma. E não poderão resgatar-se. ◊35

Louvado seja Deus, o Senhor dos céus e da terra, o Senhor dos mundos. ◊36

A Ele, a grandeza nos céus e na terra. É Ele o Poderoso, o Sábio. É Ele o Senhor dos Mundos. ◊37

46. AS DUNAS

Em nome de Deus, o Clemente, o Misericordioso
He. Mim. ◊1
Este Livro emana de Deus, o Poderoso, o Sábio. ◊2
Não criamos os céus e a terra e tudo quanto existe entre eles
    senão pela verdade e por um termo predeterminado.
    Os que descreem desprezam as advertências. ◊3
Dize: "Chegastes a ver os que invocais em vez de Deus?
    Mostrai-me o que criaram na terra. Ou possuem eles
    algum quinhão nos céus? Trazei-me um Livro anterior a
    este, ou qualquer vestígio de ciência em apoio do que
    alegais, se vossas palavras forem verídicas." ◊4
E quem estaria mais enganado do que aquele que, em vez de
    Deus, invoca deuses que nunca o poderão atender, até o
    dia da Ressurreição, e não se dão sequer conta de suas
    invocações? ◊5
E quando os homens forem congregados, esses deuses serão os
    inimigos de seus próprios seguidores e rejeitar-lhes-ão a
    adoração. ◊6
E quando Nossos versículos límpidos lhes são recitados, os
    que descreem dizem da verdade: "É magia evidente!" ◊7
Ou dizem: "Muhamad inventou esse Livro." Dize: "Se o
    inventei, não me podereis defender contra Deus. Ele bem
    conhece vossas calúnias: basta-me Ele por testemunha
    entre mim e vós. Ele é o Perdoador, o Misericordioso." ◊8
Dize: "Não sou um inovador entre os Mensageiros. E não sei
    o que será feito de mim e de vós. Não faço senão seguir o
    que me é revelado. Sou apenas um admoestador fidedigno." ◊9
Dize: "Pensastes o que será de vós se este Alcorão for de Deus
    – já que até um filho de Israel reconhece-lhe a
    autenticidade e nele crê – caso continueis a rejeitá-lo e a
    renegá-lo com orgulho? Deus não guia os iníquos." ◊10

E os que descreem dizem dos que creem: "Se esse livro fosse um bem, eles não o teriam alcançado antes de nós." E como não se guiam por ele, vão até dizer: "É uma velha invencionice." ◊11

Antes dele, havia o Livro de Moisés: uma orientação e uma misericórdia. E este Livro corrobora o outro em língua árabe para advertir os que prevaricam e trazer boas-novas aos benfeitores. ◊12

Os que dizem: "Deus é nosso Senhor" e caminham na retidão, nada terão que temer, nem se afligirão. ◊13

Esses serão os herdeiros do Paraíso onde permanecerão para todo o sempre em recompensa de suas boas ações. ◊14

E recomendamos ao homem benevolência para com seus pais. Sua mãe o carrega nove meses penosamente e o dá à luz penosamente; e a gravidez e o aleitamento levam trinta meses. Depois, quando o homem cresce até a plenitude de suas forças e alcança quarenta anos, diz: "Senhor, inspira-me para que agradeça os favores com que me cumulaste a mim e a meus pais, e para que pratique o bem que Te compraz. E dá-me uma descendência virtuosa. Arrependo-me e submeto-me a Ti." ◊15

Tais são aqueles de quem aceitaremos as melhores obras e a quem perdoaremos os pecados. Entrarão no Paraíso. Assim será cumprida a promessa que lhes foi feita. ◊16

Quanto àquele que diz a seus pais: "Irra para vós dois! Ameaçais-me com a Ressurreição quando tantas gerações já se foram antes de mim!" E eles, apelando para Deus, dirão: "Ai de ti! Crê! Sim! A promessa de Deus é verídica." Mas ele replicará: "São lendas dos tempos antigos." ◊17

É contra esses que se verificará a Palavra, como se verificou contra as ações passadas de djins e de homens. Todos serão derrotados. ◊18

E haverá retribuições diferentes para cada um, conforme suas ações. Deus os gratificará plenamente. E ninguém será lesado. ◊19

E no dia em que os descrentes forem expostos ao Fogo,
ser-lhes-á dito: "Esbanjastes vossos bens na vida terrena, e
gozastes deles plenamente. Recebei hoje um castigo
aviltante pelo orgulho de que vos enchíeis sem justificação
na terra e pelas perversidades que praticáveis." ◊20

E cita o exemplo do irmão dos Aads quando admoestou seu
povo entre as dunas. Antes dele e depois dele, as
admoestações assim se resumem: "Não adoreis senão Deus.
Temo por vós o castigo de um dia terrível." ◊21

Responderam: "Vieste desviar-nos de nossos deuses? Faze cair
sobre nós os infortúnios de que nos ameaças se tuas
palavras forem verídicas." ◊22

Disse: "O conhecimento está exclusivamente com Deus.
Transmito-vos o que me foi ditado. Mas vejo que sois
ignorantes." ◊23

Depois, vendo como nuvens dirigindo-se para seus vales,
disseram: "Eis uma nuvem. Vai chover." "É antes o que
procurastes apressar com vossos desafios, respondeu-lhes:
um vento que encerra um castigo doloroso, ◊24

Um vento que tudo destruirá por ordem de seu Senhor."
Quando amanheceu, nada mais se via exceto casas vazias.
Assim castigamos os malfeitores. ◊25

No entanto, havíamos-lhes concedido meios que não vos
concedemos. E havíamos-lhes concedido ouvidos e olhos
e mentes; mas nem seus ouvidos nem seus olhos
nem suas mentes lhes valeram, porque renegavam os
sinais de Deus. E cercou-os aquilo de que zombavam.
E foram destruídos. ◊26

E destruímos as cidades que floresciam em volta de vós e
expusemos Nossas revelações a seus habitantes para que
pudessem voltar ao caminho da retidão. ◊27

Por que não os socorreram aqueles que adotaram, em vez de
Deus, como mediadores e como deuses?
Abandonaram-nos, ao contrário. Eis o resultado de suas
blasfêmias e de suas calúnias ◊28

E quando enviamos a ti um grupo de djins para que
escutassem o Alcorão. Ao chegarem, disseram: "Silêncio!"
E após a leitura, voltaram a seu povo, admoestando-o. ◊29

Disseram: "Povo nosso, acabamos de ouvir a leitura de um
Livro que foi revelado depois de Moisés, confirmando
os Livros anteriores, um Livro que guia para a verdade e
para a retidão. ◊30

Povo nosso, atendei ao chamamento de Deus e crede n'Ele.
Ele vos perdoará os pecados e vos salvará de um castigo
doloroso. ◊31

Os que não atenderem não O reduzirão à impotência na
terra. E não terão aliados fora d'Ele. E estarão num erro
evidente." ◊32

Não veem que Deus, que criou os céus e a terra sem sentir
fadiga, é capaz de ressuscitar os mortos? Sim! Ele pode
absolutamente tudo. ◊33

E no dia em que os descrentes forem expostos ao Fogo,
perguntar-lhes-ão: "Não é real?" "Sim! por Nosso Senhor",
responderão. E Ele lhes dirá: "Provai o castigo em que não
acreditáveis." ◊34

Persevera, pois, como perseveraram os Mensageiros fortes de
coração e não procures apressar-lhes o castigo. No dia em
que virem o suplício que lhes é anunciado, sentirão como
se tivessem permanecido na terra apenas uma hora de um
dia. Adverte! Quem perecerá senão os perversos? ◊35

47. MUHAMAD

Em nome de Deus, o Clemente, o Misericordioso.

Os que descreem e desviam os outros do caminho de Deus,
Deus reduz-lhes as ações a nada. ◊1

E os que creem e praticam o bem e acreditam no que foi
revelado a Muhamad – e aí está a verdade enviada pelo

Sennor – Ele lhes perdoará os pecados e melhorar-lhes-á
as condições 2

É que os que descreem seguem o erro e os que creem seguem
a verdade de seu Senhor. Assim Deus ilustra Seus preceitos. 3

Quando, no campo da batalha, enfrentardes os que descreem,
golpeai-os no pescoço. Depois, quando os tiverdes
prostrado, apertai os grilhões. Depois, outorgai-lhes a
liberdade ou exigi deles um resgate até que a guerra
descarregue seus fardos. Se Deus quisesse, Ele mesmo os
teria derrotado Mas Ele assim determinou para vos provar
uns pelos outros. E não deixará perder-se o mérito dos que
morrerem por Sua causa. 4

Guiá-los-á, ao contrário, e melhorar-lhes-á o estado, 5

Introduzindo-os no Paraíso que Ele lhes revelou. 6

Ó vós que credes, se secundardes Deus, Deus vos secundará e
fortalecerá vossos passos. 7

Quanto aos que descreem, Ele os desencaminhará e
confundir-lhes-á os esforços. 8

E porque detestam o que Deus revelou, Ele reduzirá a nada as
suas obras. 9

Será que não andam pela terra e não veem o que adveio aos
que os antecederam? Deus os aniquilou. Igual fim aguarda
os descrentes. 10

Deus é protetor dos que creem. Os que descreem não têm
protetor. 11

Os que creem e praticam o bem, Deus os introduzirá em
jardins onde correm os rios. Os que descreem têm gozo
temporário neste mundo. Comem como os animais
comem. Mas o Fogo será sua morada. 12

Quantas cidades, mais poderosas que a tua que te expulsou, já
aniquilamos! Ninguém as socorreu. 13

Podem-se equiparar o que conhece e segue seu Senhor e
aquele a quem suas más ações foram falsamente
embelezadas e segue suas paixões? 14

Eis uma imagem do Paraíso prometido aos piedosos. Nele
correm rios de água sempre límpida, e rios de leite de um

sabor inalterável, e rios de vinho – uma delícia para os que o bebem – e rios de mel destilado. E lá estão todas as frutas e o perdão do Senhor. Comparam-se os herdeiros do Paraíso aos que moram eternamente na Geena e têm por bebida uma água fervente que lhes dilacera os intestinos? ◊15

Entre eles, há os que te escutam, mas, ao saírem, perguntam aos que receberam o conhecimento: "O que é que ele estava dizendo?" São eles a quem Deus selou o coração e seguem suas paixões. ◊16

Quanto aos que caminham na retidão, Deus torna-lhes o caminho ainda mais reto e aumenta-lhes a piedade. ◊17

Que esperam? A Hora chegará de repente; seus sinais anunciadores já estão ali. De que lhes servirá a recordação quando a Hora tiver acontecido? ◊18

Sabe, pois, que não há deus senão Deus, e implora o perdão dos pecados para ti e para os crentes e as crentes. Deus sabe aonde ides e onde morais. ◊19

E os que creem dizem: "Pudesse uma sura ser-nos revelada!" Depois, quando tivermos feito descer uma sura na qual se menciona a guerra, verás os que têm a doença no coração olharem-te como quem desmaia por medo da morte. Mais apropriadas seriam para eles ◊20

A obediência é uma palavra cortês. Depois, no momento decisivo, seria melhor para eles serem leais para com Deus. ◊21

Se renegardes a fé, ireis com certeza corromper a terra e cortar os laços do parentesco. ◊22

Tais são aqueles que Deus amaldiçoa, e ensurdece, e cega. ◊23

Não meditam sobre o Alcorão? Ou estão fechados com cadeado seus corações? ◊24

Os que viram as costas após receberem a revelação são os que o demônio seduziu, fazendo-lhes promessas falsas. ◊25

Dizem os que sentem repulsa pelo que Deus revelou: "Obedecer-vos-emos em parte." Deus, porém, conhece-lhes os segredos. ◊26

Que farão quando os anjos se apoderarem de suas almas e
golpearem-lhes os rostos e as costas? ◊27
É que, em verdade, fazem o que Deus detesta e menosprezam
Sua aprovação. Deus reduzirá a nada suas obras. ◊28
Ou será que aqueles que têm a doença no coração julgam que
Deus não saberá trazer à luz seus rancores? ◊29
Se quiséssemos, tê-los-íamos exposto e tu os terias
reconhecido pelos seus traços e os terias reconhecido mais
ainda pela sua maneira de torcer as palavras. Deus
conhece todas vossas ações. ◊30
Na verdade, Nós havemos de experimentar-vos até conhecer-
mos os que lutam pela causa de Deus e os que
perseveram e até verificarmos vossos registros. ◊31
Os que descreem e desviam os outros do caminho de Deus e
magoam o Mensageiro após receberem a revelação, não
prejudicarão Deus em coisa alguma. E Ele reduzirá a nada
suas obras. ◊32
Ó vós que credes, obedecei a Deus, obedecei ao Mensageiro e
não prejudiqueis vossas próprias obras. ◊33
Os que descreem e desviam os outros do caminho de Deus e
depois morrem na descrença, Deus nunca lhes perdoará. ◊34
Não fraquejeis e não faleis em paz quando fordes os
vencedores. Pois Deus está convosco e observa o que fazeis. ◊35
A vida terrena é um jogo e um passatempo. Se crerdes, porém,
e temerdes a Deus, Deus vos recompensará sem nada pedir
de vossas posses, ◊36
Sabendo que se vo-las pedisse e insistisse, provocaria vossa
avareza e vossos rancores. ◊37
Vós sois convidados a gastar pela causa de Deus. Entre vós, há
os avaros. O avaro é avaro em detrimento de si próprio.
Deus é autossuficiente e vós sois pobres. Se vos afastardes,
substituir-vos-á com outro povo que não será como vós. ◊38

48. VITÓRIA

Em nome de Deus, o Clemente, o Misericordioso.

Demos-te uma vitória manifesta: ◊1

Um sinal de que Deus te perdoou os pecados passados e
futuros, e completou Sua graça para contigo e de que
Ele te guia num caminho reto ◊2

E te dá Seu poderoso apoio. ◊3

Foi Ele quem fez descer a serenidade no coração dos crentes
para que acrescentassem fé sobre fé. A Ele pertencem as
hostes dos céus e da terra. Deus é conhecedor e sábio. ◊4

E Ele introduzirá os crentes e as crentes em jardins onde
correm os rios, e lá permanecerão para todo o sempre.
E Ele lhes perdoará os pecados. Aos olhos de Deus, tal será
o grande triunfo. ◊5

E Ele castigará os hipócritas e as hipócritas e os idólatras e as
idólatras que pensam mal de Deus. Contra eles girará a
fortuna, pois Deus está em cólera contra eles e os
amaldiçoa. Preparou o Fogo para eles. E que destino
abominável! ◊6

A Deus pertencem as hostes dos céus e da terra. Deus é
poderoso e sábio. ◊7

Nós te enviamos como testemunha e como anunciador de
boas-novas e como admoestador ◊8

Para que vós, habitantes de Meca, acrediteis em Deus e no Seu
Mensageiro e possais socorrê-lo e honrá-lo e glorificar
Deus pela manhã e à noite. ◊9

Em verdade, aqueles que te juraram fidelidade, juraram
fidelidade a Deus. A mão de Deus estava acima de suas
mãos. Quem após isso perjurar, é contra si mesmo que
perjurará, e quem cumprir seu pacto com Deus,
Deus lhe concederá uma recompensa grandiosa. ◊10

Os omissos dentre os beduínos te dirão: "Fomos absorvidos
por nossos bens e nossas famílias. Pede perdão por nós."

Suas línguas dizem o que seus corações não sentem.
Dize: "Quem vos poderá proteger contra Deus se Ele
vos quiser prejudicar? E quem poderá opor-se a Ele se Ele
quiser beneficiar-vos? Deus sabe o que fazeis. ◊11
Ou pensáveis que o Mensageiro e os crentes nunca voltariam
a seu povo? Imaginastes isso, e vossos corações
regozijaram-se. Abrigastes maus pensamentos, e
tomastes-vos um povo condenado." ◊12
Para aqueles que não creem em Deus e em seu Mensageiro,
preparamos um fogo flamejante. ◊13
A Deus pertence o reino dos céus e da terra. Perdoa a quem
Lhe apraz e castiga quem Lhe apraz. Deus é clemente e
misericordioso. ◊14
Quando avançardes para vos apoderar dos despojos, os
omissos dentre vós dirão: "Deixai que vos sigamos."
Quererão mudar a palavra de Deus. Dize-lhes: "Não nos
seguireis. Assim Deus decretou." Replicarão: "Antes
invejais-nos." Na verdade, eles nada compreendem. ◊15
Dize aos omissos entre os beduínos: "Breve sereis chamados
para combater um povo de grande vigor. Devereis
combatê-lo até que se submeta ao Islã. Se obedecerdes,
Deus vos concederá uma boa recompensa. Se recuardes,
como o fizestes anteriormente, submeter-vos-á a um
castigo doloroso." ◊16
Não se culpa o cego se não combater. Nem se culpa o coxo,
nem o enfermo. Quem obedecer a Deus e a Seu
Mensageiro, Deus o introduzirá em jardins onde correm os
rios; e quem desertar, submetê-lo-á a um castigo doloroso. ◊17
Deus abençoou os crentes que te juraram fidelidade sob a
árvore. Ele sabia o que havia nos seus corações e fez descer
a tranquilidade sobre eles e os recompensou com uma
vitória imediata, ◊18
E com abundantes despojos. Deus é poderoso e sábio. ◊19
Deus vos prometeu abundantes despojos e vo-los facilitou
e vos protegeu contra os outros: um sinal para os crentes e
uma orientação para vós em direção ao caminho reto. ◊20

Prometeu-vos também outros despojos que não conseguistes
alcançar; mas Deus já os cercou. Deus pode tudo. ◊21

Se os descrentes vos combaterem, serão debandados e não
encontrarão nem aliado nem defensor. ◊22

Tal é a lei de Deus. Foi aplicada no passado. E não encontrarás
alteração alguma na lei de Deus. ◊23

Foi Ele quem vos protegeu de suas mãos e protegeu-os de
vossas mãos no vale de Meca após vos ter dado a vitória
sobre eles. Deus observa o que fazeis. ◊24

Foram eles que descreram e vos impediram de chegar até a
Mesquita Sagrada e impediram as oferendas de atingirem
o lugar da imolação. Não fosse o receio de que atropelásseis
homens crentes e mulheres crentes que não conheceis,
cometendo assim um mal involuntário – Deus beneficia
com Sua misericórdia quem Lhe apraz –, tudo teria
acontecido de outra forma. Se os descrentes tivessem sido
separados dos crentes, teríamos aplicado àqueles um
castigo doloroso. ◊25

E quando os que descreem eram tomados de raiva, a raiva da
ignorância, Deus fazia descer a tranquilidade sobre Seu
Mensageiro e sobre os crentes e lhes enviava a palavra da
piedade da qual eram mais dignos e merecedores. Deus tem
conhecimento de tudo. ◊26

Agora, Deus realizou a visão de Seu Mensageiro:
"Entrareis na Mesquita Sagrada em toda segurança com a
permissão de Deus, a cabeça raspada, o cabelo
cortado, sem medo. Pois Deus sabia o que não sabíeis.
E previu, com antecedência, uma vitória rápida." ◊27

Foi Ele quem mandou Seu Mensageiro com a iluminação
e a religião da verdade para que a fizesse prevalecer
sobre todas as demais religiões.
Basta Deus por testemunha. ◊28

Muhamad, o Mensageiro de Deus, e os que estão com ele, são
duros para com os descrentes, mas compassivos entre si
mesmos. Podes vê-los ajoelhados, prosternados,

implorando a graça de Deus e Sua aceitação. Seus indícios estão nos seus rostos: os traços da prostração. A sua semelhança está na Torá e no Evangelho: tal uma semente que brota, depois cresce e se fortalece, e depois se levanta firme sobre seu pé, provocando a alegria dos semeadores e a raiva dos descrentes. Deus prometeu aos que entre eles creem e praticam o bem o perdão e uma recompensa generosa. ◊29

49. OS APOSENTOS

Em nome de Deus, o Clemente, o Misericordioso.

O vós que credes, não pretendais sobrepor-vos a Deus e a Seu Mensageiro quando estais na presença deles. E temei a Deus. Ele ouve tudo e sabe tudo. ◊1

Ó vós que credes, não levanteis a voz acima da voz do Profeta, e não vos dirijais a ele com rudeza, como vos dirigis uns aos outros. Desmereceríeis de vossas obras, sem o perceber. ◊2

Os que baixam a voz na presença do Mensageiro de Deus, Deus já lhes examinou o coração e o achou piedoso. Obterão o perdão e recompensas magníficas. ◊3

Os que te chamam de fora, quando estás nos teus aposentos, são, na sua maioria, insensatos. ◊4

Se aguardassem até que saias a seu encontro, seria melhor para eles. Mas Deus é perdoador e misericordioso. ◊5

Ó vós que credes, quando algum malfeitor vos trouxer informações, verificai-as antes de agir, para que não sejais levados a destruir um povo por engano e tenhais que lamentar o que fizestes. ◊6

E sabei que o Mensageiro de Deus está entre vós. Se ele vos obedecesse em muitos assuntos, cairíeis com certeza em má situação. Mas Deus vos fez amar a fé e embelezou-a em

vossos corações e vos fez odiar a renegação, a luxúria e a
rebelião. Esses são os homens maduros: ◊7

Uma graça e uma recompensa de Deus, o Conhecedor, o Sábio. ◊8

Se duas facções de crentes lutarem entre si, reconciliai-as. E se
uma facção agredir a outra, combatei o agressor até que se
submeta à vontade de Deus, e então estabelecei a paz entre
eles na justiça e procedei com equidade. Deus ama os que
agem com equidade. ◊9

Todos os crentes são irmãos. Fazei a paz entre vossos irmãos
e temei a Deus. Quiçá recebais misericórdia. ◊10

Ó vós que credes, que nenhum homem ridicularize outro.
Talvez o ridicularizado seja melhor do que aquele que o
ridiculariza. E que nenhuma mulher ridicularize outra:
quem sabe qual delas é a melhor? Não vos difameis uns aos
outros e não vos injurieis. Péssima é a injúria após a fé.
Os que não se arrependem, são eles os agressores. ◊11

Ó vós que credes, evitai as suspeitas: há suspeitas que são
pecados. E não espioneis, e não calunieis. Alguém de vós
gostaria de comer a carne de seu irmão morto? A ideia vos
repugna. Temei a Deus. Deus é clemente e perdoador. ◊12

Ó filhos de Adão, criamo-vos machos e fêmeas e dividimo-vos
em povos e tribos para que vos conhecêsseis uns aos
outros. Ao olhar de Deus, o mais nobre dentre vós é o mais
piedoso. Deus é informado e sabe. ◊13

Os beduínos proclamam: "Cremos." Dize-lhes: "Não credes
ainda. Proclamai antes: 'Submetemo-nos.' A fé ainda não
entrou em vossos corações. Se obedecerdes a Deus e a Seu
Mensageiro, Ele em nada diminuirá vossas obras." Deus é
perdoador e clemente. ◊14

São realmente crentes os que creem em Deus e em Seu
Mensageiro, que não duvidam e que lutam, com sua vida
e suas posses, pela causa de Deus. São eles os verdadeiros
crentes. ◊15

Dize: "Ensinareis vossa religião a Deus quando Ele sabe tudo
quanto há nos céus e na terra?" ◊16

Eles lembram sua submissão como se fosse um favor feito a
ti. Dize: "Não me fizestes um favor, submetendo-vos. Deus
vos fez um favor ao vos guiar para a fé, se sois sinceros." ◊17
Deus conhece o invisível dos céus e da terra e observa tudo
quanto fazeis. ◊18

50. KAF

Em nome de Deus, o Clemente, o Misericordioso.
Kaf. Pelo glorioso Alcorão! ◊1
Admiram-se de que um dos seus venha a eles como
admoestador. Os descrentes dizem: "É coisa bem estranha. ◊2
Quando estivermos mortos e reduzidos a pó, voltaremos à
vida? É voltar de bem longe!" ◊3
Sabemos o que deles roerá a terra. Temos um Livro que tudo
registra. ◊4
Sim, negaram a verdade quando lhes foi revelada. E agora
estão perplexos. ◊5
Será que não observam o céu acima deles – como o
construímos sem fenda alguma, e como o embelezamos – ◊6
E a terra – como a estendemos e colocamos nela montanhas e
nela fizemos crescer plantas de todas as espécies? Há em
tudo isso ◊7
Uma lição e uma recordação para todos os servos penitentes. ◊8
E não veem como fazemos descer a abençoada água, graças à
qual produzimos jardins e searas para a colheita, ◊9
E tamareiras esbeltas com seus cachos bem-ordenados: ◊10
Um alimento para os servos de Deus. Com a água, damos vida
à terra depois de morta. Assim será a Ressurreição. ◊11
Antes deles, os povos de Noé e de Median e de Samud
trataram os Mensageiros de impostores, ◊12
Também o povo de Aad e o Faraó e os irmãos de Lot, ◊13

E os habitantes de Al-Aiqah e o povo de Tuba: todos eles
desmentiram os Mensageiros. E Minha ameaça cumpriu-se. ◊14

Estaríamos esgotados com a primeira criação? Não. Mas eles
têm dúvidas acerca de uma nova criação. ◊15

Fomos Nós que criamos o homem e sabemos o que sua alma
lhe sussurra. Estamos mais perto dele que sua veia jugular. ◊16

Quando os dois recebedores o receberem, sentados um à
direita e o outro à esquerda, ◊17

Não proferirá uma palavra sem ter a seu lado um observador. ◊18

A embriaguez da morte provocará a verdade; e dir-lhe-ão:
"É isto que desejavas evitar." ◊19

E a trombeta soará. Eis o dia que vos fora anunciado. ◊20

Então, cada um comparecerá, acompanhado de um guia e de
uma testemunha. E o guia lhe dirá: ◊21

"Estavas desatento a isso! Agora, retiramos o véu que te
cobria: tua vista é aguda hoje." ◊22

E seu companheiro dirá: "Meu testemunho está pronto." ◊23

"Vós dois, dirá Deus, guia e testemunha, jogai na Geena todo
descrente obstinado, ◊24

Que impede o bem, e é transgressor e incrédulo, ◊25

E coloca ao lado de Deus outro deus. Vós dois lançai-o no
castigo severo." ◊26

Seu companheiro dirá: "Senhor, não fui eu quem o
desencaminhou. Ele próprio estava num erro que vai longe
demais." ◊27

E Deus dirá: "Não disputeis na Minha presença. Adverti-os no
devido tempo. ◊28

Minha sentença não será alterada. E não oprimo os servos." ◊29

Naquele dia, perguntaremos à Geena: "Estás repleta?"
Responderá: "Há mais?" ◊30

E por certo, o Paraíso aproximar-se-á dos piedosos. ◊31

E diremos: "Eis o que vos foi prometido, vós, os contritos, ◊32

Que temeis ao Misericordioso sem O precisar ver, e vindes
com um coração arrependido. ◊33

Entrai em segurança: este é o dia da imortalidade." ◊34

Terão tudo quanto desejarem e dar-lhes-emos mais ainda. ◊35

Quantas gerações anteriores a eles aniquilamos! Eram mais poderosas do que eles. Procuraram pela terra toda. Encontraram algum refúgio? ◊36

Há nisso uma recordação para quem possui um coração e ouvidos e olhos. ◊37

Criamos os céus e a terra e tudo quanto existe entre eles em seis dias sem fadiga alguma. ◊38

Suporta, pois, tudo quanto dizem e canta os louvores de teu Senhor antes do nascer do sol e antes do ocaso. ◊39

E louva-O de noite e após as prostrações. ◊40

E está atento no dia em que o Clamador chamar de um lugar próximo, ◊41

No dia em que os homens ouvirem o Grito. Será esse o dia da Ressurreição. ◊42

Sim! Nós mandamos na vida e na morte, e para Nós todos voltarão. ◊43

Naquele dia, a terra se abrirá em fendas e todos sairão dela, apressados. E será fácil para Nós conglomerá-los. ◊44

Bem sabemos o que dizem, e tu não tens poderes para compeli-los. Basta-te admoestar com o Alcorão quem teme Minhas ameaças. ◊45

51. OS FURACÕES

Em nome de Deus, o Clemente, o Misericordioso.

Pelos furacões que dispersam e dispersam. ◊1

Pelas nuvens que carregam a chuva, ◊2

Pelos navios que deslizam suavemente sobre o mar, ◊3

Pelos anjos que transmitem as bênçãos, ◊4

O que vos é anunciado é verídico. ◊5

O dia do Julgamento está próximo. ◊6

Pelos céus sulcados de caminhos, ◊7

Vós tendes opiniões contraditórias, ◊8

E elas pervertem quem pervertem. ◊9

Morte aos que conjeturam ◊10

E na perplexidade se debatem! ◊11

Perguntam: "Quando será o dia da Retribuição?" ◊12

Será quando eles estiverem sendo provados pelo Fogo. E uma voz lhes dirá: ◊13

"Provai o tormento que procuráveis apressar com vossos desafios incrédulos!" ◊14

Os piedosos estarão em meio a jardins e mananciais, ◊15

Desfrutando o que seu Senhor lhes enviar. Pois haviam praticado o bem: ◊16

Dormiam pouco à noite ◊17

E antes do romper de cada dia, imploravam o perdão; ◊18

E nos seus bens, havia sempre um quinhão para o mendigo e o deserdado. ◊19

Há na terra sinais para aqueles cuja fé é sincera. ◊20

Em vós mesmos, também há sinais. Não vedes? ◊21

E no céu, está vosso sustento e tudo quanto vos foi prometido. ◊22

Pelo Senhor do céu e da terra! Tudo isso é tão certo quanto é certo que falais. ◊23

Chegou a teu conhecimento a história dos hóspedes honrados de Abraão? ◊24

Quando se apresentaram a ele, disseram: "Paz!" Respondeu-lhes: "Paz! Sois pessoas desconhecidas para mim." ◊25

Depois, foi ter com a família e voltou com um gordo vitelo, ◊26

E ofereceu-o a seus hóspedes. Mas eles não comeram. ◊27

E Abraão teve mau pressentimento a seu respeito. Mas eles lhe disseram: "Não temas." E anunciaram-lhe o nascimento de um menino sábio. ◊28

E a mulher de Abraão adiantou-se, lamentando-se e batendo o rosto e dizendo: "Sou uma velha estéril." ◊29

Responderam: "Assim determinou teu Senhor, o Onisciente, o Conhecedor." ◊30

Disse Abraão: "Qual é, ao certo, vossa incumbência, ó
   Mensageiros?" ◊31
Responderam: "Fomos enviados a um povo de pecadores ◊32
Para lançar contra eles pedras de barro, ◊33
Destinadas por teu Senhor aos transgressores." ◊34
Retiramos os crentes que lá viviam – ◊35
Só encontramos uma família de submissos – ◊36
E deixamos um sinal para os que temem Nosso castigo. ◊37
Em Moisés também havia um sinal quando o enviamos ao
   Faraó com uma autoridade manifesta. ◊38
E o Faraó virou de lado e disse: "É um mágico ou um louco!" ◊39
Agarramo-lo, com seus soldados, e jogamo-los no mar. Em
   verdade, ele era um malfeitor. ◊40
E na tribo dos Aad deixamos um sinal quando desencadeamos
   contra eles um vento arrasador, ◊41
Que nada poupava e por onde passava reduzia tudo a cinzas. ◊42
E deixamos um sinal junto aos Samuds, quando lhes foi dito:
   "Gozai por algum tempo." ◊43
Mas eles se rebelaram contra as ordens de seu Senhor. O Grito
   os apanhou enquanto olhavam. ◊44
Nunca se reergueram, nem conseguiram socorrer-se. ◊45
Antes deles, aniquilamos o povo de Noé, um povo de
   depravados e pecadores. ◊46
E o céu, Nós o edificamos com Nosso poder e demos-lhe
   vastidão e beleza. ◊47
E a terra, estendemo-la como um tapete, e quão maravilhoso
   Aquele que a estendeu! ◊48
E todos os seres, criamos em casais. Quiçá vos lembreis. ◊49
Refugiai-vos pois, junto a Deus. Sou, para vós, em Seu nome,
   um admoestador inequívoco. ◊50
E não associeis deus algum a Deus. Sou, para vós, em Seu
   nome, um admoestador inequívoco. ◊51
Assim, cada vez que um Mensageiro se apresentava aos que os
   precederam, diziam: "É um mágico ou um louco." ◊52
Será que uns transmitem seus erros aos outros? Ou são todos
   iníquos? ◊53

Afasta-te deles: não serás censurado. ◊54

Mas admoesta os crentes: a admoestação ser-lhes-á benéfica. ◊55

Não criei os homens e os djins senão para que Me adorem. ◊56

Não lhes peço sustento algum, nem quero que Me alimentem. ◊57

É Deus que provê a todos, o Senhor do poder inquebrantável. ◊58

Os que hoje prevaricam terão a sorte de seus antepassados.

Não precisam desafiar-Me a apressar o castigo. ◊59

Ai dos que descreem do dia que lhes é anunciado! ◊60

52. O MONTE

Em nome de Deus, o Clemente, o Misericordioso.

Pelo Monte! ◊1

E por um Livro transcrito ◊2

Sobre um pergaminho desenvolvido! ◊3

E pela casa visitada! ◊4

E pela abóbada elevada! ◊5

E pelo mar transbordante! ◊6

O castigo de teu Senhor é inevitável. ◊7

Nada o pode desviar. ◊8

No dia em que o céu tremer e vacilar, ◊9

E as montanhas se moverem, ◊10

Ai então dos que desmentem ◊11

E se dedicam a disputas vãs. ◊12

Naquele dia, serão empurrados com violência para a Geena.

E uma voz lhes dirá: ◊13

"Este é o Fogo de que negáveis a existência. ◊14

É magia isto? Ou será que vós não o enxergais? ◊15

Entrai! Depois, resignai-vos ou não vos resigneis: o resultado

será o mesmo. Sereis pagos por aquilo que fizestes." ◊16

Os crentes estarão no Jardim das Delícias, ◊17

Gozando das dádivas de seu Senhor e por Ele protegidos dos

sofrimentos da Geena. E a voz lhes dirá: ◊18

"Comei e bebei com proveito em recompensa por aquilo que fizestes." ◊19

Estarão recostados sobre leitos colocados em fileiras e terão por esposas huris de grandes olhos negros. ◊20

E os crentes que tiverem descendentes crentes serão com eles reunidos, sem que ninguém seja prejudicado. Cada um receberá o equivalente do que tiver merecido. ◊21

E cumulá-los-emos com as frutas e as carnes que desejarem. ◊22

E trocarão taças que não inspirarão futilidades nem provocarão desejos imoderados. ◊23

E serão atendidos por mancebos formosos tais pérolas em suas conchas. ◊24

E aproximar-se-ão uns dos outros para trocar suas impressões. ◊25

Dirão: "Na terra onde vivíamos com nossas famílias, tínhamos muitos temores. ◊26

Mas Deus nos favoreceu e nos protegeu do castigo do Fogo consumidor. ◊27

Pois, nós O invocávamos, o Caridoso, o Misericordioso." ◊28

Adverte, pois! Pela graça de teu Senhor, não és nem um possesso nem um louco. ◊29

Ou dirão: "É um poeta! Aguardemos, para ele, algum golpe fatal!"? ◊30

Dize: "Aguardai! Aguardarei convosco!" ◊31

Serão suas quimeras que assim os inspiram? Ou são mesmo malfeitores? ◊32

Ou alegarão: "Ele inventou esse Alcorão?" E acreditarão eles mesmos nessa alegação? ◊33

Que eles produzam narrações iguais, se forem sinceros! ◊34

Será que foram criados do nada? Ou criaram-se a si mesmos? ◊35

E criaram os céus e a terra? Na realidade, não têm fé. ◊36

Ou são os tesoureiros de teu Senhor? Ou têm controle sobre Seus tesouros? ◊37

Ou possuem uma escada que lhes permita escutar o que se diz no céu? Que aqueles que escutam tragam provas convincentes. ◊38

Ou a Deus pertencem as filhas e a vós os filhos varões? ◊39
Ou pediste-lhes um salário que os fez mergulhar nas dívidas? ◊40
Ou veem eles o invisível e podem descrevê-lo? ◊41
Ou procuram arruinar-te com ardis? Eles próprios serão
arruinados. ◊42
Ou adoram outro deus a não ser Deus? Exaltado seja sobre os
que Lhe associam! ◊43
E se vissem desabar um fragmento do céu, diriam: "Nuvens
acumuladas." ◊44
Deixa-os até que encontrem seu dia e sejam fulminados! ◊45
Naquele dia, sua astúcia de nada Lhes servirá, e não serão
socorridos. ◊46
Sim! Aguarda os iníquos um castigo maior do que esse. Mas a
maioria deles não o sabe. ◊47
Espera, pois, pelo julgamento de teu Senhor – estamos
velando sobre ti – e glorifica-O quando te acordas, ◊48
Ao anoitecer e quando as estrelas se retiram. ◊49

53. A ESTRELA

Em nome de Deus, o Clemente, o Misericordioso.
Pela estrela quando se põe, ◊1
Vosso camarada não erra nem está enganado, ◊2
E nunca fala impulsivamente. ◊3
É uma revelação que lhe é enviada. ◊4
Alguém forte e poderoso instrui-o, ◊5
Alguém que tem raciocínio e estabilidade. ◊6
Estava no horizonte superior, ◊7
Depois aproximou-se e desceu ◊8
Até chegar à distância de dois arcos ou menos ◊9
E revelou a Seu servo o que lhe revelou. ◊10
Seu coração não negou o que viu. ◊11
Como contestareis vós o que ele viu? ◊12

Em verdade, ele o havia visto anteriormente ◊13
Junto à jujuba da divisa, ◊14
Perto do jardim onde se refugiam os piedosos ◊15
Quando a jujuba estava coberta por aquilo que a cobria. ◊16
O olhar não se desviou, nem foi demasiadamente ousado, ◊17
E presenciou alguns dos maiores sinais de Deus. ◊18
Vistes vós Lat e Izza, os ídolos, ◊19
E Manat, o terceiro entre eles? ◊20
Serão vossos os machos, e d'Ele as fêmeas? ◊21
Que partilha iníqua seria! ◊22
Divindades que são meros nomes que vós e vossos pais
  inventastes sem que Deus lhes tivesse outorgado autoridade
  alguma. Os descrentes seguem meras conjeturas e o que
  seus desejos lhes inspiram, embora tenham recebido a
  orientação de seu Senhor. ◊23
Ou basta ao homem desejar para obter o que deseja? ◊24
Não! A Deus pertencem o começo e o fim. ◊25
Quantos anjos há nos céus! Sua intercessão é eficaz somente
  depois que Deus a autorize e a favor de quem Ele escolhe e
  acolhe. ◊26
Os que não creem no Além dão aos anjos nomes femininos. ◊27
Como o sabem? Seguem apenas suas conjeturas. E que podem
  as conjeturas contra a verdade? ◊28
Afasta-te, portanto, dos que deixam de invocar Nosso nome e
  só pensam na vida terrena. ◊29
Até ali alcança a sua ciência. Teu Senhor bem sabe quem se
  desencaminha e quem acerta o caminho. ◊30
A Deus pertence tudo quanto existe nos céus e na terra.
  Destina aos malvados a retribuição de suas ações e reserva
  suas melhores dádivas aos benfeitores ◊31
Que evitam os pecados graves e as infâmias e só cometem
  delitos menores. Teu Senhor tem a indulgência vasta, e Ele
  bem vos conhece já que vos tirou da terra e vos acompanha
  desde que éreis embriões nos ventres de vossas mães. Não
  vos imputeis a pureza. Ele sabe quem são os puros. ◊32

Viste aquele que virou as costas e se afastou? ◊33

E dá pouco e o lamenta? ◊34

Possui, acaso, o conhecimento do invisível e do futuro? ◊35

Ou não foi informado do conteúdo do Livro de Moisés ◊36

E de Abraão – que se desempenhou de seu dever – ◊37

E não sabe que nenhuma alma carregará o fardo de outra
alma, ◊38

E que a cada um pertence somente o fruto de seus próprios
esforços? ◊39

E que seus esforços serão examinados, ◊40

Sendo-lhe paga, depois, plenamente, a merecida recompensa? ◊41

E que, no fim, a volta é para teu Senhor? ◊42

É Ele que faz rir e chorar, ◊43

É Ele que dá a morte e a vida. ◊44

E cria os casais: o macho e a fêmea ◊45

De uma gota de esperma ejaculada. ◊46

O segundo nascimento também a Ele compete. ◊47

É Ele que dá a riqueza e o contentamento. ◊48

É o Senhor do astro Sírio. ◊49

Foi Ele que aniquilou o antigo povo de Aad ◊50

E o povo de Samud ◊51

Como aniquilara o povo de Noé, que foi mais iníquo ainda e
mais tirânico. ◊52

E demoliu Al-Mutafika, as cidades de Lot, ◊53

E sobre elas caiu o que caiu. ◊54

De que benefícios de teu Senhor duvidas? ◊55

O Profeta que agora vos adverte não difere dos Profetas de
antanho. ◊56

O que deve chegar está chegando. ◊57

Ninguém, senão Deus, pode revelá-lo. ◊58

Espanta-vos essa declaração? ◊59

E rides, e não chorais? ◊60

E continuais distraídos? ◊61

Prostrai-vos ante Deus e adorai-O. ◊62

54. A LUA

Em nome de Deus, o Clemente, o Misericordioso.

A Hora aproxima-se, e a lua está rachada. ◊1

Assim mesmo, se veem um sinal, esquivam-se e dizem: "É a
magia que continua." ◊2

E desmentem, e seguem suas paixões. Entretanto, cada coisa
chegará a seu ponto final. ◊3

Já ouviram notícias admonitórias, ◊4

Marcadas por uma sabedoria consumada. Mas de que servem
as advertências? ◊5

Afasta-te deles. No dia em que o Convocador os chamar para
uma coisa odiada, ◊6

Sairão dos túmulos com os olhos baixos, tais gafanhotos
dispersos ◊7

E correrão para o Convocador. Os descrentes dirão: "Eis um
dia funesto." ◊8

Antes deles, o povo de Noé desmentira; e eles desmentiram
Nosso servo e disseram: "O louco!" E repudiaram-no. ◊9

E ele apelou para seu Senhor: "Estou derrotado. Socorre-me." ◊10

Abrimos então as portas do céu para uma água torrencial, ◊11

E fizemos jorrar fontes da terra. E as duas águas se
encontraram para o fim predestinado. ◊12

E carregamo-lo numa embarcação construída com tábuas e
pregos, ◊13

Que deslizava sob Nossos olhos: uma recompensa para quem
havia sido repudiado. ◊14

E fizemos dela um sinal. Há quem se lembre? ◊15

E qual foi o Meu castigo e Minhas repreensões! ◊16

E tornamos o Alcorão fácil de recordar. Há quem se lembre? ◊17

O povo de Aad desmentiu. E qual foi Meu castigo e Minhas
repreensões! ◊18

Desencadeamos contra eles um vento tempestuoso num dia
de calamidade ininterrupta. ◊19

Arrebentava os homens como tamareiras desarraigadas. ◊20

E qual foi Meu castigo e Minhas repreensões! ◊21

E tornamos o Alcorão fácil de recordar. Há quem se lembre? ◊22

O povo de Samud desmentiu as advertências. ◊23

Disseram: "Um homem dos nossos! Segui-lo-emos? Como se
estivéssemos no erro e na loucura. ◊24

Vede! A mensagem teria sido revelada exclusivamente a ele?
É antes um mentiroso insolente!" ◊25

Saberão amanhã quem é o mentiroso insolente! ◊26

E foram prevenidos: "Enviar-lhes-emos a fêmea de um
camelo para prová-los. Observa-os e pacienta. ◊27

E informa-os de que a água deve ser partilhada entre ela e eles.
Sim! Cada um beberá por sua vez. ◊28

Mas eles chamaram um de seus companheiros, e ele a
apanhou e lhe cortou os tendões. ◊29

E qual foi Meu castigo e Minhas repreensões! ◊30

Enviamos contra eles o Grito, e ei-los como erva ceifada. ◊31

E tornamos o Alcorão fácil de recordar. Há quem se lembre? ◊32

O povo de Lot desmentiu os admoestadores. ◊33

Desencadeamos contra ele uma tempestade de pedras, exceto
a família de Lot que salvamos na madrugada: ◊34

Uma misericórdia Nossa. Assim recompensamos os
agradecidos. ◊35

Lot os havia prevenido de Nosso poderio. Mas duvidaram de
suas advertências. ◊36

E procuraram desonrar-lhe os hóspedes. Então, cegamos-lhes
os olhos: "Provai Meu castigo e Minhas repreensões!" ◊37

E, ao amanhecer, surpreendeu-os um castigo ininterrupto: ◊38

"Provai Meu castigo e Minhas repreensões!" ◊39

E tornamos o Alcorão fácil de recordar. Há quem se lembre? ◊40

E os admoestadores apresentaram-se ao Faraó e à sua corte. ◊41

Mas ele tratou todos os Nossos sinais de impostura. Agarrei-o
e os seus com o pulso de um poderoso, de um dominador! ◊42

"Como! Vossos descrentes são melhores do que aqueles? Ou
tendes alguma imunidade registrada nas Escrituras?" ◊43

Ou dirão: "Somos um exército unido. Por isso, venceremos"? ◊44
Breve, esse exército será derrotado e fugirá. ◊45
A Hora é seu tempo de encontro. A Hora é terrível e amarga. ◊46
Os pecadores estão no erro e na loucura. ◊47
No dia em que forem arrastados sobre os rostos para o fogo,
    ser-lhes-á dito: "Provai o contato da Geena!" ◊48
Sim! Criamos todas as coisas com medida. ◊49
E Nossa ordem é uma palavra só, rápida como uma piscadela. ◊50
E aniquilamos muitas nações iguais a vós. Há quem se lembre? ◊51
Tudo quanto fizeram está em Nossos registros, ◊52
Todas as suas ações, pequenas ou grandes. ◊53
Os piedosos gozarão dos jardins e dos rios, ◊54
Seguramente estabelecidos no favor de um rei poderoso. ◊55

55. O CLEMENTE

Em nome de Deus, o Clemente, o Misericordioso.
O Clemente ◊1
Revelou o Alcorão, ◊2
E criou o homem, ◊3
E ensinou-lhe a expressar-se. ◊4
O sol e a lua giram conforme cálculos. ◊5
A estrela e a árvore prostram-se diante d'Ele. ◊6
Levantou o céu e estabeleceu a balança ◊7
Para que não sejais transgressores. ◊8
Pesai, pois, com correção e não falsifiqueis as medidas. ◊9
E a terra, Ele a criou para todos os homens. ◊10
Nela há frutas e tamareiras com cachos; ◊11
E há cereais com suas espigas, e plantas aromáticas. ◊12
Qual dos benefícios de vosso Senhor renegais, tu, o homem, e
    tu, o djim? ◊13
Criou o homem de barro semelhante ao do oleiro, ◊14
E criou os djins de um fogo sem fumaça. ◊15

Qual dos benefícios de Vosso Senhor renegais, tu, o homem,
 e tu, o djim? ♦16

O senhor dos dois Levantes e dois Poentes. ♦17

Qual dos benefícios de vosso Senhor renegais, tu, o homem, e
 tu, o djim? ♦18

Libertou os dois mares para que se encontrassem, ♦19

Elevando, contudo, uma barreira entre eles a fim de que um
 não invadisse o outro. ♦20

Qual dos benefícios de vosso Senhor renegais, tu, o homem,
 e tu, o djim? ♦21

De ambos saem as pérolas e as pedras de coral. ♦22

Qual dos benefícios de vosso Senhor renegais, tu, o homem, e
 tu, o djim? ♦23

A ele pertencem os navios que deslizam sobre o mar como
 bandeiras. ♦24

Qual dos benefícios de vosso Senhor renegais, tu, o homem,
 e tu, o djim? ♦25

Todos os que estão sobre a terra passarão; ♦26

Só permanecerá o rosto, majestoso e munificente, de teu
 Senhor, o Poderoso, o Sábio. ♦27

Qual dos benefícios de vosso Senhor renegais, tu, o homem, e
 tu, o djim? ♦28

Para Ele apelam todos os que estão nos céus e na terra. Cada
 dia lhe traz novas tarefas. ♦29

Qual dos benefícios de vosso Senhor renegais, tu, o homem,
 e tu, o djim? ♦30

Breve estaremos livres para julgar-vos, ó duas cargas! ♦31

Qual dos benefícios de vosso Senhor renegais, tu, o homem, e
 tu, o djim? ♦32

Djins e homens, se puderdes sair dos limites dos céus e da
 terra, saí! Porém, não podereis fazê-lo senão com Nossa
 autoridade. ♦33

Qual dos benefícios de vosso Senhor renegais, tu, o homem,
 e tu, o djim? ♦34

Contra vós dois serão enviadas chamas de fogo e bronze
incandescente. E não podereis defender-vos contra elas. ◊35
Qual dos benefícios de vosso Senhor renegais, tu, o homem, e
tu, o djim? ◊36
E quando o céu rachar e tornar-se vermelho, vermelho como
sebo aquecido – ◊37
Qual dos benefícios de vosso Senhor renegais, tu, o homem,
e tu, o djim? – ◊38
Naquele dia, nem homem nem djim serão inquiridos por seus
pecados. ◊39
Qual dos benefícios de vosso Senhor renegais, tu, o homem,
e tu, o djim? ◊40
Os culpados serão reconhecidos pelas suas fisionomias e
agarrados pelos caracóis da fronte e pelos pés. ◊41
Qual dos benefícios de vosso Senhor renegais, tu, o homem, e
tu, o djim? ◊42
Eis a Geena que os pecadores consideravam uma mentira. ◊43
Nela circularão entre o fogo e uma água fervente,
excepcionalmente aquecida. ◊44
Qual dos benefícios de vosso Senhor renegais, tu, o homem,
e tu, o djim? ◊45
Mas para aqueles que temem a majestade de seu Senhor,
haverá dois jardins – ◊46
Qual dos benefícios de vosso Senhor renegais, tu, o homem,
e tu, o djim? – ◊47
Com ramos verdes e frescos. ◊48
Qual dos benefícios de vosso Senhor renegais, tu, o homem, e
tu, o djim? ◊49
Em ambos, haverá rios correndo. ◊50
Qual dos benefícios de vosso Senhor renegais, tu, o homem,
e tu, o djim? ◊51
Em ambos, haverá, aos pares, toda a espécie de frutas. ◊52
Qual dos benefícios de vosso Senhor renegais, tu, o homem,
e tu, o djim? ◊53

E eles estarão recostados sobre tapetes forrados de brocado,
com as colheitas dos dois jardins ao alcance da mão. ◊54

Qual dos benefícios de vosso Senhor renegais, tu, o homem, e
tu, o djim? ◊55

Em ambos, terão mulheres formosas, de olhares castos, que
nenhum homem e nenhum djim jamais tocaram. ◊56

Qual dos benefícios de vosso Senhor renegais, tu, o homem,
e tu, o djim? ◊57

Sua beleza será como o jacinto e como a pedra do coral. ◊58

Qual dos benefícios de vosso Senhor renegais, tu, o homem, e
tu, o djim? ◊59

Haverá outra recompensa para a bondade além da própria
bondade? ◊60

Qual dos benefícios de vosso Senhor renegais, tu, o homem,
e tu, o djim? ◊61

E haverá dois jardins além daqueles – ◊62

Qual dos benefícios de vosso Senhor renegais, tu, o homem, e
tu, o djim? – ◊63

Tão verdes que parecerão escuros. ◊64

Qual dos benefícios de vosso Senhor renegais, tu, o homem,
e tu, o djim? ◊65

Em cada um deles, jorrarão dois mananciais. ◊66

Qual dos benefícios de vosso Senhor renegais, tu, o homem, e
tu, o djim? ◊67

E em ambos, haverá fruteiras e tamareiras e romãzeiras. ◊68

Qual dos benefícios de vosso Senhor renegais, tu, o homem,
e tu, o djim? ◊69

E em ambos, haverá huris bondosas, formosas – ◊70

Qual dos benefícios de vosso Senhor renegais, tu, o homem, e
tu, o djim? – ◊71

Huris guardadas nas tendas – ◊72

Qual dos benefícios de vosso Senhor renegais, tu, o homem,
e tu, o djim? – ◊73

Que nem homem nem djim jamais tocaram. ◊74

Qual dos benefícios de vosso Senhor renegais, tu, o homem, e
tu, o djim? ◊75

E eles estarão reclinados em almofadas verdes, e tapetes
espessos formosos. ◊76

Qual dos benefícios de vosso Senhor renegais, tu, o homem,
e tu, o djim? ◊77

Bendito seja o nome de teu Senhor, cheio de majestade e
de munificência. ◊78

56. O DIA INELUTÁVEL

Em nome de Deus, o Clemente, o Misericordioso.

Quando chegar o dia inelutável – ◊1
E ninguém pode negar que ele chegará – ◊2
Rebaixando uns, elevando outros, ◊3
Quando a terra for sacudida, ◊4
Quando as montanhas forem desintegradas ◊5
E convertidas em pó esparso, ◊6
Então sereis divididos em três grupos: ◊7
Os companheiros da direita – e quem são os companheiros da
direita? – ◊8
Os companheiros da esquerda – e quem são os companheiros
da esquerda? – ◊9
E os vencedores na terra, os primeiros a chegar, ◊10
Que serão os mais próximos do trono ◊11
No Jardim das Delícias: ◊12
Uma multidão de homens dos tempos antigos, ◊13
Mas somente alguns dos tempos recentes ◊14
Reclinarão sobre almofadas bordadas com ouro e pérolas, ◊15
Uns em face dos outros, ◊16
E serão atendidos por mancebos sempre jovens, ◊17
Com taças e jarros e copos cheios de água de nascente ◊18
Que não lhes causará nem dor de cabeça nem embriaguez. ◊19

E terão as frutas que preferirem, ◊20
E a carne das aves que desejarem, ◊21
E huris de olhos grandes, ◊22
Semelhantes a pérolas em suas conchas: ◊23
Uma recompensa pelo bem que houverem feito. ◊24
Não se ouvirão lá nem futilidades nem blasfêmias, ◊25
Mas apenas a palavra: Paz! Paz! ◊26
E os companheiros da direita. Quem são os companheiros da
direita? ◊27
Estarão entre jujubas sem espinhos, ◊28
E bananeiras alinhadas, ◊29
E sombras prolongadas, ◊30
E águas correntes, ◊31
E frutas em abundância. ◊32
Nunca fora do alcance e nunca proibidas, ◊33
Em leitos elevados. ◊34
E criamos as huris, ◊35
Fazendo-as sempre virgens, ◊36
Amorosas, todas da mesma idade, ◊37
Para os homens da direita: ◊38
Uma multidão dos homens dos tempos antigos ◊39
E uma multidão dos homens dos tempos recentes. ◊40
E os companheiros da esquerda. Quem são os companheiros
da esquerda? ◊41
Mover-se-ão sob um vento calcinante e uma água fervente, ◊42
No meio de trevas de fumaça negra, ◊43
Sem frescor, sem beleza. ◊44
Viviam no conforto na terra, ◊45
E persistiam na luxúria, ◊46
E diziam: "O quê! Quando estivermos mortos e reduzidos a
pó e ossos, seremos ressuscitados? ◊47
Também nossos antepassados?" ◊48
Dize-lhes: "Sim! Os primeiros e os últimos ◊49
Serão reunidos num dia predeterminado!" ◊50
Depois, vós, que errais, que negais, ◊51

O cacto será vosso alimento. ◊52
Dele enchereis o estômago ◊53
E, por cima, bebereis água fervente, ◊54
Bebendo como o camelo sequioso bebe ◊55
Tais serão suas refeições no dia da Retribuição. ◊56
Nós vos criamos. Por que não admitis a verdade? ◊57
Reparastes nos germes da vida que ejaculais? ◊58
Sois vós que os criais? Ou somos Nós os criadores? ◊59
Predeterminamos a data de vossa morte – e ninguém escapa
de Nós – ◊60
Para poder substituir-vos e transformar-vos em algo que
desconheceis. ◊61
E, na verdade, conhecestes a primeira criação. Por que não vos
lembrais? ◊62
Reparastes na terra que lavrais? ◊63
Sois vós que semeais? Ou somos Nós o semeador? ◊64
Se quiséssemos, reduziríamos vossas culturas a feno. Então,
não pararíeis de exclamar: ◊65
"Estamos sobrecarregados de dívidas! ◊66
Fomos despojados de tudo!" ◊67
Reparastes na água que bebeis? ◊68
Sois vós que a fazeis cair das nuvens? Ou somos Nós? ◊69
Se quiséssemos, fá-la-íamos salgada. Por que não agradeceis? ◊70
Reparastes no fogo que ateais? ◊71
Fostes vós que criastes a árvore que o alimenta? Ou fomos
Nós? Respondei. ◊72
Fizemos dele uma recordação e um conforto para os que
viajam no deserto. ◊73
Glorifica, pois, o nome de teu Senhor, o Onipotente. ◊74
Não! Juro pelo ocaso das estrelas – ◊75
E esse é um juramento, se soubésseis, solene – ◊76
Que este é um nobre Alcorão, ◊77
Inscrito num Livro lacrado ◊78
Que ninguém toca senão os purificados: ◊79
Uma revelação enviada pelo Senhor dos mundos. ◊80

E essa mensagem que tratais com desdém, 081

Tirando vossa subsistência de vossa oposição a ela? 082

Por que, então, quando um moribundo está com a alma já na
    garganta, 083

E vós estais a olhar – 084

Nós também estamos lá, mais perto dele do que vós, mas vós
    não Nos vedes – 085

Por que, se nada Nos deveis, 086

E se falais a verdade, por que não lhe devolveis a alma? 087

Se, contudo, ele for dos mais chegados ao trono, 088

Terá descanso e aromas e jardins cheios de delícias. 089

E se for da direita, 090

Então, "Cumprimentos para ti dos companheiros da direita!" 091

Mas se for dos negadores e dos desencaminhados, 092

As boas-vindas que receberá serão água fervente 093

E o fogo da Geena onde será queimado. 094

Sim, a verdade certa é essa. 095

Glorifica, pois, o nome do Onipotente, teu Senhor. 096

57. O FERRO

Em nome de Deus, o Clemente, o Misericordioso.

Tudo quanto existe nos céus e na terra glorifica Deus, o
    Poderoso, o Sábio. 01

A Ele pertence o reino dos céus e da terra. Dá a vida e dá a
    morte. E tem poder sobre tudo. 02

Ele é o primeiro e o último, o visível e o invisível. E tem
    conhecimento de tudo. 03

Foi Ele quem criou os céus e a terra em seis dias, depois
    assentou-se no trono. Conhece o que penetra na terra e o
    que dela sai, o que desce do céu e o que a ele ascende. E Ele
    está convosco onde estiverdes. E observa tudo quanto fazeis. 04

A Ele pertence o reino dos céus e da terra. E a Ele são
    referidos todos os assuntos. 05

Insere a noite no dia e o dia na noite, e sabe o que escondem os corações. ◊6

Acreditai em Deus e em Seu Mensageiro, e gastai do que vos foi outorgado. Aqueles dentre vós que creem e dão receberão uma grande recompensa. ◊7

E por que não deveis crer em Deus quando o Mensageiro vos exorta a crer em vosso Senhor? Ele já recebeu vosso compromisso se sois crentes. ◊8

É Ele quem faz descer sobre Seu servo sinais evidentes a fim de vos conduzir das trevas para a luz. Deus é amável para convosco, e clemente. ◊9

E como não gastar pela causa de Deus quando a Deus pertence a herança dos céus e da terra? Não são iguais entre vós os que gastam e lutam antes da vitória e os que gastam e lutam depois da vitória. Aqueles têm mérito maior. A todos, porém, Deus prometeu a bem-aventurança. E Ele observa o que fazeis. ◊10

Quem adiantar a Deus um empréstimo desinteressado – gastando conforme Deus deseja –, Deus lho dobrará. E terá uma recompensa abundante. ◊11

Um dia, verás os crentes e as crentes, uma luz a irradiar-se ante eles e à sua direita prestando ouvido à voz que lhes dirá: "Anunciamo-vos hoje as boas-novas: jardins nos quais correm os rios, onde morareis para todo o sempre." Tal será a grande vitória. ◊12

Naquele dia, os hipócritas e as hipócritas dirão aos que creem: "Esperai por nós para que andemos à vossa luz." Ser-lhes-á retrucado: "Voltai para trás e procurai outra luz." Entre eles, será levantada uma muralha, provida de uma porta, por trás da qual estará a misericórdia e diante da qual estará o suplício do Fogo. ◊13

"Não estávamos convosco?", gritarão. "Estáveis, sim, responderão os crentes, mas deixastes-vos levar pela tentação, e tergiversastes, e duvidastes, e fostes seduzidos pelas ilusões, até que veio a ordem de Deus, e o Enganador enganou-vos acerca de vosso Senhor. ◊14

Hoje, não será aceito resgate nem de vós nem dos que descreram. Vossa morada será o Fogo: é ele vosso dono. E que porvir abominável! ◊15

Não chegou o momento para que os crentes se submetam às advertências de Deus e à vontade por Ele revelada? Evitarão assim ser como aqueles que receberam o Livro no passado. O tempo foi-se prorrogando, e seus corações endureceram-se. Muitos deles são perversos. ◊16

Sabei que Deus vivifica a terra depois de morta. Esclarecemos para vós as revelações para que as possais compreender. ◊17

Os homens caridosos e as mulheres caridosas e os que fazem a Deus um empréstimo generoso serão pagos em dobro. E receberão uma grande recompensa. ◊18

E os que creem em Deus e em Seus Mensageiros, esses são os justos e serão testemunhas ante seu Senhor. Receberão luz e recompensa. Mas os que descreem e renegam Nossos sinais, esses serão os companheiros da Geena. ◊19

Sabei que a vida terrena nada é senão um divertimento e um jogo, e adornos e fútil vanglória, e rivalidade entre vós à procura de mais riquezas e filhos. Assemelha-se à vegetação que se segue a uma chuva. Agrada aos descrentes, mas logo depois murcha, e a vês amarelada, e depois fenece. Na outra vida, há um castigo severo ou o perdão de Deus e Sua benevolência. A vida presente é apenas um gozo enganador. ◊20

Emulai-vos, pois, pelo perdão de vosso Senhor e pelo Paraíso, cuja largura é como a largura do céu e da terra e que foi preparado para os que creem em Deus e em Seus Mensageiros. Tal é a graça de Deus que Ele concede a quem Lhe apraz. Deus agracia com magnífica generosidade. ◊21

Nenhuma desgraça atinge a terra ou vós mesmos sem que tenha sido registrada no Livro desde antes da criação. Isso, para Deus, é fácil: ◊22

Deixai, portanto, de vos atormentar pelo que vos escapa e de
exultar pelo que vos é dado. Deus não gosta dos vaidosos e
dos presumidos ◊23
Que são avarentos e recomendam aos outros a avareza. E
quem vira as costas e se afasta, Deus é autossuficiente,
digno de louvores. ◊24
Enviamos Nossos Mensageiros com as provas e com o Livro e
a balança para que os homens estabeleçam a justiça.
E criamos o ferro, com sua dureza e sua utilidade para os
homens, a fim de que Deus saiba quem O apoia, embora
não O veja, e apoia Seus Mensageiros. Deus é forte e
poderoso. ◊25
E enviamos Noé e Abraão e outorgamos a seus descendentes
o Livro e o dom da profecia. Alguns deles
se converteram; mas muitos são perversos. ◊26
Nos seus rastros, enviamos outros Mensageiros. E enviamos
Jesus, o filho de Maria, a quem concedemos o Evangelho.
E pusemos no coração dos que o seguiram ternura e
compaixão; e eles inventaram a vida monástica – que não
lhes prescrevemos – à procura do agrado de Deus. Não a
observaram, contudo, como devia ser observada.
Recompensamos os que creram dentre eles. Mas muitos
deles são perversos. ◊27
Ó vós que credes, temei a Deus e crede em Seu Mensageiro; e
Ele vos concederá dupla porção de Sua misericórdia e uma
luz que vos guie, e vos perdoará. Deus é misericordioso e
clemente: ◊28
Que os adeptos do Livro saibam que não dispõem de
nenhuma das graças de Deus. Essas graças estão
exclusivamente entre as mãos de Deus. Ele as concede a
quem Lhe apraz. Imensa é a liberalidade de Deus. ◊29

58. A DISCUSSÃO

Em nome de Deus, o Clemente, o Misericordioso.

Deus ouviu as palavras daquela mulher que pleiteava contigo acerca do marido e se queixava a Deus. Deus ouviu vossa conversação. Deus ouve tudo e vê tudo. ◊1

Aqueles que repudiam a esposa, dizendo-lhe: "Serás doravante tão ilícita para mim quanto as costas de minha mãe", cometem um equívoco condenável e um perjúrio. Suas esposas não são suas mães. Suas mães são aquelas que os geraram. Deus, porém, é perdoador e clemente. ◊2

E os que repudiam assim a esposa e, depois, retiram suas palavras, devem libertar um escravo antes de voltar a tocá-la. Sois exortados a assim proceder. Deus observa o que fazeis. ◊3

Quem não possuir escravos, deverá jejuar dois meses consecutivos antes que os dois voltem a tocar-se. E quem não puder jejuar, deverá alimentar sessenta necessitados. Isso para que creiais em Deus e em Seu Mensageiro. Tais são os limites de Deus. Um castigo doloroso espera os descrentes. ◊4

Os que se opõem a Deus e a Seu Mensageiro serão derrotados como o foram os que os precederam. Nós enviamos sinais claros. Um castigo aviltante espera os descrentes. ◊5

No dia em que Deus os ressuscitar, informá-los-á de suas ações. Deus as anota, e eles as esquecem. Deus é testemunha de tudo. ◊6

Não reparaste que Deus sabe o que está nos céus e na terra? Não há colóquio secreto entre três sem que Ele seja o quarto, ou entre cinco sem que seja o sexto; ou entre um número menor ou maior sem que esteja com eles, onde quer que se reúnam. No dia da Ressurreição, informá-los-á do que tiverem feito. Deus toma conhecimento de tudo. ◊7

Não reparaste naqueles a quem o colóquio secreto foi proibido? Reincidem no que lhes foi proibido. E conspiram iniquidades, hostilidades e rebeldias contra o Mensageiro. E quando se apresentam a ti, saúdam-te com termos que Deus nunca usou para saudar-te. E dizem de si para si: "Se Muhamad fosse Seu Mensageiro, Ele não nos castigaria pelo que dizemos?" Basta-lhes a Geena na qual serão consumidos. ◊8

Ó vós que credes, quando conversais entre vós, que não seja para tramar o crime, a iniquidade e a rebelião contra o Mensageiro, mas antes para promover a justiça e a piedade. E temei a Deus. Para Ele voltareis. ◊9

A confabulação vem do demônio, que visa a infelicitar os que creem. Contudo, em nada poderá prejudicá-los sem a permissão de Deus. Que os crentes ponham sua confiança em Deus. ◊10

Ó vós que credes, quando vos pedem nas assembleias: "Apertai-vos para dar lugar aos demais", dai lugar aos demais. Deus vos dará lugar no Paraíso. E quando vos dizem: "Levantai-vos", levantai-vos. Deus elevará de diversos graus aqueles dentre vós que creem e adquirem a ciência. Deus observa tudo o que fazeis. ◊11

Ó vós que credes, quando fordes conversar com o Mensageiro, fazei antes um donativo. É melhor para vós e mais puro. Se não o puderdes, Deus é perdoador e clemente. ◊12

Temeis, acaso, a pobreza se derdes um donativo? Se vos abstiverdes e Deus vos perdoar, recitai então a oração e pagai o tributo dos pobres, e obedecei a Deus e a Seu Mensageiro. Deus observa o que fazeis. ◊13

Reparaste naqueles que se aliaram a um povo contra o qual Deus está zangado? Não são nem dos vossos nem dos outros. E prestam juramentos falsos, deliberadamente. ◊14

Deus lhes destina um castigo severo. Péssimo é o que têm feito. ◊15

Usam sua religião como escudo e desviam os outros do caminho de Deus. Um castigo aviltante os espera. ◊16

De nada lhes valerão contra Deus as riquezas e os filhos. Estão destinados ao Fogo, onde permanecerão para todo o sempre. ◊17

No dia em que Deus os ressuscitar, jurar-Lhe-ão como juram
a vós, pensando que seus juramentos lhes sejam de alguma
valia. São apenas mentirosos. ◊18
O demônio prevaleceu sobre eles e os fez esquecer a
recordação de Deus. São o partido de Satanás. O partido de
Satanás é sempre derrotado. ◊19
Os que se opõem a Deus e a Seu Mensageiro serão humilhados. ◊20
Deus decretou: "Vencerei com Meus Mensageiros." Deus é
poderoso e forte. ◊21
Não encontrarás entre os que creem em Deus e no último dia
quem tome por amigos os que se opõem a Deus e a Seu
Mensageiro, ainda que fossem seus pais, irmãos e parentes.
Deus inscreveu a fé nos seus corações e os sustentou com
Seu espírito e os introduzirá em jardins onde correm os
rios, e lá permanecerão para todo o sempre. Deus os ama
e eles O amam. São o partido de Deus. O partido de Deus
vencerá. ◊22

59. O REAGRUPAMENTO

Em nome de Deus, o Clemente, o Misericordioso.
Tudo quanto existe nos céus e na terra glorifica Deus, o
Poderoso, o Sábio. ◊1
Foi Ele quem expulsou de suas habitações, desde a primeira
mobilização, os descrentes dentre os adeptos do Livro. Vós
não pensáveis que seriam desalojados, e eles acreditavam
mesmo que suas fortalezas os protegiam contra Deus. Deus
os atacou por onde não esperavam e lançou o terror nos
seus corações; e suas casas foram demolidas por suas
próprias mãos tanto quanto pelas mãos dos crentes. Tirai
as conclusões, vós que tendes olhos. ◊2
Se Deus não tivesse decretado a expatriação contra eles,
tê-los-ia castigado neste mundo. Contudo, receberão, com
certeza, no outro mundo, o castigo do Fogo, ◊3

Por se terem oposto a Deus e a Seu Mensageiro; e quem se
opõe a Deus, Deus é duro no castigo. ◊4

Foi com a permissão de Deus que cortastes o que cortastes das
tamareiras dos descrentes, e que deixastes de pé as que
deixastes. Pois Deus queria cobrir de ignomínia os
perversos. ◊5

O que Deus concedeu a Seu Mensageiro dos espólios de seus
inimigos, não foi conseguido graças a vossos cavalos e
camelos; mas Deus dá poder a Seus Mensageiros sobre
quem Lhe apraz. Deus tem poder sobre tudo. ◊6

Todos os despojos tomados dos habitantes das cidades e
destinados por Deus a Seu Mensageiro pertencem a Deus, a
Seu Mensageiro e a seus parentes, aos órfãos, aos
necessitados, aos viajantes, e não devem permanecer no
círculo dos opulentos entre vós. O que o Mensageiro vos
conceder, aceitai-o; o que ele vos proibir, abstende-vos
dele. E temei a Deus. Ele é duro no castigo. ◊7

Os espólios pertencem também aos pobres entre os
emigrantes, os quais, despojados de suas casas e posses,
almejam a graça e o beneplácito de Deus e prestam socorro
a Deus e a Seu Mensageiro. Esses são os homens de lealdade
genuína. ◊8

Pertencem também aos que se instalaram antes deles no país
e na fé, que acolheram com afeto os que emigraram para
eles e não lhes invejam as gratificações recebidas ainda que
eles mesmos sofram de penúria, pois preferem-nos a si
mesmos. E aqueles que vencem a própria avareza são eles os
vitoriosos. ◊9

Pertencem também aos que vieram depois, dizendo: "Senhor,
perdoa-nos e a nossos irmãos que nos antecederam na fé
e livra nossos corações de qualquer rancor contra os
crentes. Senhor, és clemente e misericordioso. ◊10

Não ouviste os hipócritas dizerem a seus irmãos descrentes
dentre os adeptos do Livro: "Se fordes expulsos, sairemos
convosco, e não obedeceremos a ninguém contra vós, e

se fordes atacados, socorrer-vos-emos? Deus atesta que
são mentirosos. ◊11

Não os acompanharão se forem expulsos e não os socorrerão
se forem agredidos. E se os socorrerem, será para logo
depois virarem as costas e fugirem. E eles mesmos não
serão socorridos. ◊12

Vós lhes inspirais mais temor do que Deus, porque são dos
que não compreendem. ◊13

Não vos combaterão senão em cidades fortificadas ou por
detrás de muralhas. São valorosos somente enquanto estão
entre si. Tu os crês unidos quando seus corações são
divididos. Pois são insensatos. ◊14

Agem como aqueles que os precederam há pouco e provaram
as consequências calamitosas de sua conduta. Um castigo
doloroso os aguarda. ◊15

Agem como o demônio quando diz ao homem: "Descrê!" e
quando o homem tiver descrido, diz-lhe: "Renego-te.
Eu temo a Deus, o Senhor dos mundos." ◊16

E o que colheram? Estão ambos no Fogo, onde permanecerão
para todo o sempre. Tal é o castigo dos iníquos. ◊17

Ó vós que credes, temei a Deus. Que cada alma considere o
que preparou para seu amanhã. Sim, temei a Deus. Ele
sabe tudo e vê o que fazeis. ◊18

E não imiteis os que se esquecem de Deus: Deus os faz
esquecerem-se de si mesmos. São eles os perversos. ◊19

Não são iguais os herdeiros do Fogo e os herdeiros do Paraíso.
Os herdeiros do Paraíso, será deles a vitória. ◊20

Se tivéssemos feito descer este Alcorão sobre uma montanha,
vê-la-ias prostrada, rachada no seu temor a Deus. Esses são
exemplos que propomos aos homens. Possam refletir! ◊21

É Ele Deus. Não há deus senão Ele, conhecedor do invisível e
do visível, o Clemente, o Misericordioso. ◊22

É Ele Deus. Não há deus senão Ele, o Rei, o Santificado, o
Salvador, o Pacificador, o Protetor, o Poderoso, o
Dominador, o Orgulhoso. Exaltado seja acima dos que Lhe
associam. ◊23

É Ele Deus, o Criador, o Produtor, o Modelador. São d'Ele os nomes mais sublimes. Glorifica-O tudo o que existe nos céus e na terra. Ele é o Poderoso, o Sábio. ◊24

60. A MULHER TESTADA

Em nome de Deus, o Clemente, o Misericordioso.
Ó vós que credes, não tomeis por amigos Meus inimigos e vossos inimigos, outorgando-Lhes vosso afeto, quando eles negam a verdade que vos foi revelada e expulsaram o Profeta e vos expulsaram pelo único motivo de crerdes em Deus, vosso Senhor. Se viestes para lutar por Minha causa e agradar-Me, como podeis manter com eles uma amizade secreta? Conheço o que ocultais e o que proclamais. Quem assim proceder desvia-se da senda da retidão. ◊1
Se conseguirem prevalecer sobre vós, mostrar-vos-ão abertamente sua inimizade e usarão mãos e língua para vos prejudicar. Desejam que renegueis vossa fé. ◊2
De nada vos valerão os parentes e os filhos no dia da Ressurreição. Deus separar-vos-á deles. Ele sabe o que fazeis. ◊3
Tivestes excelentes modelos em Abraão e nos seus companheiros quando declararam a seu povo: "Não somos responsáveis por vós e pelo que adorais em vez de Deus. Sim, renegamo-vos. A inimizade e o ódio estarão entre nós até que acrediteis no Deus único." Só não imiteis as palavras de Abraão a seu pai: "Sem dúvida, implorarei o perdão para ti. Mas nada posso junto a Deus em teu favor." E dizei com ele: "Senhor nosso, em Ti confiamos e para Ti voltaremos. És nossa meta suprema. ◊4
Senhor nosso, não faças de nós a presa dos descrentes. Senhor, perdoa-nos. És poderoso e sábio." ◊5

Sim! Tivestes neles excelentes modelos para quem confia
em Deus e no último dia. Mas quem virar as costas e se
afastar, Deus é autossuficiente, digno de todos os
louvores. ◊6

Talvez Deus restabeleça a amizade entre vós e vossos inimigos.
Deus é poderoso. E Ele é perdoador e clemente. ◊7

Deus não vos proíbe de tratardes com cordialidade e justiça
os que não combateram vossa religião nem vos
expulsaram de vossa terra. Deus ama os justos. ◊8

Mas Deus vos proíbe aqueles que combateram vossa religião
e vos expulsaram de vossa terra ou ajudaram a
expulsar-vos. Não os tomeis por amigos. Os que o fizerem,
serão eles os prevaricadores. ◊9

O vós que credes, quando vierem a vós mulheres crentes
fugitivas, submetei-as a provas, embora Deus lhes conheça
a fé. Se verificardes que são crentes, não as restituais aos
descrentes. Nem elas são lícitas para eles, nem eles são
lícitos para elas. E reembolsai aos descrentes os dotes pagos
a elas. Nenhum delito cometereis casando-vos com elas
após pagar-lhes seus dotes. Mas não vos apegueis às
mulheres descrentes. E reclamai os dotes que pagastes
por elas. E que os descrentes reclamem o que pagaram por
vossas mulheres. Tal é o mandamento de Deus. Deus é
conhecedor e sábio. ◊10

E se algumas de vossas esposas fugirem para os descrentes, e
vós triunfardes sobre eles, trazei para os maridos
abandonados por aquelas mulheres o equivalente do que
gastaram. E temei a Deus, em quem acreditais. ◊11

Ó Profeta, se as mulheres crentes vierem prestar-te juramento
de fidelidade, prometendo não associarem a Deus quem
quer que seja, não roubarem, não fornicarem, não te
desobedecerem nas causas justas, aceita seu juramento e
pede para elas o perdão de Deus. Deus é clemente e
misericordioso. ◊12

Ó vós que credes, não tomeis por amigos os que incorrerem na ira de Deus. Eles desesperam da vida futura como os descrentes desesperam dos que estão nas sepulturas. ◊13

61. AS FILEIRAS

Em nome de Deus, o Clemente, o Misericordioso.
Tudo quanto existe nos céus e na terra glorifica Deus, o
  Poderoso, o Sábio. ◊1
Ó vós que credes, por que pregais o que não praticais? ◊2
É odioso aos olhos de Deus que digais uma coisa e façais
  outra. ◊3
Deus ama os que combatem por Ele em fileiras semelhantes a
  uma parede bem construída. ◊4
E quando Moisés disse a seu povo: "Povo meu, por que me
  maltratais, sabendo que sou o Mensageiro que Deus vos
  enviou?" E quando se desviaram, Deus desviou-lhes o
  coração. Deus não guia os malvados. ◊5
E quando Jesus, o filho de Maria, disse: "Ó filhos de Israel, sou
  o Mensageiro que Deus vos enviou. Corroboro tudo
  quanto está na Torá e anuncio a chegada de um
  Mensageiro que virá depois de mim, chamado Ahmad."
  E quando deu-lhes as provas, disseram: "É magia evidente!" ◊6
Existe maior prevaricador do que aquele que calunia Deus
  quando é chamado para a submissão? Deus não guia os
  iníquos. ◊7
Pretendem extinguir a luz de Deus com suas bocas. Mas Deus
  completará a Sua luz, ainda que isso desgoste os descrentes. ◊8
Foi Ele que enviou Seu Mensageiro com a orientação e com a
  religião verídica para que a fizesse prevalecer sobre todas as
  outras religiões, ainda que isso desgoste os idólatras. ◊9
Ó vós que credes, indicar-vos-ei um procedimento que vos
  salvará de um castigo doloroso? ◊10

Crede em Deus e no Seu Mensageiro, combatei por Ele com
vossas posses e vossa vida. Aí está vosso bem supremo.
Se soubésseis! ◊11

Ele vos perdoará os pecados e vos introduzirá em jardins onde
correm os rios e moradas deleitosas no Jardim do Éden.
Tal será o grande sucesso. ◊12

E gratificar-vos-á com outros favores de que gostareis: o
socorro de Deus e uma vitória rápida. Anuncia as
boas-novas aos crentes. ◊13

Ó vós que credes, sede os aliados de Deus como disse Jesus, o
filho de Maria, aos apóstolos: "Quem são meus aliados em
Deus?" Responderam: "Nós somos os aliados de Deus."
Parte dos filhos de Israel acreditou e parte renegou.
Ajudamos os que creram contra seus inimigos, e eles
saíram vitoriosos. ◊14

62. SEXTA-FEIRA

Em nome de Deus, o Clemente, o Misericordioso.

Tudo o que há nos céus e tudo o que há na terra glorifica
Deus, o Soberano, o Santo, o Poderoso, o Sábio. ◊1

Foi Ele quem enviou aos analfabetos um Mensageiro
escolhido dentre eles mesmos para que lhes recitasse Suas
revelações, os purificasse, lhes ensinasse o Livro e a
sabedoria, embora vivessem antes no engano, ◊2

E para que ensinasse a outros, dos seus, que ainda não se
juntaram a eles. Ele é o Poderoso, o Sábio. ◊3

Tal é a graça de Deus, que Ele concede a quem Lhe apraz.
Deus detém graças abundantes. ◊4

Aqueles que foram encarregados da Torá e não lhe
submeteram suas ações assemelham-se a um asno
carregado de livros. Lamentável é o exemplo dos que
desmentem os sinais de Deus! Deus não guia os
prevaricadores. ◊5

Dize: "Ó vós que abraçastes o judaísmo, pretendeis ser os amigos de Deus com exclusão de todos os outros homens? Desejai então a morte se sois sinceros." ◊6

Porém nunca a desejarão por causa do que suas mãos perpetraram. Deus conhece os iníquos. ◊7

Dize: "A morte de que fugis vos alcançará um dia; depois, sereis devolvidos Àquele que conhece o visível e o invisível. E Ele vos informará do que costumais fazer." ◊8

Ó vós que credes, quando fordes chamados para as preces de sexta-feira, apressai-vos para invocar Deus e deixai o comércio. É melhor para vós. Se soubésseis! ◊9

Observada a oração, dispersai-vos pela terra à procura das graças de Deus. E lembrai-vos de Deus com frequência. Quiçá vençais. ◊10

Quando deparam, todavia, com algum negócio ou algum divertimento, seguem-nos e deixam-te só. Dize: "O que Deus tem é melhor que o divertimento e o negócio. Deus é o melhor dos doadores." ◊11

63. OS HIPÓCRITAS

Em nome de Deus, o Clemente, o Misericordioso.

Quando os hipócritas vêm a ti, dizem: "Atestamos que és o Mensageiro de Deus." Deus sabe que és Seu Mensageiro. E Deus atesta que os hipócritas são fingidos. ◊1

Usam seus juramentos como escudos e desencaminham os outros da senda de Deus. Péssimo é seu procedimento! ◊2

Creram, depois abjuraram. Seus corações foram selados: não mais compreendem. ◊3

Quando os vês, seus corpos te agradam; mas quando falam, escutas o que dizem e é como se fossem toros de madeira vestidos. Pensam que todo grito é dirigido contra eles. Na realidade, são eles os inimigos. Cuida-te deles. Deus os combata! Como são corruptos! ◊4

E quando se lhes diz: "Vinde! O Mensageiro de Deus implorará perdão para vós", viram a cabeça e os vês retirarem-se, cheios de orgulho. ◊5

É igual que implores o perdão para eles ou não o implores, Deus nunca lhes perdoará. Deus não guia os depravados. ◊6

São eles que dizem: "Nada gasteis com esses que estão com o Mensageiro de Deus para que se dispersem", quando a Deus pertencem os tesouros dos céus e da terra. Mas, isso, os hipócritas não o compreendem. ◊7

Dizem: "Se voltarmos para Medina, os mais poderosos expulsarão dela os mais humildes", quando o poder pertence a Deus, a Seu Mensageiro e aos crentes. Mas os hipócritas não o sabem. ◊8

Ó vós que credes, não deixeis vossas riquezas e vossos filhos distraírem-vos da recordação de Deus. Aqueles que o fizerem, serão eles os derrotados. ◊9

E gastai do que vos outorgamos antes que a morte surpreenda qualquer um de vós e ele diga: "Senhor! Concede-me um curto prazo para que possa distribuir esmolas e seja um dos justos." ◊10

Quando o termo de cada alma chegar, Deus não lhe concederá prazo algum. Deus sabe o que fazeis. ◊11

64. O LOGRO MÚTUO

Em nome de Deus, o Clemente, o Misericordioso.

Glorificam Deus todos os habitantes dos céus e da terra. Seu é o reino. A Ele é devido o louvor. E Ele tem poder sobre tudo. ◊1

Foi Ele quem vos criou. Entre vós, há descrentes e há crentes. E Ele observa tudo o que fazeis. ◊2

Criou, pela verdade, os céus e a terra e deu-vos vossas feições – e são feições formosas – e para Ele caminhais. ◊3

Sabe o que há nos céus e na terra e conhece o que ocultais e o que revelais. E sabe o que encerram os corações. ◊4

Não vos contaram o que aconteceu aos que descreram antes de vós? Sofreram as consequências de sua conduta. Um castigo doloroso os espera. ◊5

Seus Mensageiros traziam-lhes as provas. Mas eles objetavam: "Seremos guiados por homens como nós?" e rejeitavam-nos e viravam as costas e se afastavam. Deus prescindiu deles. Ele é autossuficiente, digno de louvor. ◊6

Alegam os descrentes que não serão ressuscitados. Dize-lhes: "Sim, o sereis, por meu Senhor! e então sereis informados de tudo quanto tiverdes feito." É coisa fácil para Deus. ◊7

Crede, pois, em Deus e em Seu Mensageiro, e na luz que vos enviamos. Deus sabe o que fazeis. ◊8

Quando Ele vos congregar para o dia da Reunião, será um dia de logro mútuo. Os que acreditam em Deus e praticam o bem, Deus os absolverá de seus pecados e os introduzirá em jardins nos quais correm os rios, onde permanecerão para todo o sempre. Essa será a grande vitória. ◊9

Quanto àqueles que renegam e desmentem Nossas revelações, receberão o Fogo por herança e nele permanecerão para todo o sempre. ◊10

Desgraça alguma acontece senão com a permissão de Deus. E quem crê em Deus, Deus guia-lhe o coração. Deus possui todos os conhecimentos. ◊11

Obedecei a Deus e obedecei ao Mensageiro. Se virardes as costas e vos afastardes, a Nosso Mensageiro incumbe apenas a transmissão clara da mensagem. ◊12

Deus, não há deus senão Ele. Que os crentes ponham sua confiança em Deus. ◊13

Ó vós que credes, entre vossas esposas e vossos filhos há inimigos para vós. Acautelai-vos contra eles. Mas se absolverdes e perdoardes, Deus é perdoador e clemente. ◊14

Vossas posses e vossos filhos são vosso teste e vossa tentação. Deus possui recompensas grandiosas. ◊15

Temei a Deus tanto quanto puderdes. E escutai. E obedecei.
E gastai. Será melhor para vós. Os que vencem a própria
avareza, a vitória será deles. ◊16

Se fizerdes a Deus um empréstimo desinteressado, Deus vos
o devolverá em dobro e vos perdoará. Deus é agradecido
e sabe retribuir. Ele é Deus, ◊17

O Conhecedor do invisível e do visível, o Poderoso, o Sábio. ◊18

65. O DIVÓRCIO

Em nome de Deus, o Clemente, o Misericordioso.

Ó Profeta, quando vós, homens, vos divorciardes das
mulheres, divorciai-vos delas no fim de seus dias especiais
e contai cuidadosamente esses dias, e temei a Deus. Não
as expulseis de seus lares e não as deixeis partir a menos
que tenham cometido um adultério comprovado. Tais são
as determinações de Deus. Quem transgredir as
determinações de Deus, a si mesmo se prejudica.
Que sabes? Talvez mais tarde, Deus determine alguma
modificação. ◊1

Quando tiverem completado seus dias, retende-as conforme
os bons costumes ou separai-vos delas conforme os bons
costumes. E apelai para duas testemunhas entre vossos
homens de integridade. E vós, testemunhas, testemunhai
diante de Deus. Assim é exortado quem crê em Deus e no
último dia. E quem temer a Deus, Deus lhe indicará uma
saída ◊2

E o agraciará quando menos o esperar. E quem puser sua
confiança em Deus, não precisará de outro apoio.
Deus atinge sempre o alvo. E Ele determinou uma
medida para cada coisa. ◊3

Se tiverdes dúvidas quanto às vossas mulheres que deixaram
de ter a menstruação, sabei que o prazo da comprovação
é de três meses. O mesmo prazo se aplica às que ainda não

menstruaram. Para as mulheres grávidas, o prazo vai até que se aliviem de seu fardo. Quem teme a Deus, Deus resolve-lhe os problemas. ◊4

Tal é o mandamento que Deus baixou sobre vós. Quem teme a Deus, Deus absolver-lhe-á os pecados e aumentar-lhe-á a recompensa. Ele é generoso, afável. ◊5

E instalai-as onde vós estais instalados, de acordo com vossos recursos. E não as maltrateis para forçar sua saída. Se estiverem grávidas, sustentai-as até que deem à luz. E se amamentarem para vós, pagai-lhes um salário, e deliberai, juntos, conforme os bons costumes. Contudo, se encontrardes dificuldades mútuas, que outra mulher seja encarregada do aleitamento. ◊6

Aquele que tem muito, que gaste de sua abundância; e aquele que tem pouco, que gaste do que Deus lhe outorgou. Deus exige somente na medida em que dá. E, após a penúria, Ele envia a prosperidade. ◊7

Quantas cidades rebelaram-se contra as ordens de seu Senhor e de Seus Mensageiros! Exigimos delas contas rigorosas e infligimos-lhes suplícios terríveis. ◊8

Conheceram as funestas consequências de sua conduta. E seu destino foi a perdição. ◊9

Deus destinou-lhes um castigo rigoroso. Temei, pois, a Deus, ó homens sensatos e crentes. Deus vos enviou uma recordação: ◊10

Um Mensageiro que recita para vós as revelações de Deus, claramente expostas, a fim de levar das trevas para a luz aqueles que creem e praticam o bem. E os que creem em Deus e praticam o bem, Deus os introduzirá em jardins onde correm os rios, e lá permanecerão para todo o sempre. Para eles, Deus fez boa provisão. ◊11

Foi Deus quem criou os sete céus e criou número igual de terras. Seu mandamento desce de uns para os outros a fim de que saibais que Deus tem poder sobre tudo e que Ele possui todo o saber. ◊12

66. AS PROIBIÇÕES

Em nome de Deus, o Clemente, o Misericordioso.

Ó Profeta, por que proíbes o que Deus te permitiu, só para
agradar a tuas mulheres? Deus é perdoador e
misericordioso. ◊1

Deus absolveu-vos de tais juramentos, pois é vosso protetor.
E Ele é conhecedor e sábio. ◊2

Quando o Profeta confiou um segredo a uma de suas
esposas e ela o confiou à outra, Deus informou o Profeta.
E ele relatou à indiscreta parte do segredo e silenciou
sobre a outra parte. E ela perguntou-lhe: "Quem to
revelou?" Respondeu: "O Onisciente, o Instruído." ◊3

Se vós ambas vos arrependerdes de haverem vossos corações
pecado, sereis perdoadas. Mas se conspirardes contra ele,
sabei que Deus é seu protetor e também Gabriel e os
justos dentre os crentes. E os anjos são seu apoio. ◊4

Se ele vos repudiar, talvez seu Senhor lhe envie esposas
melhores do que vós, submissas a Deus, e crentes,
obedientes, penitentes, devotas, inclinadas ao jejum,
casadas ou virgens. ◊5

Ó vós que credes, preservai-vos e vossas famílias do Fogo
cujo alimento são homens e pedras, guardado por anjos
rudes e duros que nunca desobedecem a Deus e sempre
cumprem as ordens recebidas. ◊6

Dirão aos descrentes: "Não vos justifiqueis hoje. Estais
recebendo o preço de tudo quanto fazíeis." ◊7

Ó vós que credes, pedi o perdão de Deus com sinceridade.
Talvez absolva vossos pecados e vos introduza nos jardins
onde correm os rios num dia em que Deus poupará a
humilhação ao Profeta e aos que creem com ele. Uma luz,
emanada deles mesmos, correrá à frente deles e à sua
direita, enquanto dirão: "Senhor, aperfeiçoa nossa luz e
perdoa-nos. Tu tens poder sobre tudo." ◊8

Ó Profeta, combate os descrentes e os hipócritas e sê severo
para com eles. A Geena será sua morada. A terrível
morada! ◊9

Deus citou em exemplo aos descrentes a mulher de Noé e a
mulher de Lot: ambas estavam sob dois de Nossos servos
virtuosos. Traíram-nos. E eles não as puderam defender
contra Deus. E foi-lhes dito: "Entrai no Fogo com os que
entram." ◊10

E Deus citou em exemplo aos crentes a mulher do Faraó
quando disse: "Senhor meu, constrói para mim junto a Ti
uma casa no Paraíso e livra-me do Faraó e de suas obras,
e livra-me dos iníquos." ◊11

E citou o exemplo de Maria, Filha de Umran, que
permaneceu pura. Sopramos nela algo de Nosso espírito,
e ela creu nas palavras de seu Senhor e nos Seus livros e
foi uma das obedientes. ◊12

67. O REINO

Em nome de Deus, o Clemente, o Misericordioso.

Bendito seja Aquele em cujas mãos está o reino e que tem
poder sobre tudo, ◊1

Que criou a morte e a vida para testar-vos e saber quem de
vós age melhor. Ele é o Poderoso, o Perdoador. ◊2

Criou sete céus superpostos. E não podes achar imperfeição
alguma na criação do Clemente. Procura com os olhos.
Vês alguma falha? ◊3

Depois, olha novamente, e mais uma vez, e teu olhar voltará
a ti, deslumbrado e cansado. ◊4

E adornamos com lâmpadas o céu mais próximo,
colocando-as ali a fim de que sirvam para apedrejar os
demônios, a quem destinamos o suplício das chamas. ◊5

E para os que descreem em seu Senhor, há o castigo da
Geena. E que castigo! ◊6

Quando forem jogados nela, ouvi-la-ão rugir e ferver ◊7
Como se estivesse explodindo de fúria. Cada vez que um
grupo é nela precipitado, os guardiões perguntam-lhes:
"Não vos foi enviado Mensageiro algum?" ◊8
Responderão: "Sim! Foi-nos enviado um Mensageiro. Mas
nós o tratamos de mentiroso, dizendo-lhe: 'Deus nada
revelou. Estás totalmente errado.'" ◊9
Dirão também: "Se tivéssemos escutado e compreendido, não
estaríamos entre os companheiros do Fogo." ◊10
Reconhecem, pois, seus pecados. Esmagados sejam os
companheiros do Fogo! ◊11
Os que temem a seu Senhor sem O precisar ver, receberão
o perdão e grandes recompensas. ◊12
Ocultai vossos pensamentos ou divulgai-os: Ele conhece o
que encerram os corações. ◊13
E como pode Ele desconhecer a Sua própria criatura? E Ele
é amável, onisciente. ◊14
Foi Ele quem vos sujeitou a terra. Andai nela e desfrutai Suas
graças. Para Ele, após a Ressurreição, todos voltarão. ◊15
Estais, acaso, seguros de que Aquele que está no céu não vos
fará tragar pela terra? Eis que ela treme! ◊16
Ou estais seguros de que Aquele que está no céu não
mandará um turbilhão de areia contra vós? Então,
compreenderíeis Minha advertência. ◊17
Os que vieram antes deles também desmentiram. E qual foi
a Minha reprovação! ◊18
Não veem os pássaros acima deles, abrindo e fechando
as asas? Quem os sustenta senão o Misericordioso?
Ele observa tudo. ◊19
Com que exército contais para socorrer-vos contra o
Misericordioso? Os descrentes vivem iludidos. ◊20
Ou quem vos proverá se Ele suspender Suas dádivas?
Contudo, eles persistem na soberba e na repulsão. ◊21
Dize: "Será mais bem-guiado aquele que anda com o rosto
abatido do que aquele que anda, seguro de si, na senda da
retidão?" ◊22

Dize: "Foi Ele quem vos criou e vos dotou com os ouvidos, a vista e o coração. Quão pouco agradeceis!" ◊23

Dize: "Foi Ele quem vos multiplicou na terra, e para Ele voltareis." ◊24

E desafiam: "Quando será cumprida aquela ameaça, se o que dizes for verídico?" ◊25

Responde: "O conhecimento está exclusivamente com Deus. Não sou senão um admoestador fidedigno." ◊26

Mas quando, breve, a virem chegar, os rostos dos que não creem se escurecerão. E ser-lhes-á dito: "Eis o que queríeis apressar." ◊27

Dize-lhes: "Quer Deus me aniquile com meus companheiros, quer nos trate com Sua misericórdia, quem protegerá os descrentes de um castigo doloroso?" ◊28

Dize: "Ele é o Misericordioso em quem cremos e a quem nos encomendamos. Breve sabereis quem está num erro manifesto." ◊29

Dize: "Se vossas águas voltassem para as profundezas, quem vos traria de novo a água das nascentes?" ◊30

68. A PENA

Em nome de Deus, o Clemente, o Misericordioso.

Nun. Pela pena e o que com ela se escreve, ◊1

Não és, graças a Deus, um louco. ◊2

Aguarda-te uma recompensa ininterrupta. ◊3

E és, com certeza, de um caráter eminente. ◊4

Breve verificarás, e eles verificarão ◊5

Qual de vós é alienado. ◊6

Teu Senhor bem sabe quem se desencaminha e quem anda no caminho da retidão. ◊7

Não te submetas, pois, aos que contestam: ◊8

Gostariam que fosses complacente para que eles o sejam também. Deus vê tudo. ◊9

E não te submetas a nenhum jurador desprezível, ◊10
Detrator, propagador de maledicências, ◊11
Impedidor do bem, transgressor, pecador, ◊12
Grosseiro e, ademais, de pai desconhecido – ◊13
Ainda que possua bens e filhos. ◊14
Quando Nossos versículos são recitados na sua presença, diz:
  "Fábulas dos antigos!" ◊15
Marcá-lo-emos no focinho. ◊16
E provaremos esses homens como provamos os donos do
  pomar quando juraram que fariam a colheita ao
  amanhecer ◊17
Sem acrescentar: "Se Deus quiser." ◊18
Visitou o pomar, enquanto dormiam, um enviado de teu
  Senhor, o Poderoso, o Sábio. ◊19
E, ao amanhecer, o pomar se esvaziara de seus frutos. ◊20
E naquela manhã, chamaram-se uns aos outros: ◊21
"Ide cedo a vosso pomar se quiserdes recolher-lhe os frutos." ◊22
E foram-se, sussurrando entre si: ◊23
"Nenhum mendigo irá hoje nos incomodar." ◊24
E saíram cedo, assim determinados. ◊25
Quando chegaram e viram, disseram: "Erramos! Estamos ◊26
Arruinados!" ◊27
O mais moderado deles disse: "Não vos preveni para
  glorificar o Senhor?" ◊28
Responderam: "Glorificado seja nosso Senhor! Fomos
  prevaricadores." ◊29
E começaram a censurar-se mutuamente. ◊30
E disseram: "Ai de nós! Fomos mesmo transgressores. ◊31
Possa Deus compensar-nos com algo melhor! Pois a Ele
  voltamos contritos." ◊32
Tal foi seu castigo neste mundo, mas o castigo do Além é
  maior. Se soubessem! ◊33
Aos piedosos, junto a seu Senhor, pertencerá o Jardim
  das Delícias. ◊34
Vede! Trataríamos os submissos como os pecadores? ◊35

Que tendes? Como julgais? ◊36

Ou possuís algum livro no qual estudais ◊37

E que vos promete tudo o que desejais? ◊38

Ou recebestes de Nós promessas, válidas até o dia da
Ressurreição, de que conseguireis tudo o que procurais? ◊39

Pergunta-lhes se algum deles garante isso. ◊40

Ou possuem outros deuses em vez de Deus? Que os tragam
se o que dizem for verídico. ◊41

No dia em que a Calamidade se abater sobre eles, serão
convocados para a prostração e não poderão prostrar-se. ◊42

Seus olhos estarão baixos, e o aviltamento os esmagará.
Não tinham sido convocados para a prostração quando
eram fortes e sãos? ◊43

Deixa, pois, por Minha conta os que desmentem esta
narração. Conduzi-los-emos, passo a passo, para a sua
ruína, sem que o percebam. ◊44

Conceder-lhes-ei um prazo, porque Minha astúcia é
invencível. ◊45

Acaso, pedes-lhes algum salário para que se sintam
sobrecarregados? ◊46

Ou conhecem o invisível e o estão registrando? ◊47

Aguarda, pois, o julgamento de teu Senhor e não sejas
como o homem da baleia quando, em desespero, gritou
para seu Senhor. ◊48

Não tivesse ele sido socorrido por uma graça de seu Senhor,
teria sido rejeitado sobre uma terra selvagem, e
condenado por todos. ◊49

Mas Deus o elegeu e colocou-o entre os justos. ◊50

Pouco falta para que os descrentes te derrubem com seus
olhares quando te ouvem transmitir a mensagem, e
dizem: "Deveras, é um louco!" ◊51

Este Alcorão não é senão uma recordação para os mundos. ◊52

69. O INELUTÁVEL

Em nome de Deus, o Clemente, o Misericordioso.

O Inelutável. ◊1

Que é o Inelutável? ◊2

Quem te dirá o que é o Inelutável? ◊3

Os povos de Samud e de Aad taxaram a Algazarra de
mentira. ◊4

Os Samud foram destruídos pela Rebelde. ◊5

E os Aad foram destruídos por um furacão impetuoso ◊6

Que Deus desencadeou contra eles durante sete noites e oito
dias seguidos, a ponto que podias ver os homens
derrubados no chão como troncos de tamareiras ocos. ◊7

E agora, vês deles algum sobrevivente? ◊8

E o Faraó e os que o precederam e as cidades subvertidas
entregaram-se ao erro ◊9

E desobedeceram ao Mensageiro de seu Senhor. E Ele
apoderou-se deles com dureza. ◊10

Sim, e quando as águas transbordaram, colocamo-vos
na arca ◊11

A fim de fazer desse acontecimento uma recordação que
todo ouvido atento retivesse. ◊12

Assim, quando a trombeta soar uma só vez, ◊13

E a terra e as montanhas forem erguidas e, depois,
esmagadas de um só golpe, ◊14

Naquele dia, será a Ressurreição. ◊15

O céu será frágil então e se fenderá. ◊16

E os anjos se postarão ao seu redor, e oito deles carregarão
o trono de vosso Senhor. ◊17

Naquele dia, sereis expostos, e nada de vós ficará oculto. ◊18

Aquele a quem for entregue seu livro na mão direita dirá:
"Vede! tomai e lede meu livro. ◊19

Bem sabia que receberia minha conta." ◊20

E terá uma vida agradável ◊21

Num jardim elevado ◊22

Com colheitas ao alcance da mão. Dir-lhes-emos: ◊23

Comei e bebei com proveito em recompensa do que fizestes
nos dias passados." ◊24

Quanto àquele a quem for entregue seu livro na mão
esquerda, dirá: "Ai de mim! Antes não me tivessem
entregue meu livro ◊25

E não conhecesse minhas contas. ◊26

Pudesse minha morte ter sido definitiva. ◊27

De nada me valeram minhas posses. ◊28

Minha autoridade abandonou-me." Diremos: ◊29

"Pegai-o. Amarrai-o ◊30

E assai-o na Geena. ◊31

E com uma cadeia de setenta côvados, enrolai-o. ◊32

Sim. Não acreditava em Deus todo-poderoso, ◊33

Nem incentivava a alimentar os necessitados. ◊34

Hoje, não tem aqui um só amigo leal, ◊35

E nenhuma alimentação além da imundície ◊36

Reservada aos pecadores." ◊37

Sim! Juro-o pelo que vedes ◊38

E pelo que não vedes, ◊39

São essas as palavras de um nobre Mensageiro, ◊40

Não as palavras de um poeta – por pouco que acrediteis! – ◊41

Nem as de um adivinho – por pouco que vos lembreis! – ◊42

Mas uma revelação vinda do Senhor dos mundos. ◊43

Se este Mensageiro Nos tivesse atribuído dizeres inventados, ◊44

Tê-lo-íamos apanhado pela mão direita, ◊45

E ter-lhe-íamos cortado a aorta. ◊46

E nenhum de vós teria podido impedir-Nos. ◊47

Aí está uma recordação para os que temem ao Senhor. ◊48

(Sabemos que entre vós há negadores) ◊49

Aí está, na verdade, um motivo de pesar para os descrentes. ◊50

É, contudo, a verdade inegável. ◊51

Glorifica, pois, o nome de teu poderoso Senhor. ◊52

70. AS ESCADAS

Em nome de Deus, o Clemente, o Misericordioso.

Perguntou um indagador acerca de um castigo prestes a cair ◊1
Sobre os descrentes. Nada poderá desviá-lo deles, ◊2
Pois vem de Deus, o Senhor das Escadas. ◊3
Os anjos e o espírito ascendem até Ele num dia igual a
    cinquenta mil anos. ◊4
Persevera, pois, com uma paciência afável. ◊5
Eles o veem remoto, o dia do Julgamento; ◊6
E Nós o vemos próximo. ◊7
Naquele dia, o céu será como cobre fundido, ◊8
E as montanhas como flocos de lã no vento. ◊9
Os amigos se encontrarão, mas não falarão um com o outro. ◊10
Para resgatar-se do castigo daquele dia, o pecador sacrificaria
    sem hesitar os filhos, ◊11
E a companheira, e o irmão, ◊12
E a sua tribo que o abrigava, ◊13
E todos os que estiverem na terra, se assim pudesse salvar-se. ◊14
Não! Não! Este é o Fogo ◊15
A dilacerar a pele do crânio, ◊16
A chamar aquele que virava as costas e se afastava ◊17
E amontoava e entesourava. ◊18
O homem foi criado impaciente. ◊19
Quando a desgraça o toca, desanima; ◊20
E quando a felicidade o toca, ensoberbece-se, ◊21
Exceto os que oram ◊22
E perseveram na oração ◊23
E parte de seus bens destinam, como por direito, ◊24
Ao mendigo e ao deserdado ◊25
E acreditam no dia do Julgamento ◊26
E receiam o castigo de seu Senhor – ◊27
Pois, desse castigo, ninguém está seguro – ◊28
E protegem sua castidade ◊29

Salvo com suas esposas e suas escravas – e, nisso, não são
    censuráveis – ◊30
(Os que cobiçam mais mulheres serão culpados de
    transgressão) – ◊31
E honram seus depósitos e seus compromissos ◊32
E prestam testemunha ◊33
E observam as orações. ◊34
Todos eles estarão no Jardim das Delícias, tratados com
    honrarias, junto a seu Senhor. ◊35
O que leva os descrentes a procurarem-te em multidões
    apressadas, ◊36
À direita e à esquerda? ◊37
Ambiciona cada um deles entrar no Jardim das Delícias? ◊38
Não! Não! Que se lembrem antes de que material os criamos. ◊39
Juro pelo Senhor dos Levantes e dos Poentes, temos o poder ◊40
De aniquilá-los e de substituí-los por outros, melhores do
    que eles; e ninguém Nos ultrapassará. ◊41
Deixa-os, pois, se debaterem e se divertirem até que
    encontrem o dia que lhes foi anunciado, ◊42
O dia em que sairão dos túmulos, apressados, como se
    corressem para uma meta determinada, ◊43
Os olhos baixos, cobertos de ignomínia. Tal será o dia que
    lhes foi anunciado. ◊44

71. NOÉ

Em nome de Deus, o Clemente, o Misericordioso.
Enviamos Noé a seu povo: "Adverte teu povo antes que lhe
    chegue um castigo doloroso." ◊1
Disse: "O meu povo, sou para vós um admoestador que fala
    sem rodeio. ◊2
Adorai Deus e temei-O e obedecei-me ◊3

Para que Ele vos perdoe os pecados e vos conceda um prazo
determinado. Pois o termo de Deus, uma vez chegado,
nunca é prorrogado. Se soubésseis!" ◊4

Depois, disse: "Senhor meu, exortei meu povo dia e noite. ◊5

Meus apelos não fizeram senão aumentar-lhe o afastamento. ◊6

Todas as vezes que os exorto a pedir teu perdão, tapam os
ouvidos com os dedos, cobrem-se com seus mantos e
obstinam-se e enchem-se de orgulho. ◊7

Exortei-os em alta voz. ◊8

Dirigi-me a eles em público e em segredo. ◊9

Disse-lhes: 'Implorai o perdão de vosso Senhor: Ele está
sempre pronto a vos perdoar. ◊10

Envia-vos do céu chuvas abundantes, ◊11

Cumula-vos com bens e filhos e concede-vos jardins e rios. ◊12

Que vos impede de glorificá-Lo? ◊13

Não vos criou por estágios sucessivos? ◊14

Não vistes como criou sete céus superpostos, ◊15

Neles colocando a lua como luz e o sol como lâmpada? ◊16

E não foi Ele quem vos tirou da terra como as plantas? ◊17

Depois, para a terra vos devolverá, e dela vos tirará de novo. ◊18

E Deus aplainou a terra como um tapete para vós ◊19

A fim de que a percorrais sobre caminhos largos.'" ◊20

Acrescentou Noé: "Senhor, rebelaram-se contra mim e
seguiram aqueles cujas riquezas e filhos somente servirão
a apressar-lhes a perdição. ◊21

E armaram ardis terríveis, ◊22

E disseram: 'Não renuncieis a vossos deuses, não desprezeis
vossos ídolos Uad e Suva e Yaguse Yauk e Nasr!' ◊23

Eles já desencaminharam muitos. Tu não aumentas os
prevaricadores senão em prevaricação." ◊24

Por causa de seus pecados, foram afogados e, depois,
empurrados para o Fogo. E não encontraram protetor
algum fora de Deus. ◊25

E disse Noé: "Senhor, não deixes sobre a terra sequer um dos
descrentes. ◊26

Se os deixares, desencaminharão Teus servos e não gerarão
senão libertinos e descrentes. ◊27
Senhor, perdoa-me e a meus pais e a quem entrar em minha
casa como crente e a todos os crentes e a todas as crentes;
e aos iníquos nada concede senão mais perdição." ◊28

72. OS DJINS

Em nome de Deus, o Clemente, o Misericordioso.
Dize: "Foi-me revelado que um grupo de djins escutaram,
depois disseram: 'Ouvimos um Alcorão maravilhoso ◊1
Que guia para a retidão. Cremos nele e nunca associaremos
alguém a nosso Senhor. ◊2
E cremos que Ele – exaltado seja! – não tomou a Si nem
companheira nem filho, ◊3
E que só o insensato entre nós profere tais extravagâncias
contra Deus. ◊4
Pensávamos que jamais homens ou djins diriam mentiras
acerca de Deus ◊5
(Mas houve homens que procuraram proteção junto aos
djins, e estes aumentaram-lhes a loucura, ◊6
E eles acreditaram – como vós acreditáveis – que Deus não
ressuscitaria os mortos), ◊7
E tocamos no céu, mas achamo-lo cheio de guardas
poderosos e de bólides. ◊8
E sentamo-nos para escutar. Mas quem escutava encontrava
um bólide à espreita. ◊9
Assim, não sabemos se se pretende mal aos habitantes da
terra ou se seu Senhor tem a intenção de guiá-los. ◊10
Entre nós há gente de bem, e há os outros. Somos seitas
diferentes. ◊11
E pensamos que nunca poderíamos reduzir Deus à
impotência na terra, nem O poderíamos reduzir
à impotência, fugindo. ◊12

E quando ouvimos a orientação, cremos nela; e quem crê
no seu Senhor, não teme fraude nem opressão. ◊13
E entre nós, há os submissos e há os desencaminhados.
Aqueles que se submetem procuram a retidão. ◊14
Quanto aos desencaminhados, serão a lenha da Geena.'" ◊15
Se tivessem seguido a senda da retidão, dar-lhes-íamos para
beber água abundante ◊16
Para os comprovar. Quem desprezar a recordação de seu
Senhor, Ele lhe infligirá um castigo que o prostrará. ◊17
Os templos pertencem a Deus: não invoqueis neles deus
algum com Deus. ◊18
E quando o servo de Deus se levantou para invocá-Lo,
aglomeraram-se em volta dele. ◊19
Dize: "Sim. Invoco meu Senhor e não Lhe associo ninguém." ◊20
Dize: "Na verdade, não possuo o poder de vos prejudicar,
nem de vos guiar." ◊21
Dize: "Ninguém me protegerá contra Deus. E não
encontrarei, fora d'Ele, refúgio algum. ◊22
Só transmito, a Seu mando, Sua Mensagem." E os que
desobedecerem a Deus e a Seu Mensageiro terão a
Geena por morada, onde permanecerão para todo
o sempre. ◊23
E quando se depararem com a calamidade que lhes tem sido
anunciada, saberão quem tem os aliados mais fracos e
menos numerosos. ◊24
Dize: "Ignoro se o que vos foi anunciado é iminente ou se
meu Senhor vos concederá um prazo. ◊25
É Ele o conhecedor do invisível. E não revela o invisível
a ninguém –, ◊26
Exceto aos Mensageiros que Ele eleger. E Ele envia anjos que
os precedem e os seguem ◊27
Para que saiba se transmitiram mesmo Sua mensagem.
Ele sabe tudo o que eles fazem e toma nota de todas
as coisas." ◊28

73. O ENCONTRO

Em nome de Deus, o Clemente, o Misericordioso.

Ó tu, o encoberto em teu manto, ◊1

Pratica a vigília, mas não a noite toda: ◊2

A metade dela ou um pouco menos, ◊3

Ou um pouco mais e recita o Alcorão, salmeando-o. ◊4

Vamos dirigir-te palavras graves. ◊5

As horas da noite têm maior efeito e inspiram dizeres mais
profundos. ◊6

Teus dias são sobrecarregados por teus afazeres. ◊7

Recorda o nome de teu Senhor e consagra-te a Ele
inteiramente. ◊8

Ele é o Senhor do Oriente e do Ocidente. Não há deus senão
Ele. Adota-O por tutor. ◊9

E suporta o que dizem e afasta-te deles com elegância. ◊10

E deixa-Me tratar com os desmentidores que gozam dos
confortos desta vida. E concede-lhes um curto prazo. ◊11

Temos para eles grilhões e um forno, ◊12

E alimentos que produzem a sufocação, e um castigo
doloroso. ◊13

Tudo isso será deles no dia em que a terra e as montanhas
tremerem e as montanhas se converterem em dunas
de areia. ◊14

Enviamo-vos um Mensageiro para que testemunhe contra
vós, como enviamos um Mensageiro ao Faraó. ◊15

O Faraó rebelou-se contra o Mensageiro, e Nós o apanhamos
rudemente. ◊16

Se persistirdes na descrença, como vos defendereis de
um dia que tornará branco o cabelo das crianças? ◊17

O céu se fenderá então de espanto. E a promessa de Deus
será cumprida. ◊18

Esta é uma advertência. Quem quiser, que tome um caminho
para seu Senhor. ◊19

Teu Senhor sabe que permaneces em vigília quase dois terços
da noite, e, às vezes, a metade, ou o terço, assim como um
grupo de teus companheiros. E Deus mede a noite e o dia.
Sabe que nunca podeis contar as horas com precisão e
volta-Se para vós com clemência. Recitai, pois, o que
puderdes do Alcorão. Deus sabe que alguns entre vós
estão enfermos e que outros estão viajando à procura de
Sua misericórdia e que outros estão lutando pela Sua
causa. Recitai, pois, o que puderdes do Alcorão, e observai
a oração, e pagai o tributo dos pobres, e fazei a Deus um
empréstimo desinteressado. Toda boa ação que fizerdes
em benefício de vossas almas, encontrá-la-eis junto
a Deus, aumentada. E implorai o perdão de Deus
Ele é perdoador e clemente. ◊20

74. O EMANTADO

Em nome de Deus, o Clemente, o Misericordioso.

Oh, tu, ó emantado, ◊1

Levanta-te e admoesta, ◊2

E teu Senhor enaltece, ◊3

E tuas vestes purifica, ◊4

E de tudo que macula afasta-te, ◊5

E não dês, visando a receber mais, ◊6

E por amor a teu Senhor, suporta. ◊7

Quando a trombeta soar, ◊8

Será um dia angustioso, ◊9

Para os descrentes, não fácil. ◊10

Deixa-me a sós com quem criei ◊11

E a quem concedi riquezas abundantes ◊12

E filhos sempre a seu lado. ◊13

Tudo facilitei para ele, ◊14

E ele querendo sempre mais. ◊15

Sim! Porque foi obstinado para com Nossos sinais, ◊16
Impor-lhe-ei uma dura subida. ◊17
Previu e planejou. ◊18
Morra! Como planejou! ◊19
E mais uma vez. Morra! Como planejou! ◊20
Depois, olhou em volta de si, ◊21
E franziu as sobrancelhas e endureceu-se. ◊22
Depois, afastou-se e encheu-se de orgulho. ◊23
E declarou: "Este Alcorão não é senão magia aprendida ◊24
E mera palavra humana." ◊25
Com certeza queimá-lo-ei no Sacar. ◊26
E quem te dirá o que é o Sacar? ◊27
É um fogo que consome sem deixar rastro nem vestígio, ◊28
É um suplício sobre a pele. ◊29
Dezenove guardiões velam sobre ele. ◊30
E não designamos para administrar o Fogo senão anjos.
E fizemos de seu número um assunto disputado entre os
descrentes, para aumentar a convicção dos que receberam
o Livro, fortalecer a fé dos que creem e afastar as dúvidas
de todos eles – e para que os descrentes e os que têm a
doença no coração digam: "Que quis Deus sugerir com
esse exemplo?" Assim Deus desencaminha quem Lhe
apraz e guia quem Lhe apraz. Ninguém conhece os
soldados de teu Senhor senão Ele. Tudo isso nada mais é
do que uma recordação para os homens.
Quiçá se lembrem! ◊31
Não! Pela lua, ◊32
E pela noite quando se afasta, ◊33
E pela aurora quando ilumina, ◊34
O Sacar é uma das maiores calamidades: ◊35
Uma admoestação para todos os homens, ◊36
Tanto os que se adiantam e abraçam a nova fé como os que
ficam para trás. ◊37
Toda alma é refém de suas próprias ações. ◊38
Nos seus jardins, os companheiros da direita ◊39

Perguntarão 040
Aos pecadores: 041
"O que vos trouxe a esta fogueira?" 042
Responderão: "Não recitávamos as orações, 043
E não alimentávamos o necessitado, 044
E pervertiamo-nos com os perversos. 045
E negávamos o dia da Retribuição. 046
Até que o Inevitável veio sobre nós." 047
De nada lhes servirá a intercessão dos intercessores. 048
O que os leva a desprezar a admoestação 049
Como se fossem onagros assustados, 050
Fugindo de um leão? 051
Cada um deles quer que lhe tragam pergaminhos abertos
feitos só para ele. 052
Ou, antes, não têm medo da vida futura. 053
Esta é apenas uma advertência. 054
Quem quiser, que se lembre. 055
Mas ninguém se lembra senão com a permissão de Deus.
Ele é o Senhor da piedade. Ele é o Senhor do perdão. 056

75. A RESSURREIÇÃO

Em nome de Deus, o Clemente, o Misericordioso.
Não! Juro pelo dia da Ressurreição. 01
Não! Juro pela alma que se repreende a si mesma, 02
Supõe o homem que nunca juntaremos seus ossos? 03
Sim! Somos capazes de restaurar-lhe até as pontas dos dedos. 04
Mas o homem prefere prosseguir na sua libertinagem. 05
E diverte-se: "Quando será o dia da Ressurreição?" 06
Mas quando o olhar ficar ofuscado, 07
E a lua for eclipsada, 08
Eo sol e a lua forem reunidos, 09
Então ele dirá: "Para onde fugir?" 010

Não, em verdade, não haverá refúgio. ◊11
Naquele dia, para teu Senhor voltarás. ◊12
E o homem será informado do que tiver feito e do que tiver
deixado de fazer, ◊13
E ele será uma testemunha contra si mesmo, ◊14
E suas desculpas não serão aceitas. ◊15
Não precisas movimentar demais a língua para apressar a
recitação do Alcorão. ◊16
A Nós compete compilá-lo e recitá-lo. ◊17
Quando o recitamos, acompanha atentamente a recitação. ◊18
A Nós também compete elucidá-lo. ◊19
Contudo, preferis o gozo desta vida transitória ◊20
E desprezais o Além. ◊21
Naquele dia, haverá rostos radiantes ◊22
A olharem para seu Senhor. ◊23
E haverá rostos sombrios ◊24
Na expectativa de alguma calamidade. ◊25
Não! Não! Quando a alma do homem subir até a garganta, ◊26
E os que estiverem em volta perguntarem:
"Haverá algum exorcista?" ◊27
Ele saberá que chegou a separação. ◊28
E a perna enlaçará a perna. ◊29
E para seu Senhor ele se encaminhará. ◊30
Nesta vida, ele não creu, nem orou; ◊31
Ao contrário, renegou e se afastou, ◊32
E, caminhando com jactância, ia ter com a família. ◊33
A Hora está mais perto de ti, mais perto; ◊34
Sempre mais perto, ainda mais perto. ◊35
Supõe o homem que será deixado para agir conforme
seu capricho? ◊36
Não era uma gota de esperma ejaculada ◊37
E, depois, sangue coagulado? Deus o criou e formou ◊38
E fez dele um casal de macho e fêmea. ◊39
E não será esse Deus capaz de ressuscitar os mortos? ◊40

76. O HOMEM

Em nome de Deus, o Clemente, o Misericordioso.

Não houve uma época da história em que o homem não era
   mencionado? ◊1

Criamos o homem para que pudéssemos comprová-lo. E
   outorgamos-lhe o ouvido e a vista. ◊2

E fosse ingrato ou reconhecido, guiamo-lo na senda da retidão. ◊3

Mas, para os descrentes, preparamos grilhões, golilhas e
   um fogo flamejante. ◊4

Os justos beberão de taças cheias de uma mistura de cânfora: ◊5

Uma fonte que brota com abundância e de onde os servos
   de Deus beberão, ◊6

Aqueles que cumprem seus votos e temem as calamidades
   do dia do Julgamento; ◊7

Aqueles que dão de seus bens, embora apegados a eles, ao
   necessitado, ao órfão e ao cativo, dizendo-lhes: ◊8

"Alimentamo-vos por amor a Deus, não vos pedindo nem
   retribuição nem agradecimento. ◊9

Pois tememos, da parte de nosso Senhor, um dia ameaçador
   e sombrio." ◊10

Deus os protegerá do mal daquele dia e os receberá no
   esplendor e na alegria. ◊11

E pagar-lhes-á os sacrifícios com vestimentas de seda e
   com o Paraíso ◊12

Onde estarão reclinados em poltronas, ao abrigo do sol e
   do frio, felizes. ◊13

As árvores estenderão suas sombras por cima deles, e os
   frutos estarão ao alcance de suas mãos. ◊14

E no meio deles, circularão bandejas de prata com copos
   de cristal, ◊15

Um cristal prateado, bem lapidado. ◊16

E dar-lhes-ão para beber taças cheias de uma mistura com
   sabor de gengibre, ◊17

Recolhida numa fonte que brota lá, denominada Salsabil ◊18

E serão atendidos por mancebos eternamente jovens, que te
parecerão, quando os vires, pérolas esparsas, ◊19

E se olhares atentamente, verás lá uma felicidade e um
reino magníficos. ◊20

E eles estarão vestidos de verde, com tafetá e brocado.
E terão, por enfeites, braceletes de prata. E seu Senhor
os saciará com uma poção muito pura. ◊21

Será essa vossa recompensa e o reconhecimento de
vossos esforços. ◊22

Sim, fomos Nós que fizemos descer diretamente o Alcorão
sobre ti. ◊23

Espera, pois, pacientemente, as ordens de teu Senhor e não
te submetas nem aos pecadores nem aos renegados. ◊24

E invoca o nome de teu Senhor, pela manhã e à tarde ◊25

E prostra-te diante d'Ele e glorifica-O ao longo da noite ◊26

Sim, os homens só querem um proveito imediato e
esquecem o dia pesado do Julgamento. ◊27

Nós os criamos e Nós lhes fortalecemos as articulações.
E se quiséssemos, substituí-los-íamos por outros
imediatamente. ◊28

Esta é uma advertência. Quem quiser, tome o caminho
de seu Senhor. ◊29

E não podeis querer senão o que Deus quer. Ele é
conhecedor e sábio. ◊30

Recebe quem Lhe apraz na Sua misericórdia. E para os
prevaricadores, preparou um castigo doloroso. ◊31

77. OS EMISSÁRIOS

Em nome de Deus, o Clemente, o Misericordioso.

Pelos emissários que se sucedem ◊1

Com o ritmo das tempestades, ◊2

Pelos proclamadores que proclamam, ◊3
Por aqueles que dispersam sem parar, ◊4
Por aqueles que fazem descer a mensagem, ◊5
Desculpando ou advertindo, ◊6
Com certeza, o que vos foi anunciado está chegando. ◊7
Quando as estrelas forem apagadas, ◊8
Quando o céu for rachado, ◊9
Quando as montanhas forem espalhadas em pó, ◊10
Quando os Mensageiros forem reunidos na data
    predeterminada por teu Senhor. ◊11
Em que dia tudo isso acontecerá? ◊12
No dia do Julgamento. ◊13
E que sabes tu do dia do Julgamento? ◊14
Ai, naquele dia, dos que desmentem! ◊15
Não aniquilamos os antigos? ◊16
Não os fizemos seguir pelos mais recentes? ◊17
Assim procederemos com os malfeitores. ◊18
Ai, naquele dia, dos que desmentem! ◊19
Não vos criamos de uma água desprezível? ◊20
E depois vos depositamos num alojamento seguro ◊21
Até um termo predeterminado? ◊22
Assim fizemos. Glória aos que podem fazer! ◊23
Ai, naquele dia, dos que desmentem! ◊24
Não fizemos da terra uma morada ◊25
Para os vivos e para os mortos? ◊26
Não colocamos nela altas montanhas e não vos demos água
    doce para beber? ◊27
Ai, naquele dia, dos que desmentem! ◊28
Ide para a Geena que consideráveis uma mentira. ◊29
Ide para as trevas que se erguem em três colunas, ◊30
E que não fornecem sombra nem proteção contra as chamas, ◊31
Mas arrojam chispas do tamanho dos castelos, ◊32
E são brilhantes tais camelos amarelos. ◊33
Ai, naquele dia, dos que desmentem! ◊34
Naquele dia, não falarão, ◊35

E suas justificativas não serão ouvidas. ◊36
Ai, naquele dia, dos que desmentem! ◊37
Tal é o dia do Julgamento. Reunir-vos-emos com os antigos. ◊38
Se sois astuciosos, usai então de astúcia contra Mim! ◊39
Ai, naquele dia, dos que desmentem! ◊40
Os piedosos morarão em meio a sombras e mananciais ◊41
E terão todos os frutos que desejarem: ◊42
"Comei e bebei com proveito pelo que fazíeis." ◊43
Assim recompensamos os benfeitores. ◊44
Ai, naquele dia, dos que desmentem! ◊45
"Comei e regozijai-vos por um tempo, vós, os pecadores!" ◊46
Ai, naquele dia, dos que desmentem! ◊47
Quando se lhes diz: "Prostrai-vos", não se prostram. ◊48
Ai, naquele dia, dos que desmentem! ◊49
Em que revelação, depois desta, acreditarão? ◊50

78. A NOTÍCIA

Em nome de Deus, o Clemente, o Misericordioso.
Sobre o que é que se interrogam uns aos outros? ◊1
Sobre a grande notícia, ◊2
A respeito da qual discordam. ◊3
Não, não, breve saberão a verdade. ◊4
Não, e mais uma vez não, breve saberão. ◊5
Não estendemos a terra como um leito ◊6
E levantamos as montanhas como pilastras? ◊7
E não vos criamos casais? ◊8
E não fizemos de vosso sono um repouso ◊9
E da noite, um manto ◊10
E do dia, um tempo para ganhardes o sustento? ◊11
Não criamos por cima de vós sete céus sólidos ◊12
E uma lâmpada esplendorosa? ◊13
Não fizemos cair das nuvens chuvas abundantes ◊14

Para o cultivo dos cereais e das hortaliças ◊15
E de jardins de árvores frondosas? ◊16
O dia do Julgamento será um dia predeterminado. ◊17
Quando a trombeta soar, todos acorrereis em grupos. ◊18
E as portas do céu se abrirão, ◊19
E as montanhas andarão, feitas miragens. ◊20
A Geena será uma armadilha ◊21
E para os iníquos uma morada ◊22
Onde permanecerão durante gerações, ◊23
Privados de frescor e de bebidas, ◊24
Exceto água fervente e pus: ◊25
Uma recompensa adequada! ◊26
Talvez não esperassem uma prestação de contas. ◊27
Negaram repetidamente Nossos sinais. ◊28
Tudo anotamos por escrito. E dir-lhes-emos: ◊29
"Provai! Nada vos proporcionaremos senão o suplício." ◊30
Ao contrário, os tementes de Deus terão ◊31
Jardins e vinhedos, ◊32
Donzelas de seios firmes, da mesma idade, ◊33
E taças cheias. ◊34
Lá não ouvirão nem futilidades nem falsidades: ◊35
Uma recompensa de teu Senhor – uma dádiva e uma
prestação de contas – ◊36
O Senhor dos céus e da terra e de tudo quanto há entre eles,
o Misericordioso, com quem ninguém pode falar. ◊37
Naquele dia, os espíritos e os anjos formarão filas diante do
Senhor, e nenhum deles falará a menos que o
Misericordioso lhe permita e à condição de que fale
a verdade. ◊38
Esse dia chegará com certeza. Quem quiser, procure um
refúgio junto a seu Senhor. ◊39
Advertimo-vos do castigo iminente, do dia em que o
homem verá o que tiver feito, e o descrente dirá: "Que
não fosse pó!" ◊40

79. OS ARREBATADORES

Em nome de Deus, o Clemente, o Misericordioso.
Por aqueles que arrebatam com veemência as almas
   dos homens, ◊1
E aqueles que as libertam suavemente, ◊2
Por aqueles que nadam com serenidade, ◊3
Por aqueles que ultrapassam com precipitação, ◊4
Por aqueles que dispõem dos assuntos deste mundo, ◊5
No dia em que a trombeta lançar seu primeiro toque, ◊6
Seguido por outro toque, ◊7
Juro que os corações estarão palpitando, ◊8
E os olhos, cheios de pavor. ◊9
E os descrentes dirão: "Vede! Estamos sendo restaurados
   à nossa vida anterior ◊10
Quando já somos ossos cariados!" ◊11
Dirão: "Este é um retorno no qual está nossa perdição." ◊12
Haverá um Grito, um só. ◊13
E ei-los sobre a face da terra, acordados. ◊14
A história de Moisés não te foi contada? ◊15
Quando seu Senhor o chamou no vale sagrado de Taua: ◊16
"Vai ao Faraó. Ele se excedeu demais. ◊17
E pergunta-lhe: 'Desejas tornar-te um justo? ◊18
Eu te conduzirei a teu Senhor, e tu O temerás.'" ◊19
E Moisés mostrou-lhe o sinal maior. ◊20
Mas o Faraó desmentiu-o e rebelou-se. ◊21
Depois, virou as costas para tomar providências, ◊22
E reuniu o povo e proclamou, ◊23
E disse: "Sou vosso Senhor, o Altíssimo." ◊24
Então, Deus apanhou-o com o castigo do último mundo
   e do primeiro. ◊25
Há nisso um ensinamento para os que temem ao Senhor. ◊26
O que é mais difícil: criar-vos ou o céu que Ele edificou? ◊27
Levantou-lhe a abóbada e nivelou-a, ◊28

deu escuridão a suas noites e esplendor a seus dias. ◊29
Depois, estendeu a terra, ◊30
E dela fez brotar a água e os pastos. ◊31
E colocou sobre ela as montanhas: ◊32
Um gozo para vós e vossos rebanhos. ◊33
Mas quando chegar a catástrofe maior, ◊34
No dia em que o homem se lembrar de seus esforços, ◊35
E a Geena for visível para todos os que podem ver, ◊36
Aquele que tiver prevaricado, ◊37
E preferido a vida terrena, ◊38
Terá a Geena por morada. ◊39
Quanto àqueles que tiverem temido à majestade de seu
    Senhor e proibido as paixões à sua alma, ◊40
Esses terão o Paraíso por morada. ◊41
Interrogar-te-ão sobre a Hora: "Quando jogará a âncora?" ◊42
Quem és tu para sabê-lo? ◊43
Só teu Senhor a determina. ◊44
Tu apenas advertes quem a teme. ◊45
No dia em que a virem, parecer-lhes-á que permaneceram
    no túmulo uma noite apenas ou uma manhã. ◊46

80. ELE FRANZIU AS SOBRANCELHAS

Em nome de Deus, o Clemente, o Misericordioso.
Ele franziu as sobrancelhas e se afastou ◊1
Só porque o cego foi ter com ele. ◊2
Que sabes? Talvez o cego quisesse purificar-se. ◊3
Ou talvez quisesse recordar, e a recordação o teria
    beneficiado. ◊4
Quanto ao opulento, ◊5
Tu o atendes, ◊6
Não te importando que se purifique ou não. ◊7
Mas aquele que vem a ti com fervor ◊8

E com temor, ◊9
Tu o desprezas. ◊10
Não! Não! Este Alcorão é uma advertência ◊11
(Quem quiser, que o decore!) ◊12
Registrada em páginas honradas. ◊13
Exaltadas, santificadas ◊14
Por mãos de escribas, ◊15
Nobres e leais. ◊16
Morra o homem como é ingrato! ◊17
De que Deus o criou? ◊18
De uma gota de esperma. Criou-o e formou-o. ◊19
Depois, facilitou-lhe o caminho. ◊20
Depois, fá-lo morrer e sepulta-o. ◊21
E quando Lhe apraz, ressuscitá-lo-á. ◊22
Contudo, não cumpre as Suas ordens! ◊23
Que o homem considere sua alimentação: ◊24
Como vertemos chuvas em abundância, ◊25
E como abrimos fendas na terra, ◊26
E delas fazemos brotar cereais, ◊27
E videiras, e juncos, ◊28
E oliveiras, e tamareiras, ◊29
E jardins frondosos, ◊30
E fruteiras, e pastos: ◊31
Um gozo para vós e vossos rebanhos. ◊32
Depois, quando o Estrondo for ouvido, ◊33
O homem fugirá de seu irmão, ◊34
De sua mãe, de seu pai, ◊35
De sua companheira, de seus filhos. ◊36
Cada um, naquele dia, será açambarcado por seus problemas. ◊37
E haverá rostos resplandecentes, ◊38
Risonhos, esperançosos, ◊39
E haverá rostos cobertos de pó, ◊40
Velados pelas trevas. ◊41
Serão os rostos dos descrentes e dos malvados. ◊42

81. O OBSCURECIMENTO

Em nome de Deus, o Clemente, o Misericordioso.

Quando o sol obscurecer-se,	01
Quando as estrelas caírem,	02
Quando as montanhas forem deslocadas,	03
Quando as fêmeas grávidas dos camelos forem abandonadas,	04
Quando as feras forem congregadas,	05
Quando os mares forem aquecidos,	06
Quando as almas forem reacopladas aos corpos,	07
Quando a menina, sepultada viva, for interrogada	08
Por que delito foi morta,	09
Quando os registros forem abertos,	010
Quando o céu for despido,	011
Quando a Geena for atiçada,	012
Quando o Paraíso for aproximado,	013
Então cada alma saberá o que tiver produzido.	014
Não! juro pelas estrelas	015
Que deslizam, que se escondem,	016
Pela noite que vai e que volta,	017
Juro pela aurora quando suspira	018
Que eis aqui a palavra de um nobre Mensageiro,	019
Munido de poder junto ao Senhor do trono,	020
Obedecido e, também, digno de confiança.	021
Vosso camarada não é um louco.	022
Ele viu seu anjo no claro horizonte.	023
E não se recusa a revelar-vos o invisível.	024
Não, não são palavras de um demônio amaldiçoado.	025
Aonde, pois, ireis?	026
Isso não é mais que uma advertência para os mundos	027
E para quem de vós quiser andar na retidão.	028
Mas só podeis querer o que o Senhor dos mundos determinar.	029

82. A TERRA FENDIDA

Em nome de Deus, o Clemente, o Misericordioso.
Quando a terra for fendida, ◊1
Quando os astros forem dispersos, ◊2
Quando os mares transbordarem, ◊3
Quando as sepulturas forem revolvidas, ◊4
Cada alma saberá o que tiver feito ou deixado de fazer. ◊5
Ó homem, o que te engana a respeito de teu generoso Senhor, ◊6
Que te criou, te formou, te aperfeiçoou, ◊7
E te deu as feições que escolheu? ◊8
Apesar disso, desacreditais no dia do Julgamento. ◊9
Sobre vós há guardas ◊10
Que são nobres escribas ◊11
E anotam tudo quanto fazeis. ◊12
Os justos estarão na felicidade. ◊13
Os depravados estarão na Geena ◊14
Onde entrarão no dia do Julgamento, ◊15
E de onde nunca sairão. ◊16
E quem te dirá o que é o dia do Julgamento? ◊17
Sim, quem te dirá o que é o dia do Julgamento? ◊18
É o dia em que nenhuma alma poderá socorrer outra alma
 e o mando pertencerá a Deus. ◊19

83. OS DEFRAUDADORES

Em nome de Deus, o Clemente, o Misericordioso.
Ai dos defraudadores ◊1
Que exigem medida cheia quando recebem, ◊2
Mas quando medem ou pesam para entregar, enganam. ◊3
Será que não acreditam que serão ressuscitados, ◊4
Num dia grandioso, ◊5

No dia em que todos os homens se levantarão diante do
    Senhor dos mundos? ◊6

Sim! O destino dos perversos está escrito no Sajim. ◊7

E quem te dirá o que é o Sajim? ◊8

É um Livro numerado. ◊9

Infelizes, naquele dia, dos contestadores ◊10

Que consideram o dia do Julgamento uma mentira. ◊11

Só agem assim os agressores culpados. ◊12

Quando Nossas revelações lhes são recitadas, dizem:
    "Fábulas dos antigos!" ◊13

Não! Não! Mas as riquezas enferrujaram-lhes o coração. ◊14

Não! Não! Naquele dia, entre eles e Deus haverá um véu. ◊15

Depois, serão queimados na Geena. ◊16

E dir-lhes-ão: "Eis o que consideráveis uma mentira." ◊17

O livro dos justos é o Ilelim. ◊18

E quem te dirá o que é o Ilelim? ◊19

É um Livro numerado, ◊20

Atestado por aqueles que estão mais próximos de Deus. ◊21

Sim! Os justos estarão no deleite, ◊22

Reclinados sobre almofadas, e olhando. ◊23

Nos seus rostos, reconhecerás o resplendor da felicidade. ◊24

Dar-lhes-ão a beber um vinho lacrado, ◊25

Lacrado com almíscar – que os competidores lutem entre
    si! – um vinho ◊26

Misturado com água que vem de Tasnim, ◊27

Um manancial onde bebem os favoritos. ◊28

Os pecadores zombavam dos crentes; ◊29

E quando passavam por eles, piscavam os olhos uns aos outros; ◊30

E quando voltavam para casa, estavam bem-humorados; ◊31

E quando os viam, diziam: "São eles os desencaminhados." ◊32

Ora, os crentes não foram enviados para serem
    seus guardiões. ◊33

E hoje, são os crentes que riem dos pecadores, ◊34

Sentados em almofadas, e a tudo assistindo. ◊35

A recompensa dos descrentes não corresponde ao
    que faziam? ◊36

84. FENDA NO CÉU

Em nome de Deus, o Clemente, o Misericordioso.

Quando o céu se fender	◊1
E ficar atento a seu Senhor, e submisso,	◊2
Quando a terra for aplainada,	◊3
E rejeitar para fora seu conteúdo e tornar-se vazia,	◊4
E ficar atenta a seu Senhor, e submissa,	◊5
Naquele dia, é homem que te esforças na busca de teu Senhor, achá-Lo-á.	◊6
Então, aquele a quem Seu Livro for entregue na mão direita	◊7
Terá contas fáceis	◊8
E voltará, alegre, aos seus!	◊9
Mas aquele a quem Seu Livro for entregue por trás das costas,	◊10
Ulurará: "Ai de mim!"	◊11
E será o alimento de uma chama faiscante.	◊12
Sim, vivia na terra feliz na sua família!	◊13
E pensava que nunca compareceria diante de seu Senhor!	◊14
Mas seu Senhor o observava!	◊15
Juro pelo crepúsculo,	◊16
E pela noite e o que esconde,	◊17
E pela lua quando está cheia,	◊18
Passareis de estágio em estágio.	◊19
Por que, então, não creem?	◊20
E quando o Alcorão Lhes é recitado, não se prostram?	◊21
São descrentes os que o rejeitam.	◊22
E Deus bem sabe o que ocultam.	◊23
Anuncia-lhes, pois, um castigo doloroso.	◊24
Exceto aos que creem e praticam o bem. A eles reservamos uma recompensa ininterrupta.	◊25

85. AS CONSTELAÇÕES

Em nome de Deus, o Clemente, o Misericordioso.

Pelo céu e suas constelações; ◊1

Pelo dia prometido; ◊2

Pela testemunha e o testemunhado – ◊3

Morte aos escavadores da trincheira ◊4

Que acenderam uma fogueira com
abundantes combustíveis: ◊5

E sentaram-se em volta dela, ◊6

Para assistir à tortura dos crentes. ◊7

E foram torturados só por terem acreditado em Deus,
o Poderoso, o Digno de louvores! – ◊8

A quem pertence o reino dos céus e da terra, e que é
testemunha de tudo. ◊9

Aqueles que perseguem os crentes e as crentes e não se
arrependem, receberão o castigo da Geena, o castigo
das chamas. ◊10

Quanto aos que creem e praticam o bem, a eles os jardins
onde correm os rios. Tal será a grande vitória. ◊11

Dura é a vingança de teu Senhor. ◊12

É Ele quem cria e, depois, cria de novo. ◊13

E é Ele o perdoador afável, ◊14

O Senhor do trono glorioso, ◊15

O realizador de tudo o que Lhe apraz ◊16

Chegou a ti a história dos exércitos ◊17

Do Faraó e dos Samud? ◊18

Os descrentes continuam a dizer que é mentira! ◊19

Deus cerca a todos eles! ◊20

Sim, este é um Alcorão glorioso, ◊21

Inscrito sobre uma tábua guardada! ◊22

86. O VISITANTE DA NOITE

Em nome de Deus, o Clemente, o Misericordioso.
Pelo céu e pelo visitante da noite! ◊1
E quem te dirá o que é o visitante da noite? ◊2
É um astro de penetrante luminosidade; ◊3
Sobre cada alma há um guarda que vela. ◊4
Que o homem considere de que foi criado! ◊5
Foi criado de água ejaculada, ◊6
Saída dentre a virilha e as costelas. ◊7
Deus é capaz de ressuscitá-lo ◊8
No dia em que as consciências forem revistadas. ◊9
Não terá, naquele dia, nem força nem quem o socorra. ◊10
Pelo céu que gira e volta a seu lugar, ◊11
Pela terra que se fende para dar, repetidamente, nascimento
a novas plantas, ◊12
Este Alcorão é a palavra decisiva, ◊13
E não um divertimento. ◊14
Em verdade, eles confabulam um ardil contra ti, ◊15
E Eu confabulo um ardil contra eles. ◊16
Tolera os descrentes, tolera-os por ora! ◊17

87. O ALTÍSSIMO

Em nome de Deus, o Clemente, o Misericordioso.
Louva o nome de teu Senhor, o Altíssimo, ◊1
Que tudo criou e organizou, ◊2
E determinou e orientou o destino de tudo o que criou, ◊3
Que faz brotar o pasto ◊4
E, depois, o transforma em feno. ◊5
Nós te faremos recitar Nossas revelações para que não as
esqueças mais, ◊6

Salvo se Deus quiser, pois Ele conhece o que se proclama e o
    que permanece oculto. ◊7
E Nós te facilitaremos o caminho. ◊8
Adverte, se advertência pode servir. ◊9
Quem teme a Deus se lembrará, ◊10
Mas o malvado zombará ◊11
E será queimado no Fogo maior ◊12
Onde nem morrerá nem viverá. ◊13
Vence quem se purifica ◊14
E lembra o nome de seu Senhor e reza. ◊15
Vós preferis a vida presente ◊16
Mas a vida futura é melhor e mais durável. ◊17
Tudo isso está registrado nas Escrituras antigas, ◊18
As Escrituras de Abraão e de Moisés. ◊19

88. O QUE TUDO ENVOLVE

Em nome de Deus, o Clemente, o Misericordioso.
Chegaram-te notícias daquele que tudo envolve? ◊1
Naquele dia, haverá rostos sombrios de homens ◊2
Inquietos, abatidos, ◊3
Caídos no Fogo abrasador, ◊4
Não tendo para beber senão uma fonte de água fervente, ◊5
Não tendo para comer senão plantas espinhosas ◊6
Que não alimentam nem aliviam a fome. ◊7
E haverá rostos felizes de homens ◊8
Satisfeitos com suas ações passadas, ◊9
E morando num jardim superior ◊10
Onde não ouvirás futilidade alguma ◊11
E onde haverá uma fonte copiosa, ◊12
E leitos elevados, ◊13
E taças ao alcance da mão, ◊14
E almofadas alinhadas, ◊15

E tapetes estendidos.	◊16
Não observam, acaso, como os camelos são criados?	◊17
E como o céu foi erguido?	◊18
E como as montanhas foram levantadas?	◊19
E como a terra foi nivelada?	◊20
Admoesta, pois és um admoestador,	◊21
Sem autoridade sobre eles.	◊22
Quanto àqueles que viram as costas e se afastam,	◊23
Deus lhes infligirá o castigo maior.	◊24
Sim! Para Nós será o seu regresso.	◊25
A Nós competirá então pedir-lhes as contas.	◊26

89. A AURORA

Em nome de Deus, o Clemente, o Misericordioso.	
Pela aurora,	◊1
Pelas dez noites,	◊2
Pelo par e o ímpar,	◊3
Pela noite quando segue seu curso –	◊4
Não há nisso um juramento digno de um homem sensato? –	◊5
Não viste o que teu Senhor fez com os Aad?	◊6
E com a cidade de Irm-Zat-Al-Imad? –	◊7
Outra cidade igual nunca foi criada –	◊8
E com os Samud que talhavam a pedra no vale?	◊9
E com o Faraó, que empalava suas vítimas sobre estacas?	◊10
Todos cometiam excessos na terra	◊11
E propagavam nela a corrupção.	◊12
Teu Senhor desatou contra eles o chicote do castigo.	◊13
Teu Senhor está sempre à espreita.	◊14
Pois o homem, quando seu Senhor o põe à prova, enobrecendo-o e gratificando-o, diz: "Meu Senhor me honra."	◊15
Mas quando o põe à prova, limitando-lhe a porção, diz: "Meu Senhor me avilta."	◊16

Não! Não! Sois antes vós que não honrais o órfão, ◊17
E não vos estimulais mutuamente a alimentar o necessitado, ◊18
E devorais as heranças desprotegidas, ◊19
E amais as riquezas com avidez. ◊20
Não! Não! Quando a terra for reduzida a nada, nada, ◊21
E teu Senhor e seus anjos chegarem, fila por fila, ◊22
E a Geena for trazida para perto – naquele dia, o homem se
    lembrará. Mas de que lhe servirá então a lembrança? ◊23
E dirá: "Ai de mim! Tivesse eu me preparado para esta vida!" ◊24
Naquele dia, ninguém castiga como Ele castigará, ◊25
Ninguém acorrenta como Ele acorrentará. ◊26
E tu, alma serena, ◊27
Volta a teu Senhor, satisfeita e inspirando satisfação. ◊28
Toma lugar entre Meus servos ◊29
E penetra no Meu Paraíso! ◊30

90. A CIDADE

Em nome de Deus, o Clemente, o Misericordioso.

Juro por esta cidade – ◊1
E és um habitante desta cidade – ◊2
E pelo procriador e o que procriou, ◊3
Criamos o homem na aflição. ◊4
Pensa que ninguém pode com ele? ◊5
Jacta-se: "Esbanjei muitas riquezas." ◊6
Supõe que ninguém o observa? ◊7
Não lhe fizemos dois olhos ◊8
E uma língua e dois lábios? ◊9
Não lhe apontamos as duas sendas (a do bem e a do mal)? ◊10
Mas ele não quer enfrentar a subida. ◊11
E que sabes tu da subida? ◊12
É libertar um escravo, ◊13
É alimentar, num dia de fome, ◊14

Um órfão aparentado ◊15
Ou um pobre necessitado. ◊16
É ser um dos que creem e recomendam aos outros a
perseverança e a misericórdia. ◊17
Esses são os companheiros da direita. ◊18
E os que negam Nossas revelações são os companheiros
da esquerda. ◊19
O Fogo será um cobertor sobre eles. ◊20

91. O SOL

Em nome de Deus, o Clemente, o Misericordioso.
Pelo sol e seu brilho matinal, ◊1
Pela lua que o segue. ◊2
Pelo dia que lhe revela o esplendor. ◊3
Pela noite que o encobre. ◊4
Pelo céu e quem o edificou. ◊5
Pela terra e quem a estendeu, ◊6
Pela alma e quem lhe deu forma ◊7
E nela colocou a concupiscência e a piedade: ◊8
Vencerá quem a purificar ◊9
E perderá quem a corromper! ◊10
Na sua rebelião, o povo de Samud desmentiu
seu Mensageiro, ◊11
E os mais vis dentre eles se sublevaram contra ele. ◊12
O Mensageiro de Deus disse-lhes: "Esta fêmea de camelo
pertence a Deus. Deixai-a beber." ◊13
Trataram-no de mentiroso, e esquartejaram-na. O Senhor
esmagou-os pelos seus pecados, e nivelou-lhes a cidade, ◊14
Sem temer as consequências. ◊15

92. A NOITE

Em nome de Deus, o Clemente, o Misericordioso.

Pela noite quando envolve a terra, ◊1

Pelo dia quando resplandece, ◊2

Por Aquele que criou o macho e a fêmea, ◊3

Vossos esforços realizam-se em diversas direções. ◊4

Quanto àquele que dá e teme a Deus ◊5

E confia na palavra melhor ◊6

Facilitar-lhe-emos a bem-aventurança. ◊7

Mas aquele que for avaro e arrogante ◊8

E duvidar da palavra melhor, ◊9

Encaminhá-lo-emos para a adversidade. ◊10

E quando exalar o último suspiro, de nada lhe valerão
suas riquezas. ◊11

Sim! A Nós incumbe guiar. ◊12

A Nós pertencem este mundo e o outro. ◊13

Preveni-vos contra o fogo flamejante ◊14

No qual arderão os mais perversos, ◊15

Que desmentem e se afastam. ◊16

Os justos o evitarão, ◊17

Que gastam seus bens para serem purificados, ◊18

E não para merecerem retribuições e louvores, ◊19

Procurando apenas a aprovação de seu Senhor, o Altíssimo. ◊20

Breve, serão felizes. ◊21

93. A MANHÃ

Em nome de Deus, o Clemente, o Misericordioso.

Pelo esplendor do meio-dia, ◊1

E pela noite quando serena, ◊2

Teu Senhor não te abandonou nem te odeia. ◊3

A última porção será melhor para ti que a primeira. ◊4

Teu Senhor te cumulará, e estarás satisfeito. ◊5
Não te encontrou órfão e te amparou? ◊6
Não te encontrou errante e te guiou? ◊7
Não te encontrou pobre e te enriqueceu? ◊8
Por tua vez, o órfão, não oprimas; ◊9
E o mendigo, não repilas; ◊10
E as graças de teu Senhor, divulga. ◊11

94. O ALÍVIO

Em nome de Deus, o Clemente, o Misericordioso.
Não te temos aliviado o peito? ◊1
Não te temos liberado do fardo ◊2
Que te pesava nas costas? ◊3
Não temos exaltado teu renome? ◊4
Em verdade, ao lado da penúria está o bem-estar. ◊5
Ao lado da adversidade, está o contentamento. ◊6
Quando tua tarefa estiver terminada, volta a labutar. ◊7
E que teu Senhor seja tua meta. ◊8

95. O FIGO

Em nome de Deus, o Clemente, o Misericordioso.
Pelo figo e pela azeitona, ◊1
Pelo Monte Sinai, ◊2
Por esta terra inviolada, ◊3
Criamos o homem, um ser muito formoso, ◊4
E, no fim, reduzi-lo-emos ao nível mais baixo, ◊5
Exceto os que creem e praticam o bem: eles receberão uma
    recompensa ininterrupta. ◊6
Como, depois, duvidar do dia do Julgamento? ◊7
Não é Deus o mais justo dos juízes? ◊8

96. O COÁGULO

Em nome de Deus, o Clemente, o Misericordioso.

Recita em nome de teu Senhor que criou,	01
Criou o homem de sangue coagulado.	02
Recita. E teu Senhor é o mais generoso,	03
Que ensinou com a pena,	04
Ensinou ao homem o que não sabia.	05
Sim, o homem se torna insolente,	06
Pois acha-se autossuficiente.	07
Com certeza, para teu Senhor será o retorno.	08
Viste aquele que proíbe	09
Ao servo de Deus de orar?	010
Viste se está no caminho da verdade	011
E se recomenda a piedade?	012
Viste se desmente e se afasta?	013
Não sabe que Deus o observa?	014
Se ele não se contiver, agarrá-lo-emos pela fronte,	015
Uma fronte de mentiroso e pecador.	016
Que chame seus seguidores!	017
Nós chamaremos os guardas do inferno.	018
Não, não lhe obedeças. Prostra-te e aproxima-te.	019

97. KADR[18]

Em nome de Deus, o Clemente, o Misericordioso

Sim, revelamos o Alcorão na noite de Kadr.	01
E que sabes tu da noite de Kadr?	02
A noite de Kadr vale mais do que mil meses.	03
Nela, os anjos e o espírito descem, pela ordem de seu Senhor, com todos Seus decretos.	04
Ela é paz até o romper da aurora.	05

98. A PROVA

Em nome de Deus, o Clemente, o Misericordioso.
Os descrentes dentre os adeptos do Livro e os idólatras
nunca desistiriam de sua descrença enquanto não lhes
chegasse a prova: ◊1
Um Mensageiro enviado por Deus que recitasse
páginas purificadas. ◊2
De Livros verídicos. ◊3
E aqueles a quem o Livro fora revelado só se dividiram após
que a prova lhes foi enviada! ◊4
Ora, o que lhes foi recomendado? Que adorassem Deus,
sendo sinceros para com Ele na religião, que fossem
homens de uma fé única, que recitassem a oração e
pagassem o tributo dos pobres. Não é essa a
religião verdadeira? ◊5
Os descrentes dentre os adeptos do Livro e os idólatras irão
para o fogo da Geena onde permanecerão para todo
o sempre. São eles as piores de todas as criaturas. ◊6
Quanto aos que creem e praticam o bem, são eles as
melhores das criaturas. ◊7
Sua recompensa está com seu Senhor: os Jardins do Éden
nos quais correm os rios, onde morarão para todo
o sempre. Deus está satisfeito com eles, e eles estão
satisfeitos com Deus. Assim é recompensado aquele
que teme a seu Senhor. ◊8

99. O TERREMOTO

Em nome de Deus, o Clemente, o Misericordioso.
Quando a terra for fortemente abalada, ◊1
Quando a terra descarregar seus fardos, ◊2

Quando o homem perguntar: "Que ocorre com ela?" ◊3
Naquele dia, ela contará sua história, ◊4
Por inspiração de teu Senhor. ◊5
Naquele dia, os homens comparecerão, debandados, para
ver suas obras. ◊6
Quem tiver feito um bem do tamanho de uma formiga,
o verá. ◊7
E quem tiver feito um mal do tamanho de uma formiga,
o verá. ◊8

100. OS CORCÉIS

Em nome de Deus, o Clemente, o Misericordioso.
Pelos corcéis quando relincham, ◊1
E lançam faíscas de fogo ◊2
E investem pela manhã, ◊3
Levantando nuvens de poeira, ◊4
E abrindo fenda nas colunas inimigas. ◊5
O homem é ingrato para com seu Senhor ◊6
E ele é testemunha contra si mesmo. ◊7
Dominante e seu amor pelas riquezas. ◊8
Não sabe, acaso, que quando as sepulturas forem revolvidas ◊9
E os segredos dos corações revelados, ◊10
Naquele dia, o Senhor dos homens estará bem informado
sobre eles? ◊11

101. A CALAMIDADE

Em nome de Deus, o Clemente, o Misericordioso.
A Calamidade! ◊1
Que é a Calamidade? ◊2

Quem te dirá o que é a Calamidade? ◊3
Nesse dia, os homens serão como borboletas dispersas ◊4
E as montanhas, como lã cardada. ◊5
Nesse dia, aquele cujas ações fizerem pender a balança ◊6
Desfrutará uma vida feliz; ◊7
E aquele cujas ações forem leves na balança, ◊8
Será lançado no ventre do precipício. ◊9
E quem te dirá o que é esse precipício? ◊10
É um fogo flamejante! ◊11

102. A RIVALIDADE

Em nome de Deus, o Clemente, o Misericordioso.
A rivalidade vos distrai de tudo o mais ◊1
A ponto de vos ter levado a visitar os túmulos.[19] ◊2
Ai de vós! Breve sabereis. ◊3
Ai de vós! Breve sabereis. ◊4
Não! Se soubésseis de ciência certa. ◊5
Veríeis a Geena. ◊6
Ve-la-íeis com os olhos da certeza. ◊7
E naquele dia, sereis interrogados acerca de vossa felicidade. ◊8

103. A TARDE

Em nome de Deus, o Clemente, o Misericordioso.
Juro pelas horas da tarde, ◊1
Que o homem está no caminho da perdição, ◊2
Salvo os que creem, e praticam o bem, e recomendam uns aos
    outros a justiça, e recomendam uns aos outros
    a perseverança. ◊3

104. O DIFAMADOR

Em nome de Deus, o Clemente, o Misericordioso.
Ai de todo difamador caluniador   01
Que amontoa uma fortuna e se deleita em contá-la.   02
Pensa que sua fortuna lhe dará a imortalidade?   03
Não! Não! Será precipitado na boca do Devorador.   04
E quem te dirá o que é o Devorador?   05
É o fogo de Deus, aceso,   06
Rugindo por cima dos corações   07
E fechando-se sobre eles   08
Em colunas estendidas.   09

105. O ELEFANTE

Em nome de Deus, o Clemente, o Misericordioso.
Não viste como teu Senhor tratou os proprietários
    do elefante?   01
Não lhes desbaratou os ardis?   02
Não soltou contra eles bandos de pássaros   03
Que os agrediram com tijolos endurecidos?   04
Depois, deixou-os como retalhos após a ceifa.   05

106. KORAICH[20]

Em nome de Deus, o Clemente, o Misericordioso.
A prosperidade de Koraich   01
Depende das expedições do inverno e do verão.   02
Que adorem, pois, o Senhor desta Casa.   03
O qual os alimentou nos dias de fome e os protegeu de
    todos os perigos.   04

107. A CARIDADE

Em nome de Deus, o Clemente, o Misericordioso.
Viste aquele que desmente o dia do Julgamento? ◊1
É ele que repele o órfão ◊2
E não estimula os outros a alimentarem o pobre. ◊3
Ai dos que oram ◊4
Sem tomar a sério suas orações! ◊5
Ostentação eles têm. ◊6
Mas falta-lhes a caridade. ◊7

108. A ABUNDÂNCIA

Em nome de Deus, o Clemente, o Misericordioso.
Sim, cumulamos-te com a abundância. ◊1
Reza, pois, a teu Senhor e a Ele imola os sacrifícios. ◊2
Quem te odeia não terá posteridade. ◊3

109. OS DESCRENTES

Em nome de Deus, o Clemente, o Misericordioso.
Dize: "Ó descrentes, ◊1
Não adoro o que adorais. ◊2
Não adorais o que adoro. ◊3
Nunca adorarei o que adorais. ◊4
Nunca adorareis o que adoro. ◊5
Tendes vossa religião e tenho a minha." ◊6

110. O SOCORRO

Em nome de Deus, o Clemente, o Misericordioso.
Quando chegarem o socorro de Deus e a vitória,   ◊1
E vires os homens entrarem na Sua religião em massa,   ◊2
Louva então teu Senhor e implora Seu perdão. Ele nunca
    se recusa a acolher o arrependimento.   ◊3

111. A CORDA DE ESPARTO

Em nome de Deus, o Clemente, o Misericordioso.
Pereçam as duas mãos de Abu-Lahab, e que ele
    também pereça!   ◊1
De nada lhe valerão suas riquezas, e tudo quanto amontoar.   ◊2
Será queimado num fogo flamejante   ◊3
Com sua mulher, a carregadora de lenha,   ◊4
Que terá no pescoço uma corda de esparto.   ◊5

112. A SINCERIDADE

Em nome de Deus, o Clemente, o Misericordioso.
Dize: "Ele é o Deus único,   ◊1
Deus, o eterno refúgio.   ◊2
Não gerou nem foi gerado.   ◊3
Ninguém é igual a Ele."   ◊4

113. A ALVORADA

Em nome de Deus, o Clemente, o Misericordioso.
Dize: "Procuro refúgio junto ao Senhor da Alvorada ◊1
Contra o mal das criaturas que Ele criou ◊2
Contra o mal das trevas quando se estendem ◊3
Contra o mal das feiticeiras quando sopram sobre seus laços, ◊4
Contra o mal do invejoso quando inveja." ◊5

114. OS HOMENS

Em nome de Deus, o Clemente, o Misericordioso.
Dize: "Procuro proteção junto ao Senhor dos homens, ◊1
O Rei dos homens, ◊2
O Deus dos homens, ◊3
Contra os malefícios do intrigante que se esconde ◊4
E sussurra no coração dos homens, ◊5
Dos djins e dos homens." ◊6

Notas explicativas*

1. Alef. Lam. Mim. são três letras do alfabeto árabe. Há 29 suras começando com elas ou com outras letras. Muitas hipóteses tentaram explicá-las, mas nenhuma delas foi aceita com unanimidade pelos muçulmanos. O significado das letras permanece um enigma. Trata-se de siglas, abreviações, símbolos, atributos divinos desconhecidos dos homens? Trata-se de um juramento, elogios ou de uma linguagem secreta entre Deus e seu Mensageiro? "Cada livro revelado tem seu mistério, observa um comentarista. O mistério do Alcorão são essas letras." As suras que começam assim são as de números: 2, 3, 7, 10, 11, 12, 13, 14,15,19, 20, 26, 27, 28, 29, 30, 31, 32, 36, 38, 40, 41, 42, 43, 44, 45, 46, 50, 68. Quatro delas têm letras por título: 20, 36, 38, 50.

2. Harut e Marut são dois anjos lendários que foram postos à prova por Deus. Seduzidos na terra por uma mulher, foram condenados ao castigo da Geena para expiar seu pecado.

3. Alusão a uma curiosa superstição corrente na Arábia pré-islâmica: quando alguém voltava de uma viagem ou peregrinação, em vez de entrar na sua casa pela porta normal, abria outra nos fundos, para conjurar o mal. Com esse versículo, o Islã pôs fim a essa superstição.

4. A primeira casa é a Caaba, o templo mais sagrado do Islã, situado na cidade de Meca. Certas tradições atribuem a construção da Caaba a Adão. Beca é outro nome da Caaba.

5. Antes do Islã, cada tribo tinha um ídolo, e todos esses ídolos eram considerados fêmeas e filhas de Deus. Há muitas alusões no Alcorão a essa crença, veementemente condenada. Três dessas divindades eram Lat, Izza e Manat (ver 53:18 a 20).

---

*Essas notas se baseiam em diversas edições do Alcorão, comentadas por doutores muçulmanos, e especialmente na edição comentada por Muhamad Farid Uajdi (Editora Ach–Chaab, Cairo).

6. A cidade-mãe é Meca. Dizem que foi assim chamada por ser procurada por todos, ou por ser a mais importante ou a mais antiga das cidades.

7. Abraão reunia virtudes tão numerosas e diversas que equivalia por si mesmo a uma nação inteira.

8. De acordo com certas tradições muçulmanas, Yajuj e Majuj são dois povos inimigos do gênero humano: o primeiro é um povo de pigmeus; o outro, de gigantes. Habitam atrás das montanhas da Armênia e do Azerbaijão e são impedidos de invadir o mundo por uma barragem construída por Alexandre o Grande, denominado o Bicornudo. No fim dos tempos, eles conseguirão demolir a barragem e massacrar os homens. Deus, então, os aniquilará.

9. Repositório seguro = o útero da mãe.

10. Alusão a um incidente na vida particular de Maomé. Aicha, uma de suas esposas, então com 15 anos, acompanhava-o numa expedição. Numa das paradas, afastou-se do acampamento à procura de um colar esquecido. A caravana, pensando que Aicha estava no seu palanquim, prosseguiu a viagem. Quando Aicha voltou, ficou esperando no acampamento abandonado, sabendo que, uma vez notada sua ausência, voltariam em busca dela. Pela manhã, um jovem, Sufian Ibn Al-Muattal, montado num camelo, passou por lá, reconheceu-a e reconduziu-a até Medina. Os inimigos do Profeta aproveitaram o episódio para acusar Aicha de adultério e criar um escândalo. Esse versículo e os seguintes condenam os acusadores como caluniadores e proclamam a inocência de Aicha.

11. Cortar os caminhos da procriação.

12. Lukman – a quem se atribui grande número de aforismos repletos de sabedoria sobre a conduta da vida – é um personagem mais lendário que histórico. Nas histórias que se desenvolveram acerca de seu nome, é tido, conforme as narrações, como um rei, um poeta, um educador, um ministro, um profeta, um juiz, um carpinteiro, um escravo. Duas características, contudo, são-lhe sempre atribuídas: a longevidade e a sabedoria.

13. A palavra árabe Ahzab, plural de hizb, equivale a partido, facção. Foi traduzida por coligados, em consideração ao sentido que tem no texto. Trata-se, com efeito, da coligação que os judeus conseguiram formar contra Maomé no ano V, na Hégira (627 da era cristã), e que incluía o clã de Koraich e várias tribos, num total de dez mil combatentes. Para lutar

contra eles, Maomé dispunha de um exército de três mil homens, corajosos, disciplinados e fortemente motivados.

14. De que Depósito se trata? O sentido dessa palavra permanece misterioso: trata-se das prescrições divinas? Da fé? Do amor de Deus? Da religião?

15. "O que está adiante de vós e o que está atrás de vós." Na interpretação dessa expressão indeterminada, as opiniões são divididas. Alguns veem nela o presente e o futuro; outros, Deus, que está na frente e atrás; outros, as ações manifestas e as ações ocultas; outros, as coisas desta terra e as coisas do Além; outros, ainda, o Alcorão ou um cataclismo ameaçador.

16. Jó havia jurado que daria à mulher cem chicotadas. Depois, arrependeu-se, mas não podia quebrar seu juramento. Disse-lhe Deus: "Junta cem chicotes e dá-lhe um golpe só. Terás cumprido tua promessa."

17. As duas cidades são Meca e Taef.

18. Kadr é o destino, a fatalidade. Comenta Si Hamza Boubakeur: "O Islã, por definição, implica o dom de si, o abandono confiante de si a Deus (tauakul). O crente não pode entregar-se a Deus e considerar-se livre em seus atos senão na medida em que a sua submissão é total, sincera e definitiva. Possui certa margem de liberdade, mas só na escala humana, isto é, possui uma vontade relativamente livre, subordinada que é à vontade absoluta de Deus."

19 O sentido dessa admoestação relaciona-se com os seguintes fatos: duas famílias, Banu Abd Manaf e Banu Sahm, rivalizavam pelo número de seus membros, e os Banu Abd Manaf venceram. Os Banu Sahm desafiaram-nos então a contar os mortos e venceram-nos por essa contagem. A presente revelação censurou a todos.

20 Koraich era uma tribo que havia renunciado ao nomadismo dois séculos antes da chegada do Islã e vivia do comércio. Seus homens costumavam fazer duas viagens principais por ano, no inverno e no verão, até a Síria e o Iêmen à procura do lucro. Foi nessa tribo que nasceram Maomé e o Islã.

Este livro foi composto na tipologia Minion, em
corpo 10/12,5, e impresso em papel off-set 75g/m² no Sistema
Cameron da Divisão Gráfica da Distribuidora Record.